Os Direitos Fundamentais na Constituição Portuguesa de 1976

Os Direitos Fundamentais na Constituição Portuguesa de 1976

2019 • 6ª Edição

José Carlos Vieira de Andrade
Professor da Faculdade de Direito de Coimbra

ALMEDINA

OS DIREITOS FUNDAMENTAIS
NA CONSTITUIÇÃO PORTUGUESA DE 1976

AUTOR
José Carlos Vieira de Andrade

EDITOR
EDIÇÕES ALMEDINA, S.A.
Rua Fernandes Tomás, nºs 76-80
3000-167 Coimbra
Tel.: 239 851 904 · Fax: 239 851 901
www.almedina.net · editora@almedina.net

DESIGN DE CAPA
FBA.

PRÉ-IMPRESSÃO
EDIÇÕES ALMEDINA, SA

IMPRESSÃO E ACABAMENTO

Maio, 2019

DEPÓSITO LEGAL

ALMEDINA | GRUPOALMEDINA

BIBLIOTECA NACIONAL DE PORTUGAL – CATALOGAÇÃO NA PUBLICAÇÃO

ANDRADE, José Carlos Vieira de, 1949-

Os direitos fundamentais na Constituição portuguesa
de 1976. – 6ª ed. – (Manuais universitários)
ISBN 978-972-40-7922-6

CDU 342

A todos os meus alunos, razão de ser desta minha escrita

NOTA PRÉVIA À 6ª EDIÇÃO

Esta obra foi escrita na forma primitiva de lições policopiadas, logo a seguir à aprovação da Constituição, em tempos conturbados de afirmação da cidadania livre. Foi depois objecto de reformulações profundas em 1982/1983 (1ª edição impressa) e, mais tarde, em 2000/2001 (2ª edição), já depois da estabilização constitucional proporcionada pela revisão de 1989 e pela entrada de Portugal nas Comunidades Europeias.

O livro tem mantido no século XXI a sua linha originária de estudo sobre os direitos fundamentais na perspectiva constitucional, apesar de os tempos serem hoje de afirmação e influência progressiva das dimensões europeia e internacional dos direitos humanos, em diálogo normativo e prático, protagonizado por legisladores e tribunais, nacionais e supranacionais, e objecto de análise e crítica numa extensa literatura, cada vez mais universal.

Desde então, tenho aproveitado a oportunidade de as edições se irem esgotando tão só para fazer a correcção de lapsos e inexactidões, formais e substanciais, para proceder a actualizações, sobretudo no que respeita à jurisprudência constitucional, que tem sido muito rica em matéria de direitos sociais, mas também em função de alterações legislativas, sobretudo em matéria de processo administrativo, no que se refere à protecção dos direitos, liberdades e garantias.

Esta edição dá continuidade a essa linha de actualização e corresponde apenas a uma revisão geral do livro.

Coimbra, Março de 2019

NOTA PRÉVIA À 2ª EDIÇÃO

A segunda edição desta obra, dezoito anos depois da primeira, é o resultado de um esforço que, em parte, se foi processando ao longo do tempo, mas que resultou fundamentalmente do trabalho desenvolvido em dedicação exclusiva de Junho a Outubro de 2000, em Berlim e em Coimbra, e acabado apenas agora, um ano depois, sob a pressão do atraso.

Procurei manter o carácter fundamental da obra como trabalho didáctico, mas procedi a uma revisão global da estrutura e do conteúdo, com cortes e acrescentos, sobretudo com finalidades de aperfeiçoamento analítico e de actualização, tendo em conta os desenvolvimentos doutrinários e jurisprudenciais e as alterações constitucionais sobrevindas, especialmente em 1989 e 1997.

Da doutrina destaco os autores alemães, que já tinham sido decisivos na feitura da primeira edição, bem como, naturalmente, os portugueses, quer os mais antigos, que foram rescrevendo sem cessar as suas obras, quer os mais novos, que ajudaram a tecer as malhas doutrinárias em volta da Constituição portuguesa, sucessivamente revista. Lembro, porém, que neste domínio muito proveito se pode tirar da leitura de outros autores, principalmente americanos e espanhóis.

Da jurisprudência tento dar conta das posições que o Tribunal Constitucional foi assumindo sobre a matéria dos direitos fundamentais, uma área nuclear da Constituição material, durante este tempo – afinal o tempo da história do próprio Tribunal, acabado de constituir em 1983, na época da primeira edição destas lições. Tenho, no entanto, consciência de que essa jurisprudência não tem aqui o relevo que merece e que, por si, justifica uma próxima edição revista.

As revisões constitucionais tiveram uma importância distinta, mas a de 1989 fixou definitivamente o carácter pluralista da democracia portuguesa na dimensão económica e social, que se traduziu no aliviar do texto das expressões ideológicas e dos imperativos e proibições que cercavam os direitos fundamentais, obscurecendo o seu sentido numa sociedade livre – no mesmo ano em que a queda de um muro libertava metade da Europa de uma das grandes monstruosidades humanas do século passado.

Já a revisão de 1997, apesar dos seus aspectos negativos, que incluíram a mudança inconsequente de numeração (a mudança de nome) de artigos carismáticos, trouxe sobretudo a afirmação expressa do direito ao desenvolvimento da personalidade, a garantia da dignidade pessoal e da identidade genética do ser humano, bem como os direitos processuais a uma tutela judicial efectiva e célere – uma reafirmação de aspectos fundamentais do estatuto jurídico da humanidade nos tempos de hoje.

Também introduzo aqui algumas reflexões que nos últimos dez anos fui fazendo, a propósito da leccionação da disciplina de «Direitos Fundamentais e Comunicação» no curso de Pós-graduação em Direito da Comunicação, ministrado na Faculdade de Direito de Coimbra pelo Instituto Jurídico da Comunicação.

Quero agradecer especialmente à *Alexander von Humboldt Stiftung* a bolsa que me facilitou a estada na Alemanha durante os meses de Junho e Julho de 2000, onde fui gentilmente recebido na *Humboldt-Universität zu Berlin* pelo Professor Dr. Christian Tomuschat.

Dedico esta edição aos meus alunos e formulo o voto de que, nos tempos conturbados que se avizinham, não esmoreça a defesa da liberdade e da dignidade das pessoas humanas individuais, perante todas as ameaças.

Coimbra, Outubro de 2001

NOTA PRÉVIA

Esta obra tem como base as lições policopiadas que fui escrevendo, ao longo do ano lectivo de 1977-1978, para os alunos da cadeira de Direito Constitucional do Curso Complementar e mantém esse carácter essencialmente didáctico.

Se em alguns capítulos me limitei a introduzir pequenas alterações e aditamentos, mantendo a traça geral, noutros efectuei remodelações profundas que atingem a estrutura da exposição e, em especial, o sentido da opinião. A minha preocupação fundamental foi a de acentuar os aspectos dogmáticos, na tentativa de contribuir para a clarificação da construção jurídica nesta matéria.

Quero salientar a valiosa ajuda que para mim constituiu a crítica que às minhas lições fez o senhor dr. José Manuel Cardoso da Costa, o qual, contudo, não pode ser responsabilizado por qualquer erro ou insuficiência deste trabalho.

Coimbra, Abril de 1983.

ABREVIATURAS

AcP – *Archiv für civilistische Praxis* (revista)
AöR – *Archiv des öffentlichen Rechts* (revista)
APSR – *American Political Science Review* (revista)
BayVBl – *Bayerische Verwaltungsblätter (revista)*
BFDC – *Boletim da Faculdade de Direito de Coimbra*
BGB – *Bürgerliches Gesetzbuch* (Código Civil alemão)
BMJ – *Boletim do Ministério da Justica*
BverfG – *Bundesverfassungsgericht* (Tribunal Constitucional Federal Alemão)
BVerfGE – *Acórdãos do Tribunal Constitucional Federal Alemão*
BVerwGE – *Bundesverwaltungsgerichtsentscheidungen* – Acórdãos do Tribunal Administrativo Federal Alemão
CPA – *Código do Procedimento Administrativo*
CPTA – *Código do Processo nos Tribunais Administrativos*
DA – *Documentación Administrativa* (revista)
DAC – *Diário da Assembleia Constituinte*
DJAP – *Dicionário Jurídico da Administração Pública*
DJT – *Deutscher Juristentag* (Congresso de Juristas Alemães)
DöV – *Die öffentliche Verwaltung* (revista)
DVBl – *Deutsches Verwaltungsblatt* (revista)
EgA – *Enzyklopädiedergeisteswissenschaftlichen Arbeitsmethoden*
ESC – *Estudos sobre a Constituicão*
EuGRZ – *Europäische Grundrechte Zeitschrift*
GG – *Grundgesetz* (Lei Fundamental da República Federal Alemã)

HdbStR – Isensee /Kirchhof, *Handbuch des Staatsrecht der BRD*
HdVerfR – Benda/Maihofer/Vogel, *Handbuch der Verfassungsrecht*
JuS – *Juristische Schule* (revista)
JZ – *Juristenzeitung* (revista)
LTC – *Lei do Tribunal Constitucional*
NJW – *Neue Juristische Wochenschrift* (revista)
RDA – *Revista de Direito Administrativo*
RDE – *Revista de Direito e Economia*
RDES – *Revista de Direito e Estudos Sociais*
RDPSP – *Revue de Droit Public et Science Politique*
RIDC – *Revue Internationale de Droit Comparé*
RTDP – *Rivista Trimmestrale di Diritto Pubblico*
StR – K.Stern, *Staatsrecht*
TEDH – Tribunal Europeu dos Direitos do Homem (Estras burgo)
TJ (CE/UE) – Tribunal de Justiça da União Europeia (Luxemburgo)
VVDStRL – *Veröffentlichungen der Vereinigung der Deutschen Staatsrechtslehrer*
VwArch – *Verwaltungsarchiv* (revista)
ZaöRV – Zeitschrift für ausländisches öffentliches Recht und Völkerrecht
ZBR – Zeitschrift für Beamtenrecht
ZfG – Zeitschrift für Gesetzgebung

Capítulo I
As dimensões dos direitos fundamentais

Aquilo a que se chama ou a que é lícito chamar direitos fundamentais pode, afinal, ser considerado por diversas perspectivas. De facto, os direitos fundamentais tanto podem ser vistos enquanto direitos naturais de todos os homens, independentemente dos tempos e dos lugares – perspectiva filosófica ou jusnaturalista; como podem ser referidos aos direitos mais importantes das pessoas, num determinado tempo e lugar, isto é, num Estado concreto ou numa comunidade de Estados – perspectiva estadual ou constitucional; como ainda podem ser considerados direitos essenciais das pessoas num certo tempo, em todos os lugares ou, pelo menos, em grandes regiões do mundo – perspectiva universalista ou internacionalista.

1. Perspectiva filosófica ou jusnaturalista

Foi numa perspectiva filosófica que começaram por existir os direitos fundamentais. Antes de serem um instituto no ordenamento positivo ou na prática jurídica das sociedades políticas, foram uma ideia no pensamento dos homens. Se quisermos salientar o seu aspecto jurídico, teremos de dizer que os direitos fundamentais relevam em primeira instância do chamado *direito natural*, a cuja evolução se liga, por isso, correntemente a sua «proto-história»[1].

[1] Sobre a evolução do Direito Natural, v., por todos, PASSERIN D'ENTRÈVES, *Derecho Natural*, 1972, e H. WELZEL, *Derecho Natural y Justicia Material*, 1957. Sobre a história da ideia de

Assim, é costume na cultura ocidental fazer remontar aos estóicos (continuados por Cícero, em Roma) as origens dos direitos fundamentais, já que nas suas obras se manifestam as ideias de dignidade e de igualdade, aparentemente referidas aos homens em si: a todos os homens, para além e independentemente da sua qualidade de cidadãos. Estes valores eram, no entanto, de difícil entendimento na antiguidade, quando a cidade ou a república se fundavam, por um lado, numa instituição – a escravatura – em que se perdiam os horizontes da humanidade[2], e, por outro lado, absorviam os cidadãos numa moral colectiva exigente e alargada[3], razões pelas quais habitualmente se nega a existência da ideia de *direitos do homem* nessa época histórica, apesar de aí se encontrarem raízes do humanismo.

O Cristianismo deu uma nova densidade ao conceito de dignidade humana, sobretudo durante a Idade Média, depois de S. Tomás e com

direitos fundamentais, podem ver-se, entre tantos: Schnur (ed.), *Zur Geschichte der Erklärung der Menschenrechte*, 1964; KRIELE, *Zur Geschichte der Grund-und Menschenrechte*, in *Öffentliches Recht und Politik*, Zeitschrift für HANS U. SCUPIN, 1973, p. 187 e ss.; OESTREICH, *Geschichte der Menschenrechte und Grundfreiheiten im Umriss*, 2ª ed., 1978, e, mais recentemente, K. STERN, *Das Staatsrecht der Bundesrepublik Deutschland*, Vol. III/1, 1988, p. 51-99, e PECES-BARBA/FERNANDEZ GARCIA, *Historia de los derechos fundamentales*, T. I, 1998. Entre nós, v. GOMES CANOTILHO, *Direito Constitucional e Teoria da Constituição*, 7ª ed., 2003, p. 380 e ss; JORGE MIRANDA, *Manual de Direito Constitucional*, IV, 6ª ed., 2015, p. 17 e ss. V. ainda JACQUES MARITAIN, *Les droits de l'homme et la loi naturelle*, 1942.

[2] V., porém, a excelente síntese de SANTOS JUSTO, *A escravatura em Roma*, in *BFDC*, 73 (1997), p. 19 e ss, onde se mostra que o *status* jurídico do escravo no direito romano era heterogéneo, sendo considerados coisas (*res*), enquanto objecto de direitos patrimoniais do *dominus*, mas também homens (*homines*), capazes de agir, negociar e constituir relações familiares (embora em termos limitados) e até pessoas (*personae*), designadamente nas relações religiosas e funerárias.

[3] V. alguns exemplos elucidativos em COLLIARD, *Libertés publiques*, 6ª ed., 1982, citando FUSTEL DE COULANGES, *La cité antique*, capitulo VIII. As liberdades eram restritas aos cidadãos e, para estes, respeitavam aos assuntos públicos, à participação na vida política. Em contrapartida, eles não dispunham de garantias de autonomia na sua vida privada, inseridos como estavam numa comunidade intensamente solidária na arte, na religião, nos jogos e nas discussões, em geral, em todos os aspectos da existência. V., p. ex., H. D. F. KITTO, *Os Gregos*, 1969. Isto é válido sobretudo para as cidades gregas, pois em Roma, mais individualista, adquirem relevância direitos «privados», tais como o direito ao casamento e a liberdade negocial. Cfr. ainda JORGE MIRANDA, *Manual de Direito Constitucional*, Tomo I, 1, 10ª ed., 2014, p. 57 e ss; BENJAMIN CONSTANT, *De la liberté des anciens comparée à celle des modernes*, in *Cours de Politique Constitutionnelle*, Tomo II, 2ª ed., 1872, p. 537 e s. (há uma edição portuguesa de 2001 da Tenacitas, com introdução e tradução de ANTÓNIO DE ARAÚJO).

a poderosa influência escolástica[4]. O homem é e todos os homens são filhos de Deus, iguais em dignidade, sem distinção de raça, cor ou cultura[5]. Por outro lado, o homem não é uma qualquer criatura, participa do divino através da Razão, a qual, iluminada e completada pela Fé («recta ratio»), lhe indica o caminho a seguir. A distinção entre o Bem e o Mal era assim acessível ao homem, que podia conhecer o Direito Natural, anterior e superior ao poder temporal – a Lei divina que governava o Universo[6].

Porém, o pensamento humanista da modernidade cristã não é ainda capaz de gerar a ideia de *direitos* humanos fundamentais no sentido actual. O direito determina, é certo, que ao homem seja dado um tratamento, que implica *deveres* dos poderes políticos e dos outros homens perante a sua dignidade específica. Isso resulta de uma Ordem das coisas, de uma ideia de Justiça, cuja violação até pode dar aos indivíduos um *direito de resistência* contra as instituições. Contudo, o indivíduo é apenas o *beneficiário* dessa ordenação, não é ainda o verdadeiro *sujeito* de direitos públicos – os direitos do homem não são ainda, em todo o seu alcance, direitos subjectivos[7].

É preciso esperar que se «desprovidencialize» a Justiça no Direito, que o homem se descubra no acto de pensar e de conhecer o mundo («cogito, ergo sum»; «omne est verum, quod clare et distincte percipio»), que a Razão secularizada se torne fonte de «verdades evidentes por si mesmas», que o indivíduo assuma a sua autonomia moral no «livre-exame» e a sua vontade política no pacto social, para que – também de acordo com o «novo método» científico – o Direito se *analise* em

[4] V., sobre essa influência, F. Compagnoni, *I diritti dell'uomo: genesi, storia e impegno cristiano*, 1995.

[5] O cristianismo, para além das ideias de igual dignidade do género humano e do carácter indisponível dessa dignidade, mesmo pelo próprio, trouxe as ideias de cada indivíduo como *ser único* e do *amor ao próximo*, de modo que se pode dizer que marcou decisivamente a origem dos direitos fundamentais, tais como se manifestam na nossa cultura. V. ainda Isensee, *Grundrechtsvoraussetzungen und Verfassungserwartungen an die Grundrechtsausübung*, in *HdStR*, V, 1992, p. 374.

[6] É assim que, ainda no seguimento da tradição cristã, o poder temporal deixa de submeter o poder espiritual (pelo contrário, haveria de defender-se a sua subordinação a este último), tornando-se, em contraposição ao «totalitarismo» da *polis*, um poderio *limitado*, que não pode, por isso, violar as consciências.

[7] Cfr. Passerin D Entrèves, *ob. cit.*, p. 59 e ss..

direitos e o indivíduo seja o ponto de partida *autónomo* da ordem social e política. Só agora a «dignidade» jusnaturalista e humanista, que já dava ao homem um direito de *resistência*, se transforma numa força espiritual capaz de *revolução*[8].

Afirma-se, então, a primazia do indivíduo sobre o Estado e a Sociedade, construídos estes *contratualmente* com base na liberdade política e nas liberdades individuais[9] e assim se define a *possibilidade de realização jurídica* dos direitos do homem, traçando o sentido da mudança – cujos marcos históricos mais significativos viriam a ser as Revoluções Americana e Francesa.

É assim que, na Declaração dos Direitos do Homem e do Cidadão, de 1789, se lê que «o esquecimento ou o desprezo dos direitos do homem são as *únicas causas* das desgraças públicas e da corrupção dos governos» e que «o fim de toda a associação política é a conservação dos *direitos naturais e imprescritíveis*», resumindo-se estes na «liberdade, segurança, propriedade e resistência à opressão»[10].

Verdades evidentes por si mesmas e princípios imortais que justificavam plenamente o direito dos povos de abolirem ou modificarem uma forma de governo que destruísse os direitos inalienáveis do homem, tal como é invocado (por Jefferson) na Declaração de Independência dos Estados Unidos[11].

[8] A afirmação histórica dos direitos fundamentais vem a dar-se no contexto espiritual do iluminismo, que traz consigo o novo tipo de homem – o indivíduo autodeterminado e autoresponsável, crente na razão, na investigação experimental, no progresso e na sua capacidade de, em concorrência, atingir a felicidade individual e colectiva. V. Isensee, *ob.cit.*, p. 375. Sobre as condições da modernidade e o carácter revolucionário da filosofia dos direitos fundamentais, v. Peces-Barba, *Tránsito a la Modernidad y Derechos Fundamentales*, in Peces Barba/ /Fernandez Garcia, *cit.*, 1998, p. 15 e ss.

[9] A construção contratual do Estado aqui referida é a de Locke, que salvaguarda a autonomia privada, e não a de Hobbes, que desemboca na legitimação do poder absoluto do soberano. Sobre a ligação entre o contratualismo e os direitos fundamentais, v., por exemplo, Hasso Hoffmann, *Zur Herkunft der Menschenrechtserklärungen*, *JuS*, 1988, p. 841 e ss, e Peces-Barba, cit., 1998, p. 192 e ss.

[10] Afirmações semelhantes se encontravam já na Declaração de Direitos de Virgínia (1776) e de outros Estados americanos.

[11] Como é evidente, porém, a especificação dos direitos naturais era marcada pela visão histórica da época, que admitia diferenciações de classe e de género e até a escravatura.

1.2. Os direitos fundamentais são, na sua dimensão *natural*, direitos absolutos, imutáveis e intemporais, inerentes à qualidade humana dos seus titulares, e constituem um *núcleo restrito* que se impõe a qualquer ordem jurídica.

Esta perspectiva não tem apenas interesse histórico, adaptou-se, nas suas formulações, às modas conceituais dos tempos, mas não desapareceu e é a ela que se recorre, afinal, ainda hoje, sempre que há deficiências ou dificuldades na aplicação das normas positivas referentes aos direitos fundamentais. Isto porque naquele núcleo irrestringível de direitos, directamente decorrentes da dignidade humana, revela-se uma dimensão *fundamentante* dos direitos individuais, a qual, sob a veste de direito natural, que foi o seu figurino histórico, ou sob outra veste jurídica equivalente – a de «consciência axiológica-jurídica» ou a de «princípios jurídicos fundamentais», anteriores e superiores ao próprio legislador constituinte[12] – legitima, dá carácter e contribui para iluminar o conteúdo de sentido dos preceitos constitucionais ou de direito internacional.

Os direitos fundamentais começaram por ser obra do pensamento humano e duram como explicitações, condicionadas em cada época, da autonomia ética do Homem, um valor em que se transcende a História e está para além do direito positivado. Nesta dimensão, os direitos fundamentais «gozam de *anterioridade* relativamente ao Estado e à Sociedade: pertencem à ordem moral e cultural donde um e outra tiram a sua justificação e fundamento»[13].

2. Perspectiva estadual ou constitucional

2.1. A garantia «constitucional» de certos direitos ou liberdades perante os poderes públicos tem uma história antiga, particularmente em Inglaterra, onde as «revoluções» se foram sucedendo num ritmo reformista.

Não falamos propriamente dos mecanismos pactícios medievais, entre os quais se destaca a *Magna Charta* de 1215 – em que o Rei, a par de compromissos concretos, se obrigava a respeitar para sempre um con-

[12] Cfr. Castanheira Neves, *A Revolução e o Direito*, 1976, p. 212; A. Queiró, *Lições de Direito Administrativo*, (policop.), 1976, p. 291 e ss.. Sobre uma concepção hodierna do Direito Natural, v. Baptista Machado, *Introdução ao Direito e ao Discurso Legitimador*, 1983, p. 296 e ss..

[13] Barbosa de Melo, in *Democracia e Utopia*, 1980, p. 29. Sobre a concepção do Homem e a evolução das doutrinas do direito natural, v. Baptista Machado, *Antropologia, Existencialismo e Direito*, sep. da *RDES*, 1965.

junto vasto de «direitos» e «liberdades», como os direitos à vida, à herança, de acesso à justiça, garantias de processo criminal, liberdade de circulação e de comércio, etc. –, porque o seu carácter era determinado pela concessão ou reconhecimento de liberdades-privilégios aos estamentos sociais (direitos e regalias da Nobreza, liberdades e prerrogativas da Igreja, liberdades e costumes municipais, direitos corporativos)[14], além de que, em rigor, não se reconheciam direitos gerais, mas obrigações pessoais daqueles reis que os subscreviam, sujeitas a confirmação pelos seus sucessores[15].

Ora, os direitos fundamentais, tais como os entendemos hoje, são verdadeiros direitos ou liberdades, reconhecidos em geral aos indivíduos ou a certas categorias de entre eles, por razões de «humanidade». São, nessa medida, direitos de igualdade, universais, e não direitos de desigualdade, estamentais.

Porém, os «direitos dos ingleses», conquistados durante o século XVII, pela Revolução puritana e pela «Glorious Revolution», surgem-nos progressivamente como enunciações gerais, embora de direito costumeiro, na *Petition of Right*, que Carlos I teve de assinar em 1628, na *Abolition of Star Chamber* (1641), no *Habeas Corpus Act* (1679), assinado por Carlos II, e, sobretudo, no *Bill of Rights* (1689), subscrito por Guilherme d'Orange e onde se consagram o direito de petição, a proibição dos tribunais de excepção e de penas cruéis e até uma relativa liberdade de expressão (parlamentar)[16].

[14] Estava em causa sobretudo a limitação do poder real. Por isso João Sem Terra terá comentado, depois de subscrever a *Magna Charta*: «Puseram acima de mim vinte e cinco reis», aludindo aos vinte e cinco barões que, nos termos da cláusula 61 do documento, seriam eleitos para assegurar o cumprimento das «liberdades» e «concessões» juradas.

[15] A *Magna Charta* (Carta das liberdades) foi confirmada pelo rei Eduardo (*Confirmatio Cartarum*, de 1297) e por outros reis, sucessivamente, transformando-se em uma «lei fundamental» inglesa.

[16] A diferença entre a *Magna Charta* e o *Bill of Rights* resulta da destruição do sistema medieval pelo absolutismo moderno, que afastou o rei do povo e provocou a necessidade de protecção das liberdades individuais. Sobre esta evolução, v. G. Dietze, *Bedeutungswandel der Menschenrechte*, 1971, p. 15 e ss.; Hallam, *The Constitutional History of England*, vol. II, p. 170 e ss. e 259 e ss.; W. Ullmann, *The individual and the Society in the Middle Ages*, 1966. Entre nós, V. M. Caetano, *Manual de Ciência Política e Direito Constitucional*, tomo I, e as traduções de alguns dos documentos citados em Jorge Miranda, *Textos Históricos de Direito Constitucional*, 2ª ed., 1990.

Estes *direitos dos ingleses* são transplantados para os territórios coloniais e vão aí frutificar na Revolução americana como *direitos dos homens*[17]. As Declarações de Direitos dos Estados – as primeiras são as de Virgínia, Pensilvânia e Maryland, todas de 1776 – e, mais tarde, a Constituição federal (1787) e seus primeiros nove aditamentos («amendments»), que constituem o "Bill of Rights", recorrem já a fórmulas universais, juntando o racionalismo próprio da época ao tradicional pragmatismo anglo-saxónico (os *costumes* transformam-se em *princípios*).

Menos antiga, mas mais espectacular e radical é a contribuição francesa para a afirmação jurídica dos direitos fundamentais. Pretendendo lançar os fundamentos de uma nova ordem social, a França revolucionária produz, em nome da Razão Universal, a *Declaração dos Direitos do Homem e do Cidadão*, de 1789, em que afirma solenemente que qualquer sociedade em que não esteja assegurada a garantia dos direitos fundamentais nem estabelecida a separação dos poderes não tem constituição (artigo 16º).

Este artigo da Declaração francesa sintetiza dois momentos característicos do novo entendimento dos direitos fundamentais, agora radicalmente afirmados como *direitos individuais*.

Por um lado, no seguimento da tradição inglesa, liga os direitos fundamentais, concebidos a partir dos quadros do jusracionalismo, à separação dos poderes, na função comum que lhes cabe de *instrumentos de limitação do poder absoluto* (da soberania)[18]. Só que nesta ligação vai já implícita uma diferença em relação aos limites tradicionais consubstanciados no respeito de uma certa estrutura política ou, mais tarde, da dignidade humana: não se trata agora apenas de declarar constrições teóricas ou de fazer apelos morais ao soberano, mas sim de «assegurar a garantia» dos direitos fundamentais de forma tão *efectiva* (pressupõe-se) quanto o é a *separação* real dos poderes e das potências.

Por outro lado, essa limitação efectiva do poder alcança-se através da consagração *constitucional* dos direitos. Os direitos fundamentais tornam-se assim direitos constitucionais, reunindo, por força dessa sua

[17] Embora ainda não de todas as pessoas, pois que não se consideravam ou não se consideravam igualmente as mulheres, os criados e os escravos.

[18] Sobre a concepção dos direitos fundamentais como parte integrante de um sistema jurídico-constitucional de separação dos poderes, acentuando o seu carácter de contraponto da soberania, v. M. KRIELE, Zur *Geschichte*.... cit. (n. 1), p. 194 e ss..

dignidade formal, as *condições* para que lhes seja reconhecida relevância jurídica *positiva* com um valor superior ao da própria lei parlamentar[19].

De facto, o movimento constitucionalista, iniciado pouco antes nos Estados americanos e continuado depois por toda a Europa e pelo Mundo, respeitou e realizou essa impostação do artigo 16º, de modo que não há praticamente constituições que não tenham dedicado um espaço à consagração dos direitos ou liberdades fundamentais dos cidadãos.

É certo que em França os direitos fundamentais ficaram (e mantêm-se ainda) fora do articulado constitucional, constando de Declarações autónomas ou dos preâmbulos das constituições (em parte precisamente para mostrar o seu carácter supra-constitucional). Daí proveio o «mal-entendido», que levou a sublinhar o carácter filosófico-abstracto e declamatório das Declarações francesas (e, por arrastamento, dos catálogos nelas inspirados): afirmava-se a superioridade moral dos direitos, mas não se garantia a sua efectividade no plano jurídico. Por isso, George Jellinek escreveu que «sem a América, sem as constituições dos seus diversos Estados, talvez tivéssemos uma filosofia de liberdade, mas nunca teríamos uma legislação que garantisse a liberdades»[20].

Não se tratando aqui de averiguar se foi o pensamento francês ou o anglo-saxónico determinante no aparecimento dos direitos fundamentais constitucionais[21], importa apenas acentuar que, mais cedo ou mais tarde, o carácter constitucional dos direitos acabou sempre por gerar a necessidade de garantia jurídica efectiva deles perante todos os poderes públicos, incluindo o poder legislativo[22].

[19] Sobre os modelos de compreensão do constitucionalismo moderno, fazendo ressaltar a contribuição americana («we, the people») para a ideia do poder constituinte, garantido pelo controle judicial do legislador, v. GOMES CANOTILHO, *ob. cit.*, p. 51 e ss (58 e ss)

[20] *Apud* M. KRIELE, *ob. cit.*, p. 192. Note-se contudo que foi durante a 3ª República francesa que foram elaboradas as principais leis de garantia das liberdades, precisamente no período em que os textos constitucionais deixaram de conter qualquer referência a direitos fundamentais. Cfr. J. RIVERO, *Libertés Publiques, vol.* I, 1988, p. 72 e ss.

[21] Sobre a polémica que a este respeito opôs G. JELLINEK e E. BOUTMY, cf. KRIELE, *ob. cit.*, p. 189 e ss. (que mostra, por sua vez, a influência mútua das duas matrizes de pensamento), e P. LUCAS VERDU, *Derechos individuales*, in *Nueva Enciclopedia Jurídica*, vol. VII, p. 41 e ss..

[22] Mesmo em França, apesar da força da tradição jacobina, sempre uma parte da doutrina considerou (e essa foi desde 1958 a opinião dominante) que as Declarações de direitos e os preâmbulos constitucionais são parte integrante da Constituição. Cf. A. HAURIOU, *Droit Constitutionnel et Institutions Politiques*, 4ª ed., 1970, p. 193 e ss. Partindo desse pressuposto, o *Conseil Constitutionnel* alargou, desde 1971, o controlo (preventivo) da constitucionalidade

2.2. Também em Portugal se assistiu durante a Idade Média à limitação do poder por «direitos» de pessoas e grupos. Essas garantias não correspondiam ainda, como é natural, à protecção de direitos de igualdade (individuais e universais): eram sobretudo direitos estamentais, reconhecidos aos membros de corpos ou ordens e adquiriam relevo jurídico por intermédio de mecanismos normativos (designadamente contratuais) que os atribuíam concretamente aos particulares[23].

A partir da revolução liberal, à semelhança dos outros países europeus e por influência francesa directa, as sucessivas constituições deram abrigo a direitos fundamentais, liberdades e garantias, ainda que com filosofias distintas, diferentes graus de convicção ou ponderações diversas[24].

A Constituição de 1822 fala dos direitos e deveres individuais dos portugueses e é claramente influenciada, *nesta parte*, pela Declaração francesa de 1793, até na redacção dos preceitos. É um documento fortemente igualitário e liberal[25], mas onde não abundam ainda as liberdades concretas, prevendo-se embora bastantes garantias.

Nas seguintes Constituições monárquicas, as liberdades e direitos específicos vão aumentando progressivamente em extensão, embora a intensidade (e a intenção) dos preceitos venha a sofrer, em certos momentos, algumas, compressões. Assim, p ex., na Carta Constitucional de 1826, onde se «garante a Nobreza Hereditária, e suas regalias» e onde os direitos civis e políticos são relegados (formalmente) para o fim da Constituição[26].

à conformidade das leis com os direitos «preambulares». Cf. L. Favoreu/ J-A Jolowiccz, (orgs.), *Les grandes décisions du Conseil Constitutionnel*, 1995. A consagração em 2008 do controlo sucessivo das leis, ainda que limitado, através da «Question prioritaire de constitutionnalité», veio permitir, a partir de Março de 2010, o reforço da fiscalização do cumprimento, pelo legislador, dos preceitos constitucionais, incluindo os relativos aos direitos e liberdades fundamentais.

[23] Sobre os direitos dos súbditos no período medieval «corporativo, v. A. M. Hespanha *História das Instituições – Épocas Medieval e Moderna*, 1982, p. 315 e ss. (especialmente p. 323 e ss.).

[24] Sobre o assunto v. Jorge Miranda As *Constituições Portuguesas*, Introdução, XXVIII e ss.; do mesmo Autor, *Manual de Direito Constitucional*, cit., Tomo I, p. 235 e ss. e Tomo IV, p. 125 e ss; em geral, Marcello Caetano, *Manual*, cit., tomo II, 6ª ed., p. 409 e ss..

[25] Mas, esse radicalismo liberal (v. p. ex., também artigo 10º) tempera-se (e rompe-se) pela necessidade política de não afrontar totalmente a poderosa Igreja Católica – não há liberdade religiosa (artigo 25º), admite-se a censura dos livros «sobre dogma e moral» (artigo 8º).

[26] A par disso, o Código Civil português de 1867 (Código de Seabra) espelhava uma concepção de direito natural: "Dizem-se direitos originários os que resultam da própria natureza

A Constituição republicana de 1911 reencarna a força revolucionária da Primeira Revolução Francesa e é laicista, anti-clerical[27] e decididamente igualista. A Constituição de 1933, que se lhe seguiu, de tendência corporativa e de prática autoritária, é marcada, neste capítulo, por uma falta de convicção, designadamente no que respeita a direitos democráticos e liberdades cívicas e por um cheque quase em branco ao legislador[28].

Ao contrário, a actual Constituição, tal como a generalidade das constituições europeias do pós-guerra, dá uma protecção sólida às liberdades e aos direitos fundamentais e dedica-lhes um grande número de preceitos, acrescentando às dimensões liberal e democrática, uma outra, a dimensão social.

3. Perspectiva universalista ou internacionalista

Embora já no tempo da Sociedade das Nações (fundada em 1920) se tivesse revelado a necessidade de garantir internacionalmente certos direitos (fundamentais) de grupos minoritários (religiosos, culturais, rácicos) ou de trabalhadores[29], foi durante e depois da II Guerra Mundial que se sentiu de modo particularmente intenso a necessidade de criar, ao nível da comunidade internacional, mecanismos jurídicos capazes de proteger os direitos fundamentais dos cidadãos nos diversos Estados[30]. A experiência da guerra e dos totalitarismos, sobretudo num momento em que se anunciava uma nova ordem social e já não era possível condenar à abstenção o Estado – definitivamente consagrado como administrador da sociedade –, impôs que se aproveitassem os laços internacionais, entretanto criados, para declarar e estabelecer um certo núcleo fundamental de direitos internacionais do homem.

do homem, e que a lei civil reconhece, e protege como fonte e origem de todos os outros. Estes direitos são: 1º O direito de existência; 2º O direito de liberdade; 3º O direito de associação; 4º O direito de apropriação; 5º O direito de defesa" (artigo 359º).

[27] V. o seu emblemático artigo 12º.

[28] V. o que escrevemos, sob a epígrafe *Direitos Fundamentais*, no *Dicionário da História de Portugal*, vol. VII, Supl. (1926-1974), 1998.

[29] Pense-se, por exemplo, na Convenção Polaca de 1919 ou na criação da OIT (1919), bem como, ainda no século anterior, a proibição da escravatura pelo Tratado de Paris (1814).

[30] Sobre o tema da protecção internacional dos direitos humanos, v. Ana Maria Guerra Martins, *Direito Internacional dos Direitos Humanos no Mundo*, 2017. Da antiga bibliografia sobre a matéria, destacamos Lauterpacht, *The international Protection of Human Rights*, in *Recueil des Cours de l'Académie de Droit International*, 1947, pp. 1-108; K. Vasak, *As dimensões internacionais dos direitos do homem*, 1983.

3.1. A Carta das Nações Unidas, elaborada em S. Francisco em 1945, já se refere a direitos e liberdades fundamentais, mas sempre se entendeu que a intervenção da Organização só é válida num quadro de promoção, estímulo, auxílio ou recomendação. Daí que se reconhecesse desde logo a necessidade de uma protecção internacional eficaz desses direitos e liberdades, que levou à feitura da *Declaração Universal dos Direitos do Homem*, assinada em Paris em 10 de Dezembro de 1948[31] e, em 1966, dos *Pactos Internacionais*, um sobre *Direitos Económicos, Sociais e Culturais* e outro sobre *Direitos Cívicos e Políticos*[32], além de numerosas convenções que directa ou indirectamente contêm matéria de direitos fundamentais[33].

Os Estados Americanos, pelo seu lado, já tinham conseguido elaborar em 1948 (e ainda antes da Declaração Universal) a sua Declaração de Direitos, que, no entanto, só começou a ser implementada a partir de 1959 (pouco depois da subida de Fidel Castro ao poder, em Cuba), vindo a culminar na *Convenção Americana dos Direitos Humanos*, assinada em 1969, em S. José da Costa Rica e que entrou em vigor em 18 de Julho de 1978[34], complementada pelo Protocolo de San Salvador, de 1988 (em vigor desde 1999), que consagra direitos económicos, sociais e culturais (praticamente ausentes da Convenção).

Também a Europa, ao procurar fundar instituições supra-estaduais, vai pôr os direitos humanos no primeiro plano das suas preocupações. No âmbito do Conselho da Europa, a *Convenção Europeia para Salvaguarda*

[31] A Declaração foi aprovada com 48 votos a favor (designadamente de países americanos e europeus), sem votos contra e com oito abstenções (África do Sul, Arábia Saudita, Bielo-Rússia, Checoslováquia, Jugoslávia, Polónia, Ucrânia e URSS).

[32] Ambos em vigor desde 1976. O Pacto sobre Direitos Cívicos e Políticos, que obrigava em 1982 cerca de 70 Estados e 85 em 1988, já foi assinado entretanto (até Setembro de 2018) por 172 Estados (dos 193 membros da ONU). O Pacto sobre Direitos Económicos, Sociais e Culturais foi assinado por 162 países.

[33] Entre elas, destacam-se, por exemplo, as que respeitam à proibição do genocídio, da discriminação racial e da tortura, à protecção das crianças e à igualdade das mulheres. V. uma recolha importante em Rebecca Wallace, *International Human Rights. Text and Materials*, 1997 e, em português, no *Boletim do Ministério da Justiça*, nº 245 (Abril de 1975) e Jorge Miranda, *Direitos do Homem*, 2ª ed., 1989.

[34] A Convenção Americana conta actualmente com as ratificações de mais de duas dezenas de Estados membros, não tendo, contudo, sido ainda ratificada pelos Estados Unidos, Canadá e Cuba (e só na década de 90 o foi pela Argentina e pelo Brasil). Cfr. Harris/Livingstone (eds.), *The Inter-American System of Human Rights*, Oxford, 1998.

dos Direitos Humanos, de 1950 (em vigor desde 1953), com os seus *Protocolos adicionais*, reafirma os direitos cívicos e políticos fundamentais[35], tendo sido complementada, em 1961, pela *Carta Social Europeia* (em vigor desde 1965), onde se estabelecem os direitos económicos, sociais e culturais dos «cidadãos da Europa»[36], e por várias outras convenções sobre matérias específicas[37].

Para além disso, e apesar de os seus tratados institutivos serem inicialmente de carácter fundamentalmente económico[38], a protecção dos direitos fundamentais sempre mereceu no âmbito das Comunidades europeias uma atenção e um cuidado muito especiais[39], tendo sido elaborada uma Carta Comunitária dos Direitos Sociais Fundamentais dos Trabalhadores em 1989 e, em 2001, já no contexto da União Europeia, a Carta dos Direitos Fundamentais da União Europeia[40], cujo valor jurídico foi em 2007 equiparado ao dos Tratados europeus pelo Tratado de

[35] A CESDH foi ratificada por todos os (47) Estados membros do Conselho da Europa.

[36] A Carta Social Europeia, além de ter sido alterada por Protocolos adicionais em 1988 e 1995, foi revista em 1996 (Carta Social Europeia Revista, que coexiste com a Carta de 1961).

[37] V., por exemplo, a Convenção para a protecção das pessoas relativamente ao tratamento automatizado de dados de carácter pessoal, de 1981, ou a Convenção sobre os Direitos Humanos e a Biomedicina, de 1997, com o respectivo Protocolo adicional que proíbe a clonagem de seres humanos, de 1998.

[38] Embora essa possa não ter sido a razão da escassez de referências aos direitos fundamentais – cf. Nuno Piçarra, *A competência do TJCE para fiscalizar a compatibilidade do direito nacional com a CEDH – um estudo de direito constitucional*, in AB VNO AD OMNES, 1998, p. 1393 e ss (1395 e s.).

[39] No âmbito comunitário assumiu de início relevo particular a salvaguarda de princípios de não-discriminação – por integrarem normas constantes dos respectivos tratados ou na qualidade de princípios gerais de direito –, sobretudo no que respeita às liberdades de estabelecimento, de circulação de trabalhadores e de prestação de serviços; mas a protecção estendeu-se também a direitos como o direito de propriedade, a liberdade de expressão e de informação, o direito à intimidade da vida privada e familiar ou a liberdade de consciência e de religião. Cf. Maria Isabel Jalles, *Os direitos da pessoa na Comunidade Europeia*, 1981; Rui Moura Ramos, *Maastricht e os direitos do cidadão europeu*, in AAVV, *A União Europeia na encruzilhada*, 1994, p. 13 e ss; Maria Luísa Duarte, *A União Europeia e os direitos fundamentais*, in *Portugal-Brasil Ano 2000*, Coimbra, 2000, p. 27 e ss; J. L. Cruz Vilaça, *A protecção dos direitos fundamentais na ordem jurídica comunitária*, in *Estudos em Homenagem ao Prof. Rogério Soares*, 2001.

[40] Sobre este documento, v. Rui Medeiros, *A Carta dos Direitos Fundamentais da União Europeia, a Convenção Europeia dos Direitos do Homem e o Estado português, Nos 25 Anos da Constituição da República Portuguesa de 1976*, AAFDL, 2001.

Lisboa[41]. Um passo adicional para reforço da protecção dos direitos fundamentais poderia ser a adesão da União à Convenção Europeia, que se tornou possível com a entrada em vigor, em Dezembro de 2009, do mesmo Tratado de Lisboa, e com a alteração da Convenção pelo Protocolo nº 14, em vigor desde Junho de 2010[42].

Os países africanos, por seu turno, deram igualmente um passo decisivo na protecção dos direitos humanos ao assinarem, em 1981, em Nairobi, a *Carta Africana dos Direitos Humanos e dos Povos*, que entrou em vigor em 1986[43] e foi ratificada por todos os Estados membros da União Africana. Posteriormente, em 1998, foi aprovado um Protocolo Adicional, em vigor desde 2004, que criou o Tribunal Africano dos Direitos Humanos e dos Povos[44].

O continente asiático apresenta, neste contexto, uma falta de unidade regional, seja pela diversidade de tradições religiosas e culturais (islamismo, confucionismo, taoismo, budismo, hinduísmo), seja pelas diferenças de desenvolvimento económico e de regime político que se traduzem em formas díspares de entendimento da questão[45].

Saliente-se que só na sequência da Declaração de Direitos Humanos no Islão, aprovada em 1990, veio a ser assinada, no Cairo, em Setembro de 1994, no âmbito da Liga Árabe, a *Carta Árabe de Direitos Humanos*, a qual, após diversas vicissitudes, teve uma segunda versão aprovada em 2004, em vigor desde 2008 – documento aliás criticado por começar pela afirmação do direito dos povos à autodeterminação e pela condenação do racismo e do sionismo[46].

[41] Sobre essa equiparação e os respectivos limites, v., por todos, Ana Maria Guerra Martins, *Ensaios sobre o Tratado de Lisboa*, 2011, p. 111 e ss.

[42] Cf. o artigo 6º, nº 2 e nº 3, do TUE, que constitui a base normativa da adesão a nível do direito da União. Sobre os problemas suscitados pela adesão, v., por todos, Maria José Rangel de Mesquita, *A União Europeia após o Tratado de Lisboa*, 2010, p. 83 e ss.

[43] Sobre as vicissitudes do desenvolvimento da protecção dos direitos humanos em África, v. Valère Eteka Yemet, *La Charte africaine des droits de l'homme et des peuples*, Paris, 1996.

[44] Até então havia apenas um órgão quase-jurisdicional: a ACHPR – African Commission on Human and Peoples' Rights.

[45] De facto, pouco têm de comum entre si os países do Médio Oriente, o subcontinente indiano e o sudoeste asiático, para não falar das identidades próprias da China e do Japão. Sobre o assunto, v. Cristina Gomes da Silva, *Perspectivas asiáticas dos direitos humanos*, in *Perspectivas do Direito*, Macau, nº 8 (2000), p. 109 e ss.

[46] A quando da sua entrada em vigor em 2008, a Alta-Comissária para os Direitos Humanos da ONU considerou o texto incompatível com as normas internacionais no que se refere

Por sua vez, outros países asiáticos possuem catálogos constitucionais internos de direitos fundamentais semanticamente semelhantes aos do Ocidente, embora em regra com forte cunho comunitarista e com diferenças importantes entre si[47], mas têm resistido à ideia de elaborarem em comum um documento internacional deste tipo[48].

3.2. A assinatura de todas estas declarações, convenções e pactos, associada à proliferação de organizações não-estaduais[49], assinala uma intensa preocupação internacional em garantir certos direitos humanos fundamentais. Não, porém, na perspectiva jusracionalista de afirmações de verdade absoluta, válidas para todos os tempos, mas, mais modestamente, na perspectiva de manifestações fundamentais de princípios inscritos na «consciência jurídica universal», que seria comum a todas as nações civilizadas e aos povos de todos os continentes.

Mas, poder-se-ia então falar verdadeiramente de *direitos* fundamentais internacionais[50]?

A questão surgiu a seguir à segunda guerra mundial e desdobrava-se em dois aspectos, aliás interdependentes: saber se os indivíduos eram

aos direitos das mulheres como pelo facto de continuar a considerar o sionismo como uma forma de racismo. V. uma versão inglesa no *Human Rights Law Journal*, 18, 1997, p. 151 e ss.

[47] Por exemplo, a Índia revela, além da tradição hindu, alguma influência inglesa, o Japão mostra, juntamente com a tradição budista, uma nítida influência americana, a China mistura tradições próprias do confucionismo com padrões ideológicos comunistas.

[48] Os argumentos críticos que surgem no debate sobre o «universalismo» dos direitos humanos são diversos: desde a consideração de que se trata de questão de direito interno, até à incompatibilidade com as necessidades de concentração do poder para promoção (prioritária) do desenvolvimento económico, passando pela recusa da «arrogância» imperialista do Ocidente, em face das suas tradições milenares e do seu direito à autodeterminação, bem como pelo repúdio do conceito de direitos humanos em voga, tido como excessivamente liberal e individualista, preferindo-lhe concepções próprias de «bem estar espiritual e material da Humanidade» e de «interesses humanos vitais», em contextos de comunidades familiares e políticas sólidas.

[49] Contam-se por milhares as organizações privadas para defesa dos direitos humanos: umas defendem os direitos em geral, sendo as mais conhecidas a *Amnistia Internacional*, a *Human Rights Watch* e a *Comissão Internacional dos Juristas*; outras defendem certos direitos em especial, como a *Sociedade Anti-Esclavagista*, a *International Pen* (que defende a liberdade de criação literária), o *Conselho Mundial das Igrejas* e a *Comissão Pontifícia Justiça e Paz* (especialmente dedicados à liberdade religiosa).

[50] A pergunta foi feita, logo em 1948, por Karl J. Partsch, *Internationale Menschenrechte?*, in *AöR*, vol. 74 (vol. 35 da nova série), 1948, p. 158 e ss..

eles próprios sujeitos (imediatos) de direito internacional, p. ex., se eram titulares dos direitos fundamentais previstos nas convenções internacionais; saber até que ponto existia a protecção jurídico-internacional dos direitos internacionalmente reconhecidos (em que medida era efectiva a responsabilidade internacional dos Estados).

A consideração do direito internacional positivo e da sua prática sempre mostrou uma evolução clara, a princípio lenta, no sentido de se reconhecer a necessidade de normas e princípios que regulassem, não apenas as relações entre os Estados, mas, em geral, todas as relações que *importassem* à comunidade internacional.

Até então, predominara sem discussão o princípio do «domestic affair» ou da não-ingerência, que limitava o direito internacional às relações entre Estados no contexto de uma sociedade internacional formal. A situação dos indivíduos era definida e protegida pelo Estado da nacionalidade (ou da residência), sem que os outros Estados tivessem legitimidade para intervir. A defesa além-fronteiras dos indivíduos resumia-se à protecção diplomática ou à celebração de acordos inter-estaduais, não se admitindo a intervenção unilateral senão em casos excepcionais, em nome de princípios de humanidade (p. ex., a intervenção belga no Congo em 1960). No entanto, à medida que as fronteiras se foram abrindo, a esfera de relevância internacional foi-se alargando[51] e consagrou-se a ideia de que o gozo efectivo, pelos cidadãos de todos os Estados, de certos direitos fundamentais era uma *questão de direito internacional*.

O princípio que hoje se afirma na cena mundial relativamente aos direitos humanos é, inequivocamente, o do «international concern», no quadro de um constitucionalismo global.

Nesse sentido, o Tribunal Internacional de Justiça cedo declarou como obrigação de cada Estado em face de todos os outros Estados (ao lado, por exemplo, da proibição do genocídio) o respeito pelos «princípios e regras relativos aos direitos fundamentais da pessoa humana»[52].

[51] Pense-se, por exemplo, em situações de apatridia, repressão da pirataria e do tráfico de escravos, estatuto dos prisioneiros de guerra, proibição do genocídio, crimes de guerra, crimes contra a paz e contra a Humanidade.

[52] Foi no caso «Barcelona traction», que pode ver-se no *Recueil des Arrêts de la Cour*, 1970, p. 32 (apud Y. Madiot, *ob. cit.*, p. 88). V. também sobre este e outros casos em que o Tribunal da

E foi nesta linha que muitos autores reconheceram à Declaração Universal dos Direitos do Homem – não em si, que é uma mera resolução da Assembleia Geral da ONU sem força vinculativa, mas no seu conteúdo – o valor de costume internacional ou de princípios gerais de direito comuns às nações civilizadas, considerando-se até alguns dos seus preceitos como de «*jus cogens*»[53].

Porém, não foi logo pacífico que o princípio do respeito pelos direitos humanos se tivesse imposto na comunidade internacional como princípio jurídico independente da vontade dos Estados[54], sendo também contestado durante algum tempo que o indivíduo fosse sujeito de direito internacional comum[55].

Na última década do século passado, a par da desintegração da União Soviética e do fim do bloco de Leste e da hegemonia do mercado (embora não do «fim da História»), dos fenómenos de transnacionalização política e do desenvolvimento exponencial dos fenómenos de globalização, informacional e comunicacional, económica e financeira, deu-se, no entanto, uma aceleração histórica do processo de internacionalização dos direitos humanos.

Pode até afirmar-se que o direito internacional tende a dominar a agenda dos direitos fundamentais das pessoas, designadamente através do direito da guerra e do direito humanitário. A constituição de tribunais para julgamento de crimes contra a paz e a humanidade, designadamente dos Tribunais Penais Internacionais para a ex-Jugoslávia e para o Ruanda, bem como a criação do Tribunal Penal Internacional, como tribunal permanente, foram as manifestações mais espectaculares de uma profunda e espalhada mudança de mentalidades na sociedade internacional em favor da universalização da ideia dos direitos fundamentais

Haia refere a existência de obrigações dos Estados perante a comunidade internacional, P. Weiss, *Der übernationale Schutz der Menschenrechte*, in Kroker, Veiter (eds.), *Rechtspositivismus, Menschenrechte und Souveranitätslehre in verschiedenen Rechtskreisen*, 1976, p. 95 e s..

[53] V., sobre o problema, Jorge Miranda, *A Declaração Universal e os Pactos Internacionais de Direitos do Homem*, 1977, pp. XI-XII e bibliografia aí citada. V. ainda Vieira de Andrade, *Declaração Universal dos Direitos do Homem*, in *DJAP*, 1º Suplemento, 1998, p. 85 e ss.

[54] A dúvida era referida por Cardoso da Costa, *Elementos de Ciência Política*, policop., U. Católica-Porto, 1981, p. 58, nota 1.

[55] Cfr. Gonçalves Pereira/Fausto de Quadros, *Manual de Direito Internacional Público*, 3ª ed., 1993, p. 382 e ss.

– não havendo hoje dúvidas de que o indivíduo é, enquanto titular de direitos humanos, sujeito de direito internacional comum[56].

A situação sempre foi mais clara no que respeita ao direito *convencional*. As convenções atrás mencionadas, às quais foram aderindo cada vez mais Estados, tiveram de característico o facto de cada Estado signatário se comprometer perante os outros a assegurar, na *sua* ordem interna, determinados direitos aos *seus* próprios cidadãos, sob pena de responsabilidade internacional[57]. Este facto, para além de originar problemas delicados de relacionamento entre o direito internacional e o direito interno, esteve na base da opinião comum dos tratadistas ao considerarem os indivíduos e certos grupos como sujeitos de direito internacional convencional[58].

Entre diversas situações, uma das que de maneira decisiva contribuiu para esse consenso foi justamente o reconhecimento pelos Estados do acesso *directo*[59] a instâncias internacionais por parte de nacionais

[56] V., além dos desenvolvimentos marcantes ao nível do direito humanitário, o aumento quase para o dobro das ratificações dos Pactos da ONU, entre as quais a dos Estados Unidos da América (em 1992), e da Convenção Europeia, bem como a própria discussão sobre o carácter universal ou o «relativismo cultural» dos direitos humanos. Na prática poucos Estados (ou nenhuns) estarão hoje em condições de negar um «código moral universal mínimo», ainda que as práticas sejam "relativas" – cf. JÓNATAS MACHADO, *Direito Internacional Público*, 3ª ed., 2006, p. 359 e ss.

[57] Afirma-se a ideia de que os tratados internacionais sobre direitos humanos, por serem "normativos" e não se basearem na reciprocidade, estão sujeitos a um regime especial, designadamente em matéria de reservas e de denúncia, que são proibidas ou, pelo menos, dificultadas. Sobre as especificidades dos tratados de direitos humanos, v. a obra colectiva editada pela Venice Commission, *The status of international treaties on human rights*, 2006.

[58] Ou, pelo menos, como uma nova categoria de "indivíduos e grupos internacionalmente protegidos". Cfr., por todos, ao longo dos tempos, P. REUTER, *Droit International Public*, 5ª ed., 1976, p. 204 e ss.; SEIDL-HOHENVELDERN, *Völkerrecht*, 6ª ed., 1987, p. 172 e ss.; e, entre nós, A. QUEIRÓ, *Lições de Direito Internacional Público*, policop., 1960, p. 4 e ss. e p. 114; GONÇALVES PEREIRA/FAUSTO DE QUADROS, *Manual...*, *cit.*, p. 392 e ss; J. BACELAR GOUVEIA, *Manual de Direito Internacional Público*, 3ª ed., 2008, p. 604 e ss..

[59] O Protocolo facultativo anexo ao Pacto sobre Direitos Cívicos e Políticos da ONU foi entretanto assinado por 96 Estados membros (entre os quais, em 1992, a Federação Russa, mas não os EUA), e a jurisdição do Tribunal europeu passou a ser imperativa (a partir da entrada em vigor do Protocolo Adicional nº 11 em 1 de Novembro de 1998) para todos os países membros do Conselho da Europa (que, no entanto, já tinham emitido entretanto a declaração prevista nos artigos 25º e 46º da Convenção Europeia). Também a generalidade dos Estados signatários da Convenção Americana e da Carta Africana assinaram já os protocolos adicionais em que reconhecem a jurisdição dos Tribunais aí previstos.

seus que se considerem afectados no gozo de direitos consagrados em convenções internacionais de que aqueles são signatários – sobretudo quando esse recurso se faz para um tribunal e se revela, não obstante a ausência quase completa de meios de coerção, extremamente efectivo[60].

As dificuldades mantêm-se ao nível dos países asiáticos que, independentemente de até aceitarem e reivindicarem para as suas tradições culturais algumas das ideias fundamentais do movimento internacional pelos direitos humanos, lhe contrapõem, como vimos, o seu carácter político de afirmação da cultura ocidental e lhe reprovam (e temem) sobretudo a concepção de liberdade, que consideram excessivamente individualista, pondo em perigo valores comunitários importantes e identitários[61].

3.3. O conjunto dos «direitos fundamentais internacionais» ou «direitos humanos» apresenta algumas características específicas, pelo facto de pretender exprimir o *denominador comum* de sensibilidades bastante diversas, próprias de países com diferenças, por vezes radicais, de organização política, de estrutura social e económica, de tradição religiosa e cultural[62].

3.3.1. Por um lado, encontramos um catálogo de direitos que, não tendo o desenvolvimento só possível nos ordenamentos estaduais, também não se limita ao núcleo restrito dos direitos «naturais» do iluminismo moderno. Quer alguns direitos de liberdade, que são especialmente dirigidos à protecção de minorias concretas (rácicas, religiosas,

[60] V. P. van DIJK/G.J.H. van HOOF, *Theory and practice of the European Convention on Human Rights*, 1990.

[61] Algumas destas críticas não devem deixar de ser tomadas a sério, porque, de facto, não há necessariamente uma superioridade moral na tendência individualista e no grau de tolerância extremo das sociedades ocidentais perante determinados fenómenos sociais (como a pornografia, a idolatria do consumo ou a descaracterização da família) – em tese, a ideia «ocidental» de direitos fundamentais, se pretende ser universal, para além de aceitar o pluralismo cultural e a interculturalidade, terá de enriquecer-se no contacto com outras civilizações.

[62] Ao contrário do que às vezes acriticamente se afirma, os direitos fundamentais internacionais sempre manifestaram uma vocação *cosmopolita*, que, aliás, se encontra na própria origem do movimento no Ocidente.

políticas), quer, noutro plano, os direitos económicos, sociais e culturais (direitos ao trabalho, ao repouso, à educação, à saúde e habitação, p. ex.) não dizem respeito a um homem abstracto, «natural», intemporal, fora da História, mas, pelo contrário, a um homem concreto, situado na sua «circunstância» social, portador de interesses actuais em sociedades abertas.

E, além dos direitos do homem individual, topamos com «direitos» de grupos e de povos – como, por exemplo, o direito de livre determinação dos povos, que surge a abrir os Pactos Internacionais da ONU, bem como a Carta Árabe dos Direitos Humanos, e os direitos à autodeterminação, ao desenvolvimento, à paz, à segurança e a um ambiente saudável, constantes da Carta Africana – que, particularmente nos países do hemisfério sul, constituem condições culturais, organizativas e materiais importantes para a realização dos direitos humanos.

3.3.2. Por outro lado, não são uniformes, como se viu, nem o entendimento dos preceitos, nem o seu modo de aplicação, nem a sanção respectiva.

A diversidade de entendimento decorre do carácter necessariamente vago das formulações, somado ao facto de se digladiarem concepções distintas do homem e dos seus direitos fundamentais: a ocidental, na versão clássica ou na moderna (liberal-social), e as concepções comunitaristas, que reforçam a ideia dos direitos dos grupos e dos povos, enquanto condições objectivas da realização dos direitos individuais, bem como a influência da religião, designadamente nos países muçulmanos (que, em regra, aderem às convenções internacionais sob reserva da não ofensa à sharia).

As diferenças quanto à aplicação e à sanção, na parte em que não decorram já da desigualdade de entendimento, justificam-se pela necessidade de integrar o estatuto dos indivíduos no particular contexto socio-político dos Estados ou blocos que formam, em termos que suscitam por vezes a dúvida sobre se a universalização não é ainda meramente formal. Enquanto os países da Europa Ocidental reúnem e harmonizam internamente os componentes liberal, democrático e social dos direitos fundamentais, os Estados Unidos, ainda fortemente ligados à tradição originária do individualismo liberal, enfrentam dificuldades na aplicação de alguns direitos sociais e até políticos[63], outros países têm dificuldades, não apenas em assegurar os direitos sociais como mesmo alguns dos direitos pessoais mais elementares[64].

Contudo, é manifesta a crescente importância da *opinião pública internacional* nesta matéria, que, além de ser responsável pela proliferação de convenções internacionais, às quais adere um número crescente de Estados, alimenta as correntes de opinião interna que, imbuídas de uma perspectiva cosmopolita, lutam pela realização efectiva dos direitos humanos em todos os aspectos da vida[65].

Referindo-se esta perspectiva internacionalista a um determinado momento histórico, tem de ser sensível às diferenças culturais e de civilização, que determinam modos diversos de compreensão e realização dos direitos. Daí que, apesar da globalização, ainda seja no plano «regional» que os direitos internacionais encontrem protecção mais eficaz, designadamente através do poder judicial[66].

Mas, tal não implica no plano mundial uma elasticidade infinita dos direitos humanos, que, bem vistas as coisas, destruiria a sua razão de ser.

[63] Estão sobretudo em causa como circunstâncias condicionantes o sistema económico e o espírito colectivo, fortemente impregnados pela tradição liberal referenciada aos "founding fathers". Daí que seja igualmente difícil admitir certos limites às liberdades clássicas: os EUA só há pouco tempo ratificaram o Pacto da ONU sobre direitos políticos, porque isso implica uma restrição do alcance internamente reconhecido às liberdades constitucionalmente garantidas (p. ex., as liberdades de associação e manifestação, mesmo para organizações racistas; ou a liberdade de edição, que suportaria mal o «direito de resposta»), e não ratificaram o Pacto Internacional sobre direitos económicos, sociais e culturais.

[64] Aludindo à falência da protecção dos direitos nos países em desenvolvimento (por razões económicas, sociais e culturais, mas também por razões políticas), v. Y. Madiot, *ob. cit.*, p. 76 e ss.. Sobre a matéria, v. também C. Tomuschat, *Human rights in a world-wide framework – some current issues*, in *ZaöRV*, 45, 1985, p. 547.

[65] A opinião internacional e a actuação das instâncias internacionais desempenhou igualmente um papel visível para corrigir práticas nacionais mais ou menos enraizadas em alguns países europeus, que dificilmente seriam alteráveis pela via isolada da crítica interna, mesmo no espaço europeu (no Reino Unido, que não dispõe de uma Constituição escrita, foi muito importante o papel da Convenção Europeia dos Direitos Humanos e, recentemente, da Carta Europeia dos Direitos Fundamentais, que se corporizou no Human Rights Act (1998); v. também o papel do Direito internacional na Holanda, onde não há um controlo judicial da constitucionalidade das leis.

[66] V. a Declaração de Bangkok de 1999, em que se afirma a universalidade dos direitos humanos, baseada na natureza do homem, mas se chama a atenção para as inevitáveis diferenças religiosas, culturais e sociais entre os países do mundo.

Há um conjunto de direitos fundamentais, do qual decorrem todos os outros: o conjunto dos direitos que estão mais intimamente ligados à *dignidade* e ao valor da *pessoa* humana e sem os quais os indivíduos perdem a sua qualidade de homens. E, esses direitos (pelo menos, esses) devem ser considerados «património espiritual comum da humanidade» e não admitem, hoje, nem mais de uma leitura, nem pretextos económicos ou políticos para a violação do seu conteúdo essencial[67].

4. Uma dimensão constitucional positiva

4.1. As três perspectivas sumariamente enunciadas recortam círculos de direitos que não são coincidentes, mas tendem, designadamente nos ordenamentos europeus, a ser concêntricos: o mais vasto seria então o círculo dos direitos constitucionais e o mais restrito o dos direitos naturais.

Assim, a qualidade de «direitos naturais» só pode ser reivindicada para um núcleo limitado de direitos, mais directamente ligados à dignidade da pessoa humana e de que são paradigma figuras como o direito à vida, à integridade pessoal ou à liberdade (física e de consciência). São os primeiros a obter reconhecimento histórico (interno e internacional), gozando de relevo sistemático e, por vezes, de uma protecção especialmente intensa nas constituições dos Estados (cf., p. ex., o nº 6 do artigo 19º da Constituição portuguesa, relativo ao estado de sítio).

O conjunto de direitos que hoje é património comum da generalidade dos Estados inclui igualmente esses direitos naturais, mas, sobretudo no plano regional, não se circunscreve a eles: para além dos direitos dos povos, que não são configurados como direitos subjectivos, alarga-se, por exemplo, às liberdades cívicas e a direitos políticos, e espraia-se no domínio dos direitos económicos, sociais e culturais. Estes direitos «acrescidos», mesmo quando não representam em toda a sua extensão exigências imediatamente decorrentes e indissoluvelmente vinculadas à

[67] Formam *um código moral mínimo* da comunidade internacional (Michael Walzer). Neste sentido, já Rui Machete, *Os Direitos do Homem no Mundo,* p. 43 e ss., que concluía que as confrontações a respeito dos direitos do homem eram, neste campo, a confrontação entre os sistemas democráticos e os poderes totalitários. No dizer do antigo Secretário-Geral da ONU, Kofi Anan, não são os povos, mas os seus líderes, que contestam politicamente nalgumas áreas do globo o movimento internacional pelos direitos humanos – afirmação que deve ser entendida como expressão da ideia de que o *pluralismo cultural* não pode ser utilizado para justificar o relativismo ético ou a arbitrariedade despótica.

natureza humana, derivam dela num segundo grau e tomam a sua forma em virtude das particulares circunstâncias históricas e sociais em que se desenrola a vida dos indivíduos[68].

Por último, os novos catálogos constitucionais tendem a ser mais ambiciosos, assegurando a protecção formal de novos aspectos da personalidade e do bem-estar dos cidadãos e dos trabalhadores, conferindo-lhes garantias de conteúdo mais concreto e de alcance mais vasto.

Neste enquadramento, o nosso estudo vai incidir sobre os direitos fundamentais constitucionais, ou seja, sobre os direitos fundamentais em sentido estrito[69] e, mais concretamente, sobre os direitos na Constituição portuguesa de 1976: será, por isso, no essencial, um estudo de direito constitucional[70], embora, como veremos, ele não possa prescindir da consideração do direito internacional e europeu.

4.2. A autonomia da perspectiva constitucional é, no entanto, clara e não se esgota na circunstância formal atrás salientada de os direitos estarem previstos em preceitos da Constituição.

Em primeiro lugar, mesmo que as formulações sejam idênticas, o sentido dos direitos fundamentais não é necessariamente o mesmo quando estão integrados numa Constituição concreta. As normas que os contêm são interpretadas, reguladas e aplicadas no quadro global da Constituição e sofrem, por isso, pelo seu lado e necessariamente, a influência das fórmulas de organização do poder político, dos princípios constitucionais gerais e mesmo das posições relativas entre os diversos direitos. A conotação e o contexto do *sistema* dos direitos determinam o ambiente em que estes juridicamente vivem, condicionando, por essa via, o seu próprio alcance normativo.

[68] Isto não significa que estes direitos sejam juridicamente menos valiosos. Por outro lado, pretende-se estabelecer um catálogo de direitos que possa ser protegido pela generalidade dos ordenamentos jurídicos internos, mas que tende à universalização.

[69] Tendo isto em vista, poderíamos convencionar que da pluralidade de designações que nos oferece a matéria, a expressão «direitos fundamentais», sem deixar de ser um super-conceito, designaria em sentido estrito os direitos constitucionalmente protegidos; à perspectiva internacionalista atribuir-se-ia o termo «direitos do homem», ou, melhor, o de «direitos humanos», e guardar-se-iam as fórmulas «direitos naturais, «direitos originários», e em geral as que transportam uma carga afectiva (direitos «imprescritíveis», «inalienáveis», «invioláveis») para a dimensão filosófica.

[70] Também se distingue da perspectiva do direito civil, que limita o seu estudo aos "direitos de personalidade", que estão hoje igualmente previstos no catálogo constitucional.

Em segundo lugar, os direitos fundamentais previstos na Constituição são muitas vezes, quanto ao seu conteúdo, mais concretos e específicos. A sua maior proximidade do real, designadamente quando são normas de aplicação imediata, obriga a formulações mais claras e de mais perfeita intencionalidade, bem como a uma interpretação mais densificada. Acresce que os direitos se desdobram em novos aspectos ou mesmo em novos direitos perante a pressão das necessidades práticas de protecção jurídica dos particulares.

Por último, os direitos fundamentais consagrados na Constituição têm uma juridicidade específica por constarem desse instrumento de direito interno escrito. O seu valor jurídico e a sua força de conformação comandam hoje todo o ordenamento jurídico, impondo-se ao legislador democrático por força do princípio da constitucionalidade (artigo 3º, nº 3, da Constituição). Na expressão de Krüger, se, antes, os direitos fundamentais só existiam no quadro das leis, hoje, as leis só valem no quadro dos direitos fundamentais.

4.3. Tal não significa, porém, que, ao continuarmos o nosso caminho, tenhamos segregado de vez os direitos naturais dos homens (pessoas) ou os direitos que lhes são reconhecidos pela «consciência universal» na sociedade internacional.

Desde logo, essas dimensões dos direitos fundamentais estão presentes na história dos nossos preceitos positivos, na sua história longínqua, como na sua história próxima: não só alguns direitos positivos começaram por resultar da positivização de direitos considerados naturais[71], buscando nessa alegada transcendência um argumento de legitimidade para a sua efectivação, como o conteúdo e a própria designação dos nossos direitos actuais foram em grande medida inspirados pelas declarações e pactos internacionais[72].

Mas, mais importante do que isso é o facto, já atrás aludido, de os direitos humanos assumirem, *nessa sua qualidade de direitos internacional-*

[71] Caso curioso é, por exemplo, o do artigo 7º da Constituição de 1822, que começa por afirmar um direito do homem (natural), do qual retira como consequência («conseguintemente») um direito fundamental (positivo).

[72] Sobre essa concreta influência, v. Jorge Miranda, A *Declaração Universal...*, *cit.*, pp. XXVI-XXVII.

mente reconhecidos e protegidos, uma relevância cada vez mais decisiva no contexto do nosso ordenamento jurídico interno.

4.3.1. a) Os "direitos humanos" fazem parte integrante do direito português, por constituírem princípios de direito internacional geral (artigo 8º, nº 1, da Constituição) ou por constarem de convenções internacionais regularmente ratificadas e publicadas (artigo 8º, nº 2). E, em qualquer dos casos, são perfilhados pela ordem jurídica portuguesa com o carácter e o valor jurídico de direitos fundamentais constitucionais (artigo 16º, nº 1).

De acordo com a opinião comum da doutrina, estabelece-se nestas disposições um sistema de *recepção plena* do direito internacional geral e convencional, de modo que as normas internacionais vigoram automaticamente na ordem interna sem perderem o seu carácter internacional, isto é, sem se *transformarem* em normas de direito nacional[73].

Isto significa, por exemplo, para quem descortina em certas normas constantes da Declaração Universal dos Direitos do Homem princípios de direito internacional comum[74], que essas normas são directamente aplicáveis enquanto tais no ordenamento jurídico português.

Por outro lado – e aqui já não haverá dúvidas significativas – vigoram também na ordem interna portuguesa os preceitos da Convenção Europeia para Salvaguarda dos Direitos Humanos, dos Pactos Internacionais das Nações Unidas sobre os Direitos Cívicos e Políticos e sobre os Direitos Económicos, Sociais e Culturais e, em geral, de todas as Convenções ratificadas pelo Estado português que contenham normas relativas a direitos fundamentais[75].

[73] Nesse sentido, há muito, Gonçalves Pereira, O *direito internacional na Constituição de* 1976, *Estudos sobre a Constituição, vol.* I, 1977, p. 39 e s.; Jorge Miranda, *A Constituição de* 1976, 1978, p. 297; Gomes Canotilho/Vital Moreira, *Constituição da República Portuguesa*, comentários ao artigo 8º; Gonçalves Pereira/Fausto de Quadros, *Manual...*, cit., p. 108 e ss. Sobre os diversos sistemas e a evolução do direito português, v. Rui Moura Ramos, *A Convenção Europeia dos Direitos do Homem – Sua posição face ao ordenamento jurídico português*, in *Documentação e Direito Comparado*, vol. 5º, 1981, p. 97 e ss., nºs 8 a 11.

[74] É a posição de Afonso Queiró, *ob.cit.* (n. 11), p. 325 e s, e de Jorge Miranda, *Manual...*, *cit.*, T. II, 7ª ed., 2013, p. 37 e ss, à qual damos o nosso acordo.

[75] V. as Leis nº 29/78, de 12 de Junho, 45/78, de 11 de Julho, 65/78, de 13 de Outubro e 13/82, de 15 de Junho, em que a AR aprovou para ratificação, respectivamente, o Pacto Internacional sobre os Direitos Cívicos e Políticos (PIDCP), o Pacto Internacional sobre os Direitos

Do exposto decorre que os órgãos aplicadores do direito, designadamente os tribunais e a administração pública, têm o dever de conhecer e de aplicar esses preceitos de direito internacional.

Ainda se discute, porém, o lugar que estes preceitos ocupam na hierarquia das fontes de direito interno, continuando ainda a ser dominante a opinião de que eles ocupam uma posição inferior às normas constitucionais[76], ou seja, que só são de aplicar internamente na medida em que não forem desconformes com a Constituição[77].

Em matéria de direitos fundamentais, pode, contudo, invocar-se o nº 1 do artigo 16º, no sentido de um reconhecimento das respectivas convenções como integrando a «constituição material» portuguesa, susceptível de fornecer parâmetros de aplicação judicial das normas internas, no quadro da interpretação em conformidade com o direito internacional[78].

Económicos, Sociais e Culturais (PIDESC), a Convenção Europeia para Salvaguarda dos Direitos Humanos (CESDH) e o Protocolo Adicional ao primeiro dos Pactos. Portugal ratificou também entretanto o Segundo Protocolo Adicional ao PIDCP, o Protocolo Facultativo do PIDESC e os protocolos adicionais à CESDH (o 16º foi assinado em 3 de Outubro de 2013). V. uma colectânea dos textos normativos em vigor em Luís Barbosa Rodrigues, *Direito Internacional dos Direitos Humanos*, 2018.

[76] V. artigos 277º, 278º, nº 1; 280º, nºs 1 e 3, da CRP. Sobre o problema, v. Jónatas Machado, *ob.cit.*, 2006, p. 170 e ss (175).

[77] Isto sem prejuízo de essas normas vincularem externamente o Estado português. Há, contudo, normalmente o cuidado dos Estados em não se obrigarem internacionalmente a cumprir normas internamente inaplicáveis por força de preceitos constitucionais (ou que iriam implicar a alteração de disposições legislativas ordinárias que se quer manter). Quando se trate apenas de alguns aspectos dos tratados, isso pode ser conseguido através da ratificação com reservas, nos termos admitidos pela convenção respectiva. Assim, Portugal, ao ratificar a CESDH formulou, nas condições e com o alcance aí estabelecidos, reservas para salvaguardar a aplicação de diversas normas constitucionais (hoje reduzidas à reserva do actual artigo 292º – punição dos ex-agentes da PIDE/DGS). As restantes – relativas à prisão disciplinar de militares, à proibição de televisão privada, à proibição do *lock-out*, à imposição do serviço cívico obrigatório, à proibição de organizações de ideologia fascista, à não confessionalidade do ensino público e fiscalização estadual do ensino particular, bem como a possibilidade de expropriações sem indemnização – perderam a sua razão de ser por alterações da legislação interna, ou foram retiradas, por desnecessárias. V. a Lei nº 65/78, de 13 de Outubro, e a Lei nº 12/87, de 17 de Abril, onde estas reservas foram, respectivamente, enunciadas e, em parte, retiradas.

[78] Sobre este problema, a propósito da Convenção Europeia, v., por último, J. M. Cardoso da Costa, *Le Tribunal constitutionnel portugais et les jurisdictions européennes*, in *Protection des droits de l'homme: la perspective européenne, Mélanges à la mémoire de Rolv Ryssdal*, 1999, p. 193 e

Nas relações tratado-lei, em geral, embora por vezes ainda se discuta se os preceitos de direito convencional prevalecem sobre as leis ordinárias posteriores à sua recepção no ordenamento interno, isto é, se têm valor supra-legal, nunca ninguém recusou aos tratados internacionais um valor pelo menos equivalente ao das leis ordinárias[79].

As normas internacionais relativas a direitos fundamentais valem, nestes termos, na ordem jurídica portuguesa e a sua importância prática é crescente, embora varie em função da sua capacidade para concretizar o sentido ou colmatar as insuficiências do catálogo constitucional[80], designadamente no que toca à limitação dos poderes do legislador ordinário quando este regulamenta ou restringe os direitos previstos na Constituição[81].

A este propósito, importa salientar uma vez mais que os preceitos de direito internacional, ao manterem, por decisão constitucional, essa sua qualidade dentro do ordenamento português, devem ser interpretados de acordo com critérios de direito internacional, isto é, valem com o sentido que lhes é atribuído pelos tribunais competentes na comunidade jurídica internacional, desde que esse sentido não contrarie os princípios fundamentais da nossa Constituição[82].

ss (206 e ss), em que se refere a posição do TC (designadamente nos Acórdãos nºs 529/94, 223/95 e 352/98), que considerou a CESDH como «fonte auxiliar» de direito constitucional, mas hesitou em qualificá-la como «fonte directa» de direito constitucional em termos de valer como padrão autónomo de fiscalização da constitucionalidade.

[79] Defendendo o valor supra-legal dos tratados, Jorge Miranda, p. 323; Moura Ramos, nº 18; Gonçalves Pereira/Fausto de Quadros, p. 119 e ss; Jónatas Machado, p. 175 e ss (nas obras citadas *supra*). Sustentando a equivalência, Barbosa de Melo, *A preferência da lei posterior...*, in *Colectânea de Jurisprudência*, IX, T. IV, 1989, p. 11 e ss.. V. o artigo 70º, 1, i) da LTC, que prevê expressamente a fiscalização pelo Tribunal Constitucional de leis contrárias a convenções internacionais e, sobre o problema, Gomes Canotilho, *ob. cit.*, p. 1041 e ss.

[80] Essas insuficiências revelaram-se sobretudo em matéria de acesso aos tribunais, sobretudo por atrasos na realização da justiça, embora a revisão de 1997 tenha entretanto consagrado expressamente o direito de todos a uma «decisão em prazo razoável e mediante processo equitativo» (artigo 20º, nº 4) – cfr., por todos, J. M. Cardoso da Costa, *ob. cit.*, p. 210.

[81] Esta influência poderá ser especialmente nítida quando, por indicação do artigo 17º (por analogia), os direitos fundamentais internacionais beneficiem do regime material dos direitos, liberdades e garantias.

[82] A circunstância não é de desprezar, dado que os critérios de interpretação de uso corrente em direito internacional são diferentes dos internos – é mais acentuado, por exemplo, o recurso a elementos subjectivos e à letra do preceito – e podem conduzir, por essa razão, a resultados diversos. Sobre o problema, v. Rui Moura Ramos, *ob. cit.*, nº 19 e ss..

Nessa medida, os preceitos internacionais podem interferir de modo directo na protecção interna dos indivíduos, em virtude da sua relevância internacional dentro dos Estados[83] – relevância que os tribunais nacionais tendem a acentuar no "diálogo judicial" com o TEDH, adoptando frequentemente os critérios utilizados por essa jurisdição[84] na aplicação das normas relativas aos direitos fundamentais que são comuns aos catálogos da Constituição e da Convenção Europeia[85].

E, para além desta aplicação do direito internacional pelos tribunais nacionais, há que ter em conta ainda a responsabilidade internacional dos Estados perante os tribunais internacionais, designadamente perante o TEDH, quando os cidadãos sejam afectados por sentenças das jurisdições nacionais ou não obtenham, através delas, protecção contra medidas estaduais que ofendam direitos inscritos na Convenção.

b) Por sua vez, a adesão de Portugal às Comunidades Europeias acentuou esta linha de reforço do direito internacional, já que a jurisprudência do Tribunal do Luxemburgo (actualmente TJUE) sempre afirmou que o primado do direito comunitário sobre o direito nacional se estendia ao próprio direito constitucional, no que foi entretanto

[83] Assim, o Estado português é levado a alterar a sua legislação ou a corrigir a sua prática, por força de «sentenças» do Tribunal Europeu dos Direitos Humanos ou dos «pontos de vista» do Comité de Direitos Humanos das Nações Unidas, já que produziu as declarações (na altura facultativas) a que se referiam os artigos 25º e 46º da Convenção Europeia e aderiu ao Protocolo Adicional ao Pacto sobre Direitos Cívicos e Políticos (Lei nº 13/82, de 15 de Junho) – isto é, admite o recurso directo de cidadãos portugueses a instâncias internacionais, submetendo-se à jurisdição destas.

[84] V., por exemplo, o Acórdão do STA de 28/11/2007, que determina a aplicação directa dos critérios do TEDH na indemnização por violação do direito a decisão em prazo razoável, quanto a danos morais indemnizáveis, critérios diferentes dos até então aplicados e que decorriam de uma interpretação consolidada do nosso Código Civil. Ou o Acórdão do STJ de 30/06/2011, que considera que os tribunais internos têm de "acatar a orientação jurisprudencial do TEDH" na resolução de um conflito entre a liberdade de expressão e o direito à honra – asserção conclusiva que, contudo, não subscrevemos, tendo em conta que se deve preservar, na ponderação concreta de direitos fundamentais, a riqueza da heterogeneidade cultural das nações europeias.

[85] Embora a tendência seja para os Tribunais reconhecerem uma "protecção equivalente" aos respectivos catálogos normativos, são inevitáveis os conflitos nos casos em que os tribunais têm competência para se pronunciarem sobre a mesma questão – conflitos que a afirmação do "princípio do nível mais elevado de protecção" não é capaz de resolver satisfatoriamente.

acompanhado por boa parte da doutrina[86] e, em certa medida, pela jurisprudência constitucional portuguesa[87].

No plano dos direitos fundamentais, a questão releva, quer quanto à possibilidade de invocação de direitos previstos na Constituição para obstar à aplicação interna do direito da União Europeia[88], quer quanto à possibilidade de invocação, contra restrições nacionais fundadas em normas constitucionais, de direitos consagrados nos tratados, sobretudo quanto às liberdades económicas fundamentais, tendo em conta o alcance amplo que lhes foi dado pela jurisprudência do Tribunal de Justiça, baseado nas «tradições constitucionais comuns» dos Estados membros nesta matéria[89], bem como nas orientações decorrentes dos tratados de salvaguarda de direitos fundamentais por estes subscritos, em especial a CESDH. Acresce que, a partir do Tratado de Amesterdão, a Carta Social Europeia e a Carta Comunitária dos Direitos Sociais Fundamentais dos Trabalhadores passaram a ser reconhecidas no Tratado CE como quadro e referentes de toda a política social comunitária[90]. E, sobretudo, que, após o Tratado de Lisboa, a Carta dos Direitos Fun-

[86] Sobre o problema, v. Gomes Canotilho, *Direito Constitucional..., cit.*, p. 822 e ss; A Sousa Pinheiro, M. J. Brito Fernandes, *Comentário à IV Revisão Constitucional*, 1999, comentários ao artigo 8º e, após a revisão constitucional de 2004, Fausto de Quadros, *Direito da União Europeia*, 2004, p. 396 e ss (410 e ss).

[87] V., sobre este aspecto, Cardoso da Costa, *O Tribunal Constitucional português e o Tribunal de Justiça da Comunidades Europeias*, in *Ab vno ad omnes*, 75 Anos da Coimbra Editora, 1998, p. 1363 e ss, bem como a ob. cit., p. 202 e ss.

[88] Possibilidade actualmente definida no artigo 8º, nº 4, da Constituição, ao limitar o primado do direito da União Europeia pelo "respeito pelos princípios fundamentais do Estado de direito democrático" – entre os quais se inclui seguramente o respeito pelos direitos, liberdades e garantias das pessoas. Até agora não houve casos em Portugal, mas problema idêntico já se suscitou na Alemanha (v. as sentenças do BVerfG Solange I e II e Maastricht-Urteil, e, mais recentemente, a Lissabon-Urteil 2016), e em Itália, suscitados pela Corte Costituzionale italiana, que defende a doutrina dos "controlimiti" – v. as sentenças do TJUE nos casos Taricco I (C – 105/14) e Taricco II (C – 42/17).

[89] Jurisprudência que cedo se foi afirmando, desde um *obiter dictum* no Acórdão *Stauder* (Acórdão de 12 de Novembro de 1969, 29/69), sucessivamente, no Acórdão *Internationale Handelsgesellschaft* (Acórdão de 17 de Dezembro de 1970, 11/70), no Acórdão *Nold* (Acórdão de 14 de Maio de 1974, 4/73), no Acórdão *Rutili* (Acórdão de 28 de Outubro de 1975, 36/75), no Acórdão *Hauer* (Acórdão de 13 de Dezembro 1979, 44/79) e no Acórdão *Wachauf* (Acórdão de 13 de Julho de 1989, 5/88) – v., por todos J. L. Cruz Vilaça, *Os direitos fundamentais...*, cit..

[90] V., por todos, Maria Luísa Duarte, *ob.cit.*, p. 33.

damentais da União Europeia passou a ter, como vimos, o mesmo valor dos tratados, obrigando directamente os Estados membros, quando estes apliquem direito da União – situações cada vez mais frequentes.

A Carta passou a constituir um nível «constitucional» de direitos fundamentais aplicáveis nas relações jurídicas comunitárias no âmbito da União Europeia[91], servindo como parâmetro de validade e critério de interpretação e aplicação de todo o direito da União ("interpretação conforme os direitos fundamentais"), designadamente do direito derivado (regulamentos e directivas), regendo, a par das actuações (normativas e concretas) dos órgãos das *instituições europeias*, as actuações *estaduais* de aplicação do direito europeu – os cidadãos portugueses, como os dos restantes Estados membros, são titulares dos direitos consagrados na Carta, que podem invocar também perante as autoridades nacionais, quando estas actuem no contexto das matérias europeias, sem necessidade de qualquer acto estadual de recepção, ou sequer de regulação, se forem direitos imediatamente exequíveis[92].

c) Refira-se, por fim, que continua a fazer sentido a referência normativa constante do nº 2 do artigo 16º da Constituição, nos termos da qual «os preceitos constitucionais e legais relativos aos direitos fundamentais devem ser interpretados e integrados de harmonia com a Declaração Universal dos Direitos do Homem».

A Declaração Universal, independentemente de vigorar já na ordem portuguesa por consagrar preceitos de direito internacional geral, tem especialmente entre nós um papel de referência axiológica, sinalizando uma concepção pluralista e democrática do sistema, ao mesmo tempo que intervém na interpretação e integração dos preceitos internos relativos aos direitos fundamentais.

[91] Sobre a natureza da Carta e os meios de tutela que oferece, v., entre nós, MARIA LUÍSA DUARTE, *A Carta de Direitos Fundamentais da União Europeia – Natureza e Meios de Tutela*, in *Estudos em homenagem à Professora Doutora Isabel de Magalhães Colaço*, vol. I, 2002, p. 723 e ss. V. ainda MIGUEL POIARES MADURO, *A Constituição plural*, 2006, p. 297 e ss.

[92] Claro que isso aumenta os problemas de conflito, que já existiam no seio dos tribunais nacionais, entre a aplicação da Carta, enquanto direito europeu primário, e a da Constituição nacional (de algum modo um conflito de "interconstitucionalidade"). Sobre os diversos entendimentos da primazia do Direito da União Europeia nos Estados membros, dando conta da inclinação portuguesa para uma tendencial paridade com o direito constitucional, que critica, v. JÓNATAS MACHADO, *ob. cit.*, p. 67 e ss (73 e ss).

Da disposição transcrita parece resultar a consagração, para esses preceitos, de um *princípio de interpretação em conformidade com a Declaração Universal.*

O conteúdo do princípio não é evidente, mas julgamos poder reconhecer-lhe, pelo menos, o seguinte alcance normativo: no caso de a aplicação dos critérios gerais de interpretação das normas constitucionais revelar diversos sentidos possíveis, impõe a escolha daquele que seja mais conforme ao conteúdo de sentido da Declaração, se algum deles claramente o for; em qualquer caso, influencia a concretização do sentido dos preceitos, designadamente quando se trate do preenchimento de conceitos indeterminados; dá unidade ao quadro de valores que deve presidir à descoberta das soluções para as eventuais «lacunas» do ordenamento nesta matéria[93].

4.3.2. E, se a opção por uma perspectiva constitucional não permite a recusa de albergaria aos direitos fundamentais internacionais, que nos entram portas adentro em posição dominante, tão pouco justifica o abandono da dimensão filosófica ou jusnaturalista.

A Constituição portuguesa não reivindica para si as prerrogativas de *criador* dos direitos fundamentais, não concebe estes como meros produtos da sua vontade constituinte. Parece, pelo contrário, admitir, mais modestamente, que, no seu núcleo essencial, se limitou a *reconhecer os* direitos fundamentais, que existem para além do catálogo que formulou e que não estão sujeitos aos seus poderes de livre disposição.

Como acabamos de ver, a nossa lei fundamental confia à Declaração Universal dos Direitos do Homem um papel de relevo na interpretação e integração dos preceitos relativos aos direitos fundamentais.

Ao fazê-lo, não tem certamente por objectivo a descoberta de uma solução eficaz para um problema de técnica jurídica, pois que tal não justificariam nem a clareza nem a completude da Declaração Universal, sobretudo se comparadas com outros instrumentos mais acabados (p. ex., os Pactos Internacionais das Nações Unidas ou a Convenção Europeia).

Também é evidente que não se trata apenas de afinar as normas internas pelas concepções dominantes na comunidade internacional, na

[93] Sobre os problemas de aplicação da DUDH, incluindo os preceitos que prevêem limites dos direitos, v. JORGE MIRANDA, *Constituição Portuguesa Anotada*, Tomo I, 2ª ed., 2010, p. 296 e ss.

perspectiva de uma «uniformização normativa» monista: não seria este um meio adequado para o fazer e não é crível que fosse essa a intenção num sistema que não abdica incondicionalmente da superioridade do direito constitucional interno sobre o direito internacional – quando muito, a referência pode ser lida como a abertura para uma concepção cosmopolita do nosso catálogo jusfundamental.

Pretende-se, sim, proclamar a subordinação do catálogo interno de direitos fundamentais a um *princípio de valor* que transcende a vontade política dos Estados: a «dignidade inerente a todos os membros da família humana», que é «fundamento da liberdade, da justiça e da paz no mundo», como se lê no Preâmbulo da Declaração Universal[94].

A Declaração Universal, que consagra esse valor do Homem como «ideal comum de todos os povos e nações», é, por essa boa razão, escolhida como factor de unidade na interpretação do conjunto dos direitos fundamentais. Só que essa trans-estadualidade, que em primeira linha se crisma na remissão do nº 2 do artigo 16º, é afinal, do mesmo modo, um sinal exterior da indicação do valor da pessoa humana individual como *referente* necessário para a compreensão dos preceitos relativos aos direitos fundamentais – afinal, uma coisa magna ("one big thing") que, como o ouriço, reconhecemos[95].

Essa indicação pode retirar-se da interpretação articulada das diversas normas, designadamente das que integram a Parte I da Constituição, mas fica, em nosso entender, inequivocamente confirmada pela remissão feita para a Declaração Universal.

Quer isto dizer que a aplicação (e o «conhecimento») dos preceitos relativos aos direitos fundamentais pressupõe uma dimensão extraconstitucional e transpositiva destes, que tem como centro de referência a dignidade da pessoa humana: nesse sentido e nessa medida pressupõe a dimensão que denominamos filosófica ou jusnaturalista[96].

[94] Nesse sentido, Jorge Miranda, *A Declaração Universal, cit.*, p. XXVII e *Estudos sobre a Constituição*, vol. I, p. 60, onde refere que no nº 2 do artigo 16º se consagra uma «concepção duplamente jusnaturalista e universalista dos direitos do homem».

[95] Referimo-nos à obra de Ronald Dworkin, *Justice for Hedgehogs*, 2011, que enuncia os princípios do "equal respect" e do "equal concern", como fundamentos do bem viver ("living well"), distinto da boa vida ("good life"), no seio de uma "comunidade complexa e madura".

[96] Sobre a necessidade de um «referente» na interpretação (aplicação) dos preceitos jurídicos em geral, e sobre o paralelismo entre os postulados hermenêuticos e os do «Direito Natural», v. Baptista Machado, *ob. cit.*, (n. 11), p. 205 e ss., 210 e ss..

Na realidade, como veremos, a ideia filosófica dos direitos é decisiva para a delimitação do âmbito da matéria e para a compreensão do sentido dos direitos fundamentais, revela-se um elemento relevante na ponderação de bens jurídicos necessária à resolução de conflitos normativos, bem como um critério irrenunciável para a determinação do «conteúdo essencial» dos preceitos, que serve como limite dos limites que a estes podem ser impostos ou reconhecidos.

Com isto não vai afirmado que o nosso ordenamento constitucional esteja submetido, mesmo neste âmbito restrito, a uma ordem de valores mítica, abstracta e perfeita, a um *direito natural* de tal maneira concebido que, a partir da definição de uma imutável «natureza humana», imponha do exterior (de outro mundo) um sistema de valores como modelo pronto e acabado[97].

Em primeiro lugar, o princípio da *dignidade* de cada pessoa, entendida esta como *ser humano livre e responsável*, é um princípio que, se regula e dá fundamento às normas jurídicas que lhe são referidas[98], não impõe, nem pode impor sem íntima contradição, um figurino determinado de homem[99]: é um princípio que contribui para a abertura do sistema jurídico dos direitos fundamentais, não um princípio unicitário e totalizante que o encerra num dogmatismo, qualquer que ele seja[100].

Em segundo lugar, o princípio da dignidade humana não é uma mera abstracção, não vale como pura idealidade: nesta sua qualidade de princípio jurídico vigora em regra através das normas positivas e realiza-se

[97] Nas considerações sumárias que a seguir se fazem está subentendida a lição de CASTANHEIRA NEVES que, desde a sua Questão-de-facto, Questão-de-Direito, 1967, construiu uma resposta global e ordenada para os problemas fundamentais do Direito no mundo de hoje. Veja-se hoje a recolha de textos em Digesta – Escritos acerca do Direito, do Pensamento Jurídico, da sua Metodologia e Outros, 2 vols, 1995.

[98] Como veremos mais tarde, a ideia de dignidade da pessoa humana tem uma dimensão negativa (o homem não pode ser tratado como uma coisa) e dimensões positivas, associadas às necessidades primárias, materiais e espirituais, de realização individual e social. Sobre o princípio, que abre a Constituição alemã, como a portuguesa, v. H. DREIER, *Grundgesetz Kommentar, Art. 1.1.*, Bd. 1 , 1996, p. 121 e ss.

[99] Referindo-se à abertura do homem como *ser indeterminado e inespecializado*, CASTANHEIRA NEVES, *A Revolução e o Direito*, 1976, p. 79 e ss. e 155.

[100] Não é assim, evidentemente, para aqueles que acreditam ter determinado a fórmula da felicidade humana e que, no intuito de a pôr em prática, pretendem amarrar os indivíduos a esquemas fixos de comportamento no contexto de uma sociedade total(itaria)mente planificada nesse trânsito para a perfeição.

mediante o consenso social que suscita, projectando-se na consciência jurídica constituinte da comunidade[101].

É que a vida social-histórica de que brotam as normas jurídicas não se reduz aos factos puros e contingentes nem segrega apenas «ideologias», revela também e constitui uma cultura, um consenso axiológico-normativo, mais profundo mas nem por isso menos real[102].

4.4. Dito isto, podemos perceber que a anunciada opção pelo estudo da dimensão constitucional dos direitos fundamentais não dispensa a consideração das outras perspectivas, visto que, por um lado, a Constituição se abre, numa dimensão *cosmopolita,* aos princípios e normas de direito europeu e internacional e, por outro, o conjunto dos direitos fundamentais está referido à ideia de *dignidade da pessoa humana* inscrita na consciência jurídica geral enquanto dimensão nuclear da cultura social, cívica e política de uma "sociedade avançada".

[101] Castanheira Neves afirma que «a consciência jurídica geral é a objectivação histórica da validade comunitária» (*A Unidade do Sistema jurídico, in Digesta, cit,* vol. 2º, p. 174 e ss) e fala da «historicidade ontológica» dos valores da pessoa humana (v. *A Revolução e o Direito, cit.,* p. 79 e ss. e 190 e ss). Baptista Machado diz que não pode falar-se em Direito sem uma positividade ou eficácia social-histórica, que articule a idealidade dos valores com a factualidade da vida histórica *(ob. cit.,* p 205 e 212, respectivamente).

[102] É nesse consenso cultural que radica a obrigatoriedade jurídica do respeito pela dignidade (absoluta) da pessoa-valor, «ideia fundamental de justiça» (Bachof, *Normas Constitucionais Inconstitucionais?,* prefácio à tradução portuguesa de J. M. Cardoso da Costa, 1977, p. 1 e 2), «sentido primeiro da ideia de Direito» (Castanheira Neves, *Questão-de-facto..., cit.,* p. 572). Gomes Canotilho, *ob. cit.,* p. 81, fala de «padrões e modelos de conduta espirituais, culturais, éticos e sociais radicados na consciência jurídica geral da comunidade e, nesta medida, considerados como *vontade do povo*».

Capítulo II
Os direitos fundamentais no contexto da sua evolução histórica

1. A concepção liberal originária

Os direitos fundamentais triunfaram politicamente nos fins do século XVIII com as revoluções liberais. Aparecem, por isso, fundamentalmente, como *liberdades,* esferas de autonomia dos indivíduos em face do poder do Estado, a quem se exige que se abstenha, quanto possível, de se intrometer tanto na vida económica e social, como na vida pessoal. São liberdades sem mais, puras autonomias sem condicionamentos de fim ou de função, responsabilidades privadas num espaço autodeterminado.

Liberdades individuais que, no entanto, não são caoticamente ou anarquicamente entendidas, pois actuam num contexto social e político organizado, onde procuram a segurança colectiva em contrapartida da qual aceitam limitar-se ("contrato social").

O liberalismo pressupõe o indivíduo como ponto de partida. Por isso, explica contratualmente a sociedade e o Estado. Por isso, estabelece o processo e as condições de formação das leis no pressuposto antropológico da opinião própria.

Assim como a economia era vista numa perspectiva micro-económica, também a vida política era concebida numa visão micro-política.

Mas, o mercado político, tal como o económico, exige uma certa racionalidade, tendente ao óptimo, e postula, para esse fim, um conjunto de condições.

Exige-se, em primeiro lugar, o atomismo e a mobilidade dos intervenientes, não se admitindo solidariedades particulares ou arranjos moleculares de interesses parciais que prejudiquem a independência dos agentes e a sua exclusiva vinculação às exigências da Razão e do interesse geral, isto é, que ponham obstáculos à providência da «mão invisível». Daí que fossem proibidos os grupos e todas as associações parciais, consideradas como formas de sedição, pois promoviam interesses egoísticos e mesquinhos, opressores da verdadeira liberdade[103].

Por outro lado, não pode haver comportamento racional sem informação suficiente, sem publicidade. A construção individual da «vontade geral» – a ascensão ao interesse «nacional» – exige cidadãos esclarecidos («ilustrados»), que tenham tempo para se cultivarem e que não vejam a realidade distorcida por necessidades (materiais) que corrompem. Daí que se reservasse o direito de voto e o de ser eleito aos proprietários, a uma nova aristocracia, absolvida de interesses, rica porque diligente ou abençoada («beati possidentes»)[104], que constituía a «nação activa».

A *propriedade* tornava-se, assim, mais que o conteúdo de um direito fundamental, uma condição objectiva e uma garantia de *liberdade* – constituindo e distribuindo o poder de escolha (de compra) – e, simultaneamente, de *felicidade* – permitindo o equilíbrio óptimo das preferências sob o signo da verdade racional da *lei*, no «melhor dos mundos possíveis»[105]-[106].

[103] Assim, por exemplo, na Inglaterra, que as proibiu em 1799-1800 pelos *Combination Acts*, e em França, onde, entre 1790 e 1792, várias leis – das quais a mais conhecida é a *Loi Le Chapelier* (1791) – proibiram sucessivamente congregações religiosas, corporações de mesteres e associações operárias. Cf. p. ex., J. ROBERT, *Droits de l'homme et libertés fondamentales*, 6ª ed., 1996, p. 757.

[104] Convergiram neste sentido as teses calvinistas da recompensa divina e a experiência da «subida na vida» muito característica da fase ascética do capitalismo.

[105] Sobre a construção política liberal, v., por todos, a obra clássica de ROGÉRIO SOARES, *Direito Público e Sociedade Técnica*, 1969, p. 39 e ss..

[106] Não se quer com isto afirmar que os direitos fundamentais tivessem surgido exclusivamente ou no essencial como expressão de interesses capitalistas. De facto, o aspecto primeiro e mais relevante na história dos direitos fundamentais parece ter sido o da protecção contra a detenção e incriminação arbitrárias, muitas vezes determinadas por razões de ordem confessional: o *habeas corpus* é, neste sentido, uma espécie de direito fundamental originário (*Urgrundrecht*). Cfr. MARTIN KRIELE, *Zur Geschichte der Grund-und Menschenrechte*, in *Öffentliches Recht und Politik*, 1973, p. 204 e ss..

Por sua vez, a *segurança* constitui o pressuposto da liberdade. O Estado não pode intrometer-se na vida de cada um, deve deixar que os indivíduos encontrem, por si, em concorrência, a sua felicidade, mas o Estado tem de existir e há-de ser até um Estado forte para o desempenho das suas missões básicas, sintetizadas na garantia da defesa e da segurança da nação e dos cidadãos.

A segurança pública constitui uma (e a principal, embora não a única) prestação que se exige do Estado, mas, por estar associada à própria essência do poder, é vista como um axioma e um dado político, não sendo contabilizada como um direito dos particulares[107].

Liberdade, *segurança* e *propriedade*[108], eis a essência do lema da construção liberal da sociedade política.

Neste contexto, os direitos fundamentais eram vistos como *liberdades*, cujo conteúdo era determinado pela vontade do seu titular (e tendia a incluir a possibilidade de não exercício)[109], ou como *garantias*, para assegurar em termos institucionais a não intervenção dos poderes públicos – em qualquer caso, enquanto *direitos de defesa* (*Abwehrrechte*) dos indivíduos perante o Estado.

2. O processo de democratização

A ideia democrática não está ausente das teorias liberais. Representa, pelo contrário, um dos seus componentes, que, a princípio comprimido, se vai naturalmente desenvolver, provocando o alargamento do público político. As transformações sociais e económicas ligadas ao processo de industrialização quebram o encanto liberal da «sociedade de infinitamente pequenos», homogénea e pacífica. O poder político é reivindicado pelas classes não-proprietárias e o mundo burguês tem de pactuar com o «quarto estado». Esfumam-se os resíduos do poder monárquico, favorecem-se as autonomias regionais e locais, a sociedade estrutura-se

[107] V. uma síntese da ideia de segurança no pensamento liberal em ISENSEE, *Das Grundrecht auf Sicherheit. Zu den Schutzpflichten des freiheitlichen Verfassungsstaats*, 1983.

[108] A que se acrescenta, na fórmula lapidar da época, a «resistência à opressão».

[109] O que a liberdade é só pode ser em última instância decidido por quem haja de ser livre. Se não for assim, depressa acaba a liberdade, como mostra toda a experiência humana, como afirma C. SCHMITT, *Freiheitsrechte und institutionelle Garantien der Reichsverfassung*, 1931, mais tarde incluído em *Verfassungsrechtliche Aufsätze*, 1958, p. 140 e ss (p. 167).

em grupos, organizam-se os partidos de massas e o sufrágio universal torna-se um programa político de curto prazo.

Este processo de democratização (política) não poderia deixar de influenciar decisivamente a matéria dos direitos fundamentais, precisamente na medida em que fez sobressair as *garantias de igualdade* no contexto das relações indivíduo-Estado.

2.1. Essa influência manifesta-se, desde logo, no aparecimento de novas figuras, pela promoção a direitos fundamentais das faculdades básicas necessárias ao funcionamento do sistema democrático[110]. Aparece-nos, então, com determinação suficiente, um conjunto de «direitos políticos», que, enquanto *direitos de participação (Mitwirkungsrechte)* na vida política, se distinguem bem dos direitos de *defesa,* característicos das liberdades e garantias tradicionais.

Os direitos de intervenção na vida política passam a ser considerados como manifestações indispensáveis da dignidade do cidadão, que tem de ser igualmente reconhecida a todos os indivíduos nacionais com um mínimo de idade e, por isso, devem integrar o estatuto das pessoas na sociedade política[111].

O direito de voto e o direito de ser eleito, aos quais se juntam o direito a tomar posse do cargo para que se é eleito (*jus ad officium*) e o de exercer esse cargo até nova eleição (*jus in officio*)[112] completam a forma jurídica que sustenta o processo eleitoral, reforçando o seu peso constitucional e assegurando uma protecção mais efectiva dos métodos e valores democráticos.

2.2. Por outro lado, alarga-se o próprio âmbito dos direitos de defesa. Iluminados mais intensamente pela ideia de igualdade, as liberdades *expandem-se* à medida que se esbatem as diferenças de poder. Assim, por

[110] O direito de voto remonta aos primórdios da revolução liberal (cfr. artigo 6º da Declaração dos Direitos do Homem e do Cidadão), mas, como vimos, era um direito reservado aos «cidadãos activos» pelos princípios do sufrágio censitário e capacitário e excluía categorias de nacionais com plena capacidade jurídica (incluindo as mulheres).

[111] No sentido de que os direitos políticos não pertencem à mesma "geração" que os direitos e liberdades civis, v. G. Peces-Barba, "Los derechos económicos, sociales y culturales: su génesis y su concepto", in *Derechos y Libertades* (Revista del Instituto Bartolomé las Casas), Ano III, nº 6, 1998, p. 15 e ss (19).

[112] V., por todos, P. Virga, *Diritto Costituzionale,* 6ª ed., 1967, p. 558.

exemplo, as liberdades das minorias, em especial a *liberdade religiosa* e a *liberdade de associação*, só foram perfeitamente conseguidas com a afirmação democrática[113]; no mesmo sentido, também se pode interpretar a remoção dos obstáculos jurídicos patrimoniais que tornavam a *liberdade de imprensa* um privilégio dos ricos[114]. A luta contra a discriminação e o arbítrio generaliza-se e o princípio da igualdade impõe-se como princípio geral regulador de toda a matéria dos direitos fundamentais[115].

Mas, ao lado desta expansão igualitária, simultaneamente quantitativa e qualitativa, as liberdades conhecem também uma maior *diversificação* pela interdependência teórica e prática entre a liberdade e a democracia. O direito de associação, por exemplo, para além de ser uma conquista de interesses discriminados, sobretudo religiosos e laborais, é também, e consequentemente, um apoio fundamental da estrutura democrática, desde logo (mas não só) no que respeita à sua utilização directa para fins políticos – a constituição dos partidos modernos. E também as liberdades de *informação*, de *expressão* e de *manifestação* aparecem agora como direitos do homem-massa, valorizando-se relativamente às liberdades de opinião e de reunião, típicas do homem liberal.

2.3. Por último, importa salientar aquele que é talvez o aspecto mais significativo da influência do factor democrático, porque modifica o próprio sentido dos direitos fundamentais: ao lado de uma dimensão *subjectiva*, tende agora a reconhecer-se-lhes uma dimensão *objectiva*. Até aqui, os direitos fundamentais eram posições do indivíduo perante e contra o poder estadual, destinados a salvaguardar esferas privadas de autonomia, que correspondiam, afinal, no seu conjunto, à autonomia liberal da própria sociedade em face do Estado. Porém, ao valorizar-se um certo sistema de organização da vida política e de legitimação do poder, os direitos fundamentais, e, em particular, a igualdade de todos no uso e

[113] Em França, na sequência da proibição das congregações, corporações e associações de natureza profissional, instituira-se mesmo o delito de associação (Código Penal de 1810). Sobre a experiência inglesa, R. Marx, *Naissance et triomphe de la démocratie britannique*, 1973, p. 13 e s..

[114] Estamos a referir-nos particularmente aos «direitos» de impressão, tributos que encareciam extraordinariamente o preço dos jornais e que eram conhecidos como «impostos sobre o saber» – cf. Autor e obra citados na nota anterior, p. 14.

[115] Cf. a posição sistemática do artigo 13º na Constituição Portuguesa de 1976.

fruição desses direitos, passaram a estar intimamente ligados à forma de governo. A democracia torna-se, nesse contexto, numa *condição* e numa *garantia* dos direitos fundamentais e, em geral, da própria liberdade do homem. Ela é, ou passa a ser, por isso, um elemento de conformação do seu próprio conteúdo e um critério do seu bom exercício – os direitos fundamentais vão até onde, e podem ser exercidos na medida em que contribuam para a manutenção ou o fortalecimento do sistema democrático. Esta interpretação valeria, pelo menos, para algumas das liberdades – as liberdades de expressão, de informação, de imprensa, de reunião e de manifestação, de associação –, que deveriam ser encaradas como funções *de democracia*, já que os preceitos que as prevêem seriam *normas* objectivas, disciplinadoras da vida social e política.

3. Os fenómenos de socialização

A superação do liberalismo não foi, contudo, apenas uma obra política. Foi a própria sociedade liberal que ruiu, substituída por uma nova ordem a que se convencionou chamar «sociedade técnica de massas»[116].

A industrialização e o progresso técnico desenraizaram os homens das suas terras, amontoaram-nos nas cidades, impuseram-lhes um ritmo acelerado de vida e desenharam-lhes os horizontes de um bem-estar material. Privados do seu espaço e do seu tempo, arregimentados em estruturas intermédias, desde a fábrica ao sindicato e ao partido, dirigidos e controlados pela publicidade (propaganda) e pelos meios de comunicação de massa que lhes ditam as ideias e os produtos prontos a consumir – os homens dissolvem-se na sociedade e nela encontram o seu destino. O indivíduo torna-se um ser dependente, uma espécie-tipo do género humano.

A sociedade, por seu lado, fragmenta-se em grupos. Revelam-se as diferenças mal escondidas e, com a divisão do trabalho e a proliferação das actividades e das profissões, os interesses multiplicam-se ainda mais entre si, uns contra os outros, procurando a melhor posição num mundo social sem lugares marcados e em movimento contínuo. A construção da harmonia liberal é destruída pela erupção de uma luta entre preferências diversas, onde certas contraposições se manifestam com tal

[116] Sobre a sociedade técnica de massas, v. R. Soares, *Direito Público e Sociedade Técnica*, cit., p. 63 e ss.; J. K. Galbraith, The New Industrial State, 1967.

intensidade que algumas doutrinas e teorias descobrem na sociedade antagonismos radicais e historicamente determinantes.

O Estado começa a ser cada vez mais solicitado a intervir na vida social e a Administração ultrapassa definitivamente a sua condição aparente de esquadra de polícia e repartição de finanças. Não foi somente uma intervenção de necessidade, que durasse apenas enquanto as guerras mundiais desarticularam a sociedade privada e mobilizaram os recursos para uma administração marcial. Terminadas as guerras, verifica-se que a sociedade mudou: a paz social não se reduz já à ordem nas ruas, pressupõe e responsabiliza a Administração na caminhada para um Bem-Estar susceptível de medida («a matter of social engineering»), com base nos critérios de determinação do futuro que os conhecimentos técnicos vão pondo à disposição das vontades colectivas. Exigem-se do Estado medidas de planeamento económico e social, uma intervenção directa e dirigente na economia, um sistema completo de prestações nas várias áreas da vida social.

A liberdade individual e a concorrência económica não tinham conduzido ao melhor dos mundos, mas a um mundo de injustiças flagrantes - designadamente, a liberdade contratual entre empresários e trabalhadores tivera como resultado uma exploração social infrene, que reduziu massas humanas a um nível degradante da sua dignidade e abriu uma «questão social», em termos de afectar ruidosamente e de forma inescapável a própria segurança burguesa.

A desagregação das estruturas sociais tradicionais, um certo laicismo anticlerical e a deslocação das pessoas dos meios rurais para as cidades tornaram insuficientes os sistemas antigos (familiares, religiosos, mutualistas, ainda que apoiados e submetidos a uma fiscalização pública) de resolução dos problemas da doença, da velhice e da pobreza.

Nesta sociedade dividida e conflitual, os indivíduos, que já nada podem sozinhos, limitados agora pelos grupos em que participam, confrontados e ameaçados pelos restantes, têm, também eles, de confiar no Estado e de através dele procurar reaver a sua liberdade concreta. Revoltados contra a ordem injusta que a abstenção do Estado liberal tinha consentido, os mais desfavorecidos organizam-se e pretendem o domínio do poder político ou, pelo menos, reivindicam dos poderes públicos uma intervenção efectiva para uma transformação radical das estruturas sociais.

A sociedade (nacional ou, por vezes, internacional) passa a constituir o corte principal por que se pensava a realidade e o plano privilegiado de acção concertada dos homens. Tal como a «ordem nova» fascista e a «sociedade sem classes» marxista, a «justiça social» das democracias pluralistas é uma expressão desse primado da colectividade, que se sente confirmado, através das novas ideias filosóficas e das descobertas da sociologia e psicologia, na realidade económica da concentração, na estrutura social colectivizante, na massificação cultural e espiritual.

A interdependência e a solidariedade, o intervencionismo e a socialização vão, como é natural, alterar profundamente o sistema dos direitos fundamentais – trazendo novas concepções, outros pontos de partida e um equilíbrio diferente.

3.1. Desde logo, surge, também aqui, *uma nova categoria de direitos*, designados por *direitos a prestações* (*Leistungsrechte*) ou, relativamente a serviços existentes, por *direitos de quota-parte* (*Teilhaberechte*). Distinguem-se das liberdades e dos direitos de participação democrática, desde logo porque representam exigências de comportamentos estaduais positivos – embora a contraposição indivíduo-Estado não desapareça, esbate-se na medida em que os direitos não são, em si, direitos *contra* o Estado (contra a lógica estadual), mas sim direitos *através* do Estado[117].

Trata-se daqueles direitos que passaram a ser designados por "direitos económicos, sociais e culturais ou, abreviadamente, por "direitos sociais": direitos dos trabalhadores, direitos à habitação, à saúde, à segurança social, à protecção de jovens e idosos, à educação, à cultura, etc.[118]. Este tipo de direitos cumpre-se, também nas democracias liberais, pela

[117] Considerando também que se trata de "direitos de terceira geração", v. G. Peces-Barba, *ob. cit.*, p. 27.

[118] Embora as referências a direitos sociais se possam encontrar logo nos primeiros diplomas constitucionais (v., por exemplo, os artigos 21º e 22º da Declaração de Direitos de 1793, que consagram direitos aos socorros públicos e à instrução, nos quais se terão inspirado os §§ 29 e 30 do artigo 145º da nossa Carta Constitucional de 1826) e até antes (cf. o *Édit sur l'abolition des jurandes*, de 1776, em que Luis XVI (Turgot) reconhece o direito de trabalhar como «direito inalienável da humanidade»), foram as Constituições do México (de 1917) e da República de Weimar (1919) as primeiras constituições ocidentais em que se deu um relevo geral a este tipo de direitos (a par da Declaração de Direitos do Povo Trabalhador e Explorado, proclamada na revolução russa de 1918). Desde então, com maior ou menor amplitude, as constituições modernas dão-lhes um lugar próprio, particularmente importante

organização de um sistema estadual, que, especialmente através de leis e de actos da Administração, deve definir e executar, conforme as circunstâncias, políticas (de trabalho, habitação, saúde e assistência, ambiente, educação, etc.) que facultem e garantam o gozo efectivo dos bens constitucionalmente protegidos[119].

Estamos perante uma nova dialéctica de reivindicação e de prestação, que exprime precisamente a superação do isolamento do homem liberal num quadro jurídico-constitucional orientado para uma ordem que se pretende mais racional e sobretudo mais solidária e mais justa, com distribuição mais equilibrada da «riqueza» social – a nova idade que se estrutura num "Estado Social".

3.2. Por outro lado, são as próprias liberdades que se alargam no seu âmbito ou se concretizam mais em função das novas necessidades. O direito à greve, a liberdade de escolha da profissão ou género de trabalho, a liberdade sindical como forma específica do direito de associação e, em certo sentido, o próprio direito ao trabalho – enquanto liberdade de exercício da profissão – exprimem (também) uma protecção da liberdade e da autonomia dos membros de certas camadas sociais, justamente daquelas que só agora, através da luta social, ascendem a uma integral cidadania – os "trabalhadores" (trabalhadores subordinados), todos eles ou certas categorias de entre eles. Embora sejam por vezes incluídos na designação de direitos sociais, a par dos direitos a prestações, não pode esquecer-se que estamos aqui fundamentalmente perante verdadeiras liberdades – direitos de autonomia, de defesa contra as intromissões do poder – ainda que definidas por critérios predominantemente sociais, por isso mesmo normalmente denominadas *liberdades sociais*.

em algumas constituições, entre as quais a Constituição portuguesa de 1976, que os reúne num titulo autónomo.

[119] Essa acção estadual tanto pode consistir na protecção legislativa de interesses (limitação dos casos de despejo de habitações ou de despedimento de trabalhadores, defesa dos consumidores, por exemplo), como na atribuição de benefícios ou prestações financeiras (isenções, subsídios, bolsas, pensões), na prestação de serviços (escolares, informativos, hospitalares, assistenciais) e em outras formas de promoção (encomenda de obras de arte) ou pela disponibilidade de instituições e de instalações públicas (participação de serviços especializados das Forças Armadas em acções de interesse social, cedência gratuita de salas ou equipamentos para reuniões ou conferências).

Além disso, descobre-se nas próprias liberdades e garantias uma dimensão *prestacional*, na medida em que a defesa perante o Estado implica, em caso de intervenção ofensiva, a anulação dessa intromissão e porventura a reposição da situação anterior ou a responsabilidade indemnizatória.

3.3. Por fim, a influência socializante manifesta-se ainda na *objectivização* dos direitos fundamentais. O homem que constitui o ponto de partida e o titular dos direitos é agora o homem socialmente «situado» e «inserido», o membro da sociedade numa linguagem organicista, que vê os seus direitos talhados a uma medida e num plano sociais. Já não é o portador abstracto e isolado de interesses primários, pré-sociais, que esgrime a sua autonomia como regra e condição de um contrato social; é um elemento de um conjunto, responsável e condicionado, limitado à partida, carregado com o seu passado social e, nesse sentido, um homem aposteriorístico.

Esta situação ou posição social da pessoa reflecte-se em vários e relevantes aspectos na nova concepção dos direitos fundamentais.

Em primeiro lugar, estabelece-se o reconhecimento de uma *função social* dos direitos fundamentais em geral. No conjunto desses direitos – e nalguns deles em especial – acentuam-se considerações objectivas, que contribuem para a definição do seu conteúdo e dos seus limites. Os direitos são menos individuais, porque já não são individualistas. É o que se passa, por exemplo, com o direito de propriedade, com a liberdade contratual ou a liberdade de empresa, cada vez mais dependentes de um enquadramento social imperativo. E é também o que acontece mesmo com certos direitos ligados à personalidade individual, que passam a ser *limitáveis* por essa mesma função social – pense-se, uma vez mais, a título de exemplo, na possibilidade de limitações ao «sagrado direito de se embebedar» (as «leis secas»), na imposição da obrigatoriedade de vacinação (limitando o direito a integridade física) ou na aceitação generalizada da proibição de fumar e da obrigatoriedade de uso de cinto de segurança, que se arrogam a protecção de cada homem contra si próprio.

Em segundo lugar, e no que toca à nova categoria de direitos, os direitos a prestações, a sua medida, o critério de conteúdo, deixa de ser a vontade do indivíduo ou as suas necessidades. O conteúdo concreto desses direitos depende dos *recursos* sociais existentes e é determinado por *opções* políticas, por vezes conjunturais, na sua afectação. Enquanto direitos de quota-parte, estão especialmente condicionados pelas disponibilidades dos poderes públicos, pela riqueza social a distribuir e pelas decisões colectivas de distribuição. Não são apenas direitos limitados ou limitáveis por uma função social: são, em si, direitos *sob reserva de possibilidade social*.

Em terceiro lugar, os direitos e liberdades não se bastam já com a sua proclamação formal: a experiência de liberdades que, por ausência de regulamentação jurídica ou por falta de condições de facto, não podiam concretizar-se leva a que da consagração dos direitos se deduza também a obrigação para o Estado de criar as condições objectivas indispensáveis à efectiva realização prática desses direitos. Sobretudo por influência das críticas socialistas, tende a abandonar-se o conceito de *liberdades abstractas* em favor do conceito de *liberdades concretas*.

Daí que a consagração de cada direito social apareça acompanhada da imposição ao Estado de um conjunto de *tarefas* necessárias à respectiva efectivação.

Em quarto lugar, encarados os direitos como valores e o Estado como potência activa e eventualmente amiga, tende a estender-se a *obrigatoriedade dos direitos fundamentais às relações entre privados*, sobretudo em situações de poder social (desigualitárias), contando agora com o Estado para proteger os direitos de cada um perante as ofensas provenientes da actuação de outros particulares, em situações de vulnerabilidade.

4. As tendências actuais

Nas últimas décadas do século XX, as sociedades continuaram a evoluir, aceleradamente, sendo de salientar o espectacular desenvolvimento científico e tecnológico[120] e uma mudança de paradigma cultural.

Por um lado, instalou-se, do ponto de vista das relações entre as pessoas, uma *sociedade de comunicação*, que, em face do progresso estonteante das formas de comunicação ao nível de todo o mundo (embora não

[120] A ciência e a tecnologia são os factores decisivos, na medida em que determinam o progresso (Habermas) ou em que operam uma revolução permanente (Daniel Bell). Como desenvolvimentos imediatamente relevantes do ponto de vista social (e dos direitos fundamentais) destacam-se os das tecnologias nos domínios da investigação genética, microelectrónica e automação inteligente.

igualmente ao dispor de todos), se transforma numa *sociedade global*, que elimina as distâncias e em que os meios de comunicação de massas e as redes sociais, além de documentarem e comentarem a realidade, nem sempre de forma fidedigna, tendem a determinar os acontecimentos e a própria história.

É ainda uma sociedade de comunicação, no sentido de uma *sociedade de informação*, em que uma capacidade aparentemente ilimitada de conhecimento, armazenamento e transferência de dados informativos foi conseguida e se tornou indispensável em todos os domínios da vida económica e social, quer dos países desenvolvidos, quer dos que pretendem sê-lo.

Por outro lado, os sociólogos descrevem a sociedade actual, já obviamente pós-industrial, como uma «*sociedade de risco*» (Beck) ou até uma «*sociedade do desaparecimento*» (Breuer), na medida em que corre «perigos ecológicos» e «genéticos», ou, segundo alguns, caminha mesmo, por força do seu próprio movimento, para a destruição das condições de vida naturais e sociais das pessoas – é dizer, na medida em que corre o perigo de passar, ou transita efectivamente, da autoreferência (*autopoiesis*) para a autodestruição.

De um ponto de vista político, afirma-se o *enfraquecimento* ou mesmo a *falência do Estado nacional*, sobretudo na dimensão *externa*, como entidade nacional soberana, seja perante a integração em espaços políticos e jurídicos supranacionais (como a União Europeia), seja perante os fenómenos de «mundialização» ou de «globalização», social e económica, com a emergência de factos, movimentos e forças transnacionais e multinacionais (informatização, telecomunicações, pandemias, migrações humanas, ambientalismo, capitalismo financeiro) e a consequente incapacidade de disciplinar os mercados e de controlar politicamente de forma eficaz actividades e efeitos que ultrapassam as fronteiras tradicionais e se manifestam na sua forma mais dramática no terrorismo mundial.

Mas a falência da figura estadual também se revela na dimensão *interna*, seja como forma de organização do poder, perante as dificuldades em representar cidadãos e grupos e em regular os poderes sociais numa comunidade *ultradiversificada* e *intercultural*, seja como Estado-Providência, incapaz de responder às exigências contraditórias de uma sociedade envelhecida que, por um lado, pretende um elevado nível de bem-estar no presente e a segurança contra os novos perigos, mas que preconiza, ao mesmo tempo, uma privatização das actividades de interesse geral e das formas de intervenção estadual.

Numa perspectiva económica, revela-se uma *sociedade consumista*, em que o consumo em massa é o resultado (e a causa) da produção e da comercialização maciças e massivas de bens e de serviços, agressivamente publicitados num mercado planetário de intensa concorrência internacional.

Numa dimensão cultural, a par da derrocada política do euro-mundo, verificam-se, nos mais variados campos, as tentativas de desconstrução científica das estruturas institucionais, incluindo a família, e dos paradigmas racionais típicos da modernidade, incluindo o da relação Homem-Natureza, e anuncia-se, com os mais díspares conteúdos e com uma subestrutura tendencialmente caótica, uma sociedade *pós-moderna*.

Num contexto tão atribulado, os direitos fundamentais, sensíveis em extremo a todos os movimentos que possam afectar o estatuto das pessoas na sociedade, têm forçosamente de procurar, no plano constitucional, uma resposta aos novos desafios, que se pode resumir numa outra trilogia: *segurança, diversidade, solidariedade*[121].

4.1. Desde logo, desenvolve-se um novo tipo de direitos, os *direitos de solidariedade*, que não podem ser pensados exclusivamente na relação entre o indivíduo e o Estado e que incluem uma dimensão essencial de deverosidade – como, por exemplo, os direitos-deveres de protecção da natureza e de defesa do sistema ecológico e do património cultural e, em alguns aspectos, os direitos dos consumidores.

São, na perspectiva histórica, direitos de uma quarta categoria, visto que não são basicamente direitos de defesa, nem direitos de participação, nem direitos a prestações, principalmente dirigidos ao Estado, mas formam um complexo de todos eles. São «direitos circulares», com uma horizontalidade característica e uma dimensão objectiva fortíssima, que protegem bens que, embora possam ser individualmente atribuídos e gozados, são, ao mesmo tempo, *bens comunitários* que respeitam a todos

[121] Sobre esta nova trilogia, v. E. DENNINGER, *Sicherheit, Vielfalt, Solidarität: Ethisierung der Verfassung?*, in U. PREUSS (ed.), *Zum Begriff der Verfassung. Die Ordnung des Politischen*, 1994, p. 95 e ss.

– e aliás, não só a todos os vivos, mas ainda aos elementos das *gerações futuras*, na medida em que esteja em causa a sobrevivência da sociedade[122].

4.2. Por outro lado, o aprofundamento da participação democrática na vida social, associado à importância crescente da informação, impõe novos direitos dos cidadãos e grupos, seja na forma de *direitos de informação e de participação*, em especial perante a Administração Pública, a exigir uma transparência que ultrapassa a defesa de interesses individuais – destacando-se, ao lado dos direitos à informação procedimental e à notificação das decisões, a garantia do «arquivo aberto» administrativo e o direito de audiência prévia –, seja na forma de *direitos de acção judicial* para garantia dos interesses comunitários e difusos, civicamente assumidos – onde pontificam os direitos de acção popular.

4.3. Além disso, e de algum modo em contrapartida, torna-se urgente a protecção especial de bens pessoais de primeira grandeza face aos novos perigos, o que vai implicar o alargamento e a densificação das liberdades e dos direitos de defesa: desde logo, a afirmação do *direito à identidade genética* do ser humano perante o risco da utilização de tecnologias e da experimentação científica; por outro lado, o direito à *privaticidade* contra a explosão dos fenómenos de tratamento automatizado, conexão, transmissão e utilização de dados pessoais – um conjunto de direitos que tem sido sintetizado num grande «direito de autodeterminação informacional» –, e também de direitos pessoais como o *direito à imagem* e o *direito à palavra*, contra os fenómenos intrusivos da publicidade e da comunicação social, amplificados pelo desenvolvimento dos meios audiovisuais e das novas plataformas digitais.

Também a massificação das relações económicas e a concentração empresarial exigem a protecção especial da *liberdade contratual* e *dos direitos à saúde e à segurança* dos indivíduos e das famílias, enquanto *consumidores* de bens e *utentes* de serviços de interesse geral, diminuídos perante as grandes empresas produtoras e comercializadoras, através de direitos

[122] A estes direitos acrescem, nos países menos desenvolvidos, os direitos à paz, ao desenvolvimento e à autodeterminação, que assumem a mesma natureza «comunitária». Há quem refira a quarta geração como a de «direitos de grupos», incluindo os direitos das minorias, mas parece-nos que estes são sobretudo direitos processuais que valem enquanto garantias da diversidade social e de direitos tradicionais.

especiais (por exemplo, direitos à informação e à formação) e da alteração das regras tradicionais do direito civil e comercial (por exemplo, estabelecendo proibições e imposições nas relações privadas, designadamente as contratuais, e prescrevendo em certos casos uma responsabilidade objectiva, sem culpa).

Em geral, sente-se ainda, a par com a necessidade cada vez mais premente e obsessiva de segurança, a da defesa do indivíduo perante os poderes estaduais. Há o perigo concreto de se restringir de forma desmedida a *liberdade*, a *autodeterminação pessoal* e a *privacidade*, não apenas em nome da *segurança* (luta contra o terrorismo e a criminalidade organizada) ou da *justiça fiscal* (combate à evasão e à fraude), mas para promoção da *eficiência* e *comodidade* dos cidadãos (interconexão de informações), para defesa da *saúde pública* (alimentação) ou para *protecção das pessoas contra terceiros iguais ou contra si próprias* (comportamentos adequados, vida saudável) – um perigo de opressão que é tanto maior quanto mais se basear numa retórica perversa de garantia dos direitos fundamentais.

O homem de hoje tem de prevenir-se contra a tentação de uma socialização dos riscos da liberdade, que levaria à construção de uma sociedade sem dimensões fundamentais da autonomia privada, com base no dever omnicompreensivo do Estado de vigilância e de protecção dos direitos de cada um contra todos os outros.

4.4. A falência do Estado-Providência não é apenas financeira (decorrente da dívida soberana e da necessidade de contenção do défice orçamental). O que está em causa é o próprio paradigma de intervenção estadual, sobretudo depois da derrocada dos modelos socialistas colectivistas.

O equívoco de ligar indissoluvelmente a justiça social à igualdade, em termos de a vincular à construção de uma sociedade igualitária, pode revelar-se, se não tão grave, pelo menos tão ineficaz como aquele que fez depender a liberdade da igualdade.

A fraternidade anunciada na trilogia revolucionária[123], mas esquecida, implica uma nova concepção dos direitos sociais, em que os titulares

[123] Sobre as diversas dimensões da solidariedade e a sua relação com a cidadania, v. CASALTA NABAIS, *Algumas considerações sobre a solidariedade e a cidadania*, in *BFDC*, vol. 75, 1999, p. 145 e ss.

não tenham de ser todos os cidadãos, mas *todos os que precisam*, na *medida em que precisam*, porque a abstracção e a estrita universalidade dos direitos não se adapta aos novos padrões de desigualdades, que não são só estruturais e verticais, são também conjunturais e horizontais e existem dentro do mesmo grupo de potenciais beneficiários[124].

O Estado pode ter de assegurar a existência de serviços universais em certas áreas, mas não tem necessariamente de manter serviços estaduais de prestação em regime de monopólio ou de pura delegação – na saúde, na segurança social, na educação e na cultura, como nos domínios das telecomunicações, dos transportes, da energia e da água –, muito menos serviços gratuitos, ou tendencialmente gratuitos, que, aliás, têm revelado efeitos fortemente regressivos em termos sociais[125].

O paradigma do Estado Social *prestador* é substituído pelo do Estado Social *regulador*, *garantidor* e *incentivador*, que, de "forma mais inteligente e subtil" promove a colaboração dos privados na realização das tarefas de interesse público, que visam a realização efectiva e eficiente dos direitos económicos, sociais e culturais.

Os direitos a prestações sociais, enquanto direitos fundamentais, tendem, assim, tal como sempre aconteceu com os direitos de determinadas categorias sociais abertas (trabalhadores, jovens, idosos, mulheres, mães, deficientes), a constituir discriminações positivas e cada vez menos podem ser concebidos como puros direitos universais de igualdade[126]. Em contrapartida, o conteúdo essencial destes direitos – o *mínimo necessário para uma existência condigna* – poderá ser equacionado, nos seus diversos aspectos, como um direito pleno de todos à prestação do Estado, como "prestador de garantia" ou "de último recurso[127], no quadro de um imperativo de diminuição das desigualdades.

[124] V. G. Peces-Barba, *ob. cit.*, p. 27 e ss, que, em função da desigual distribuição da riqueza, acentua a importância característica da ideia de "carência" na titularidade dos direitos sociais, como ideia tradicional, inicialmente ligada à finalidade de proteger os direitos dos trabalhadores, que depois terá sido desvirtuada.

[125] Nesse sentido, v. as considerações de Casalta Nabais, *Algumas reflexões críticas sobre os direitos fundamentais*, in *Ab Vno Ad Omnes*, 1998, p. 965 e ss (1001).

[126] Tal não significa necessariamente que os direitos sociais não sejam de titularidade universal (como parece defender Peces-Barba, *ob. cit.*, p. 31), mas apenas que não têm de estar sujeitos às mesmas condições de prestação.

[127] Uma manifestação positiva deste direito, ao nível legal, será, a par do tradicional direito ao subsídio de desemprego (que decorre de imposição constitucional directa – artigo 59º, nº 1,

4.5. Como era de esperar, a globalização transportou os problemas de direitos fundamentais para o âmbito mundial, confrontando as teses do universalismo e do relativismo cultural.

Na passagem do milénio, desenvolve-se um extraordinário movimento de internacionalização dos direitos humanos, que ganham *amplitude geográfica*, com a multiplicação de tratados internacionais e a adesão de um número significativo de países às convenções existentes, e, sobretudo, *densidade jurídica*, no quadro de uma rede internormativa marcada pelo cosmopolitismo e pelo diálogo jurisprudencial de tribunais nacionais, transnacionais e internacionais (mundiais).

Para além disso, as comunidades nacionais, sobretudo as dos países de imigração, que são, afinal, os países economicamente mais desenvolvidos, tornam-se cada vez mais heterogéneas, suscitando problemas sérios de reconhecimento da diversidade e de inclusão.

No âmbito dos direitos fundamentais, tem de assegurar-se, por um lado, a defesa dos *direitos das minorias* (étnicas, religiosas e culturais, sejam "autóctones" ou imigradas) e dos *direitos às diferenças* (muitas outras, incluindo as da "orientação sexual"), e, por outro, a garantia da *coesão* social e da *igualdade* de tratamento – a face actual do velho problema do equilíbrio entre a unidade e a diversidade que raramente é fácil de conseguir.

5. Uma história sem fim e a perenidade de uma tradição

5.1. A evolução histórica, que desenhamos em traço grosso, patenteia um sistema de direitos fundamentais em permanente transformação, na busca de um «estatuto de humanidade».

Se quiséssemos caracterizar sinteticamente essas transformações através de algumas palavras-chave ou ideias-força, diríamos que na evolução deste subsistema jurídico se salientam as ideias de acumulação, de variedade e de abertura.

A ideia da *acumulação* vale na medida em que em cada momento histórico se formulam novos direitos, típicos do seu tempo, mas que se vêm

alínea e)), o direito a um "rendimento mínimo de inserção". Um aspecto simétrico será o de um direito subjectivo à não tributação (e à não penhora) desse mínimo para uma existência condigna, fundado no direito à vida ou ao livre desenvolvimento da personalidade e associado ao princípio constitucional da capacidade contributiva – a aceitabilidade deste direito decorre do carácter «negativo» da isenção.

somar aos direitos antigos. Como vimos, os direitos típicos de cada geração subsistem a par dos da geração seguinte e até se acrescentam sob novos aspectos[128].

A ideia da *variedade*, que é potenciada pelo processo de acumulação, afirma-se não só porque os direitos fundamentais não são estruturalmente uniformes, mas também por causa da sua complexidade funcional, desdobrada em diversas dimensões normativas.

A ideia da *abertura* resulta de, por um lado, nenhum catálogo constitucional pretender esgotar o conjunto ou determinar o conteúdo dos direitos fundamentais, aceitando-se a existência de direitos não escritos ou de faculdades implícitas, e, por outro, de se esperarem gerações sucessivas de novos direitos ou de novas dimensões de direitos antigos, conforme as ameaças e as necessidades de protecção dos bens pessoais nas circunstâncias de cada época.

Há, contudo, um momento comum, característico e caracterizador da ideia dos direitos fundamentais ao longo dos tempos, que é, como se viu, a protecção da *dignidade das pessoas* contra os perigos que resultam das estruturas de *poder* na sociedade.

Sempre que surja uma nova forma de poder ou um novo tipo de perigo para a dignidade individual, tenderá a aparecer um novo direito; sempre que se afirme um outro entendimento das necessidades de garantia da dignidade pessoal, descobrir-se-ão novas dimensões normativas dos direitos fundamentais.

5.2. Mais do que o processo de democratização, os movimentos de socialização modificaram profundamente o sistema dos direitos fundamentais e alteraram a própria «filosofia» originária que lhes estava subjacente[129].

Estes movimentos trouxeram consigo mesmo doutrinas e teorias que, por modos diversos, representam um entendimento «subversivo» da concepção liberal dos direitos fundamentais: a estatização fascista, que corporativizou os direitos; a massificação e o racismo nacional-

[128] É com esse sentido que se pode falar de *gerações* de direitos, não implicando uma sucessão *mortis causa* dos direitos novos aos velhos. Também se pode falar de camadas, mas essa imagem é mais estática e menos sugestiva da complexidade de cada época.

[129] Talvez por isso alguns autores não autonomizam a geração democrática dos direitos políticos.

-socialista, que os aniquilaram[130]; a funcionalização marxista-leninista, que os confiscou, colectivizou e pôs ao serviço de um projecto totalitário de sociedade.

Apesar disso, pode afirmar-se que a tradição liberal ocidental não foi dissolvida. Ela «passa de uma maneira natural e perfeitamente coerente dos direitos de liberdade aos direitos políticos e depois aos direitos económicos e sociais»[131]. O liberalismo, ao absolutizar a liberdade económica, relegara para o esquecimento ou reprimira os outros componentes da trilogia revolucionária[132]. Mas, as ideias de igualdade e de fraternidade, em parte significativa introduzidas na luta histórica pelo pensamento social cristão e pela crítica marxista e socialista do regime económico e social do capitalismo, desenvolveram-se, impuseram-se e, harmonizadas com a liberdade fundamental, deram origem a uma «concepção liberal moderna»[133] dos direitos fundamentais, que corresponde à realidade hoje vigente nas democracias pluralistas europeias, a qual, à falta de melhor designação, ainda vai dando pelo nome de «Estado-de--Direito Social».

É de realçar que, em todo o processo de desenvolvimento desta ideia, se mantém um padrão constante, apesar das acentuadas variações epocais.

Por um lado, os direitos fundamentais são obra da civilização jurídica e *pressupõem* a existência de uma forma política – o Estado – que ordene a sociedade e assegure as suas condições de validade e de exercício, consoante as exigências dos tempos[134], que hoje implicam, como se disse, uma visão aberta e cosmopolita.

[130] Sobre as diferenças entre o sistema italiano e o alemão no que respeita aos direitos dos cidadãos perante a Administração, v. ROGÉRIO SOARES, *Administração pública, direito administrativo e sujeito privado*, sep. do *BFDC*, vol. XXXVII, 1962, p. 19 e s..

[131] É esta a conclusão de DAVID D. RAPHAEL, no artigo *La tradition libérale occidentale*, in *Revue Internationale des Sciences Sociales*, 1966, p. 33, que mostra a preocupação de garantia das condições efectivas da liberdade no pensamento liberal do século XVIII. No mesmo sentido, corrigindo as acusações de formalismo e abstracção feitas à Declaração de Direitos de 1789, v. RIVERO, *Libertés publiques*, vol. I, 1988, p. 52 e ss..

[132] Cf. BARBOSA DE MELO, *Democracia e Utopia*, *cit.*, p. 26.

[133] Assim lhe chama Y. MADIOT, *ob. cit.*, p. 50 e ss..

[134] Claro que do Estado liberal se exigia basicamente a segurança para o exercício das liberdades e a protecção da vida e da propriedade, e depois se passou a exigir também uma intervenção na vida económica e social (mesmo actualmente, em época de privatização, embora a intervenção seja mais reguladora e fiscalizadora), para assegurar uma igualdade básica e os direitos fundamentais associados ao bem estar social.

Por outro lado, mantém-se a ideia medular de afirmação dos *direitos individuais* numa sociedade livre, optando por um «modelo de interesses» e resistindo às tentações totalitárias de um «modelo de virtudes». A *expectativa* fundamental continua a ser a da construção da felicidade das pessoas a partir da *liberdade* individual, axioma de confiança que, ao contrário do que alguns pretendem fazer crer, não é de modo nenhum incompatível com a *solidariedade cívica* e com uma *ética de responsabilidade comunitária*, que o Estado de algum modo, ainda que não em exclusividade, naturalmente organiza[135].

Num momento em que todas as construções iluministas ameaçam desmoronamento, a ideia dos «direitos fundamentais» será porventura, como alguém já disse, a última «grande narrativa» da modernidade e, no âmbito mundial, o cerne do projecto kantiano para uma «paz perpétua».

[135] Para um discurso organizado justamente na perspectiva dos *pressupostos* e das *expectativas* de exercício dos direitos fundamentais, v. ISENSEE, *Grundrechtenvoraussetzungen und Verfassungserwartungen an die Grundrechtsausübung*, in ISENSEE/KIRCHHOF, *HdbStR*, V, 1992, p. 353 e ss.

Capítulo III
O conjunto dos direitos fundamentais na constituição portuguesa de 1976

Definida a perspectiva deste estudo e desenhados em traços largos a evolução e o universo dos direitos fundamentais, segue-se a consideração destes direitos na nossa actual Constituição, que exige a passagem do terreno da teoria ao da construção jurídica. É um domínio que, inicialmente, beneficiou sobretudo dos contributos significativos da doutrina alemã[136], e que, em boa verdade, implica o estudo sistemático aprofundado dos direitos fundamentais em especial, que aqui apenas vai implícito.

Vamos, com as devidas cautelas, tentar introduzir alguma ordem na exposição dos temas e problemas gerais suscitados por este conjunto normativo, variado, complexo e intrincado.

[136] Apesar de elaborada em torno da *Grundgesetz*, a dogmática jurídica alemã é, em alguns aspectos importantes, facilmente transponível ou adaptável, já que certos preceitos ou formulações da nossa Constituição em sede de direitos, liberdades e garantias foram fortemente inspirados, quando não traduzidos, da lei fundamental alemã – sobre essa influência, v. J. M. Cardoso da Costa, *A Lei Fundamental de Bonn e o Direito Constitucional Português*, in *BFDC*, LXV, 1989. Outro tanto não acontece, porém, com os direitos económicos, sociais e culturais, com fraca repercussão no articulado alemão federal, por opção constituinte várias vezes reafirmada e mantida no essencial nas (relativamente frequentes) revisões constitucionais.

Uma primeira distinção que se impõe é a que separa a *matéria* de direitos fundamentais dos *direitos fundamentais* como figura ou categoria jurídica. Quando se fala de direitos fundamentais, numa perspectiva jurídico-constitucional, refere-se, umas vezes, *o conjunto dos preceitos normativos* que definem, a partir do seu lado positivo, *o estatuto fundamental das pessoas* na sociedade política[137]; outras vezes, tem-se em mente designar as *posições jurídicas subjectivas* atribuídas ou reconhecidas aos indivíduos e cidadãos por esses mesmos preceitos normativos[138].

Aquele primeiro sentido é, naturalmente, mais amplo. Por um lado, há preceitos que não consagram sequer posições jurídicas subjectivas, estabelecendo princípios de organização e de actuação social, económica ou política, mas que visam principalmente garantir o gozo desses direitos – destacam-se, entre eles, as chamadas *garantias institucionais*. Por outro lado, porque os preceitos constitucionais relativos a esta matéria não se restringem à configuração de direitos subjectivos: as normas que os contêm desempenham outras funções ou produzem outros efeitos jurídicos, razão porque se refere uma *dimensão objectiva* dos direitos fundamentais. Por último, integram ainda naturalmente a matéria dos direitos fundamentais aquelas normas que fixam o *regime jurídico* dos direitos e das garantias fundamentais[139].

Referir-nos-emos, neste capítulo, ao conjunto material dos preceitos constitucionais relativos aos direitos fundamentais e guardaremos para os capítulos seguintes a análise do conteúdo dos preceitos e do regime dos direitos, onde serão estudadas com mais pormenor as figuras a que acabamos de aludir.

1. A matéria dos direitos fundamentais

1.1. O âmbito material dos direitos fundamentais não se reconduz pura e simplesmente ao catálogo contido na Parte I da Constituição.

[137] Ou, na formulação de PEREZ LUÑO, as *faculdades* e as *instituições* que concretizam historicamente as exigências da dignidade, da liberdade e da igualdade humanas no ordenamento jurídico positivo (in *Derechos Humanos, Estado-de-Derecho y Constitución*, 1984, p. 48 e ss).

[138] V., por todos, SCHWABE, *Probleme der Grundrechtsdogmatik*, 1977, p. 9.

[139] Incluindo os preceitos que estabelecem ou permitem limitações e os preceitos auxiliares ou complementares. V., no mesmo sentido, por exemplo, M. SACHS, *Verfassungsrecht II: Grundrechte*, 2000, p. 12 e ss.

Esse parece ser o sentido do nº 1 do artigo 16º, ao dispor que «os direitos fundamentais consagrados na Constituição não excluem quaisquer outros constantes das leis e das regras aplicáveis de direito internacional». Daqui se depreende directamente que é possível a existência de outros «direitos fundamentais» em leis ordinárias ou em normas internacionais; e ainda, por maioria de razão, que pode haver direitos previstos em preceitos constantes de outras partes da Constituição que devam ser considerados como direitos fundamentais.

A letra do artigo não é, por si, muito clara, mas a sua interpretação no sentido da consagração de um princípio de «cláusula aberta» (também dito de não identificação ou da não tipicidade) parece ser confirmada pela génese do preceito.

Uma disposição deste teor não é, de facto, uma novidade da nossa Constituição, bem pelo contrário, parece até inserir-se um pouco mecanicamente numa tradição portuguesa que vem desde 1911 e que no direito estrangeiro se pode fazer recuar à primeira série de emendas (1789-1791) à Constituição dos E.U.A.. Embora se atribua ao preceito americano uma história muito própria[140], tudo indica que os preceitos deste tipo só se justificam razoavelmente se forem entendidos como referências ao reconhecimento da existência de outros direitos fundamentais para além dos enumerados nos textos constitucionais[141].

[140] Na IX Emenda (Aditamento) à Constituição dos E. U. A., afirma-se que «The enumeration in the Constitution, of certain rights, shall not be construed to deny or disparage others retained by the people» («a enumeração de certos direitos na Constituição não deve ser entendida para negar ou menosprezar outros direitos possuídos pelo povo»). O sentido deste preceito tem sido objecto de variadas interpretações e foi inicialmente obscurecido pelo seu entendimento (associado à X Emenda) como solução de uma questão de competência entre o Estado Federal e os Estados federados, para salientar que «the Federal Government was to be a government of express and limited powers» (juiz STEWART no caso *Griswold v. Connecticut*, in LOCKHART e outros, *Constitutional Rights and Liberties*, 1970, p. 926). Afirmou-se, no entanto, o sentido da aceitação da existência de direitos pré-constitucionais – sobre o assunto e propondo uma leitura actualizada deste preceito, justamente no sentido da consagração do princípio da «cláusula aberta», v. C. R. MASSEY, *Silent Rights*, 1995. Entre nós, v. H. MOTA, *Le principe de la «liste ouverte» en matière de droits fondamentaux*, in PIERRE BON e outros, *La Justice constitutionnelle au Portugal*, 1989, p. 177 e ss; J. BACELAR GOUVEIA, *Os direitos fundamentais atípicos*, 1995, p. 175 e ss.

[141] Sobre o carácter lacunar das enumerações constitucionais e a possibilidade da «descoberta» («motivada») de «direitos não escritos» pela jurisprudência constitucional na Itália e

De início, com base porventura na ideia de que a Constituição não criava esses direitos, apenas os reconhecia, acautelavam-se os cidadãos, afirmando expressamente que a eventual não inclusão de alguns direitos no catálogo não determinaria a sua exclusão, dada a existência de direitos não-escritos – revelar-se-ia aqui ainda o peso do jusnaturalismo moderno.

Depois, num contexto e numa preocupação de maior positividade, consagrava-se um princípio de não tipicidade dos direitos fundamentais, no sentido da possível existência (da não exclusão) de outros direitos não-enumerados – «resultantes da forma de governo estabelecida», «dos princípios consignados» ou «constantes doutras leis» (Constituição de 1911, artigo 4º), ou «constantes da Constituição ou das leis» (Constituição de 1933, artigo 8º, § 1º). E a história do artigo 16º, nº 1, da actual Constituição mostra justamente que se pretendeu enumerar as «fontes» de direitos fundamentais, não as limitando à Constituição escrita e estendendo-as às leis e às normas aplicáveis de direito internacional[142].

É, pois, legítimo concluir que a nossa ordem jurídico-constitucional acautela e não exclui a existência de direitos fundamentais contidos em normas legais ou internacionais[143].

Mas, se assim é, então isso significa que o carácter *fundamental* dos direitos não corresponde à sua previsão ou especificação no texto constitucional e que se torna necessário um critério de substância para determinar o âmbito desta matéria[144]: só assim se poderão encontrar, nas leis e nas normas internacionais e mesmo na parte organizatória do texto constitucional, os direitos daquela espécie.

Haverá, assim, direitos fundamentais em sentido material que não o são formalmente, porque não estão incluídos no catálogo constitucional.

Tal como, logicamente, a inversa se torna, pelo menos, viável: poderá haver preceitos incluídos no catálogo que não constituam matéria de

em França, v. M-C. Ponthoreau, *La reconnaissance des droits non-écrits par les cours constitutionnelles italienne et française*, 1994.

[142] Cf.. *DAC*, nº 35, p. 942 e ss.. V. ainda Henrique Mota, *ob.cit.*, p. 177 e ss, que defende, no entanto, a limitação do alcance do princípio aos direitos, liberdades e garantias.

[143] V., no mesmo sentido, Jorge Miranda, *A Constituição de 1976*, p. 325 e ss, e *Manual de Direito Constitucional*, IV, 6ª ed., 2015, p. 200 e ss; Gomes Canotilho/ V. Moreira, *Constituição da República Portuguesa anotada*, vol. I, 4ª ed., 2007, anotação ao artigo 16º.

[144] Cfr. Castro Mendes, *Direitos, liberdades e garantias*, in *Estudos sobre a Constituição*, 1º vol., 1977, p. 102; Jorge Miranda, *A Constituição..., cit.*, p. 303 e 327.

direitos fundamentais, e até porventura «direitos subjectivos» só formalmente fundamentais. Decisivo, é, pois, o critério material a utilizar.

Porém, antes de procurar descobrir esse critério e de tentar aplicá-lo, convém perguntar qual o interesse prático da diferença agora introduzida.

a) Em primeiro lugar, quanto ao regime aplicável aos direitos fundamentais extra-constitucionais[145].

Será que os direitos fundamentais legais e internacionais são recebidos e integrados no sistema normativo constitucional, adquirindo a respectiva dignidade e exigindo a aplicação do mesmo regime jurídico, constitucionalizando-se?

Poderia entender-se que sim, que a esta afirmação constitucional de analogia de substância entre os direitos fundamentais expressamente enumerados ou previstos e outros eventualmente constantes de leis e normas internacionais deveria corresponder uma identidade de regime. Um entendimento com essa amplitude não resulta, porém, claramente do texto e seria dificilmente aceitável no contexto de uma tradição de *rigidez* constitucional em que a forma continua a ter um peso determinante[146].

No entanto, a própria Constituição parece admitir a *constitucionalização* de alguns deles, ao estender, no artigo 17º, o regime dos direitos, liberdades e garantias aos direitos de natureza análoga[147]. Deste modo, os direitos previstos na lei e em normas internacionais aplicáveis que sejam análogos, pela sua natureza, aos direitos enumerados no Título II da Parte I da Constituição, são equiparados, para efeitos de regime, a direitos, liberdades e garantias, isto é, equiparados a direitos fundamentais constitucionais[148]-[149].

[145] Pois que não haverá diferenças normativas relevantes no que concerne aos direitos fundamentais dispersos pelo texto constitucional.

[146] Parece, contudo, que o nº 2 do artigo 16º, ao remeter para a Declaração Universal dos Direitos do Homem, para efeitos de integração dos preceitos constitucionais nesta matéria, está a constitucionalizar os direitos fundamentais que eventualmente resultem de princípios contidos na Declaração.

[147] Esta norma não se aplica, em princípio, aos direitos sociais, mas não se exclui, como veremos, que estes, quando contidos em leis, possam provar a sua «fundamentalidade» por analogia com os previstos na Constituição.

[148] Note-se que os direitos fundamentais contidos em normas internacionais já gozam de uma protecção especial mesmo contra o legislador nacional, pela prevalência do direito internacional sobre o direito interno ordinário, resultante do artigo 8º. A aplicabilidade do

A questão que resta é a de saber se é possível, em relação a estes direitos análogos, a aplicação integral do regime (material e orgânico) específico dos direitos, liberdades e garantias – questão que trataremos na altura própria.

b) Em segundo lugar, quanto aos preceitos contidos no catálogo que eventualmente não contenham matéria de direitos fundamentais.

O interesse prático da sua identificação residirá no facto de não lhes ser aplicável o regime próprio dos direitos fundamentais, especialmente o regime dos direitos, liberdades e garantias, mesmo que constem do titulo II da Parte I da Constituição[150]. Recebem, então, o tratamento «normal» dos princípios e normas incluídos no texto constitucional, e recebem-no, em princípio, por «mérito» próprio, já que a sua exclusão da matéria dos direitos fundamentais não os «rebaixa», nem prejudica a sua dignidade constitucional, isto é, a sua pertinência à Constituição material[151].

1.2. A Constituição aponta para a existência de direitos fundamentais em sentido material e essa distinção poderá não ter um interesse meramente académico. Mas, será hoje possível – e será legítimo? – delimitar o conjunto dos direitos fundamentais e separá-lo dos preceitos que constituem a parte organizatória da Constituição?

Segundo Hesse[152], a ideia de um sistema de direitos fundamentais, contraposto ao sistema organizatório da Constituição exprimiria uma

regime dos direitos, liberdades e garantias não deixaria, porém, de ser importante, principalmente no que respeita ao nº 1 do artigo 18º, que tornaria os preceitos internacionais «self-executing».

[149] A conclusão deixou de ser evidente desde a revisão constitucional de 1982, que eliminou no artigo 17º a referência expressa aos direitos «previstos na lei», mas continua a ser a interpretação mais correcta em conjugação com o nº 1 do artigo 16º, dado que a Constituição não distingue entre direitos fundamentais.

[150] A isso não obsta decisivamente a redacção do artigo 17º, que pode ser lido no sentido de se referir aos *direitos, liberdades e garantias* enunciados no Título II. Em sentido contrário, v. Castro Mendes, *ob. cit.*, p. 108-109, e Jorge Miranda, *Manual... cit.*, IV, p. 163, embora não possamos concordar com a crítica de risco de «conceitualismo» da posição que assumimos.

[151] É, porém, dessa ideia de «degradação» que parte Gomes Canotilho para criticar a noção de direitos só formalmente fundamentais (*Direito Constitucional..., cit.*, 7ª ed., 2003, p. 406 e s).

[152] *Grundzüge des Verfassungsrechts der Bundesrepublik Deutschland*, 20ª ed., 1995, p. 127 e ss..

concepção dual, corolário de uma teoria de separação entre o Estado e a Sociedade, que considera tarefa primordial da Constituição a defesa da autonomia dos indivíduos (e da sociedade) contra um poder público inimigo, através da criação de um sistema fechado de garantias da vida privada. Sistema este que, em certas formulações mais extremas, aparecia mesmo identificado com a ordem de valores da Constituição, à qual se teria de subordinar a parte organizatória[153].

Essa concepção corresponderia à visão liberal clássica do indivíduo, da Sociedade e do Estado, e não seria hoje defensável, dado que nao toma em conta o alargamento da esfera política, a interpenetração entre Estado e Sociedade e a integração dos indivíduos no tecido social e no processo político, que conferem aos direitos fundamentais uma dimensão comunitária, enquanto elementos de democracia ou instrumentos para construção de uma sociedade mais justa e mais livre.

Importa reconhecer, à partida, a razão de ser destas críticas. Não se pode, de facto, contrapor em absoluto os direitos fundamentais à organização (económica e política) constitucional, tal como não é legítimo esquecer os elementos objectivos nos direitos fundamentais, resultantes da superação real do individualismo. Numa «democracia governante» (Burdeau) e participada, numa sociedade solidária ou interdependente, os direitos fundamentais não se reduzem a pretensões «egoístas» e têm de integrar-se ou, pelo menos, confrontar-se com as tarefas da vida comunitária. A organização política e económica da sociedade não é estranha à realização da felicidade dos homens, nem deve ser considerada menos importante para conseguir essa finalidade, num momento em que desapareceram ou se transformaram os pressupostos histórico-políticos (poder monárquico *versus* burguesia), socio-económicos (capitalismo primitivo), filosóficos (liberdade contra o poder) e antropológico-científicos (ideia de contrato social)[154] da oposição indivíduo-Estado.

Porém, tudo se modifica, e as críticas perdem-se quando o conjunto dos direitos fundamentais não é já o do burguês dos fins do século XVIII, tem outro sentido, mais vasto e complexo, integra direitos políticos, económicos, sociais e culturais[155] e não se reduz ao catálogo consti-

[153] V., por ex., HÄBERLE, *Die Wesensgehaltgarantie des Art. 19, Abs. 2 Grundgesetz, cit.*, p. 6.

[154] Sobre este aspecto, menos conhecido, v. ROBERT ARDREY, *The Social Contract*, 1970.

[155] Na Lei Fundamental da R. F. A., a que se refere HESSE, os direitos fundamentais são, na sua esmagadora maioria, direitos de defesa.

tucional. Não se trata então já de opor dois mundos, nem de dar guarida a antinomias absolutizadas. A questão reside agora, simplesmente, em saber se há ou não razões que justifiquem e fundem uma autonomia relativa dos direitos fundamentais na unidade da Constituição.

Esta ideia de autonomia relativa é de algum modo obscurecida pela forma como se realiza o «crescimento» dos direitos, determinado ainda por uma intenção de liberdade, mas que acaba por envolver os indivíduos nas malhas cada vez mais apertadas da sociedade.

De facto, continua a alargar-se a esfera dos direitos fundamentais, na sequência do processo de acumulação que caracteriza, como vimos, o seu desenvolvimento genético. Os direitos fundamentais das pessoas, pelo seu carácter geral e universal, contendem, a final de contas, com toda a vida comunitária e isso representa uma tentação e um pretexto para que se estenda o prestígio e a especial protecção jurídica de que gozam a outras posições e situações cada vez mais longínquas do seu núcleo tradicional. Assistimos, pois, a um processo de alargamento que tende a integrar e a diluir progressivamente as posições jurídicas dos indivíduos nos complexos específicos de relações sociais em que estes se movem, ao mesmo tempo que multiplica os espaços de garantia à volta delas – isto é, que tende a avolumar o que é designado como o lado objectivo dos direitos fundamentais.

Este processo de alargamento, intensivo e extensivo, natural num ambiente de socialização, corre o risco de exceder-se e de se tornar num «jusfundamentalismo», quando é dominado por uma preocupação maximalista de enquadramento e de protecção – mas pode e deve ser contido dentro dos limites do razoável, para que não provoque o amolecimento e a descaracterização do conceito de direito fundamental.

Evidentemente, não é possível isolar o conjunto dos direitos fundamentais da matéria de organização política e económica, quebrando a unidade global da Constituição, dentro da qual ganha sentido. Mas isso não exclui a legitimidade da consideração autónoma desse conjunto como um «sistema» se para ele descobrirmos uma estrutura, uma função e uma intenção próprias.

1.3. A nosso ver, é efectivamente possível definir o domínio dos direitos fundamentais, dando assim autonomia institucional ao conjunto que formam.

Em primeiro lugar, pela importância do seu *radical subjectivo*. O núcleo estrutural da matéria dos direitos fundamentais é constituído por posições jurídicas subjectivas consideradas fundamentais e atribuídas a todos os indivíduos ou a categorias abertas de indivíduos. É certo que, como já se foi dizendo, esse elemento subjectivo não abrange a totalidade dos efeitos jurídicos das normas respectivas, que por vezes se limitam a estabelecer garantias para essas posições jurídicas. Mas o elemento subjectivo é *nuclear* na estrutura dos preceitos e mostra-se preponderante na sua aplicação prática.

Em segundo lugar, a *função* de todos os preceitos relativos aos direitos fundamentais há-de ser a protecção e a garantia de determinados *bens jurídicos das pessoas* ou de certo conteúdo das suas *posições ou relações* na sociedade que sejam considerados essenciais ou primários. Os preceitos que não atribuam posições jurídicas subjectivas só pertencem à matéria dos direitos fundamentais se contiverem normas que se destinem *directamente* e por *via principal* a garantir essas posições jurídicas.

Em terceiro lugar, a consagração de um conjunto de direitos fundamentais tem *uma intenção específica*, que justifica a sua primaridade: explicitar uma ideia de Homem, decantada pela consciência universal ao longo dos tempos, enraízada na cultura dos homens que formam cada sociedade e recebida, por essa via, na constituição de cada Estado concreto. Ideia de Homem que, no âmbito da nossa cultura, se manifesta juridicamente num princípio de valor, que é o primeiro da Constituição portuguesa: o princípio da *dignidade da pessoa humana*[156].

Com a ajuda deste critério tríplice, que implica a afirmação do carácter essencial do seu núcleo subjectivo, embora sem a ele se reduzir[157], poder-se-á definir a matéria dos direitos fundamentais, conferindo-lhe solidez institucional e algum relevo jurídico-dogmático.

A autonomia dos direitos fundamentais como instituto jurídico-constitucional é, afinal, o reflexo da *autonomia ética* da pessoa, enquanto

[156] O artigo 16º, nº 1 deve, por isso, ser entendido como uma reafirmação e consolidação do princípio da dignidade da pessoa humana formulado no artigo 1º. V., no mesmo sentido, JORGE MIRANDA, *A Declaração Universal dos Direitos do Homem e a Constituição*, in *Estudos sobre a Constituição*, 1º vol., 1977, p. 57 e s.; CASTRO MENDES, *ob. cit.*, p. 102.

[157] Não nos atinge, também por isso, a crítica de GOMES CANOTILHO, *Direito Constitucional...*, *cit*, p. 407.

ser simultaneamente livre e responsável. E, como esta, é ao mesmo tempo irrecusável e limitada.

Irrecusável, porque a liberdade dos homens não pode confundir-se com a justiça social ou com a democracia política, nem ser-lhes sacrificada. A superação do individualismo não eliminou, a não ser nas sociedades submetidas a regimes totalitários, a tensão entre os homens concretos e o poder: essa tensão continua a ser, pelo contrário, o sinal e a garantia da liberdade das pessoas e da sua dignidade.

Limitada, porque o ser humano individual, destinado ou condenado a viver em comunidade, tem também deveres fundamentais de solidariedade para com os outras pessoas e para com a sociedade, obrigando-se a suportar as restrições e as compressões indispensáveis à acomodação dos direitos dos outros e à realização dos valores comunitários, ordenados à felicidade de todos. E não só: a liberdade real de cada indivíduo, incluindo a liberdade de participação e a liberdade perante a necessidade e o medo, só pode ser conseguida nos tempos de hoje através de uma ordenação política democrática e pluralista e da garantia pública de um nível adequado e sustentável de justiça social.

1.4. Munidos de um critério de identificação substancial e justificados no propósito de assegurar a qualidade jurídica e a coerência do sistema dos direitos fundamentais, podemos agora tentar, através de alguns exemplos, concretizar o âmbito desta matéria[158].

1.4.1. Assim, serão direitos fundamentais formalmente constitucionais fora do catálogo, por exemplo, o direito de não pagar impostos inconstitucionais ou ilegalmente liquidados e cobrados (artigo 103º, nº 3); os direitos de participação política consagrados nos artigos 122º, 124º, nº 1, e 239º, nº 4 (direito de apresentação de candidaturas nas eleições presidenciais e locais), bem como, pelo menos *em alguns dos seus aspectos*: a liberdade de propaganda eleitoral (artigo 113º, nº 3, alínea a)); os

[158] Sobre o âmbito dos direitos fundamentais fora do catálogo, v. Gomes Canotilho, *ob. cit.*, p. 404 e ss.; G. Canotilho/ V. Moreira, *ob. cit.*, p. 366 e 371; Jorge Miranda, *Manual...*, *cit.*, IV, 6ª ed., 2015, p. 206 e ss; e 186 e ss; J. Bacelar Gouveia, *Os direitos fundamentais atípicos*, *cit.*, p. 371 e ss.

direitos e garantias dos administrados previstos no artigo 268º[159]; os direitos dos trabalhadores da função pública estabelecidos nos nºs 2 e 3 do artigo 269º e no nº 3 do artigo 271º; e o direito dos trabalhadores referido no nº 7 do artigo 276º[160].

Em qualquer destes casos, estamos perante direitos de todas as pessoas, cidadãos ou trabalhadores, que concretizam, reafirmam ou acrescentam direitos previstos na Parte I e revestem claramente natureza análoga à dos aí colocados. Os preceitos citados conferem posições jurídicas subjectivas individuais e permanentes, com a função principal e a intenção específica de proteger a liberdade e a dignidade das pessoas, razão porque a sua qualificação não nos suscita dúvidas[161].

Pertencente à matéria é ainda o preceito do artigo 270º, que se refere ao estatuto jurídico dos militares, agentes militarizados e das forças de segurança, reconhecendo a sua qualidade de titulares de direitos fundamentais, enumerando os direitos cuja restrição legal permite, em concretização do disposto em geral no nº 2 do artigo 18º.

Por último, notem-se, como casos exemplares, algumas «transferências» sistemáticas, efectuadas por revisões do texto constitucional. Em

[159] Continuamos a entender, porém, que, em geral, há um dever, mas não há um direito subjectivo fundamental à fundamentação (ou à notificação) de todos os actos administrativos (lesivos), mas (para além do direito à notificação e à fundamentação de actos que afectem direitos fundamentais, que constituem faculdades nestes integradas) tendemos a integrar os preceitos que estabelecem esses deveres no âmbito material dos direitos fundamentais, enquanto garantias institucionais da tutela judicial efectiva, designadamente quanto aos actos lesivos de posições jurídicas subjectivas praticados no uso de poderes discricionários (entendidos em sentido amplo).

[160] Gomes Canotilho e Vital Moreira (*ob. cit.*, p. 372), tal como Jorge Miranda (*ob. cit.*, p. 158) referem ainda o direito ao recenseamento eleitoral (actual artigo 113º, nº 2), que podemos aceitar, e o direito a participar na administração da justiça (actual artigo 207º), que nos suscita muitas dúvidas. Por razões que se perceberão melhor adiante, já não podemos concordar, por exemplo, com a qualificação como direito fundamental (assim, Jorge Miranda, *ibidem*, e Bacelar Gouveia, *ob. cit.*, p. 324) do direito de oposição democrática (actual artigo 114º, nº 2).

[161] Mas, por exemplo, já não devem ser considerados na matéria de direitos fundamentais os poderes, imunidades, direitos, regalias e deveres dos deputados, fixados nos artigos 156º a 159º. Também na Alemanha não são considerados «direitos equiparados a direitos fundamentais» (aí para efeito de admissibilidade da acção constitucional de defesa) os direitos dos deputados (e nem sequer o direito a licença dos candidatos a deputados durante o período eleitoral) estabelecidos nos artigos 46 e 48 (1) da GG – cf., por todos, G. Manssen, *Grundrechte*, 2000, p. 5 e s..

primeiro lugar, a transferência, efectuada pela revisão de 1982, do preceito que previa a liberdade de iniciativa económica privada da Parte relativa à organização económica para a que se reporta aos direitos fundamentais (era o nº 1 do artigo 85º e consta actualmente do artigo 61º) – esta transposição não trouxe nada de substancialmente novo, mas evitou equívocos e dúvidas que alguns autores alimentaram[162]. Depois, uma transferência similar, operada pela revisão de 1989, dos direitos dos consumidores, que tinham sido introduzidos pela revisão de 1982 na Parte da organização económica (era o artigo 110º e constitui agora o artigo 60º) – esta transposição corresponde, como veremos melhor, ao reconhecimento do carácter jusfundamental do estatuto (de algumas posições jurídicas) dos consumidores.

1.4.2. Como exemplo de direitos fundamentais contidos em leis ordinárias[163], apontavam-se os direitos da personalidade consagrados no Código Civil, designadamente o direito geral da personalidade (artigo 70º), o direito ao nome (artigo 72º) e o direito à imagem (artigo 79º), que não estavam, de início, especificamente protegidos no texto da Constituição. Estes direitos constituíam posições jurídicas subjectivas, universais e permanentes, directamente ligadas à dignidade dos homens e mostravam uma analogia flagrante com direitos pessoais constitucionais, como o direito à integridade moral e física, o direito à identidade pessoal e o direito ao bom nome, o direito à intimidade da vida privada ou a inviolabilidade do domicílio e correspondência – e já eram, por isso, considerados pela doutrina como direitos fundamentais[164].

Acontece que alguns destes direitos acabaram por ser constitucionalizados pelas sucessivas revisões constitucionais[165], como aconteceu com o direito à imagem, na revisão de 1982, e o direito ao desenvolvimento

[162] Cfr. Gomes Canotilho/ Vital Moreira, *Constituição...*, 1978, p. 211.

[163] O Tribunal Constitucional pronunciou-se sobre a existência de direitos fundamentais de fonte legal, a propósito de um eventual direito à fundamentação do acto administrativo, antes da revisão de 1989, tendo-o admitido nos Acórdãos nº 109/85 e 190/85 e negado nos Acórdãos nº 174/87 e 266/87 (v. Acórdão nº 594/2008).

[164] Note-se, contudo, que, ao considerar estes direitos como fundamentais, estamos a transplantá-los para o plano das relações indivíduo-Estado, que continua a constituir, como veremos, o campo especifico de aplicação dos direitos fundamentais.

[165] Note-se que o nosso legislador de revisão tem uma filosofia diferente de outros, como, por exemplo, o alemão, que, na revisão de 1994, optou por não consagrar expressamente o direito

da personalidade, que (finalmente) veio a ser expressamente consagrado na revisão de 1997[166].

Mas ainda se mantêm alguns: além do *direito ao nome*, outros exemplos poderão ainda ver-se no *direito à reparação de danos*, decorrente do artigo 483º do Código Civil, e nos *direitos de audiência e de defesa*, que têm de ser reconhecidos a todos aqueles a quem é aplicada uma sanção pessoal, penal, contraordenacional ou administrativa. Estes direitos, embora sejam parcialmente protegidos na Constituição – o primeiro, no artigo 22º, quanto à responsabilidade pública, e no artigo 60º, enquanto direito dos consumidores; os últimos, pelo artigo 32º, designadamente pelos nºs 1, 5 e 10, quanto ao processo criminal e contraordenacional, e pelo nº 3 do artigo 269º, quanto ao processo disciplinar instaurado a agentes da função pública – não o são em geral ou inteiramente, porque não estão previstos a generalidade dos casos da responsabilidade privada, nem os do processo disciplinar contra trabalhadores (de empresas privadas ou públicas) e o das outras sanções administrativas pessoais. Deste modo, deverá entender-se que as disposições legais aplicáveis a estes casos reconhecem direitos fundamentais[167], já que são análogos aos previstos na Constituição e, como eles, constituem uma exigência básica da dignidade da pessoa humana[168].

Também por analogia se deverão considerar direitos fundamentais legais certos direitos dos estrangeiros: o *direito de asilo* dos que, «receando com razão ser perseguidos em virtude da sua raça, religião, nacio-

à autodeterminação informacional, por tal não ser necessário, já que a jurisprudência constitucional retirava tal direito do direito geral de personalidade previsto no artigo 2º da GG.

[166] Sobre o alcance destes direitos, v. Paulo Mota Pinto, *Direitos de Personalidade e Direitos Fundamentais*, 2018.

[167] Não nos parece, porém, que o direito dos interessados à audiência prévia previsto nos artigos 100º e 121º do Código do Procedimento Administrativo, que tem um perfil específico e se refere à generalidade dos regulamentos e actos administrativos, possa ser entendido enquanto tal (em toda a sua extensão) como direito fundamental. No mesmo sentido vai a jurisprudência do TC, que admite esse carácter fundamental apenas quando esteja em causa a aplicação de sanções ou medidas substancialmente equiparáveis – v. os Acórdãos nº 142/85, 866/96 e 1010/96 e, sobre o ponto, Cardoso da Costa, *A jurisprudência constitucional portuguesa em matéria administrativa*, in *Estudos em homenagem ao Prof. Doutor Rogério Soares*, 2001, p. 177 e ss (209 e ss).

[168] Cfr., nesse sentido, Figueiredo Dias, *Direito Processual Penal*, 1984, p. 152 e ss.. V. ainda o artigo 10º da Declaração Universal dos Direitos do Homem.

nalidade, opiniões políticas ou integração em certo grupo social, não possam ou, em virtude desse receio, não queiram voltar ao Estado da sua nacionalidade ou da sua residência habitual», assim como, por exemplo, os *direitos de comunicação e de assistência* reconhecidos pela lei aos estrangeiros não admitidos em território português e o *direito ao reagrupamento familiar* dos estrangeiros residentes[169].

Referem-se por vezes a este propósito os direitos estabelecidos nas leis que regulam relações especiais de direito administrativo, designadamente, as relativas aos direitos dos reclusos ou dos internados[170]. No entanto, se partirmos da regra da titularidade dos direitos fundamentais em geral por reclusos e internados (regra que a partir de 1989 passou a estar expressamente afirmada no nº 5 do artigo 30º), essas leis devem ser entendidas como *estatutos especiais*, de modo que a maior parte dos direitos aí previstos constituem meras concretizações dos direitos fundamentais constitucionais, embora possa haver direitos autónomos (legais), designadamente no que respeita a direitos procedimentais ou a direitos a prestações específicas (sob reserva do possível)[171].

Já se torna mais difícil, pelo seu carácter tipicamente indeterminado e pela sua sujeição a uma conformação legislativa, encontrar nas leis ordinárias direitos sociais que possam ser considerados como direitos fundamentais, devendo até presumir-se o respectivo carácter legal. No entanto, como veremos, essa constitucionalização é admissível, sobretudo quando assumida pela consciência jurídica comunitária, como acontecerá porventura com o direito à existência de um rendimento mínimo garantido, ainda que sujeito a conformação legislativa.

1.4.3. Os direitos fundamentais internacionais serão os contidos nos pactos e convenções[172] e ainda os que constem de regras de direito internacional geral ou comum. Relevam a este propósito aqueles que não

[169] V. o artigo 98º da Lei nº 23/2007, de 4 de Julho.

[170] V., por todos, Jorge Miranda, *ob. cit.*, p. 186 e s, que refere aos direitos relativos ao regime penitenciário.

[171] V., por exemplo, o direito a usar vestuário próprio, o direito a ser informado dos regulamentos em vigor e o direito dos progenitores a terem consigo menores de três anos.

[172] Com especial relevância para os Pactos sobre Direitos Cívicos e Políticos e Direitos Económicos, Sociais e Culturais, celebrados no âmbito da ONU e para a Convenção Europeia dos Direitos Humanos.

existam, pelo menos formalmente, no catálogo interno[173], mas, mesmo quanto aos direitos «repetidos», sempre poderão surgir formulações novas e mais claras[174], tal como lhes pode vir a ser dado, por via interpretativa, alcance mais vasto[175].

A dinâmica da evolução dos direitos na esfera internacional é hoje muito mais intensa que no plano interno e poderá, em certos casos, contribuir para transformações constitucionais. Especialmente curioso a este propósito é o caso do *direito à sobrevivência*, construído a partir de uma nova perspectiva (positiva) de encarar o direito à vida, e que tem sido matéria de estudo e reflexão dentro dos organismos especializados das Nações Unidas[176].

1.5. Mais difícil e melindrosa é, porém, a tarefa de verificar a existência de preceitos incluídos na Parte I da Constituição que *não contenham matéria de direitos fundamentais*, precisamente por causa da íntima relação entre esta e as outras matérias constitucionais.

A *presunção* é, naturalmente, a de que todos os preceitos aí inscritos integrem a matéria, tal como resulta das epígrafes respectivas. Mas pode acontecer que assim não seja: designadamente, é perfeitamente compreensível que, a propósito de um determinado assunto ou de um domínio da vida social, se misturem com preceitos relativos a direitos fundamentais outros que pertençam, por exemplo, à organização do poder político (ou à organização económica), mas que, por uma questão de proximidade ou de oportunidade, encontrem aqui lugar sistemático.

[173] Será o caso do direito de livre circulação e dos direitos de cidadania europeia (depois do Tratado de Amesterdão), e era, até à revisão de 1997, o caso do direito a um julgamento equitativo e num prazo razoável (actualmente previsto no nº 4 do artigo 20º).

[174] Será o caso do direito dos pais de assegurar a educação e ensino dos filhos de acordo com as suas convicções religiosas e filosóficas e do direito ao conhecimento da língua em processo penal (CEDH e Protocolo Adicional nº 1).

[175] Lembre-se que estas normas internacionais valem com o sentido que lhes seja dado pelas instâncias internacionais competentes, designadamente pelos Tribunais instituídos, quando a jurisdição seja obrigatória ou reconhecida pelo Estado.

[176] Cf, neste contexto, além do artigo 25º da Declaração Universal (DUDH), a Convenção relativa à norma mínima de segurança social (Convenção nº 102 da OIT – 1952), entretanto ratificada por Portugal (1992).

E não vai nisto envolvida necessariamente uma crítica ao legislador constituinte, pois que não é este, mas a doutrina, que tem de curar da qualificação material das normas e da construção jurídica[177].

1.5.1. De facto, parece-nos que os preceitos que consagram os direitos de antena, de resposta[178] e de réplica política dos partidos da oposição parlamentar (nº 2 do artigo 40º) são de excluir da *matéria* dos direitos fundamentais.

De facto, apesar da sua formulação subjectiva, estes preceitos não consagram posições jurídicas subjectivas individuais, não se destinam directamente a garantir bens jurídicos pessoais, nem mesmo se referem a uma ideia de Homem (pessoas individuais) e à sua dignidade: diferentemente, visam estabelecer normas da organização política democrática.

Os direitos de antena, de resposta e de réplica política dos partidos da oposição não constituem direitos políticos fundamentais dos cidadãos, tendo como finalidade própria facilitar o exercício pelas minorias da oposição política através dos serviços públicos da rádio e da televisão[179]. São, seguramente, uma peça importante da organização do poder democrático, contribuindo para o pluralismo da expressão política e até para assegurar a separação dos poderes, no entendimento que hoje lhe é dado[180].

A sua inserção sistemática entre os direitos fundamentais compreende-se por razões de vizinhança com as liberdades de expressão e de imprensa, mas a sua atinência material liga-os à organização do

[177] Deve reconhecer-se ao intérprete um papel «recodificador» ou de reelaboração sistemática do texto, uma vez determinado o código genético das normas, pois é frequente haver normas jurídicas colocadas fora do seu «lugar sistemático» – v. BAPTISTA MACHADO, *Introdução ao Direito e ao Discurso Legitimador*, 1983, p. 122 e s.

[178] Direito que não se deve confundir – antes se deve confrontar – com o direito de resposta e de rectificação consagrado no nº 4 do artigo 37º da Constituição.

[179] Já não será assim com o direito de antena dos concorrentes nos períodos eleitorais (artigo 40º, nº 3), na medida em que os sujeitos do direito são os concorrentes e a finalidade é a garantia da liberdade de propaganda eleitoral.

[180] Cf., sobre este assunto, a obra colectiva editada por HEINZ RAUSCH, *Zur heutigen Problematik der Gewaltenteilung*, 1969, e a síntese de OSSENBÜHL, *Aktuelle Probleme der Gewaltenteilung*, *DöV*, 1980, p. 545 e ss.. No entanto, esta presença nos meios audiovisuais públicos perdeu grande parte da sua importância nos tempos actuais, com a concorrência no sector, os novos meios e as novas plataformas de comunicação e as redes sociais.

poder político: só indirectamente representará uma garantia para a liberdade e a participação política dos cidadãos[181]. A entender que estes preceitos constituíam, num sentido jurídico estrito, direitos ou garantias políticas dos cidadãos, teríamos de incluir na matéria dos direitos fundamentais muitos dos preceitos que atribuem competências no âmbito da organização do poder político[182], até porque, pela sua posição e função no ordenamento democrático, designadamente entre nós, os partidos políticos são instituições públicas e não meros grupos sociais, independentemente da sua qualificação como entidades públicas ou privadas para outros efeitos[183].

1.5.2. Discutida poderá ser a pertinência material dos direitos próprios das comissões de trabalhadores e das organizações sindicais (previstos nos artigos 54º, nº 5, e 56º, nº 2) e ainda o próprio direito de antena no que a estas últimas se refere (artigo 40º, nº 1). Nestes casos, estamos perante organizações ou entidades que têm como objectivo a defesa de interesses de certas categorias de pessoas, não podendo para este efeito ser consideradas ou equiparadas a entidades públicas. Porém, não é esse o critério determinante da matéria de direitos fundamentais, tal como o propomos, tendo sido invocado quanto aos partidos políticos apenas para reforçar a exclusão.

[181] M. Rebelo de Sousa considera a salvaguarda do pluralismo ideológico e informativo e o direito de antena como «princípios que representam a expressão do pluralismo partidário», incluídos, por essa via, na alínea i) do actual artigo 288º (*Os Partidos Políticos na Constituição*, in *Estudos sobre a Constituição*, vol. 2º, p. 71). V. ainda Castro Mendes, *ob. cit.*, p. 108-109.

[182] Por exemplo, também não é direito fundamental o direito (poder) de apresentação de candidaturas pelos partidos nas eleições parlamentares (cfr. artigo 151º, nº 1), ao contrário do que pode ser entendido para os direitos de apresentação de candidaturas pelos cidadãos (v. supra, no texto, as referências aos artigos 122º e 239º, nº 4). Por motivos idênticos, não considerámos como direito fundamental (v. *supra*, nota 25), contra o parecer de Jorge Miranda, o direito de oposição democrática (cfr. no mesmo sentido a sua inserção na alínea i) do artigo 288º). Um último argumento, que, embora estando longe de ser decisivo, se adequará melhor à nossa interpretação, é o da inserção destes direitos entre os direitos, liberdades e garantias «pessoais», na divisão operada em 1982: como não se trata seguramente de um direito pessoal, só a vizinhança pode explicar a sua colocação aqui e não entre os direitos «de participação política», a que pertenceria se fosse entendido substancialmente.

[183] Sobre os partidos políticos como estruturas do Estado e os diversos problemas que suscitam, v. M. Rebelo de Sousa, *Os partidos políticos no direito constitucional português*, 1983, p. 83 e ss; Gomes Canotilho, *ob. cit.*, p. 313 e ss.

Decisivo é saber se estão em causa posições subjectivas individuais fundamentais ou, pelo menos, se os preceitos se destinam directamente a garantir posições desse tipo, e se pode referir-se a intenção principal do preceito à ideia-princípio da dignidade da pessoa humana. E podia duvidar-se que o fossem, que não estivessem em causa antes poderes concedidos a certas entidades com o objectivo imediato de concretizar opções de organização económico-social: empresarial (artigo 54º, nº 5, alíneas b), e) e f)), administrativa (artigo 56, nº 2, als. b) e c)) ou política (artigos 54º, nº 5, al. d) e 56º, nº 2, al. a)).

Concentrando a nossa atenção, por exemplo, nos direitos de participação política destas organizações, vemos que não se trata de direitos políticos dos cidadãos, nem de concretizações do artigo 48º, enquanto direito genérico de participação. A sua função não é a de definir a vontade política do eleitorado, mas apenas influir na sua formação em nome de interesses parciais, o que é diferente, posto que não são exercidos no quadro de um sindicalismo ou de um corporativismo de Estado[184]. Por sua vez, também não são inequivocamente direitos subjectivos dos trabalhadores os exercidos exclusivamente por intermédio de representantes seus, como é o caso do direito de contratação colectiva, estabelecido no nº 3 do artigo 56º[185].

[184] Neste sentido, LUCAS PIRES, *Artigo 56º, al. d)...*, in *Estudos sobre a Constituição*, vol. I, p. 376 e ss. e JORGE MIRANDA, *A Constituição de 1976, cit.*, p. 463 e s.. Este último Autor concluía que estes direitos não eram análogos aos direitos, liberdades e garantias de participação política, mas não deixava de reconhecer-lhes autonomia como direitos fundamentais (cf. *ibidem*, p. 464, nota 189). V. ainda sobre este direito, o Parecer da Comissão Constitucional nº 18/78, e respectivas declarações de voto (*Pareceres*, vol. 6º, p. 3 e ss.).

[185] Note-se que a distinção entre direitos dos trabalhadores e direitos das comissões de trabalhadores e das associações sindicais é estabelecida pelo texto constitucional na alínea e) do artigo 288º. Sobre o direito de contratação colectiva, cfr. o Parecer nº 18/78, citado na nota anterior. Neste caso, não se trata de um direito das associações sindicais, pois é referido a todos os trabalhadores, embora não propriamente como direito, senão como garantia institucional (nesse sentido convergem o Parecer, relatado por EDUARDO CORREIA, e a declaração de voto de NUNES DE ALMEIDA). Que estamos perante matéria de direitos fundamentais decorre ainda, de acordo com o critério proposto, da circunstância de o instituto da contratação colectiva se destinar principalmente à garantia das posições subjectivas e da dignidade dos trabalhadores subordinados, pois a História demonstrou claramente (e dolorosamente) que a negociação colectiva foi decisiva para ultrapassar a debilidade contratual dos trabalhadores individuais.

Mas, não constituirão pelo menos garantias institucionais dos direitos fundamentais dos trabalhadores? Embora possa entender-se que a função destes preceitos é a de concretizar os princípios da democracia participativa (artigo 2º, *in fine*), da aproximação das decisões políticas e administrativas das populações e da participação dos interessados, princípios gerais de organização política e administrativa (cfr., p. ex., o nº 1 do artigo 267º, e, ainda, o artigo 109º)[186], também é defensável, sobretudo numa interpretação actualista, que se lhes reconheça como função principal a protecção dos direitos das pessoas que trabalham por conta de outrem – a ser assim, não constituindo embora direitos subjectivos fundamentais, serão parte integrante da *matéria* dos direitos fundamentais.

1.6. Os exemplos de que lançamos mão para testar a viabilidade do critério proposto para delimitação da matéria dos direitos fundamentais permitem observar que se torna necessário estabelecer a linha de demarcação que separa as *garantias institucionais* de direitos fundamentais das meras *condições objectivas*, jurídicas, económicas e políticas, da sua efectivação.

Ao aceitar a autonomia do conjunto dos direitos fundamentais – autonomia que de algum modo vem já implicada no reconhecimento constitucional de uma matéria específica – verificámos que essa autonomia é, por força da unidade da Constituição, tão só relativa. Os direitos

[186] Seria entender que se tratava aí, no fundo, da garantia privilegiada pela Constituição dos interesses organizados dos trabalhadores subordinados, em comparação com interesses de outros grupos sociais igualmente dignos de protecção e carecidos de garantia, privilégio que implicaria uma opção ideológica ou resultaria do maior poder de influência dessas organizações de interesses. Ora, se assim fosse, o fundamento e a intenção destes preceitos não seria, em primeira linha, a protecção da dignidade e da liberdade dos trabalhadores como pessoas: estar-se-ia a pensar em grupos particulares de interesses, numa lógica mais própria de opções de organização do poder político do que da garantia de direito fundamentais, seria mais uma *garantia política* que uma *garantia jurídica* (Lucas Pires, *ob. cit.*, p. 378). O carácter de opção (de organização) política seria mais defensável em ligação com o texto antigo do artigo 2º, que se referia à criação de condições para o exercício democrático do poder pelas classes trabalhadoras (e que tinha reflexos noutros preceitos, como o do princípio da intervenção democrática dos trabalhadores no antigo artigo 80º). Neste sentido, modelar, a declaração de voto de Amâncio Ferreira no Parecer nº 18/78 da Comissão Constitucional, integrando os direitos dos trabalhadores no projecto de construção do socialismo, numa perspectiva ideológica que atingiu o paroxismo na tese do carácter deliberativo da participação dos trabalhadores (citada nessa declaração de voto).

fundamentais ganham em sentido e em realidade pelo facto de serem pensados e exercidos no quadro de um regime político (democrático e pluralista) onde ao Estado cabe um papel interveniente activo na criação e manutenção das condições de gozo efectivo, por todos os cidadãos, desses direitos.

Nesta perspectiva, as decisões constitucionais em matéria de organização económica, social e política constituem *garantias gerais*, e, em certo sentido, *condições da efectivação* dos direitos fundamentais.

Só que seria inteiramente inadequado atrair à matéria de direitos fundamentais todas as normas de organização, pelo facto de condicionarem o exercício dos direitos ou de neles se repercutirem, porque isso denotaria a concepção da autonomia do homem individual como o princípio único e absoluto da Constituição – e a autonomia pessoal tem limites; tal como seria falsificar e corromper o sentido dos direitos fundamentais diluí-los na organização estadual, confundindo-os com as condições económicas, sociais e políticas da sua realização e transformando-os em meros instrumentos da instauração ou da conservação de um determinado regime político-social, porque isso significaria ignorar a autonomia ética de cada ser humano individual – e ela é postulada pelo princípio da dignidade da pessoa humana.

Torna-se, desta maneira, indispensável distinguir, para além do núcleo constituído pelas posições subjectivas individuais, as normas e institutos que visam directamente garantir essas posições subjectivas ou, em geral, têm como finalidade principal a protecção ou a promoção da dignidade humana, em qualquer das suas múltiplas manifestações, daquelas outras normas e institutos que explicitam em primeira linha princípios de conformação económica, social ou política da comunidade estadual.

No primeiro caso, estaremos perante *garantias institucionais* dos direitos fundamentais; no segundo, em face, quando muito, de *«condições gerais objectivas»* da realização desses direitos. Ali, encontramo-nos ainda no campo dos direitos fundamentais; aqui, a matéria e já outra: constituição económica ou organização política e administrativa.

Assim, por exemplo, os princípios da separação dos poderes, da representação política de base electiva, do pluralismo de expressão e organização políticas, da descentralização administrativa, da participação, da independência do poder judicial, da isenção das Forças Armadas, etc., condicionam e garantem o exercício dos direitos políticos e das liberdades cívicas, dos direitos pessoais e dos direitos sociais, mas não constituem em si, nem nas suas refracções directas, matéria de direitos fundamentais. O mesmo se diga quanto aos princípios fundamentais da organização económica e social, desde o princípio da subordinação do poder económico ao poder político democrático até ao da participação democrática dos parceiros socioeconómicos (v. artigo 80º). Ou ainda dos princípios da constitucionalidade, da legalidade e da imparcialidade da Administração, e em certas dimensões do princípio da proporcionalidade ou até do princípio da igualdade, visto em geral como proibição do arbítrio.

1.7. Uma última nota se impõe: ao traçar a linha de demarcação dos direitos fundamentais, animados por uma preocupação de coerência substancial, cuidamos principalmente de salientar o papel determinante do seu radical subjectivo, bem como o critério da sua função e da sua intenção normativa em termos globais, sem nos atermos às graduações da respectiva «fundamentalidade». Isso não significa que em nossa opinião todos os direitos individuais atribuídos pela ordem jurídica sejam fundamentais e que não devam estabelecer-se também fronteiras de intensidade[187].

Direitos fundamentais têm de ser os direitos básicos, essenciais, principais, que caracterizam a pessoa, mesmo que não estejam previstos no catálogo ou na Constituição, mas só esses[188]. Desse modo, o elemento intencional do critério proposto, a referência ao princípio da dignidade da pessoa humana, deve ser enriquecido com esta nota, para afastar direitos individuais que não mereçam aquele qualificativo. Contudo, será mais difícil evitar o subjectivismo do intérprete sobre o que é ou não principal, razão porque se há-de presumir que os direitos atribuídos

[187] Não podemos, pois, acompanhar os autores que tendem a alargar o conjunto dos direitos fundamentais a quase todos os direitos previstos nas leis, como parece fazer, por exemplo, João Caupers (*Os direitos fundamentais dos trabalhadores e a Constituição*, 1985, p. 136 e ss) quanto aos direitos dos trabalhadores.

[188] Assim, Amâncio Ferreira, na Declaração de voto citada na nota anterior, embora daí parta em direcção diferente da que aqui seguimos. Defendendo uma purificação do domínio dos direitos fundamentais, v., entre nós, J. Casalta Nabais, *Algumas reflexões críticas...*, in *Ab vno ad omnes*, 1998, p. 965 e ss (994 e ss).

no texto da Constituição aos indivíduos são considerados essenciais, no tempo histórico, à dignidade das pessoas que formam a comunidade[189], ao passo que já tem de ser justificadamente comprovada a analogia necessária à «constitucionalização» dos direitos contidos nas leis.

2. A unidade de sentido do sistema dos direitos fundamentais

Diferente do problema abordado no número anterior, mas com ele intimamente relacionada, é a questão de saber se existe ou não, e em que termos, uma unidade de sentido no conjunto dos direitos fundamentais da nossa Constituição. É certo que a delimitação do âmbito desta matéria teve de ser feita em referência a uma ideia, que é um princípio de valor: a *dignidade da pessoa humana*[190]. Todavia, isso não basta para resolver completamente a questão da unidade de sentido, já que este princípio é ainda susceptível de entendimentos diversos[191]. Também é certo que na opção feita pela autonomia (relativa) desta matéria no contexto da Constituição vai já implicada uma «imagem antropológica» que condiciona as posições a assumir perante esta questão. Mas resta ainda averi-

[189] Não sem que, no entanto, algumas dúvidas surjam, p. ex., quanto ao direito de participação nas assembleias de moradores (264º, nº 2). Trata-se aqui de um direito de participação política e de um direito de todos os cidadãos, mas será um direito fundamental? Tenderíamos a dizer que não, até porque a matéria das organizações populares de base não tem, em nossa opinião, dignidade constitucional, no quadro do sistema político (e administrativo) que acabou por ser estabelecido. Porém, esta matéria continua incluída no texto da Constituição e só na revisão de 1989 deixou de constar entre os limites materiais de revisão (antigo artigo 290º, actual 288º).

[190] No sentido de que a dignidade da pessoa humana está na base e constitui a referência valorativa de *todos* os direitos fundamentais, v. JORGE MIRANDA, *Manual...*, IV, p. 194 e ss, bem como GOMES CANOTILHO / VITAL MOREIRA, *Constituição Anotada*, *cit.*, p. 198 e ss. Na Alemanha, v. CH. ENDERS, *Die Menschenwürde in der Verfassungsordnung: zur Dogmatik des Art. 1 GG*, 1997.

[191] O conceito de dignidade humana foi naturalmente, ao longo dos tempos, um daqueles que sempre suscitou, mesmo no domínio limitado do pensamento ocidental, as mais profundas divergências, salientando-se as que opõem as respectivas concepções religiosas, racionais e «científicas» (sobre o problema, v., por último, FRANK DOMKE, *Grundrechtliches System und systematisiertes Grundrecht*, 1998, p. 121 e ss). O que nos importa aqui é apenas a afirmação da ideia de uma *dignidade-valor*, reconhecida pelo Direito a cada indivíduo pelo facto de ele ser pessoa, independentemente de saber se isso constitui uma enteléquia (uma essência em si), uma representação ou o nome para um conjunto de necessidades características do homem como ser espiritual indeterminado e inespecífico (mesmo que seja visto como «um animal de espírito adoecido»).

guar qual o significado preciso e o alcance concreto da ideia de unidade, designadamente, em que medida essa unidade é, no caso português, uma unidade de compromisso.

2.1.1. Os preceitos da Constituição relativos aos direitos fundamentais, tal como os restantes, são o resultado de um processo constituinte em que intervieram forças políticas e ideológicas diversas (e até antagónicas) e que tendem a exprimir, por isso, no seu conjunto, um determinado equilíbrio que se estabeleceu entre concepções diferentes do mundo e da vida[192].

Nesta linha, entendem alguns autores que a concepção constitucional dos direitos fundamentais, sendo original e coerente, traduz o compromisso fundamental de toda a Constituição entre o princípio liberal-democrático e o princípio socialista. Essa concepção representaria uma teoria original, uma síntese rica e inovadora da compreensão dos direitos fundamentais, recolhendo traços da concepção liberal e da concepção socialista, identificadas, respectivamente, com a teoria liberal -burguesa e com a teoria marxista-leninista[193].

Parece-nos, todavia, que esta opinião assenta num equívoco, partindo do pressuposto, simplista e injustificado, de que só existem duas concepções dos direitos fundamentais, precisamente a liberal-burguesa e a marxista-leninista[194].

Ora, como já tivemos oportunidade de ver, existe uma *concepção liberal moderna* ou *liberal-social* dos direitos fundamentais, que pode considerar-se a concepção dominante nos países da Europa Ocidental, não tendo sido, aliás, a concepção liberal-clássica (burguesa ou neo-liberal)

[192] Entre essas concepções afirmam-se de modo claro a concepção liberal moderna ou liberal social, que, com algumas diferenças de linguagem, era comum ao PPD e ao CDS, e a teoria marxista-leninista, sustentada pelo PCP e pelo MDP/CDE. Por sua vez, o PS, partido dominante na Assembleia Constituinte, oscilava entre a concepção liberal social e o marxismo não-leninista. Sobre as posições dos diversos partidos na Assembleia Constituinte, v. DAC, nºs 30 a 33 e 43 a 46, de Agosto e Setembro de 1975. V. ainda, sobre a história destes preceitos, JORGE MIRANDA, *A Constituição...*, *cit.*, 317 e ss.

[193] Assim GOMES CANOTILHO/ V. MOREIRA, embora aceitem em *Fundamentos da Constituição*, 1991, p. 100 e ss (104), que «talvez com ênfase» para a concepção liberal.

[194] Esta tinha sido, aliás, a tese defendida por V. MOREIRA na Assembleia Constituinte, que acusou a Assembleia (ou o Partido Socialista) de adoptar uma concepção liberal-burguesa. V. *DAC*, nº 32, p. 844.

defendida por nenhuma força política na Assembleia Constituinte[195]. Por outro lado, as concepções socialistas não se reduzem ao marxismo-leninismo, do qual se demarcam claramente os defensores do «socialismo democrático».

Não é legítimo, por isso, averbar a crédito da concepção socialista, confundida com a marxista-leninista, os aspectos socializantes que, como vimos, constituem hoje igualmente o património das novas concepções liberais. Assim, o que importa averiguar é se os elementos normativos que ultrapassam a concepção liberal-burguesa implicam ou não um «corte antropológico» com a concepção tradicional dos direitos fundamentais, ou seja, se a nossa ordem constitucional dos direitos fundamentais se reconduz a uma teoria liberal-moderna ou se representa um compromisso entre essa teoria e a teoria marxista-leninista[196].

Ora, julgamos inequívoco que a concepção antropológica consagrada é a do humanismo ocidental[197]. Conclusão que já nos parecia clara em face do texto primitivo da Constituição, apesar de certas compressões provenientes da influência das concepções marxistas na forma, na linguagem e no sentido de algumas soluções; e que se nos afigura evidente depois das alterações introduzidas pelas revisões constitucionais de 1982, de 1989 e de 1997, como se verá de seguida[198].

[195] De facto, a concepção liberal-moderna predominou, sendo nítido o carácter socializante de todas as propostas. Como dissemos, porém, o PS estava dividido, tendo afirmado por exemplo, numa mesma sessão, por intermédio de deputados diversos, que não perfilhava «a concepção idealista de uma irredutível natureza humana», mas também que o homem era «um sujeito inato de direitos». Cfr. *DAC* nº 35, pp. 945 e 953.

[196] Sobre o corte antropológico que separa a teoria socialista, marxista-leninista, das teorias liberais, v. Gomes Canotilho, *Direito Constitucional*, 2ª ed., p. 524 e ss..

[197] Essa é também a conclusão de Jorge Miranda: «este compromisso firmar-se-ia... numa visão da pessoa, da pessoa na sociedade e da pessoa perante o Estado que corresponde inequivocamente à do humanismo ocidental ou de um humanismo não-marxista» (*A Constituição..., cit.*, p. 322). V. ainda A. Thomashausen, *Der Freiheitsbegriff, die Grundrechte und der Grundrechtsschutz in der neuen portugiesischen Verfassung von 2. April 1976*, in *EuGRZ*, 1981, p. 3 e s..

[198] A primeira e principal opção foi a afirmação da *concepção ocidental dos direitos fundamentais*, baseada na *autonomia ética* da pessoa individual, no quadro de um *pluralismo democrático, liberal social, contra* as concepções funcionalistas, baseadas no predomínio de projectos comunitários de construção da sociedade, designadamente a *concepção marxista – leninista*, colectivista e totalitária. – v. "As grandes opções constituintes em material de direitos fundamentais", *Jornadas dos quarenta anos da Constituição da República Portuguesa*, U Católica, Porto, 2017, p. 53 e ss.

2.1.2. Desde logo, salta à vista a precedência, na sistemática constitucional, dos direitos fundamentais em relação à constituição económica e à organização política e, dentro daqueles, a precedência dos direitos, liberdades e garantias. A ordem de inclusão das matérias não é, de facto, casual nem desprovida de importância[199], significando, como ponto de partida, o reconhecimento da autonomia ética do homem individual, cujos direitos são definidos antes e fora do contexto da ordem económica, social e política em que têm necessariamente de ser exercidos: estamos perante o primeiro sinal do carácter primário e primordial da dignidade da pessoa humana.

Além disso, a distinção entre direitos, liberdades e garantias e direitos económicos, sociais e culturais, materializada num regime especial de protecção acrescida para os primeiros, também pretende exprimir a supremacia do princípio da dignidade humana individual, no quadro de uma democracia liberal, já que fortalece, ao nível constitucional, os direitos que estão mais imediatamente ligados, numa sociedade democrática, ao livre desenvolvimento da personalidade (como indivíduo, como cidadão ou como trabalhador), conferindo-lhes aplicabilidade imediata e justiciabilidade plena, e assim os libertando dos perigos de uma regulação legislativa como aquela que é indispensável à realização efectiva dos direitos a prestações sociais[200].

Neste contexto se deve entender o princípio da dignidade da pessoa humana – consagrado no artigo 1º como o primeiro princípio fundamental da Constituição – como o princípio de valor que está na base do estatuto jurídico dos indivíduos e confere unidade de sentido ao conjunto dos preceitos relativos aos direitos fundamentais. Estes preceitos não se justificam isoladamente pela protecção de bens jurídicos avulsos,

[199] Expressivo foi o debate na Assembleia Constituinte a este propósito, em que se separaram nitidamente os defensores de uma concepção funcionalizante dos direitos fundamentais (PCP e MDP/CDE) e os que se opunham à subordinação dos direitos fundamentais à ordem económica e social (PS, PPD, CDS). Sobre este ponto, v. JORGE MIRANDA (n. 57), p. 158 e ss.. Sobre a importância da posição sistemática dos direitos fundamentais, v. HESSE, *Bestand und Bedeutung der Grundrechte in der BRD*, in *EuGRZ*, 1978, 427; J. RIVERO, *Libertés publiques*, I, p. 75 e s..

[200] Os direitos económicos, sociais e culturais também decorrem da dignidade humana, mas podem ser garantidos por ditaduras e em sociedades totalitárias (porventura até de forma mais efectiva); por isso, a especificidade do regime dos direitos, liberdades e garantias é essencial para a sua garantia numa sociedade democrática e livre.

só ganham sentido enquanto ordem que manifesta o respeito pela unidade existencial de sentido que cada ser humano é para além dos seus actos e atributos[201].

E esse princípio da dignidade da pessoa humana há-de ser interpretado como referido a cada pessoa (individual), como ser humano autónomo (livre), e a todas as pessoas sem discriminações (universal).

É este o sentido mais conforme à tradição cultural do povo e da civilização (ocidental) em que, apesar de todos os relativismos ideológicos, nos integramos, e é esse o significado da remissão feita no nº 2 do artigo 16º, que vincula o sentido do conjunto dos (de todos os) direitos fundamentais ao espírito da Declaração Universal dos Direitos do Homem, expressamente fundada na dignidade humana individual em termos que correspondem a uma concepção liberal moderna[202].

É esse, ainda, o resultado interpretativo dos preceitos constitucionais que se referem aos direitos fundamentais, em si e no contexto dos que definem a ordem económica, social e política segundo a lógica básica de um «Estado Social de Direito»[203].

Realmente, o princípio da dignidade da pessoa humana (individual) está na base de todos os direitos constitucionalmente consagrados, quer dos direitos e liberdades tradicionais, quer dos direitos de participação política, quer dos direitos dos trabalhadores e dos direitos a prestações sociais. É dizer que a dignidade humana se projecta no indivíduo enquanto ser autónomo, em si e como membro da comunidade – são direitos das pessoas e dos cidadãos.

[201] O valor da pessoa, além de ser autónomo e supremo, é ainda uno – cf. LUCAS PIRES, *Uma Constituição para Portugal*, 1975, p. 30 e ss..

[202] Neste sentido, considerando «incontestável» essa correspondência, v. Y. MADIOT, *Droits de l'homme et libertés publiques*, p. 83. Confira-se, em especial, o artigo 22º da DUDH, em que se refere o direito de toda a pessoa a conseguir «... a satisfação dos direitos económicos, sociais e culturais, *indispensáveis à sua dignidade e ao livre desenvolvimento da sua personalidade*».

[203] Neste sentido, v. JORGE MIRANDA, *cit.*, 323 e s., 538 e ss. e *passim*, que define o compromisso entre o princípio democrático e o princípio socialista pela predominância do princípio democrático: o projecto socialista só é acolhido no (na medida do) respeito pela vontade do Povo português, manifestada nos quadros de uma democracia pluralista. Estas conclusões de JORGE MIRANDA saíram reforçadas pela «realidade constitucional» plasmada nas revisões de 1982 e de 1989, as quais (para além da extinção Conselho da Revolução) eliminaram quase completamente a fraseologia ideológica marxista, que obscurecia o sentido dos preceitos constitucionais.

Pode ser diferente o grau de vinculação dos direitos àquele princípio. Assim, alguns direitos constituem explicitações de primeiro grau da ideia de dignidade, que modela todo o conteúdo deles: o direito à vida, à identidade e à integridade pessoal, à liberdade física e de consciência, por exemplo, tal como a generalidade dos direitos pessoais, são atributos jurídicos essenciais da dignidade dos indivíduos concretos. Outros direitos decorrem desse conjunto de direitos fundamentalíssimos (diríamos, com o sentido e com as reservas atrás expostas, direitos *naturais*)[204] ou então completam-nos como explicitações de segundo grau, mediadas pela particularidade das circunstâncias sociais e económicas, políticas e ideológicas, designadamente quando envolvam prestações estaduais: o conteúdo dos direitos à habitação, à saúde, à segurança social e à cultura, do direito a férias pagas, e também da liberdade de empresa, dependem de opções políticas estruturais e até, por vezes, de estratégias conjunturais. Mas, ainda aí, é o princípio da dignidade da pessoa humana que está, nos tempos actuais, na raiz da sua previsão constitucional e da sua consideração como direitos fundamentais[205].

Parece-nos, assim, que a nossa Constituição não reconheceu, antes rejeitou a concepção antropológica de que parte a teoria marxista-leninista. De facto, e para além do que foi salientado pela afirmativa, a Constituição nunca consagrou o princípio da unidade de direitos e

[204] Veja-se que estes direitos não podem ser afectados «em nenhum caso» mesmo em situações de necessidade (artigo 19º, nº 6) – MANUEL AFONSO VAZ, *Lei e reserva da lei*, 1992, esp. p. 199 e ss, inclui estes direitos elementares numa «reserva de Direito», que se impõe ao próprio legislador constituinte.

[205] Por exemplo, o direito à greve e, em geral, os direitos dos trabalhadores correspondem à protecção especial da dignidade e da liberdade dos trabalhadores subordinados, cuja posição no processo económico e na estrutura social os torna particularmente vulneráveis a um tratamento desumano de exploração, não tendo de ser vistos como direitos corporativos ou de classe. Por sua vez, os direitos a prestações sociais respondem à verificação teórica e prática de que não há liberdade nem dignidade dos homens concretos sem um certo nível de condições materiais de existência. Cfr. CASTANHEIRA NEVES, *A Revolução e o Direito*, 1976, p. 121 e ss.. V., p. ex., as referências a «uma existência condigna» no direito à retribuição do trabalho (artigo 59º, nº 1, al. a)), à «realização pessoal» no direito à organização do trabalho (*idem*, al. b)) e na protecção da família (artigo 67º, nº 1), à «intimidade pessoal e privacidade familiar» no direito à habitação (artigo 65º, nº 1). No sentido do texto, afirmando que todos os direitos, incluindo os direitos sociais, estão relacionados com o «pleno desenvolvimento da personalidade», C. J. FRIEDRICH, *Rights, liberties, freedoms: a reappraisal*, in *APSR*, 57 (1963), p. 844.

deveres, omitindo, apesar da epígrafe da Parte I, qualquer referência a deveres no título relativo aos direitos, liberdades e garantias; não considera que a apropriação colectiva dos meios de produção e a gestão colectiva da economia sejam condições materiais indispensáveis ao exercício dos direitos – nem dos direitos e liberdades pessoais, cívicos e políticos, nem sequer, eliminado que foi pela revisão constitucional o primitivo artigo 50.º[206], dos próprios direitos económicos, sociais e culturais; não faz depender, por isso, o exercício dos direitos da sua adequação concreta à construção de um determinado projecto de sociedade. Quer isto dizer que a Constituição de 1976 não aderiu ao princípio da funcionalização em que se exprime a concepção antropológica que está na base da teoria marxista-leninista dos direitos fundamentais[207].

Não queremos afirmar, porém, que tenha sido nula a influência das concepções marxistas na ordem constitucional dos direitos fundamentais. Estas concepções contribuíram, desde logo – em concorrência com outras constelações doutrinárias, como, por exemplo, o pensamento social cristão –, para a superação dos excessos do liberalismo e para a acentuação da ideia de solidariedade social, características da concepção liberal moderna especialmente acentuadas na Constituição portuguesa.

Contudo, só nesse sentido histórico se poderá atribuir também à influência marxista o carácter positivo de certos direitos a prestações (jurídicas ou materiais) do Estado, formalizados em obrigações concretas da máquina estadual, no campo dos direitos sociais como no domínio das liberdades clássicas; ou a relevância dos direitos fundamentais nas relações privadas; ou, em geral, a dimensão objectiva que desenha a garantia efectiva e estabelece limites aos direitos fundamentais – por um lado, todos estes elementos integram, como vimos, a concepção liberal dos nossos tempos, e, por outro lado, tornou-se inequívoco não pretender a Constituição vincular a realização dos direitos económicos, sociais e culturais à construção de um determinado tipo de sociedade[208].

[206] Era neste artigo que Gomes Canotilho fundava na época a ideia do reconhecimento da concepção marxista-leninista do homem na Constituição de 1976 (cf. *Direito Constitucional*, vol. I, 2.ª ed., p. 537, n. 50).

[207] Reconhecendo a não funcionalização dos direitos fundamentais, Gomes Canotilho, *ob cit.*, p. 578 e s..

[208] A influência directa das posições marxistas manifestou-se em aspectos específicos, por exemplo, nos preceitos que enunciam os direitos económicos, sociais e culturais, acompa-

2.2. As considerações precedentes habilitam-nos a concluir pela existência de uma unidade de sentido jurídico-constitucionalmente fundada no domínio dos direitos fundamentais, isto é, pela possibilidade de uma construção normativa coerente, capaz de integrar num quadro geral a interpretação e aplicação dos preceitos constitucionais respectivos. Nesse sentido, pode afirmar-se que os direitos fundamentais constituem um *sistema* ou uma *ordem*.

Por outro lado, essa ordem ou sistema estrutura-se em referência a um princípio axiológico, que a fundamenta – o princípio da dignidade da pessoa humana. Não representa, por isso, uma unidade puramente lógica ou funcional, mecânica ou sistémica, neutra, mas sim uma unidade normativa-valorativa, *uma unidade de sentido cultural*, como é, de resto, próprio da unidade de um (sub)sistema jurídico[209].

Os preceitos relativos aos direitos fundamentais, ao constituírem posições jurídicas subjectivas, exprimem também o reconhecimento e a garantia de um conjunto de bens ou valores que são caros à comunidade e que legitimam e dão sentido aos preceitos constitucionais respectivos. São valores ou bens que a Constituição, nuns casos, recebe como dados irrecusáveis da cultura universal ou nacional, noutros casos de algum modo cria, procurando interpretar o sentimento colectivo da época na determinação de um projecto de vida em comum[210].

Esses bens ou valores não se amontoam nem pura e simplesmente se somam, ainda que apareçam espalhados por múltiplas normas concretas. Há ou tem de haver uma qualquer ordem entre eles, uma qualquer unidade que dê coerência e sentido a essa cultura constitucional. A unidade política fundamental não pode constituir-se se não tiver um

nhados de outros que estabelecem obrigações específicas do Estado para efectivação destes direitos. Porém, a eliminação do artigo 50º na revisão de 1982 e, depois, a alteração substancial, pela revisão de 1989, da constituição económica num sentido anti-colectivista eliminaram esses elementos ideológicos. Significativo é que os preceitos alinhados por AMÂNCIO FERREIRA como «traves-mestras da Constituição social» (v. *Pareceres da Comissão Constitucional*, vol. 6º, p. 38 e ss.) tenham sido substancialmente modificados ou pura e simplesmente eliminados pela revisão de 1982.

[209] Sobre a unidade do sistema jurídico como unidade normativo-material, v. CASTANHEIRA NEVES, *A Unidade do Sistema Jurídico*, in *Estudos em homenagem ao Prof. Doutor Teixeira Ribeiro*, vol. II, p. 73 e ss..

[210] Algo como os «contemporary community standards», a que a jurisprudência norte-americana por vezes recorre, numa interpretação actualista.

significado material, uma razão-de-ser, nem poderá subsistir se não tiver uma razão-de-dever-ser-assim. A vida de pessoas em sociedades não suporta uma qualquer organização ou quaisquer regras, ditadas por puros factos de poder, exige uma ordenação de sentido que corresponda a um entendimento geral do mundo e das coisas, ou a um consenso generalizado, ainda que plural, acerca dos respectivos interesses e relações. A Constituição de uma sociedade política só o é, pois, verdadeiramente, só terá efectiva força constituinte, se representar este entendimento ou consenso e aquela unidade.

Do mesmo modo, o conjunto dos direitos fundamentais tem também uma ordem de sentido, na medida em que se destina especificamente a definir e garantir a posição do homem concreto (pessoa) na sociedade política. Não deve ser visto, portanto, como um mero catálogo positivo de direitos e garantias, mas, para além disso, como expressão da unidade de sentido que cada indivíduo representa enquanto ser autónomo, de uma certa ideia de homem (pessoa) jurídico-constitucionalmente mediatizada. Constitui, nessa medida, no seu conteúdo essencial, uma dimensão básica da Constituição material, com a qual é até muitas vezes confundida ou conscientemente identificada.

A descoberta de uma unidade de sentido cultural nos direitos fundamentais não implica, contudo, a adesão a uma determinada teoria dos valores ou da ordem dos valores, muito menos o reconhecimento de uma ordem de valores hierárquica, abstracta e fechada[211].

2.2.1. A ordem constitucional dos direitos fundamentais é, desde logo, uma *ordem pluralista e aberta* e, por isso, não hierárquica.

A definição constitucional do estatuto jurídico dos indivíduos através do reconhecimento ou concessão de direitos fundamentais tem como fim proteger a dignidade essencial da pessoa humana, mas realiza-se mediante a previsão e protecção de aspectos específicos ou de zonas determinadas da existência e da actividade humana. Ora, estes aspectos e

[211] Sobre a «ordem dos valores», que marcou durante algum tempo a jurisprudência do Tribunal Constitucional alemão, v. BACHOF, *Grundgesetz und Richtermacht*, 1959; MAUNZ, DÜRIG, HERZOG, *Grundgesetzkommentar*, especialmente *Rdnr* 17 e s.; GOERLICH, *Wertordnung und Grundgesetz*, 1973. É a uma ordem de valores hierárquica e fechada que se dirigem acertadamente as críticas de vários autores, entre os quais, HESSE (v. p. ex., *Grundzüge des Verfassungsrechts der BRD*, 20ª ed., p. 4).

esferas da vida das pessoas referem-se tanto à sua dimensão individual (*solitária*) como à sua dimensão social (*solidária*) e multiplicam-se na complexidade intensa da rede de relações interindividuais, sobretudo nas sociedades fortemente diferenciadas dos nossos dias.

Deste modo, os direitos individuais não são expressões deduzidas sem resto de um valor unicitário, que se divida em fracções de soma igual à unidade; correspondem, sim, a valores diversos e distintos, embora, como vimos, de raiz axiológica comum. Os direitos não são, por isso, simplesmente complementares, nem se limitam a uma garantia mútua, pelo contrário, surgem, nas situações concretas da vida, *normalmente* dissonantes e quase sempre entre si conflituais[212].

Mesmo do ponto de vista da pessoa, não é possível resumir o ser humano num programa de coerência linear, nem encerrar os seus valores fundamentais num sistema lógico de normas. O homem é um ser cultural que carrega a responsabilidade de construir livremente a sua história em comunidade e que realiza essa tarefa pela harmonização de tensões e contradições, num «modo de ser dialéctico».

E não é só o ponto de vista da pessoa que interessa, mas também o ponto de vista da comunidade, que é condição da sua existência. A unidade dos direitos fundamentais é apenas relativa e o estatuto jurídico dos indivíduos está, por isso, aberto às refracções dos princípios dominantes da organização económica, social e política. Além dos valores representados por cada um dos outros direitos, os direitos fundamentais encontram e enfrentam também os valores comunitários indivisíveis que influenciam o seu conteúdo e, sobretudo, lhes põem limites exteriores.

Esta pluralidade de valores reclama uma harmonização que não se consegue através da mera aplicação de uma escala de prioridades. Mesmo para cada indivíduo seria difícil definir uma hierarquia geral entre os direitos ou entre os direitos e os valores comunitários[213]. Muito menos isso é praticável ou sequer imaginável numa comunidade, sobretudo nas sociedades de hoje, fragmentadas na contenda de interesses divergentes e

[212] Em concreto, porque em abstracto não há relação entre os direitos (ou os valores correspondentes). Na sugestiva imagem de FORSTHOFF, «tal como a luz só ganha cor em contacto com a matéria, também os valores só se coloram no contacto com os factos» (*Lehrbuch des Verwaltungsrechts*, 3ª ed., p. 71).

[213] Nesse sentido, expressivamente, v. C. J. FRIEDRICH, *ob. cit.*, p. 852.

na multiplicidade das perspectivas culturais – ainda que pareçam definitivamente superadas as sociedades antagónicas segundo o modelo da luta de classes.

A harmonização entre os valores não é, portanto, alcançável em abstracto, «a priori», é um problema que tem de ser resolvido em concreto e de modo a respeitar, no máximo possível, todos os valores em jogo.

Não se admitem, por isso, fórmulas discriminatórias, que queiram segregar ou menosprezar à partida ou por sistema algum ou alguns desses valores fundamentais, sob o pretexto de decorrerem de meros princípios políticos e não jurídico-constitucionais, simples princípios programáticos não vinculantes ou princípios de grau inferior em relação antinómica com outro ou outros princípios de grau superior[214].

É neste sentido que podemos dizer que a ordem dos direitos fundamentais é pluralista e aberta. A unidade é conseguida e construída dialecticamente, em referência ao princípio da dignidade da pessoa humana, que aqui actua como «princípio regulativo» e não como princípio unicitário de uma ordem hierárquica e fechada[215].

2.2.2. A unidade dos direitos fundamentais corresponde, por outro lado, a uma *ordem cultural positiva e histórica* e não a uma ordem abstracta e fora da História.

Há quem conteste a aptidão do principio da dignidade da pessoa humana enquanto ser livre e responsável para fundar como «valor-mãe» e conferir unidade de sentido ao conjunto dos direitos fundamentais: afirma-se, então, que esse princípio corresponde a uma ideologia determinada – o liberalismo individualista – que pressupõe uma economia liberal de mercado que hoje já não existe; ou que é um produto do idealismo filosófico, também ultrapassado, que pretendia descobrir no homem uma natureza irredutível (uma essência) estranha à vida real dos homens[216]. De qualquer dos pontos de vista, acusa-se a concepção liberal de ser uma construção formal e abstracta, que desdenha a História.

[214] Sobre os problemas da construção do sistema normativo constitucional, v. GOMES CANOTILHO, *Direito Constitucional...*, 2003, p. 1142 e ss.

[215] Sobre esse tipo de unidade normativa em relação à ordem jurídica global, v. CASTANHEIRA NEVES, *ob. cit.*, p. 164 e ss..

[216] V., nesse sentido, as declarações de VITAL MOREIRA e de OLIVEIRA E SILVA na Assembleia Constituinte, in *DAC*, nº 35, p. 943 e 945.

Os direitos fundamentais seriam, pelo contrário, produtos da luta pela liberdade das camadas exploradas e oprimidas, luta que teria como fim a edificação de uma sociedade sem classes. Os direitos individuais conquistados pelo liberalismo corresponderiam a um episódio dessa luta histórica pela emancipação; mas a luta dos explorados não tinha terminado e continuara, agora contra o liberalismo, pela obtenção dos direitos das classes trabalhadoras e, em geral, dos direitos sociais, que assim teriam uma matriz diferente das liberdades tradicionais[217].

É evidente que os direitos fundamentais surgem como resultado da luta histórica e que a sua consagração exprime o poder directo ou indirecto que os seus titulares e beneficiários dispõem na sociedade[218].

Os direitos fundamentais dependem, na sua realização histórica, de factores económicos, sociais, políticos e até biológicos ou geofísicos[219], e por vezes o seu alcance concreto é determinado pelo «poder negocial» de que dispõem as forças políticas e sociais no momento da sua condensação em normas ou no da aplicação destas[220].

Simplesmente, no que respeita aos direitos fundamentais, essa luta histórica desenvolve-se ao longo de uma linha condutora, de um princípio fundamental que constitui o núcleo essencial de todas as reivindicações e conquistas: o princípio da dignidade da pessoa humana.

E não deve confundir-se o processo real de afirmação das liberdades, a luta, que se situa no plano da eficácia ou da vigência das normas, com a sua razão de ser, a intenção que fundamenta e regula o espaço normativo, que se situa no plano da validade[221]: uma coisa é a condição de existência, outra é o fundamento da validade (obrigatoriedade).

[217] Daí que se defendesse, como vimos, que a ordem constitucional dos direitos fundamentais seria compromissória, conciliando os princípios liberal-democrático e socialista, que corresponderiam sucessivamente às lutas da burguesia e do proletariado.

[218] Como disse LUTHER KING, «sabemos por experiência dolorosa que a liberdade nunca é dada de livre vontade pelo opressor, tem de ser exigida pelo oprimido», *Letter from a Birmingham Jail*, apud C. J. FREDRICH, *ob. cit.*, p. 849.

[219] Assim BAPTISTA MACHADO, *Participação e Descentralização*, 1978, p. 93.

[220] Sobre a correspondência de direitos específicos de sectores ou classes sociais a uma pluralidade de ordenamentos jurídicos resultante da influência de grupos de interesse socialmente poderosos, v. G. CICALA, *Diritti sociali e crisi del diritto soggettivo nel sistema costituzionale italiano*, 1965.

[221] V., de novo, BAPTISTA MACHADO, *ob. cit.*, p. 87 e ss.

Os direitos fundamentais não têm sentido nem valem apenas pela vontade (pelo poder) que historicamente os impõe. O conjunto dos direitos fundamentais é significativo e desvendável, porque é referido a um critério de valor; os direitos fundamentais são obrigatórios juridicamente, porque são explicitações do princípio da dignidade da pessoa humana, que lhes dá fundamento. É que a unidade dos direitos fundamentais, como a unidade da ordem jurídica em geral, há-de ser uma unidade axiológica, substancial, que funde e legitime o seu conteúdo normativo.

É neste sentido que se defende que o valor da dignidade de cada pessoa, como ser livre e responsável, único e irrepetível, não é um produto ideológico, uma especificidade do liberalismo individualista já perimido, antes corresponde a uma potencialidade característica do ser humano, que se vai actualizando nas ordens jurídicas concretas. Esse valor não «vale» apenas o que vale a liberdade individualista dos ordenamentos oitocentistas, em que se manifestou pela primeira vez de forma sistemática, mas de acordo com as circunstâncias da época. É, enquanto autonomia ética da pessoa, um valor absoluto, que os factos sociais históricos concretizam, mas não explicam nem absorvem[222].

Por isso se afirma que a ordem dos direitos fundamentais é positiva e não idealista, já que depende de circunstâncias históricas, que são condição da sua existência, e é revelada a partir da sua previsão em preceitos jurídicos escritos ou da sua inserção (objectivamente determinável) na consciência jurídica da comunidade. É uma ordem de valores *cultural* e não uma ordem de valores *natural*[223].

2.2.3. É neste sentido que continuamos a afirmar que a Constituição portuguesa, tal como as suas congéneres europeias, integra o estatuto dos indivíduos na sociedade política num *sistema de valores*, em que o

[222] V., mais uma vez, Baptista Machado, *ob. cit.*, p. 89 e ss., sobre o valor «absoluto» da pessoa-valor.

[223] V., contudo, a ideia de um direito natural baseado na *natureza cultural* do homem em Baptista Machado, *Introdução...*, *cit.*, p. 296 e ss.. Também Perez Luño só encontra sentido para os direitos humanos se se recorrer a uma espécie de direito natural: «numa acepção deontológica, funcional e aberta», «uma meta-ética», que afirme a necessidade do reconhecimento e a possibilidade de identificação e de fundamentação dos direitos, ligada à «natureza do homem» (*ob. cit.*, p. 137).

valor fundamental é o da dignidade da pessoa humana individual, emblematicamente afirmado no seu primeiro artigo como o valor primário em que se baseia o Estado[224].

[224] V. a posição actual de GOMES CANOTILHO, que densifica o sentido da dignidade da pessoa humana nos termos da teoria dos cinco componentes de PODLECH (cf. *Direito Constitucional..., cit.*, 2003, p. 249) e tende a aceitar, no domínio dos direitos fundamentais, a reformulação de ALEXY da ordem dos valores como sistema de regras e de princípios deontologico-axiológicos (*ob. cit.*, p. 1240). Em Espanha, v. ALEGRE MARTINEZ, *La dignidad de la persona como fundamento del ordenamiento constitucional español*, 1996; no Brasil, v. I. W. SARLET, *Dignidade da pessoa humana e direitos fundamentais na Constituição federal de 1988*, 2001.

Capítulo IV
Direitos subjectivos e dimensões jurídicas objectivas do sistema dos direitos fundamentais

Equacionados os problemas de demarcação dominial e de definição de sentido que suscita o conjunto material dos direitos fundamentais – e a que, sem compromissos teóricos, chamamos *sistema* de direitos fundamentais – impõe-se agora analisar a matéria numa perspectiva jurídica substantiva, estudando o conteúdo e o alcance das suas dimensões normativas.

Procurar-se-á, primeiro, definir os traços essenciais que caracterizam o «direito subjectivo fundamental», enquanto categoria jurídica central do sistema. Em seguida, tentaremos articular esta dimensão subjectiva com as chamadas «dimensões objectivas» dos direitos fundamentais, numa perspectiva funcional. Faremos uma referência final à figura dos «deveres fundamentais», como complemento ou suplemento do estatuto pessoal dos cidadãos.

1. A dupla dimensão dos direitos fundamentais

Já se disse que a diferença entre a "matéria de direitos fundamentais" e os «direitos fundamentais» como categoria jurídica de direitos subjectivos radica desde logo no facto de alguns dos respectivos preceitos constitucionais não conferirem posições jurídicas subjectivas, estabelecendo somente regras e princípios destinados a garantir os direitos individuais ou a definir o seu regime jurídico. Também se afirmou que tal diferença resulta ainda de se reconhecer a todo o conjunto normativo, incluindo as próprias normas que prevêem as posições jurídicas subjectivas, funções ou efeitos que não se restringem a essa dimensão subjectiva da relação indivíduo-Estado.

Na realidade, ultrapassadas as perspectivas puramente individualistas associadas a concepções atomísticas da sociedade, é hoje entendimento comum que os direitos fundamentais são os pressupostos elementares de uma vida humana livre e digna, tanto para o indivíduo como para a comunidade: o indivíduo só é livre e digno numa comunidade livre; a comunidade só é livre se for composta por homens livres e dignos[225].

Assim, a generalidade dos Autores alude à existência de uma «dupla dimensão», de uma «dupla natureza», de um «duplo carácter» ou de uma «dupla função» (em qualquer dos casos, subjectiva e objectiva, individual e comunitária) dos direitos fundamentais[226].

Porém, estes conceitos surgem como lugares comuns, utilizados em sentidos diversos e a variados propósitos, sem que o seu significado concreto esteja bem definido, tendo-se tornado um *joker* no jogo da ciência jurídico-constitucional, válido para quase todas as situações de emergência[227].

Quando se declara que os direitos fundamentais não constituem hoje apenas «direitos» subjectivos, mas também direito objectivo, não se quer certamente com isto significar tão só que as posições jurídicas subjectivas implicam um preceito de direito objectivo que as contenha: isso seria afirmar uma banalidade[228].

[225] V. K. HESSE, *Bedeutung der Grundrechte*, in *HdVerfR*, vol. 1º, 2ª ed., 1995, p. 134.

[226] V., por todos, SCHEUNER, HÄBERLE e outros que intervieram nas discussões promovidas pela Associação dos Professores alemães de Direito público sobre a liberdade de imprensa (VVDStRL, 22, 1965) ou sobre os direitos fundamentais no Estado Social (*VVDStRL*, 30, 1972); K. HESSE, *Grundzüge des Verfassungsrechts der BRD*, 1995, p. 127 e ss.; Entre nós, v. GOMES CANOTILHO, *Direito Constitucional e Teoria da Constituição*, 7ªed., 2003, p. 1256 e ss, que refere a fundamentação subjectiva e a fundamentação objectiva das normas consagradoras de direitos fundamentais.

[227] A expressão é de SCHWABE, *Probleme der Grundrechtsdogmatik*, 1977, p. 286.

[228] E afirmá-la até de maneira menos correcta, porque poderia dar a entender que o direito objectivo viria depois, quando a prioridade, no plano da existência, é, pela natureza das coisas, a inversa – v., de novo, SCHWABE, *ob. cit.*, p. 288 e ss.

Já tem sentido fazer a distinção para mostrar que os preceitos relativos aos direitos fundamentais não podem ser pensados apenas do ponto de vista dos indivíduos, enquanto posições jurídicas de que estes são titulares perante o Estado, para dele se defenderem ou para dele exigirem protecção, antes valem juridicamente também do ponto de vista da comunidade, como valores ou fins que esta se propõe prosseguir, em grande medida através da acção estadual.

Por um lado, no âmbito de cada um dos direitos fundamentais, em volta deles ou nas relações entre eles, os preceitos constitucionais determinam espaços normativos, preenchidos por valores ou interesses humanos afirmados como bases objectivas de ordenação da vida social[229].

Por outro lado, a dimensão objectiva também é pensada como estrutura produtora de efeitos jurídicos, enquanto complemento e suplemento da dimensão subjectiva, na medida em que se retiram dos preceitos constitucionais efeitos que não se reconduzem totalmente às posições jurídicas subjectivas que reconhecem, ou se estabelecem deveres e obrigações, normalmente para o Estado, sem a correspondente atribuição de «direitos» aos indivíduos.

A dimensão objectiva reforçaria, assim, a imperatividade dos «direitos» individuais e alargaria a sua influência normativa no ordenamento jurídico e na vida da sociedade.

Só que a doutrina constitucional refere a dimensão objectiva em contextos e com alcances distintos: a propósito das «garantias institucionais», da «eficácia externa ou horizontal» dos direitos, do seu «efeito de irradiação» para toda a ordem jurídica, dos «deveres de protecção» do Estado contra terceiros, das normas de «direito organizatório» e de «direito procedimental» necessárias ou convenientes para uma efectiva aplicação dos preceitos relativos aos direitos fundamentais[230].

[229] O relevo deste lado objectivo na matéria dos direitos fundamentais respeita, quer a cada um dos preceitos ou grupos de preceitos que consagram os direitos específicos, quer ao conjunto de todos eles. Em ambas as perspectivas, que, aliás, se completam e integram, os direitos fundamentais revelam a existência de normas (decisões) constitucionais fundamentais que extravasam do quadro exclusivo da relação jurídica indivíduo-Estado.

[230] Alguns autores ainda hoje incluem na dimensão objectiva todos os aspectos normativos que ultrapassem a função negativa de defesa (isto é, o direito à abstenção em si), referindo como objectivos todos os efeitos de protecção, prestação e de participação, mesmo os relativos aos direitos de liberdade – v. G. MANSSEN, *Grundrechte*, 2000, p. 12 e ss. Contra esta visão,

E acontece que, relativamente a algumas destas funções e efeitos, se verifica que têm, afinal, um alcance subjectivo, na medida em que se aceita haver faculdades ou direitos subjectivos à protecção, à organização e ao procedimento, bem como direitos a prestações, de participação e de defesa no âmbito das próprias garantias institucionais[231].

Levando a ideia ao limite, poderia até sustentar-se que a dimensão objectiva engloba a própria dimensão subjectiva, pois que também as faculdades que constituem as posições jurídicas subjectivas resultam, afinal, das normas. Porém, partindo de uma concepção de direito subjectivo que o não reduz a um reflexo do direito objectivo[232], pensamos que há, além disso, razões fortes para que, especialmente na matéria de direitos fundamentais, se autonomizem todos os efeitos característicos da dimensão subjectiva, remetendo em consequência para uma dimensão objectiva em sentido estrito apenas aqueles efeitos que complementem ou transcendam o âmbito específico da categoria «direito subjectivo»[233].

Vamos, assim, considerar o direito subjectivo como *dimensão principal*, que abrange todas as faculdades susceptíveis de referência individual, reduzindo a dimensão objectiva a uma «*pura* dimensão objectiva», em que só têm lugar os conteúdos normativos (as garantias ou os deveres) a que não possam corresponder direitos individuais[234].

É certo que o problema da distinção não é dramático em Portugal – onde não existe, como na Alemanha, uma acção constitucional de defesa, para cuja proposição só têm legitimidade os titulares de direitos subjectivos fundamentais (e de direitos equiparados)[235] –, na medida em que se reconhece a aplicabilidade do regime dos direitos, liberdades e

que peca por excesso, v. ALEXY, *Grundrechte als subjektive Rechte und als objektive Normen*, in *Der Staat*, 29, 1990, p. 49 e ss (50).

[231] Cf., por todos, ALEXY, *ob. cit.*, *passim*, que defende até uma presunção de existência de direitos subjectivos nesta matéria, e, entre nós, em sentido semelhante, GOMES CANOTILHO, *ob. cit.*, p. 1257 e s..

[232] Essa posição recusada provém da teoria de KELSEN. Sobre ela, cfr. MOTA PINTO, *Teoria Geral do Direito Civil*, 2ª ed., 1983, p. 167.

[233] Esta posição justifica-se também na medida em que não se aceita, como vimos nos capítulos anteriores, a funcionalização do nosso sistema de direitos fundamentais a valores comunitários.

[234] No mesmo sentido, v. SIEKMANN/DUTTGE, *Staatsrecht I: Grundrechte*, 2ª ed., 1999, p. 399 e s.

[235] A justiça constitucional portuguesa segue um modelo objectivista, em que ao Tribunal Constitucional cabe a fiscalização (abstracta ou concreta) da constitucionalidade das normas jurídicas e não a verificação da ofensa a direitos subjectivos dos interessados.

garantias, pelo menos, às respectivas garantias institucionais. Mas, para além do valor próprio da coerência dogmática, resultam da distinção, como veremos mais tarde, algumas diferenças práticas, quer no que respeita ao grau ou tipo de vinculação do legislador, quer em diversos aspectos do regime das relações entre os particulares e as autoridades públicas.

2. Características essenciais do conceito de direito subjectivo fundamental

Utiliza-se, para referir o núcleo subjectivo formado por posições jurídicas individuais, o conceito tradicional de direito subjectivo, que, no entanto, tem de ser entendido aqui num sentido amplo, como posição jurídica subjectiva activa ou de vantagem[236].

Não pretendemos, de facto, construir ou adoptar uma definição doutrinária precisa do conceito de direito subjectivo[237]. É um problema antigo, que gerou controvérsia no direito privado[238] e, depois, sobretudo no direito público[239], em que até se questionou em geral[240], e

[236] Sobre as concepções de posições jurídicas subjectivas de Hohfeld e de Alexy, v., entre nós, Vitalino Canas, *Relação Jurídico-Pública, DJAP*, VII, p. 207 e ss (215-222).

[237] Sobre o conceito de direito subjectivo, v., entre nós, no direito privado, L. Cabral de Moncada, *Lições de Direito Civil*, 4ª ed. (1962), 1995, p. 58 e ss; Manuel de Andrade, *Teoria Geral da Relação Jurídica*, Vol. I, 1974 (4ª reimpressão), p. 7 e ss.; Mota Pinto, *ob. cit.*; Orlando de Carvalho, *Relação Jurídica e Direito Subjectivo*, 1981; Baptista Machado, *Introdução ao Direito e ao Discurso Legitimador*, 1983, p. 82 e ss.; H. E. Hörster, *A Parte Geral do Código Civil Português*, 1992, p. 45 e ss e 221 e ss; Menezes Cordeiro, *Tratado de Direito Civil Português*, I, 1999, p. 105 e ss.

[238] V. os autores referidos na nota anterior e as definições de Manuel de Andrade – «poder atribuído pela ordem jurídica de exigir ou pretender um determinado comportamento ou de produzir determinados efeitos jurídicos» –, de Orlando de Carvalho – «poder da vontade juridicamente protegido» – e de Menezes Cordeiro – «permissão normativa específica de aproveitamento de um bem».

[239] Em Portugal, como em França (e ao contrário da Alemanha), diversas razões, entre as quais o carácter objectivo do contencioso administrativo (até à reforma de 2004) e também da jurisdição constitucional (em França reduzido, aliás, até 2008-2010, a um controle preventivo) não propiciaram, apesar de algumas tentativas nesse sentido, o desenvolvimento da construção teórica do «direito subjectivo público» – que use tornou, porém, necessária relativamente à figura constitucional e legal dos «direitos e interesses legalmente protegidos» (seguramente, um conceito amplo de direito subjectivo).

[240] A dúvida antiga relacionava-se com a *exigibilidade*, perante o primado da soberania: «Se um direito subjectivo é concebido como uma vinculação e implica uma obrigação perante

ainda se questiona por vezes, a sua prestabilidade como operador técnico-jurídico[241].

Partimos, simplesmente, da ideia comum de que a figura do direito subjectivo implica um *poder* ou uma *faculdade* para a realização *efectiva* de *interesses* que são reconhecidos por uma *norma* jurídica como *próprios* do respectivo titular[242].

Começando pelo segundo aspecto (diríamos: funcional), não haverá dúvidas de que a atribuição subjectiva de direitos fundamentais pressupõe a existência e visa em primeira linha satisfazer *interesses próprios* dos titulares, reconhecidos pelas normas constitucionais enquanto bens jurídicos pessoais – é esse o critério que identifica toda a matéria, ainda que esses bens possam ser simultaneamente valores comunitários.

Quanto ao primeiro aspecto (estrutural), vemos que o reconhecimento ou a atribuição de um direito subjectivo fundamental aparece hoje ligado à protecção intencional e efectiva da disponibilidade de um bem ou de um espaço de autodeterminação individual, que se traduzirá sempre no poder de exigir ou de pretender comportamentos (positivos ou negativos) ou de produzir autonomamente efeitos jurídicos[243].

Parece-nos que as características comuns do conceito de direito subjectivo se verificam, no essencial, nas posições subjectivas em matéria de direitos fundamentais[244], sendo, por isso, adequado o recurso tradi-

o titular do direito, então isso é impossível na relação do cidadão com o Estado. Mesmo que houvesse possibilidade de haver um tal direito, o Estado estaria sempre na posição de o destruir por lei. Ora, se a satisfação de uma pretensão depende do arbítrio de uma das partes, então essa pretensão não é um direito subjectivo» – assim, BORNHAK, *Preussisches Staatsrecht*, Bd. I, 2ª ed., 1911.

[241] V., por todos, W. HENKE, *Das subjektive öffentliche Recht im System des öffentlichen Rechts*, in *DöV* 1980, p. 621 e ss..

[242] Salientando estes aspectos de *conteúdo objectivo favorável* a uma pessoa, de *intencionalidade normativa* e de *efectividade*, a propósito dos direitos subjectivos fundamentais, v., por todos, M. SACHS, *Verfassungsrecht: Grundrechte*, 2000, p. 37 e ss.

[243] Não nos parecem convincentes as razões de alguns autores para excluírem a dimensão estrutural da «vontade» (aqui entendida como um «poder» ou uma «faculdade»), sobretudo em matéria de direitos fundamentais, tendo em conta justamente o «nível significativo-ideológico» que se pretende salvaguardar na compreensão do direito subjectivo (cf. MENEZES CORDEIRO, *ob. cit.*, p. 112 e ss).

[244] Não haverá dúvida quanto aos direitos, liberdades e garantias, cujos preceitos gozam, por determinação constitucional, de aplicabilidade directa, mas o conceito também se aplica, como veremos, aos direitos sociais a prestações – o conceito de direito subjectivo público

cional a este «mecanismo de tutela da autonomia da pessoa», que é simultaneamente «instrumento preferido da sua autodeterminação»[245]: o direito subjectivo exprime a «soberania jurídica» (embora limitada) do indivíduo, quer garantindo-lhe certa liberdade de decisão, quer tornando efectiva a afirmação do «poder de querer» que lhe é atribuído[246].

Claro que os direitos subjectivos fundamentais, apesar de pertencerem ao género, não são direitos idênticos à generalidade dos direitos subjectivos privados, possuem características únicas, desde logo, pela qualidade dos seus sujeitos passivos típicos, mas também pela multiplicidade de conteúdos, pela variedade e complexidade estrutural, pela diversidade funcional e até pela sujeição a diferentes regimes jurídico-constitucionais.

Impõe-se começar, no entanto, por definir as notas essenciais que caracterizam o conceito de *direito subjectivo fundamental*: em nosso entender, esta figura representa *posições jurídicas subjectivas individuais, universais e fundamentais*, nos termos que a seguir se explicam.

2.1. A afirmação de que se trata de *posições jurídicas subjectivas* não carece de mais esclarecimentos: visa-se aqui principalmente afastar, dentro da matéria de direitos fundamentais, as situações juridicamente reguladas ou protegidas para salvaguarda da dignidade humana indivi-

é que não pode ser, muito menos para os direitos fundamentais, o conceito estrito de direito pleno (de conteúdo perfeitamente determinado e de justiciabilidade plenamente garantida), tradicional no direito privado. Contra, pondo em dúvida a aplicabilidade do conceito de direito subjectivo no direito constitucional por falta de determinação do conteúdo dos direitos fundamentais e dos valores que os limitam, bem como pela imprevisibilidade das situações de facto de que efectivamente dependem, v. MASSIMO VILLONE, *Interessi costituzionalmente protetti e giudizio sulle leggi*, 1974, p. 138 e ss.. Sobre o conceito de direito subjectivo a este propósito, v., entre nós, GOMES CANOTILHO, *Tomemos a sério os direitos económicos, sociais e culturais*, sep. do *BFDUC – Estudos em Homenagem ao Prof. Doutor Ferrer Correia*, vol. III, 1988.

245 As expressões são de ORLANDO DE CARVALHO, *ob. cit.*, de acordo com a súmula elaborada pelo Autor em *Teoria Geral do Direito Civil*, (apontamentos policopiados), 1981, p. 38 e s.. Note-se que ORLANDO DE CARVALHO se refere, naturalmente, ao direito subjectivo no contexto da disciplina civilística.

246 A adopção do conceito de direito subjectivo, ligada ao papel central que reconhecemos a esta dimensão, exprime a opção por uma ideia de liberdade mais próxima de LOCKE (vontade) do que de SPINOZA ou HEGEL (racionalidade). Sobre as diferentes compreensões da ideia de liberdade, v., por exemplo, M. CRANSTON, *Freedom: A New Analysis*, 3ª ed. 1967, especialmente p. 24 e ss..

dual, mas que, pelo seu carácter objectivo, não são susceptíveis de ser imputadas a cada uma das pessoas concretas.

Julgamos, no entanto, que se justifica neste contexto uma definição mais clara da fronteira do direito subjectivo, atentando na diferença e prevenindo a confusão entre as «garantias institucionais» e os «direitos-garantia», que muitas vezes aparecem simplesmente designados como «garantias».

Assim, quando a Constituição fala de «direitos, liberdades e garantias», inclui nessas «garantias» os «direitos-garantia»[247].

Por exemplo, todas as regras e princípios que garantem a liberdade e a integridade dos indivíduos em matéria penal e de processo penal, desde o princípio do *nullum crimen sine lege* até ao da intransmissibilidade das penas, passando pela proibição de penas de duração ilimitada e pelo princípio do contraditório (artigo 27º, nº 2, e artigos 28º a 33º), a inviolabilidade do domicílio e das correspondências (artigo 34º) e as garantias relativas à utilização da informática (artigo 35º, nºs 3 a 6), tal como as previstas no nº 4 do artigo 268º (garantias contenciosas dos administrados) devem ser considerados como «direitos-*garantias*».

São «garantias», porque têm uma função instrumental, contendo normas de competência ou regras de acção estadual para protecção de outros direitos, que constituem, para este efeito, posições primárias: estes outros direitos serão, em regra, os direitos-*direitos*, conceito normalmente utilizado quando se refere uma posição que tem como objecto imediato um bem específico da pessoa (vida, honra, liberdade física, integridade, nome, imagem, palavra); ou os direitos-*liberdades*, que designam e definem espaços de decisão e de acção individual livres da interferência estadual[248]. Isto, pressupondo que é possível de algum modo distinguir entre as figuras referidas[249], embora em nosso entender a

[247] A dúvida era a de saber se a expressão «garantia» incluía também as garantias institucionais – em sentido afirmativo, v. já o Parecer nº 18/78, da Comissão Constitucional, relatado por Eduardo Correia (in *Pareceres...*, vol. 6º, p. 3 e ss).

[248] Aqui, a liberdade não é entendida como um bem que seja em si objecto da relação, mas como uma esfera de actuação lícita. O «bem» protegido é a autodeterminação de comportamento.

[249] São diversos os critérios de classificação propostos pela doutrina. V. Marcello Caetano, *Manual de Ciência Política e de Direito Constitucional*, 6ª ed., Tomo II, p. 514 e ss.; Castro Mendes, in *Estudos sobre a Constituição*, vol. 1º, p. 109, e ss.; Jorge Miranda, *A Constituição de 1976*, p. 333; Gomes Canotilho/Vital Moreira, *Constituição ...*, 3ª ed., 1993, p. 111.

expressão «direitos, liberdades e garantias» tenha de ser vista, na maior parte das situações, como uma unidade, até porque, em muitos casos, os «direitos» fundamentais, por causa da sua estrutura complexa, contêm faculdades diversas, que os qualificariam simultaneamente como «direitos» e «liberdades», ou «direitos» e «garantias», ou «liberdades» e «garantias», quaisquer que fossem os critérios utilizados na distinção[250]-[251].

São, por outro lado, «direitos», porque as normas de organização e acção que os constituem se referem a actuações do Estado que interferem na esfera de cada indivíduo, tornando, por isso, possível definir e recortar, a um nível individual, os interesses a proteger e, consequentemente, autonomizar posições jurídicas subjectivas – ao contrário do que se passa com as *garantias institucionais*, que são, pelo menos no que respeita ao seu conteúdo principalu, *indivisíveis* e, por isso, globalmente insusceptíveis de atribuição subjectiva.

2.2. Outro elemento característico do direito subjectivo fundamental será a sua *individualidade*, ou seja, a possibilidade da sua referência a seres humanos individuais.

Em rigor, só os indivíduos poderiam ser titulares (sujeitos activos) de direitos fundamentais, pois a dignidade humana que os fundamenta só vale para as pessoas físicas (as únicas pessoas humanas) e não para as pessoas jurídicas ou colectivas. Porém, apontam-se algumas compressões ou mesmo limitações em relação a este elemento, que resultariam da existência dos direitos de exercício colectivo e, sobretudo, da titularidade de direitos fundamentais por pessoas colectivas.

2.2.1. Quando se fala de *direitos de exercício colectivo* ou de acção colectiva, têm-se em mente aqueles direitos fundamentais que não podem ser exercidos por cada indivíduo isoladamente, pressupondo a actuação

[250] Nesse sentido, CASTRO MENDES, *ob. cit.*. V., por exemplo, o direito à protecção da intimidade da vida privada, que é, simultaneamente, conforme os aspectos, um direito sobre um bem, uma liberdade e uma garantia; quanto ao direito à greve, entendido como direito e como liberdade, MONTEIRO FERNANDES, *Reflexões sobre a natureza do direito a greve*, in *Estudos sobre a Constituição*, vol. 2º, p. 321 e ss..

[251] Esta opinião resultou fortalecida com as alterações introduzidas pela revisão constitucional de 1982, sobretudo pela nova redacção do artigo 17º, ao abandonar as anteriores distinções entre direitos e liberdades, que suscitavam problemas de compreensão insolúveis.

convergente ou concertada de uma pluralidade de sujeitos. Será, por exemplo, o caso do direito à greve, das liberdades de associação, de reunião e de manifestação, ou dos direitos de apresentação de candidaturas para Presidente da República (artigo 124º, nº 1) e para os órgãos locais (artigo 239º, nº 4)[252].

Nestes casos, o elemento colectivo integra o conteúdo do próprio direito – este só ganha sentido se for pensado em termos sociais, pois estão em causa interesses partilhados por uma categoria ou um grupo de pessoas – e, por isso, se afirma por vezes que estamos perante uma titularidade colectiva de direitos fundamentais. Parece-nos, porém, que o titular do direito (do poder e do interesse básico) não deixa de ser cada um dos indivíduos ou dos trabalhadores: os «colectivos», aliás muitas vezes momentâneos, são instrumentos do exercício, mas não sujeitos dos direitos[253].

2.2.2. Mais complexa e delicada é a questão dos direitos das pessoas colectivas.

Segundo alguns Autores, o facto de a nossa Constituição reconhecer no nº 3 do artigo 12º a titularidade de direitos fundamentais por pessoas colectivas, significaria que alguns direitos fundamentais não seriam, então, puros direitos individuais.

Excluindo os direitos que pressupõem uma referência humana («características intrínsecas ou naturais do homem, como o corpo ou bens espirituais necessariamente ligados ao homem») como, por exemplo, o direito à vida, a liberdade física, o direito de constituir família ou a liberdade de consciência, todos os outros poderiam, ao menos em certa medida, ser gozados pelas pessoas colectivas, havendo mesmo alguns direitos constitucionais exclusivos destas: seriam os «direitos fundamen-

[252] Não se abrangem, assim, os direitos de exercício pessoal que concorrem para a formação de uma vontade comunitária (como o direito de sufrágio) e os direitos que tanto podem ser exercidos individual como colectivamente (como, p. ex., o direito de petição ou o direito de acção popular consagrados no artigo 52º).

[253] Quanto ao direito à greve, de todos o mais discutido, v., entre nós, Monteiro Fernandes, *ob. cit.*, p. 321 e ss. (333) e Autores aí citados. V. ainda Bernardo Xavier, *A licitude dos objectivos do direito à greve*, in *RDES*, 1979, que, na nota (6) de pp. 269-271, coloca em toda a sua complexidade a questão da estrutura do direito à greve, mas não deixa de concluir que as várias faculdades nele incluídas se referem a uma posição individual do trabalhador. V. ainda G. Corso, *I diritti sociali nella Costituzione italiana*, in *RTDP*, vol. 31º (1981), p. 764.

tais colectivos», como o direito de antena e os direitos das organizações sindicais e comissões de trabalhadores.

Por outro lado, afirmam ainda que o conceito de «pessoas colectivas» para este efeito inclui também organizações sem personalidade jurídica, pessoas colectivas estrangeiras (embora com as limitações decorrentes desta qualidade) e até pessoas colectivas de direito público, pelo menos quando estejam em face do Estado numa posição de sujeição ou subordinação[254].

Julgamos, porém, que não bastam estas considerações, e que é necessário avançar um pouco mais até ao fundo da questão e verificar em que sentido e até que ponto se pode falar de titularidade colectiva de direitos subjectivos fundamentais[255].

a) Em primeiro lugar, quanto aos direitos individuais de que também podem gozar as pessoas colectivas. Nos termos do nº 2 do artigo 12º, as pessoas colectivas gozam dos direitos consignados na Constituição que sejam (na medida em que sejam) «compatíveis com a sua natureza»[256].

Fica excluída, desde logo, a maioria dos direitos fundamentais: os direitos estritamente pessoais, os direitos políticos principais[257] e os direitos sociais, que são inseparáveis da personalidade singular[258].

[254] V. Gomes Canotilho, *Direito Constitucional.... cit.*, p. 420 e ss.

[255] O problema tem sido discutido na doutrina e jurisprudência alemãs referentes ao artigo 19/III da Lei Fundamental da R.F.A., preceito que inspirou directamente o nº 2 do artigo 12º da nossa Constituição. Sobre o tema pode ver-se, da inúmera bibliografia, além das obras portuguesas referidas na nota anterior, Dürig, in Maunz/Dürig, Grundgesetzskommentar, comentários ao artigo 19/III da GG; P. Badura, *Die Unternehmensfreiheit der juristische Personen*, *HdbStR*, vol. V, 1992, § 118, p. 563 e ss; Bleckmann/Helm, *Die Grundrechtsfähigkeit juristischer Personen*, in *DVBl*, 1992, p. 9 e ss; N. Zimmermann, *Der grundrechtliche Anspruch juristischer Personen des öffentlichen Rechts*, 1993; P. Freund e outros, *Constitutional Law: Cases and other problems*, 3ª ed., p. 1078. Entre nós, além de Gomes Canotilho, *ob. cit.*, v. Jorge Miranda, *Manual..., cit.*, IV, 2015, p. 143 e ss.

[256] Há uma diferença de redacção entre este artigo e o preceito correspondente da Lei Fundamental alemã (artigo 19/III da GG): neste referem-se direitos que, pela sua natureza ou essência («ihrem Wesen nach»), sejam aplicáveis às pessoas colectivas, enquanto na Constituição portuguesa a natureza a avaliar é a das pessoas colectivas.

[257] Sobre os direitos políticos na Constituição, cfr. Jorge Miranda, in *Estudos sobre a Constituição*, vol. 1º, p. 177 e ss., que aí inclui todas as modalidades de participação política, embora reconheça que só os direitos políticos dos cidadãos são constitutivos da vontade política do povo (p. 184).

Por outro lado, os restantes direitos, embora susceptíveis de titularidade colectiva[259], *não são*, por esse facto, direitos das pessoas colectivas, no sentido de direitos *de todas as pessoas* colectivas. Há que ter em conta o *princípio da especialidade*, segundo o qual estas pessoas só têm capacidade de gozo dos direitos necessários ou convenientes à realização dos seus fins[260]. Não sendo pessoas inteiras, as pessoas colectivas só se justificam na função que desempenham – por exemplo, não pode uma associação política invocar a liberdade religiosa, nem uma empresa industrial gozar do direito de fundação de jornais de informação geral (cfr. artigo 38º, nº 4).

Por último, é normal que os preceitos relativos aos direitos fundamentais susceptíveis de extensão às pessoas colectivas *não* lhes sejam aplicáveis *na sua totalidade*. Há que ver com cuidado o domínio de cada preceito, pois, no conjunto complexo de faculdades, poderes e direitos que formam o «direito» fundamental, alguns há que são exclusivamente aplicáveis a pessoas singulares – veja-se, a título apenas exemplificativo, a liberdade interna de imprensa (artigo 38º, nº 2, alíneas a) e b)) ou a proibição de buscas domiciliárias nocturnas (artigo 34º, nº 3).

De tudo isto pode concluir-se que o nº 2 do artigo 12º não determina a atribuição directa, por extensão, dos direitos fundamentais às pessoas colectivas, nem sequer contém uma regra de equiparação destas às pessoas humanas (nos termos, por exemplo, do que se passa com a equiparação dos estrangeiros aos cidadãos). Não se trata, de facto, de uma extensão geral dos direitos às pessoas colectivas, fundada numa analogia substancial entre os sujeitos.

[258] Resta saber se o direito ao desenvolvimento da personalidade (artigo 26º) é susceptível de ser titulado por pessoas colectivas. Na Alemanha reconhece-se tal possibilidade perante direito semelhante e, entre nós, PAULO MOTA PINTO, *O direito ao livre desenvolvimento da personalidade*, in *Portugal-Brasil Ano 2000*, 2000, p. 221, entende que sim, relativamente ao segmento normativo «liberdade de acção» (liberdade económica e de concorrência), embora não quanto à dimensão da «protecção da personalidade» (p. 163 e ss).

[259] Deve admitir-se a titularidade por pessoas colectivas (ou por associações civis sem personalidade jurídica), sendo caso disso, de direitos como, por exemplo, a inviolabilidade de domicílio e de correspondência (artigo 34º), a liberdade de expressão e de imprensa (artigos 37º e 38º), a liberdade de culto e de ensino religioso (artigo 41º, nºs 4 e 5) ou o direito de criação de escolas (artigo 43º, nº 4).

[260] Cfr. o artigo 160º, nº 1 do Código Civil, aplicável às pessoas colectivas privadas.

As limitações e os cuidados da extensão admitida levam-nos, pelo contrário, a concluir que se deve ter em conta a diferença de qualidade entre os sujeitos de direito que são pessoas humanas e os que o não são: a diferença entre o carácter *final* da personalidade jurídica do homem e o carácter *instrumental* da personalidade jurídica colectiva. O recurso à Declaração Universal dos Direitos do Homem – que se refere apenas a direitos «humanos» – também reforça este entendimento de que os direitos fundamentais são, na sua essência, atributos da personalidade humana individual.

Parece-nos, assim, que estes direitos individuais são extensíveis às pessoas colectivas ainda para garantia do livre desenvolvimento do homem, isto é, da protecção da dignidade humana do indivíduo «no seio das formações sociais onde se exerce a sua personalidade»[261].

De facto, as pessoas colectivas privadas[262] são construções dos homens indispensáveis à sua actuação nos diversos domínios da vida, de modo que o livre desenvolvimento da personalidade, especialmente no mundo de hoje, depende de numa complexa rede de relações sociais e económicas, que se processam em grande medida através dessas construções humanas.

Assim, a Constituição reconhece a importância dos meios de acção colectivos para a realização dos indivíduos e, sem perder de vista essa intenção de protecção da dignidade humana individual, pelo contrário, com o intuito e a preocupação de a alargar, não se limita a reconhecer aos indivíduos a liberdade de se associarem (nem a enfatizar esse reconhecimento na autonomização da liberdade sindical e de criação de partidos e associações políticas): estende a aplicação dos preceitos relativos aos direitos fundamentais a esses entes organizatórios de criação privada[263].

Este entendimento não tem apenas a vantagem de dar unidade de sentido e coerência à matéria dos direitos fundamentais, reproduz, além disso, uma evidência dos factos: na realidade, quem exerce e quem beneficia da liberdade religiosa, da liberdade de imprensa, do direito de reunião, da inviolabilidade da sede ou do segredo de correspondência

[261] A expressão é retirada do artigo 2º da Constituição italiana.

[262] Referimo-nos agora especificamente às pessoas colectivas privadas; quanto às pessoas colectivas públicas, v. infra, al. c).

[263] Por isso Tribunal Constitucional Federal alemão começou por adoptar, para o efeito, a «teoria da ofensa indirecta» (*Durchgriffstheorie*), exigindo a afectação de um *substrato pessoal* para aplicação dos direitos fundamentais às pessoas colectivas.

das pessoas colectivas são, em última análise, os fiéis, os jornalistas, os membros ou sócios[264].

Por detrás da personalidade colectiva está sempre, essa realidade mais profunda que é a pessoa humana, a pessoa de direito.

Mas, assente isto na perspectiva valorativa ou funcional, não significa que, do ponto de vista estrutural, as pessoas colectivas sejam apenas *representantes* dos indivíduos-membros[265]. As pessoas colectivas gozam dos direitos fundamentais em nome próprio, são elas mesmas titulares dos direitos fundamentais, que nalguns casos podem mesmo ser autonomizados como direitos colectivos, em virtude do carácter tipicamente colectivo do exercício de direitos individuais dos seus membros[266]. Daí que haja uma limitação formal do carácter individual destes direitos.

Esta limitação não põe, contudo, em causa a essência individual dos direitos fundamentais, porque ainda se trata aqui de direitos dos indivíduos, posto que «colectivizados», sendo por isso, *direitos fundamentais por extensão* ou *por analogia*, que não relevam para a caracterização da categoria básica. À semelhança do que se entende no direito civil, também aqui podemos dizer que os direitos das pessoas colectivas não são verdadeiros «poderes de vontade», mas «vinculações a um fim, que só por analogia se tratam como direitos subjectivos»[267] – não são, por isso, direitos fundamentais em sentido típico ou próprio.

O carácter atípico não é suficiente para excluir os direitos das pessoas colectivas do regime específico dos direitos, liberdades e garantias, mas permite ou impõe a aplicação desse regime, se for caso disso, com

[264] Na prática, põe-se o problema do domínio dos indivíduos por parte das cúpulas das organizações. Porém, essa é uma questão das relações internas, onde a pessoa colectiva aparece como sujeito passivo em face do qual os membros fazem valer os direitos de que são titulares. No texto tratamos apenas da liberdade (externa) perante o Estado.

[265] Independentemente das dificuldades dogmáticas de uma tal tese no que respeita às fundações, a acusação que tradicionalmente se lhe move é a de corresponder a uma mundividência liberal-individualista; cfr. WILLKE, *Stand und Kritik der neueren Grundrechtstheorie*, p. 205.

[266] V., por exemplo, a Lei de Liberdade Religiosa (Lei nº 16/2001, de 22 de Junho), que distingue entre os direitos individuais (artigo 8º e ss) e os direitos colectivos de liberdade religiosa (artigo 20º e ss).

[267] Assim, ORLANDO DE CARVALHO, in *Teoria Geral do Direito Civil – Relatório sobre o programa, conteúdo e métodos de ensino*, 1976, p. 45. V. ainda, do mesmo Autor, *Os direitos do Homem no direito civil português*, reproduzido no *BFDC*, XLIX, 1973, p. 1 e ss., onde se transcreve o artigo 1º do Código Civil de 1867: «só o homem é susceptível de direitos e obrigações» (p. 21).

adaptações[268] – estamos a pensar, por exemplo, no âmbito e alcance do «conteúdo essencial» dos direitos encabeçados por pessoas colectivas, que é naturalmente mais restrito, tornando admissíveis restrições legislativas mais vastas e profundas (cfr. nº 3 do artigo 18º).

b) Além destes, há a considerar os «direitos fundamentais colectivos» em sentido estrito, que serão os direitos *exclusivos* de pessoas colectivas ou organizações, como acontece com os direitos das comissões de trabalhadores e das associações sindicais.

Como já dissemos, entendemos que não se trata aí de *direitos subjectivos* fundamentais: são, tudo considerado, verdadeiras competências, ou seja, poderes concedidos no quadro normativo de uma organização política ou administrativa, económica ou social. Poderão alguns ou até a generalidade deles ser incluídos na *matéria* dos direitos fundamentais, conquanto se mostre que visam directamente e em primeira linha proteger ou promover a dignidade humana. Porém, devem, então, ser *equiparados a garantias institucionais* e não aos direitos subjectivos fundamentais. Não porque sejam insusceptíveis de atribuição subjectiva (como acontece com as garantias institucionais), mas porque são insusceptíveis de atribuição *individual*, isto é, porque não é possível referi-los, enquanto poderes, aos sujeitos daquele interesse principal que constituirá então (é esse o pressuposto da fundamentalidade) a sua razão de ser: a dignidade humana, que é radicalmente individual, no aspecto específico que estiver em causa. Assim, os direitos exclusivos das organizações de trabalhadores não constituem, em si, direitos dos homens trabalhadores, partindo do princípio de que estes não devem confundir-se com os poderes ou os privilégios conferidos na organização social e política aos grupos que formam, isto é, que direitos fundamentais dos trabalhadores não é igual a «poder das classes trabalhadoras».

c) Resta aludir neste contexto à possibilidade de gozo de direitos fundamentais por pessoas colectivas públicas[269]. À primeira vista absurda

[268] V. o Acórdão do TC nº 198/85, que reconhece o direito ao sigilo da correspondência às pessoas colectivas, mas com adaptações (no caso, quanto à abertura da correspondência dirigida à empresa falida).

[269] Referimo-nos às pessoas colectivas públicas num sentido amplo, material, na medida em que exerçam actividades materialmente administrativas e estejam sujeitas a direcção pública (mesmo que tenham forma privada).

e liminarmente recusada na época liberal, com base na ideia de que a função dos direitos fundamentais era a defesa da dignidade humana precisamente *contra* os poderes públicos (argumento da «confusão»), esta capacidade é hoje admitida, embora de forma limitada[270] – admitida, diga-se desde já, mesmo por quem continua a ver como intenção fundamental e caracterizadora dos direitos fundamentais a protecção da dignidade das pessoas humanas[271].

A razão dessa admissibilidade está na progressiva pulverização da ideia organizatória de Estado, em especial, no pluralismo interno da Administração – essa pluralização é de tal modo acentuada que é possível e frequente que se encontrem pessoas colectivas públicas em situação de sujeição ou subordinação perante o Estado ou outros entes públicos.

Este fenómeno é especialmente relevante quando essas situações de dependência surgem relativamente a administrações autónomas, isto é, relativamente a pessoas colectivas de substrato associativo que autoadministram interesses comuns próprios sob fiscalização estadual[272], para além dos casos (normalmente citados) de certos estabelecimentos públicos, como as universidades, ou o das empresas públicas de comunicação social (agências noticiosas ou serviços de radiodifusão e de televisão)[273].

[270] Sobre o problema (além das obras citadas na nota 31), v. G. ROELLECKE, *Zur Geltung von Grundrechten für juristische Personen des öffentlichen Rechts*, in WOLTER/RIEDEL/TAUPITZ (eds.), *Einwirkungen der Grundrechte auf das Zivilrecht, öffentliche Recht und Strafrecht*, 1999, p. 137 e ss..

[271] É esta, aliás, a posição do Tribunal Constitucional Federal alemão, que tem admitido em casos excepcionais (precisamente os relativos a universidades, igrejas e serviços públicos de comunicação social) a titularidade de direitos fundamentais por pessoas colectivas públicas, apesar de elas serem, ao mesmo tempo, perante os indivíduos, destinatários ou, melhor, sujeitos passivos desses direitos. Cfr. MANGOLDT/KLEIN/STARCK, *GG – Kommentar*, I Band, 4ª ed., 1999, p. 2241e ss.

[272] Assiste-se hoje à proliferação de associações públicas, no contexto de um fenómeno «corporativizante» de autoregulação de profissões e actividades. V. as obras fundamentais de VITAL MOREIRA, *Administração autónoma e associações públicas*, e *Autoregulação profissional e Administração pública*, ambas de 1997. Mas o problema também se põe no âmbito das «administrações indirectas» do Estado, das Regiões Autónomas e até dos municípios (por vezes sob formas privadas, mas «de mão pública»).

[273] Por exemplo, a liberdade de expressão através da rádio e da televisão é vista por alguns autores como direito fundamental dos grupos sociais relevantes para assegurar o pluralismo. Cfr. LÜCKE, *Die Rundfunkfreiheit als Gruppengrundrecht*, in *DVBl*, 1977, p. 977 e ss.

Em todas estas situações é logicamente possível, no âmbito de uma concepção não-individualista dos direitos fundamentais, aplicar estes direitos às pessoas colectivas subordinadas, sujeitas a posições de poder, por analogia com a situação de sujeição dos indivíduos em face do Estado[274].

Quanto a nós, porém, a analogia formal, baseada na semelhança da situação de subordinação (perante o Estado ou outro ente público), não é suficiente, por si só, para justificar a aplicação dos direitos fundamentais. É necessário, sim, que estejamos dentro dos limites do sistema, ou seja, no âmbito da matéria específica que estes direitos constituem.

Numa relação entre entidades públicas só estará preenchida esta condição quando e na medida em que a competência (ou a actividade) do ente subordinado *vise directamente (também) prosseguir interesses humanos individuais*, no sentido de ter como função proteger ou promover a liberdade e a dignidade das pessoas.

Não será necessária a existência de um substrato pessoal e a verificação de que haja indivíduos especificamente afectados através da pessoa colectiva, como começou por exigir-se, mas é preciso que esteja em causa uma *situação de perigo típica de direitos fundamentais*, por estarem em jogo valores ou bens de carácter pessoal perante um poder[275].

Será, por exemplo, o caso da autonomia pedagógica e científica das Universidades, em face da liberdade de ensino e de investigação (já não talvez da sua autonomia administrativa e financeira, a não ser que (e na medida em que) sejam consideradas indispensáveis para aquela outra autonomia), ou da independência das empresas do sector público de comunicação social face aos poderes públicos[276].

Nestes casos, estaremos, contudo, a nosso ver, uma vez mais, perante situações equiparáveis a *garantias institucionais*, na medida em que visam proteger direitos fundamentais individuais, e não perante *direitos subjectivos fundamentais* dessas pessoas colectivas públicas[277].

[274] Sobre os direitos fundamentais das associações públicas, v. VITAL MOREIRA, *Administração autónoma...*, *cit.*, p. 510 e ss; JÓNATAS MACHADO, *Liberdade de expressão*, 2000, p. 324 e ss.

[275] É esse o novo critério adoptado em geral pelo BVerfG, embora o utilize com carácter restritivo – cf. MANGOLDT/KLEIN/STARCK, *ob. cit.*, *ibidem*.

[276] Entre nós, cfr., respectivamente, os artigos 76º, nº 2 e 38º, nº 4, da Constituição.

[277] Contra, G. CANOTILHO, *ob. cit.*, p. 423, que considera a autonomia pública um direito fundamental e não uma mera garantia institucional.

Quando isso não aconteça, isto é, quando não visem proteger direitos fundamentais individuais, então, estamos fora da matéria e, consequentemente, do campo de aplicação dos preceitos constitucionais relativos aos direitos fundamentais. A defesa da participação pluralista de grupos sociais nas decisões políticas ou da descentralização ou desconcentração administrativas podem constituir objectivos constitucionais importantes e até prioritários, podem ser até condições objectivas da realização de direitos fundamentais, mas não são fundamento adequado para a atribuição dos direitos fundamentais às pessoas colectivas. Uma tal extensão dos direitos implicaria a sua descaracterização e, por conseguinte, a destruição da sua coerência e razão de ser, para além de poder representar um perigo para as liberdades individuais[278].

2.2.3. Pode pôr-se ainda o problema da consagração de *direitos de grupos*, enquanto direitos de que é titular o próprio grupo, a exercer por «órgãos» ou representantes próprios[279].

A figura pode tornar-se importante no contexto de uma comunidade intercultural, na medida em que se torne necessário proteger especialmente minorias em perigo, designadamente minorias nacionais, étnicas, religiosas ou linguísticas.

Entre nós, o problema não se tem posto até agora com acuidade, face à relativa homogeneidade da sociedade portuguesa, mesmo após os recentes fenómenos migratórios, parecendo bastar a consagração dos princípios da igualdade e da não-discriminação, associados a algumas imposições específicas de protecção especial, mas o fenómeno da imigração traz naturalmente algumas dificuldades neste domínio.

Em todo o caso, a aceitação da existência de direitos de grupos, sobretudo quando, além dos direitos procedimentais, se pretenda a afir-

[278] Esse perigo também existe, aliás, em relação às pessoas colectivas privadas: a extensão dos direitos fundamentais às pessoas colectivas para a promoção da iniciativa privada pode dar-lhes uma liberdade em face dos poderes públicos (uma isenção de controle) que não se justifica e até pode pôr em causa as liberdades individuais. Por exemplo, no que toca à vida económica, há que levar em conta o poder das grandes empresas e as cautelas que os direitos das pessoas e o bem público (cfr. artigo 80º, al. a)) exigem para que essa extensão seja possível.

[279] Outras dimensões do problema dos direitos de grupos respeitam à existência de direitos específicos dos membros de um grupo, bem como ao exercício dos direitos de grupos pelos seus membros, individualmente.

mação de posições jurídicas substantivas, nunca poderá implicar a colectivização dos direitos dos membros, nem prejudicar os direitos e as liberdades individuais destes perante os próprios grupos[280]. Assim, por exemplo, o reconhecimento de direitos a uma minoria religiosa como a comunidade muçulmana não implica a aceitação normativa das restrições aos direitos fundamentais das mulheres e ao princípio da igualdade dentro desse grupo.

2.2.4. Podemos, assim, concluir que os direitos subjectivos fundamentais representam *posições jurídicas subjectivas individuais*, embora em alguns casos e em certos aspectos eles possam ser directamente encabeçados por pessoas colectivas privadas ou organizações sociais – neste caso estamos perante direitos subjectivos fundamentais por extensão ou analogia, que devem ser considerados direitos «atípicos» ou «impróprios».

Quanto aos chamados direitos fundamentais colectivos, exclusivos das organizações privadas e públicas, eles não devem, quanto a nós, ser considerados direitos subjectivos fundamentais, mas, sim, faculdades ou poderes no quadro de organização da sociedade política que, quando tenham como objecto principal a defesa da dignidade humana individual, serão equiparadas a *garantias institucionais* no campo dos direitos fundamentais[281].

2.3. Os direitos subjectivos fundamentais são ainda posições jurídicas *universais e permanentes*.

Estas expressões pretendem significar que os direitos fundamentais são direitos de igualdade, gerais, e não privilégios de alguns. São, por isso, direitos atribuídos às pessoas (em princípio a todas as pessoas) pela sua condição humana e, nessa sua medida, não têm limites temporais nem dependem, quanto à sua existência, de outra causa final.

[280] Os grupos constituem poderes que em certa medida constituem ameaças aos direitos individuais das pessoas. V. sobre estes problemas EIBE RIEDEL, *Der Grundrechtsstaat ist aufgefangen – Zeit nachzusähen?*, in WOLTER / RIEDEL / TAUPITZ (eds.), *ob. cit.*, p.297 e ss.

[281] Esta construção de base individual permite-nos ultrapassar definitivamente a distinção doutrinária entre a *pessoa* e o *indivíduo* e a consequente diferenciação entre *liberdade essencial* e *liberdade instrumental* (MARCELLO CAETANO), que, na vigência da Constituição de 1933, justificava a «expropriação» dos direitos e liberdades políticas aos indivíduos, para os atribuir a *corporações* profissionais ou municipais.

Também esta faceta dos direitos fundamentais carece, todavia, de algumas explicações. É que há, de facto, direitos fundamentais que não são de todos: uns são reservados aos cidadãos, excluindo-se os estrangeiros e apátridas; outros são exclusivos dos estrangeiros e apátridas; os menores de certa idade não gozam ou não gozam plenamente dos direitos políticos e de outros direitos; há direitos atribuídos apenas a trabalhadores por conta de outrem, a crianças, a jovens, a mães, a pessoas idosas ou a cidadãos portadores de deficiência.

Estar-se-á então, designadamente quanto aos direitos sociais, perante privilégios, ainda que moralmente merecidos ou justificáveis, como dizem alguns? Parece-nos que não.

2.3.1. Quanto à existência de direitos exclusivos dos cidadãos, já não se pode hoje pura e simplesmente dizer que a exclusão dos estrangeiros e apátridas é *natural* num sistema pensado numa perspectiva constitucional ou estadual.

A universalidade humana dos direitos fundamentais exige uma regra geral de inclusão dos estrangeiros (residentes ou que se encontrem no território), embora se perceba, à partida, a existência de excepções constitucionais relativamente a certos tipos de direitos, bem como, porventura ainda, a admissibilidade de algumas restrições legais, desde que racional e valorativamente justificadas em função da cidadania.

Julgamos que o nosso sistema, apesar da obscuridade, falta de cuidado e desnecessária complexidade na formulação das normas constitucionais, pode ser interpretado em termos de corresponder a estas exigências[282].

No que respeita às excepções constitucionais, elas restringem-se aos direitos políticos e ao exercício de funções públicas não técnicas[283], bem como aos outros direitos «reservados» pela Constituição «exclusiva-

[282] Sobre o estatuto constitucional dos estrangeiros, v. MÁRIO TORRES, *O estatuto constitucional dos estrangeiros*, in *SCIENTIA IVRIDICA*, nº 290, 2001, p. 7 e ss.

[283] Sem prejuízo dos direitos atribuíveis, por convenção internacional ou por lei, aos cidadãos dos países de língua portuguesa e aos dos Estados membros da União Europeia (artigo 15º, nºs 3 a 5). Põe-se, no entanto, a questão de saber se «direitos políticos» para este efeito são apenas os «direitos, liberdades e garantias de participação política» (ou também o artigo 23º?) e se o são todos (também o do nº 1 do artigo 52º?), bem como o de saber o que são «funções públicas que não tenham carácter predominantemente técnico» (um conceito definido pela negativa que tem suscitado diversas e relevantes dúvidas).

mente» aos «cidadãos portugueses»[284] – formando um conjunto limitado e fundamentado.

É certo que o nº 2 do artigo 15º parece dar «carta branca» ao legislador ordinário para alargar as excepções, reservando aos cidadãos portugueses quaisquer direitos que entenda, mas esta aparente permissividade deve ser confrontada com a regra geral de *equiparação* dos estrangeiros aos cidadãos (nacionais) consagrada no nº 1. Em nosso entender, as excepções a estabelecer por lei ordinária àquela regra não são livres[285], pelo menos no que respeita aos direitos, liberdades e garantias, devendo as leis que eventualmente reservem direitos deste tipo para cidadãos portugueses ser consideradas verdadeiras *leis restritivas* e sujeitas às condições de legitimidade estabelecidas no artigo 18º, não só relativamente aos direitos que no texto constitucional sejam reconhecidos «a todos», mas também àqueles formalmente reconhecidos apenas aos «cidadãos»[286].

A reserva por via legislativa de certos direitos aos cidadãos portugueses só é assim justificável em relação a direitos que tenham fortes implicações de carácter social, desde que haja um valor constitucional que justifique o exclusivo para os nacionais, e com respeito pelos princípios da universalidade e da proporcionalidade – sendo então uma conse-

[284] Para além dos direitos políticos (embora os preceitos constitucionais respectivos se refiram apenas a «cidadãos»), é o caso dos direitos de não expulsão ou não extradição (artigo 33º, nºs 1 e 3) e será porventura (outra dúvida) o de requerer o *habeas corpus* para outrem (artigo 31º, nº 2).

[285] O legislador não é convocado para delimitar a hipótese da norma constitucional de equiparação.

[286] Os direitos que no texto constitucional só são reconhecidos expressamente a «cidadãos» (e não a «todos») são, para além dos direitos de participação política e de acesso a determinadas funções públicas (excluídos pelo artigo 15º), os dos artigos 23º (recurso ao Provedor de Justiça), 44º, nº 1 (direito de deslocação), 45º (direito de reunião e manifestação), 46º (liberdade de associação) e ... 34º, nº 2 (garantias na hipótese de entrada autoritária no domicílio!!) – note-se a falta de sentido do reconhecimento textual apenas aos «cidadãos» dessa garantia de respeito pelo domicílio, em si (tendo em conta que a garantia geral de inviolabilidade do nº 1) e comparada com a atribuição a «todos» de direitos como o direito de emigração (artigo 44º, nº 2). Em qualquer caso, parece-nos que o nº 2 do artigo 15º representa precisamente a autorização constitucional para restrição dos direitos e não uma remissão para a determinação legal dos limites intrínsecos do estatuto constitucional dos estrangeiros. Fica, no entanto, a dúvida sobre a relevância específica e directa dos compromissos internacionais e comunitários, caso exijam, por exemplo, uma restrição de direitos dos estrangeiros, designadamente do direito de entrada no território nacional (pelo menos se já cá tiverem estado? – cf. artigo 44º, nº 2)

quência directa e natural da repartição estadual dos deveres das potências públicas garantida pelo direito à cidadania consagrado no plano interno (artigo 26º, nº 1 e 4) como na perspectiva internacional (artigo 15º da Declaração Universal dos Direitos do Homem).

2.3.2. No que concerne aos direitos próprios dos estrangeiros, designadamente o direito de asilo e os direitos processuais ligados à expulsão e à extradição (artigo 33º), eles apenas são exclusivos dos estrangeiros porque se referem justamente a situações impensáveis (ou, quanto à extradição, só excepcionalmente aplicáveis) relativamente aos cidadãos portugueses, isto é, correspondem ao tratamento desigual do que é desigual, como é característico do princípio da igualdade e não ofendem a universalidade, porque são reconhecidos a todos os que integram as circunstâncias de facto fixadas em abstracto pelas normas aplicáveis.

2.3.3. Outros são os problemas suscitados pela exigência da maioridade para a titularidade de direitos fundamentais.

Deve começar por dizer-se que não tem sentido, relativamente aos direitos fundamentais, a distinção civilística entre capacidade de gozo e capacidade de exercício – o que está em causa é a própria titularidade dos direitos[287].

Quanto à diminuição dos direitos dos menores de certa idade, trata-se, na maior parte dos casos, de limites imanentes de facto (naturais ou de adequação social) dos direitos fundamentais respectivos: alguns direitos – como, por exemplo, o direito de sufrágio e a generalidade dos direitos reconhecidos aos «cidadãos», o direito a contrair casamento ou de celebrar certos negócios, o direito à objecção de consciência –, implicando uma actividade política ou uma actuação jurídica relevante, pressupõem, por definição, uma vontade livre e esclarecida, uma maturidade e uma capacidade que só se reconhece, em regra, aos maiores de certa idade[288]. Noutros casos, pretende-se restringir os direitos para proteger directamente os interesses do menor: a liberdade de escolha de profissão e de acesso à função pública, tal como o direito ao trabalho (e os

[287] No mesmo sentido, Gomes Canotilho, *ob. cit.*, p. 424 e s.

[288] Gomes Canotilho distingue, a propósito, entre direitos «que impliquem exigência de conhecimento ou tomadas de decisão» – *ob. cit.*, p. 425.

direitos dos trabalhadores), são, em princípio, negados aos menores em idade escolar, justamente para assegurar a obrigatoriedade do ensino básico, tal como as liberdades estão sujeitas ao poder paternal, em função do direito-dever dos pais de educação e manutenção dos filhos[289].

Em qualquer das situações, não se trata de discriminar certos estratos da população, mas, consoante as hipóteses, de reconhecer e delimitar, no contexto de uma certa cultura social, o próprio *âmbito* dos direitos ou de os *restringir* em situações de conflito. A Constituição não elimina um espaço de indeterminação, na medida em que não fixa, ela própria, a idade mínima[290] e deixa esse encargo para o legislador ordinário, reconhecendo as normas comuns (por vezes tradicionais) nos diversos campos da vida social[291]. Em qualquer caso, percebe-se a adopção de um critério formal[292], desde que não seja discriminatório e esteja de acordo com o senso comum, por razões de certeza, segurança e praticabilidade[293].

2.3.4. Por último, quanto aos direitos sociais a prestações de certas categorias de indivíduos (trabalhadores subordinados, cidadãos diminuídos, idosos, etc.) ainda aqui os direitos fundamentais pretendem ser direitos de igualdade[294]. Não, certamente, da igualdade formal, abstracta,

[289] Cfr. os artigos 69.º, nº 3 e 74º, nº 2, alínea a), e o artigo 36º, nº 5, respectivamente.

[290] A não ser na hipótese do direito de sufrágio, em que fixa a idade de 18 anos como limite (artigo 49º, nº 1).

[291] Por exemplo, é a lei que determina, com alguma maleabilidade, a idade núbil e a da capacidade negocial plena (Código Civil), a idade para efeitos de incriminação (Código Penal), bem como a duração da escolaridade obrigatória.

[292] A fronteira da idade, sendo puramente quantitativa é, inevitavelmente, arbitrária, na medida em que haverá menores em condições perfeitas para exercer alguns desses direitos – mas aceita-se com base num princípio de praticabilidade.

[293] Note-se, por fim, que a menoridade, ligada a certo comportamento, pode ainda ser invocada, em geral, como motivo legítimo de restrição (que entendemos dever ser por via legislativa) de certos direitos, para defesa dos outros ou protecção dos próprios menores: será o caso das proibições de ingresso de menores em bibliotecas e espectáculos ou em estabelecimentos de jogo, ou da compra de bebidas alcoólicas ou de publicações pornográficas. Cfr. o caso da restrição à entrada numa biblioteca, relatado no *6º Relatório do Provedor de Justiça à Assembleia da República*, relativo a 1981, p. 77 e s..

[294] V. a redacção do artigo 71º, nº 1, ao determinar que «os cidadãos portadores de deficiência física ou mental *gozam* plenamente *dos direitos* e estão sujeitos aos deveres consignados na Constituição, *com ressalva do exercício* ou do cumprimento *daqueles para os quais se encontrem incapacitados*» – uma ressalva que se inspira (mal) na distinção entre a capacidade de gozo e a

niveladora e uniformizadora, mas da igualdade *material*[295], que exige a consideração da realidade em que as pessoas se movem e, consequentemente, a diversidade de tratamento e de estatuto daqueles que, pelas suas qualidades específicas ou pela sua situação no processo social, precisam de uma protecção (diferente) necessária e adequada à sua (igual) dignidade de pessoas[296]. Não se trata de privilegiar castas, classes ou grupos fechados, mas de realizar efectivamente a igualdade em situações sociais específicas e, por isso mesmo, representadas em *categorias abertas*, que são ou podem ser preenchidas por qualquer pessoa. De todo o modo, está-se ainda a pensar em todos, na universalidade, e não em alguns, na particularidade[297].

2.4. Os direitos subjectivos fundamentais têm de ser ainda, como o nome exige, direitos fundamentais. Referimo-nos aqui, naturalmente, à «fundamentalidade» do ponto de vista substancial, que corresponde à sua importância para a salvaguarda da dignidade da pessoa humana num certo tempo e lugar, definida, por isso, de acordo com a consciência jurídica geral da comunidade. Como dissemos já, os direitos subjectivos individuais formalmente inscritos na Constituição devem presumir-se, salvo prova em contrário, direitos fundamentais do ponto de vista mate-

de exercício e que (ao contrário do que acontece, por exemplo, com os estrangeiros) não se compreende como formulação geral relativamente aos direitos fundamentais.

295 Cfr. Lucas Pires, *Uma Constituição para Portugal*, 1975, p. 62 e ss; Castanheira Neves, *O Instituto dos «Assentos» e a função jurídica dos Supremos Tribunais*, 1983, p. 118 e ss (119 e s e 165 e s.).

296 Pode pôr-se, em geral, o problema de saber se não há um verdadeiro «direito à desigualdade», quando o tratamento igualitário, em determinadas circunstâncias, seja intolerável – v. H. Schoeck, *Das Recht auf Ungleichheit*, 3ª ed., 1998.

297 Claro é que a consagração específica de certos direitos também depende, de facto, da estruturação do poder, i.é, da influência dos grupos de interesse na sociedade política. Mas, essa análise factual não afecta a conclusão do texto, que se situa no plano da validade. Diga-se é que, pelo contrário, a *igualdade* poderá exigir na prática uma diferenciação nas condições de realização dos direitos. Assim, p. ex., quanto a outros direitos sociais (saúde, segurança social, habitação, educação), que são reconhecidos a todos, mas devem ser direitos de todos na medida em que precisam, compreendendo-se por isso que não sejam gratuitos (nem igualmente dispendiosos) para os seus titulares, independentemente da respectiva capacidade económica. Como vimos, poderá estar em causa a ideia de que a universalização dos direitos sociais é a última etapa do Estado Social, v. Giannini, *Stato Sociale: una nozione inutile*, in *Scritti in onore di C. Mortati*, 1977, vol. I, p. 139 e ss. (158).

rial, o mesmo valendo para os direitos individuais inscritos nas convenções internacionais relativas a esta matéria.

O carácter fundamental pode ser questionado sobretudo relativamente aos direitos subjectivos que constam da lei ordinária, havendo aqui a distinguir três situações diferentes.

Em primeiro lugar, há aqueles direitos subjectivos que estão previstos exclusivamente na lei, mas que, por aplicação do nº 1 do artigo 16º, devem ser considerados direitos fundamentais sob o ponto de vista material, designadamente pela sua analogia com os direitos, liberdades e garantias[298].

É preciso ser cauteloso na descoberta destes «direitos fundamentais não enumerados», que constarão, em regra, das grandes leis tradicionais que regulam o estatuto das pessoas e as suas relações com os poderes públicos, muitas anteriores à própria Constituição, algumas há muito consideradas, pelo menos em parte, materialmente constitucionais[299], e hão-de ser, como defendemos já, muito raros, até porque a nossa prática constitucional, ao contrário de outros países, vai no sentido de aproveitar as revisões para introduzir no texto constitucional aqueles direitos que se entende merecerem tal qualificação.

Em segundo lugar, existem direitos que são consagrados nas leis ordinárias com a intenção de concretização ou de garantia de direitos fundamentais expressamente previstos, ou visando a explicitação de aspectos já neles contidos (faculdades), ou constituindo direitos instrumentais, designadamente de carácter organizativo ou processual, destinados à respectiva realização, protecção ou promoção concreta.

Relativamente a estes, há que, por via interpretativa, determinar aqueles que se limitam a declarar faculdades já contidas no preceito constitucional (e que não valem, então, por si, mas como concretizações de direitos fundamentais constitucionais) e aqueles que, devendo considerar-se embora «juridico-constitucionalmente necessários», exprimem uma opção legislativa e valem enquanto direitos derivados ou acessórios – é dizer que não são, em si direitos fundamentais (nem se constitucio-

[298] Como vimos, deve presumir-se, salvo prova de «constitucionalidade», que não são direitos fundamentais os direitos sociais estabelecidos (apenas) nas leis ordinárias.

[299] Estamos a pensar nos grandes códigos (civil, comercial, penal, do processo civil e do processo penal), na legislação do trabalho, em leis fundamentais como a lei do estado de sítio ou da nacionalidade.

nalizam), mas que retiram da sua necessidade constitucional alguma rigidez, que implica, por exemplo, a proibição da sua pura eliminação ou da sua restrição injustificada, embora o legislador possa optar por um modo ou até por um modelo diferente de concretização[300].

Por fim, há a considerar aqueles direitos que resultam de opções legislativas, porventura relacionadas com direitos fundamentais, mas que não visam directamente a sua efectivação[301] e que, por isso, não constituem direitos subjectivos fundamentais, nem beneficiam por essa via de um regime especial[302].

3. As dimensões objectivas

Mau grado a sua posição central e nuclear na estruturação jurídica da matéria, o «direito» (isto é, a posição jurídica subjectiva) fundamental não explica todas as consequências jurídicas resultantes da consagração de direitos fundamentais, ou seja, não abarca toda a relevância jurídica dos preceitos constitucionais atinentes a esta matéria.

É precisamente a esses restantes efeitos, a essa «mais-valia» jurídica que se pode dar o nome de *dimensão objectiva*, que se manifesta, quer em sentido *valorativo* ou *funcional*, quer em sentido *estrutural*.

Neste contexto, vamos considerar principalmente os efeitos associados aos diversos tipos de garantias (institucionais, funcionais, organizativas e procedimentais), que ampliam as relações jurídicas demarcadas pelos direitos subjectivos dos particulares, seja por directa determinação dos preceitos constitucionais, seja por «irradiação» normativa sobre toda a ordem jurídica. Mas não devem esquecer-se aqueles efeitos (objectivos) que decorrem directamente da consagração dos direitos fundamentais por preceitos de valor constitucional.

[300] Será o caso dos direitos processuais e procedimentais administrativos concedidos aos cidadãos, para além dos previstos no artigo 268º, ou dos direitos no âmbito da legislação urbanística, ou de alguns direitos previstos nas lei civis, comerciais, laborais, eleitorais ou administrativas – que, no entanto, como veremos, poderão vir a constitucionalizar-se quando se consolidem de tal modo que possam ser considerados materialmente constitucionais pelos juizes, interpretando a consciência jurídica comunitária.

[301] Assim, por exemplo, muitos dos direitos reconhecidos no âmbito das organizações públicas ou de procedimentos administrativos, como direitos dos funcionários ou de certas categorias de pessoal, direitos procedimentais menores.

[302] O que não quer dizer que não possam beneficiar da sua «ligação» constitucional, nos termos gerais, em função do princípio da interpretação em conformidade com os preceitos constitucionais.

3.1. Garantias institucionais

Em primeiro lugar, como já se veio afirmando, há a considerar os efeitos jurídicos produzidos pelas normas constitucionais que não instituem posições subjectivas.

Por vezes, a Constituição estabelece regras ou impõe deveres, designadamente às entidades públicas, com a função principal e a intenção de garantir, realizar e promover a dignidade da pessoa humana centrada em posições subjectivas, mas não investe os indivíduos em situações de poder ou de disponibilidade com esse objecto específico.

Estes «deveres sem os direitos correspondentes» constituem uma zona de protecção das posições subjectivas no âmbito da qual os efeitos jurídicos se reportam directamente às normas, em termos que não são, em geral, susceptíveis de referenciação individual (não são subjectiváveis) – constituem, por isso, figuras que apresentam um carácter simultaneamente *objectivo* e *instrumental*.

Temos em vista, basicamente, as chamadas *garantias institucionais*, em que um *conjunto jurídico-normativo* regula um determinado sector da realidade económica, social ou administrativa em torno de um «direito» fundamental e em vista da sua realização[303].

Esta figura referia-se inicialmente àqueles «institutos» ou «instituições» existentes no ordenamento jurídico, algumas muito antigas, tradicionalmente reguladas pelo legislador, mas que a Constituição quer *reconhecer* e aos quais, em qualquer caso, pretende *assegurar* protecção especial na sua *essência* ou nos seus traços característicos[304]. De facto, a Constituição é, designadamente em domínios básicos da vida social, um *newcomer*, que toma a liderança de um universo jurídico onde encontra complexos normativos, por vezes com milhares de anos, alguns dos quais têm uma lógica de sistema baseada nas ideias de autoresponsabilidade e de autodesenvolvimento pessoal. Aí, a Constituição pode optar

[303] As garantias institucionais são uma figura geral, da qual só consideramos aqui as espécies que pertencem à matéria dos direitos fundamentais, por visarem em primeira linha o respeito, a protecção ou promoção da dignidade da pessoa humana. Garantias institucionais não jusfundamentais serão, por exemplo, as relativas ao sistema partidário, à administração local autónoma, à função pública (em vias de descaracterização), à instituição prisional, às forças armadas.

[304] Assim, em C. Schmitt, *Freiheitsrechte und institutionelle Garantien in der Reichsverfassung*, 1931, p. 1 e ss (40). Sobre o problema das garantias institucionais, v. K. Stern, *Das Staatsrecht der Bundesrepublik Deutschland*, III/I, 1988, p. 751 e ss.

por reconhecer e garantir, nos seus lineamentos essenciais, esses complexos normativos de direito ordinário, sem prejuízo de os redefinir e cunhar a nível constitucional. É o que se passa com o reconhecimento da autonomia privada, em diversas manifestações, individuais ou familiares, como a liberdade contratual, a propriedade, a herança, o casamento, a família, a filiação, a responsabilidade familiar pela manutenção e educação dos filhos e a adopção[305]. Poderá ser ainda, em parte, o caso das instituições tradicionais do processo civil e (sobretudo) do processo penal, na parte e na medida em que assegurem, consoante as hipóteses, a realização prática dos direitos das pessoas.

Mas igual técnica pode ser utilizada para consagrar constitucionalmente outros complexos normativos, em regra abertos à conformação do legislador ordinário, mas cujos aspectos característicos e caracterizadores ficam assegurados, em vista da realização de direitos fundamentais. Na maioria dos casos, trata-se de imposições de legislação associadas aos direitos fundamentais, mas cuja regulação legal produz efeitos segundo uma lógica própria de conjunto e que são protegidos globalmente como realidades objectivas complexas. Será o caso da responsabilidade civil do Estado e demais entidades públicas pelos danos causados em violação de direitos, em especial, dos direitos, liberdades e garantias (artigo 22º)[306]; ou do instituto da contratação colectiva (artigo 56º, nº 3), destinado a proteger os direitos fundamentais dos trabalhadores; ou da instituição da «imprensa livre», na medida em que proíbe a institucionalização da censura prévia e postula o pluralismo e a independência dos meios de comunicação social, especialmente dos órgãos do sector público (cfr. artigos 37º, nº 2, 38º, nº 6 e 39º); ou da autonomia universitária (artigo 76º, nº 2) e da garantia do ensino particular (artigo 75º, nº 2), como fórmulas de asseverar e promover a liberdade de investigação e a liberdade de aprender e de ensinar; ou do serviço nacional de saúde (artigo 64º, nº 2, alínea a)), como garantia do direito à saúde, e da garantia das instituições particulares de solidariedade social (artigo 63º, nº 5), enquanto via de realização de diversos direitos sociais. Será

[305] Sobre as garantias institucionais no âmbito do direito da família, v. F. Pereira Coelho/ /Guilherme de Oliveira, *Curso de Direito da Família*, vol. I, 2ª ed., 2001, p. 135 e ss.

[306] No sentido de que este artigo consagra uma garantia de instituto e não um direito subjectivo à indemnização, v. Maria Lúcia Amaral Pinto Correia, *Responsabilidade do Estado e dever de indemnizar do legislador*, 1998, p. 424 e ss.

ainda, em nossa opinião, o caso da participação das organizações de trabalhadores nas empresas e estruturas sociais conexas, entendendo que os direitos conferidos (artigos 54º e 56º) têm como função principal a protecção dos direitos dos trabalhadores, bem como, em geral, o caso dos «direitos fundamentais colectivos» – aqueles que são concedidos directamente ou exclusivamente a pessoas colectivas ou organizações – na medida em que tenham por fim proteger ou promover direitos subjectivos fundamentais (dos membros ou de terceiros).

Em qualquer das hipóteses, deve entender-se que as garantias institucionais se referem ao *complexo jurídico-normativo* na sua *essência* e não à realidade social em si[307], de modo que, como veremos adiante, é com esse alcance que vinculam o legislador, admitindo um espaço, maior ou menor, de liberdade de conformação legal, mas proibindo-lhe sempre a *destruição*, bem como a *descaracterização* ou a *desfiguração* da instituição (do seu *núcleo essencial*)[308].

3.2. Eficácia externa e dever estadual de protecção

Tem sido costume ligar a dimensão objectiva dos direitos fundamentais à ideia de uma «eficácia irradiante» das normas constitucionais que os prevêem, produto da sua intenção conformadora da ordem jurídica. Mais concretamente, fala-se de um efeito «externo» dos direitos fundamentais, de que resultaria uma força vinculativa generalizada dos preceitos respectivos: partindo do postulado de que os direitos fundamentais, na sua dimensão subjectiva (interna), se referem exclusivamente às relações entre os particulares e o Estado, conclui-se que será na sua dimensão objectiva, enquanto normas constitucionais e *valores comunitários*, que se justifica e exprime a respectiva eficácia *fora do âmbito dessas relações*, em especial nas relações dos particulares entre si.

Na realidade, a eficácia *externa* dos direitos fundamentais foi inicialmente pensada como eficácia *horizontal*, para fundamentar uma obrigação geral de respeito nas relações entre indivíduos, supostamente iguais, contraposta à sua típica eficácia *vertical*, nas relações do indivíduo perante o poder público (estadual). Por outro lado, tendo em conta que

[307] Acentuando este aspecto, v. De Wall, *ob. cit.*, p. 380.

[308] É essa eventual descaracterização que leva alguns autores a suscitarem a questão da inconstitucionalidade da aproximação do regime da função pública ao regime laboral de direito privado (embora com salvaguarda de certos sectores).

os sujeitos da relação jusfundamental seriam o indivíduo e o Estado, a eficácia externa das normas relativas aos direitos fundamentais surgia, então, concebida como *eficácia perante terceiros* (*Drittwirkung*).

O problema que se levantou neste domínio foi o de saber se os preceitos constitucionais teriam uma aplicação *directa* ou uma aplicação *mediata* no direito privado, isto é, se os indivíduos poderiam invocar os seus direitos subjectivos fundamentais também perante os outros particulares, em termos semelhantes àqueles em que os opunham ao Estado, ou se a influência se daria através dos preceitos e cláusulas gerais próprias do direito privado – neste segundo entendimento seria mais clara a afirmação da dimensão objectiva.

Cedo se verifica, porém, que, afinal, não se pode limitar a irradiação e a eficácia externa dos direitos fundamentais ao âmbito do direito privado: que estes fenómenos, a existirem, se hão-de forçosamente repercutir em toda a ordem jurídica, designadamente no direito administrativo, substantivo e procedimental, bem como no direito criminal e no direito processual.

Mais tarde, tendeu a desvalorizar-se a ideia de irradiação objectiva, seja directa ou mediata, das normas constitucionais, pois que estaria em causa, em vez disso, a vinculação aos preceitos constitucionais que consagram os direitos fundamentais de todos poderes públicos, designadamente do *legislador* e dos *juízes*, na generalidade das áreas da sua actuação[309].

Nesta outra perspectiva, passou a dar-se relevo à existência de *deveres de protecção* dos direitos fundamentais por parte do Estado, designadamente perante terceiros: a vinculação dos poderes estaduais aos direitos fundamentais não se limitaria ao cumprimento do dever principal respectivo (de abstenção, de prestação ou de garantia da participação, conforme o tipo de direito do particular), antes implicaria o dever de promoção e *de protecção* dos direitos perante quaisquer ameaças, a fim de assegurar a sua efectividade.

A ideia primitiva de que os direitos eram meros direitos de defesa no quadro das relações indivíduo-Estado não permitira conceber o Estado como protector dos direitos fundamentais, porque era outro o papel que lhe cabia.

[309] V., por exemplo, R. ALEXY, *Theorie der Grundrechte*, 2ª ed., 1994, p. 410 e ss.

É certo que, bem vistas as coisas, o Estado sempre desempenhou essa função protectora relativamente às liberdades e aos bens jurídicos pessoais, quer garantindo a segurança pública, quer perseguindo criminalmente quem atentasse contra os direitos das outras pessoas (defendendo assim bens como a vida, a integridade física, a propriedade, etc.), quer ainda protegendo os seus nacionais perante outros Estados. Só que essas actividades eram consideradas tarefas essenciais ligadas, por definição, à própria existência da comunidade política e o seu desempenho era predominantemente entendido como o exercício de uma função comunitária, de interesse geral, e não enquanto meio de protecção dos direitos individuais.

A concepção do Estado-prestador, associada aos direitos sociais, abriu caminho para a concepção do Estado-amigo dos direitos fundamentais ou, pelo menos, do Estado responsável pela sua garantia efectiva. Deste modo, muitas das normas de direito penal, bem como as que regulam a intervenção policial passaram a ser vistas com outros olhos, da perspectiva do cumprimento de um dever de protecção, no contexto de um processo de efectivação das normas constitucionais relativas aos direitos fundamentais, estendida a toda a actuação dos poderes públicos.

Discute-se, pois, nesta perspectiva, se, em que casos e até que ponto a consagração dos direitos fundamentais impõe ao legislador um dever de criminalização de certas condutas ou uma intervenção pública nas relações privadas e, em geral, nas actividades dos particulares, chegando mesmo a pôr-se o problema da protecção dos direitos fundamentais em termos de responsabilizar o Estado, em geral, pela definição exaustiva das actividades lícitas e ilícitas.

Não estaria em causa apenas a conformidade com os direitos fundamentais da actividade administrativa, mas de *toda a actividade estadual* (legislativa e administrativa e judicial) e não apenas das acções, mas também das *omissões* – o Estado seria, no fundo, o primeiro ou o último responsável por todas as «ofensas» aos direitos fundamentais, pois que, enquanto titular do monopólio do poder legítimo nas sociedades organizadas, lhe caberia, ou justificar essas ofensas, ou preveni-las e reprimi-las, se forem injustificadas.

Assim, o Estado deveria fazer todas as normas necessárias (penais, administrativas, laborais, civis, processuais, etc.), organizar e realizar todas as actuações administrativas e velar pelo funcionamento adequado dos tribunais, de modo a assegurar, a todos os níveis e em todas as circunstâncias, uma protecção efectiva dos direitos fundamentais dos cidadãos[310].

Particularmente exigente seria o entendimento do dever de protecção ao nível da intervenção legislativa. Para além das *imposições de legislação específicas* contidas nos preceitos constitucionais para protecção de direitos fundamentais[311], formula-se – em paralelo com o já tradicional princípio da proibição do excesso e inspirado nele – um *princípio de «proibição de défice»* (*Untermaßverbot*), nos termos do qual o Estado está obrigado a assegurar um nível mínimo adequado de protecção dos direitos fundamentais, sendo responsável pelas omissões legislativas que não assegurem o cumprimento dessa *imposição genérica*[312].

Claro que esta concepção do dever de protecção não pode ser radicalizada, deve ter em conta a liberdade constitutiva do legislador, que não pode ser totalmente eliminada, bem como os limites de facto e de direito que, em especial numa sociedade livre e democrática, o legislador tem de respeitar[313] – enquanto princípio, a proibição do défice de protecção vale *na medida do possível*[314].

[310] Sobre os deveres de protecção do Estado, v., entre nós, a fundamental obra de JORGE PEREIRA DA SILVA, *Deveres do Estado de Protecção de Direitos Fundamentais*, 2015.

[311] No texto constitucional português encontramos enunciados deveres especiais de protecção, não apenas no âmbito dos direitos sociais – direitos dos consumidores (artigo 60º), direitos dos pais, mães, crianças e jovens (artigos 68º a 70º) –, mas também no domínio dos direitos, liberdades e garantias – protecção contra a discriminação e contra a utilização abusiva de informações pessoais, especialmente através da informática, protecção da dignidade pessoal e da identidade genética, protecção dos representantes dos trabalhadores e, em geral, protecção judicial efectiva e tempestiva dos direitos, liberdades e garantias pessoais (artigos 26º, nºs 1, 2 e 3, 35º, nºs 2 e 6, 55º, nº 6 e 20º, nº 5).

[312] Sobre este conceito, v. CANARIS, *Grundrechte und Privatrecht*, in *AcP*, 1984, p. 201 e ss (228).

[313] Salientando, quer os limites funcionais à actividade judicial (ao juiz compete verificar o incumprimento do dever e não decidir sobre a regulação da vida social), quer os limites substanciais, v. CHRISTIAN STARCK, *Grundrechtliche Schutzpflichte* ... (1993), in C. STARCK, *Praxis der Verfassungsauslegung*, 1994, p. 46 e ss.

[314] Numa sociedade democrática e livre de utopias científicas (no sentido de «sociedade abstracta» na distinção de BARBOSA DE MELO, *Democracia e Utopia*, 1980, p. 48 e ss.), a exigência de intervenção dos poderes públicos para protecção dos direitos fundamentais só pode referir-se às condições *necessárias* ao exercício dos direitos e não a todos os meios de conseguir uma hipotética *optimização* do respectivo gozo. Relativamente ao direito a um ambiente saudável, v. STEIGER, *Mensch und Umwelt. Zur Frage der Einführung eines Umweltgrundrechts*, 1975. Menos claro, P. SALADIN, *Grundrechte im Wandel*, 2ª ed., 1975.

Uma das limitações substanciais à protecção estadual de direitos fundamentais é justamente imposta pelos *direitos dos outros*, em particular pelos seus direitos e liberdades fundamentais: assim, quando a protecção dos direitos de uma pessoa possa pôr em causa a esfera jurídica de terceiros, exige-se que essa protecção seja medida por uma ponderação dos bens ou valores em presença e que respeite o princípio da proporcionalidade, nos termos gerais válidos para as situações de colisão ou de conflito. E limitações e imposições semelhantes hão-de valer quando estejam em causa *valores comunitários relevantes* (incluindo também a liberdade geral) que ao Estado cumpre assegurar[315].

3.3. A organização e o processo

Outras áreas de intensa irradiação normativa dos direitos fundamentais foram as relativas à organização e ao procedimento das actividades públicas, durante muito tempo desvalorizadas pela sua instrumentalidade perante os direitos «substantivos» e consideradas até em grande medida neutras ou estranhas ao mundo do Direito.

Reconhece-se hoje, porém, que a generalidade dos direitos fundamentais, embora de modos diferentes e com intensidades diversas, têm uma relação importante com regras organizatórias e procedimentais – uma relação que, de resto, sempre existiu, mas que se tornou evidente com as transformações operadas nas últimas décadas[316].

Desde logo, verifica-se ou afirma-se a existência de *direitos fundamentais a um procedimento*, como, por exemplo, os direitos de acesso aos tribunais, o velho direito de *habeas corpus*, o direito de audiência prévia (em procedimentos sancionatórios) – estamos aqui perante verdadeiros direitos fundamentais procedimentais, cujo conteúdo principal é justamente a existência de um determinado procedimento, o qual, para além

[315] Acentuando estes aspectos, v., entre outros, A. PIETZRAK, *Die Schutzpflicht im verfassungsrechtlichen Kontext*, in *JuS*, 1994, p. 748 e ss

[316] Sobre estes problemas, v., da extensa bibliografia, GOERLICH, *Grundrechte als Verfahrensgarantien*, 1981; OSSENBÜHL, *Grundrechtsschutz im und durch Verfahrensrecht*, in *Festschrift für K. EICHENBERGER zum 60. Geb.*, 1982, p. 183 e ss; H. BETHGE, *Grundrechtsverwirklichung und Grundrechtssicherung durch Organisation und Verfahren*, in *NJW*, 1982, p. 1 e ss; E. DENNINGER, *Staatliche Hilfe zur Grundrechtsausübung durch Verfahren, Organisation und Finanzierung*, in *HdbStR*, V, 1992, § 113, p. 291 e ss. Entre nós, v. GOMES CANOTILHO, *Tópicos de um curso de mestrado sobre direitos fundamentais, procedimento, processo e organização*, sep. do *BFDC*, LXVI, 1990.

de integrar, no essencial, a dimensão subjectiva do direito, vai colocar naturalmente exigências normativas de segundo grau que estabeleçam os termos específicos desse procedimento.

Mas, para além desta categoria de direitos, há que atender a muitas outras situações em que a organização e o procedimento relevam, agora em termos exclusiva ou primordialmente objectivos, do ponto de vista dos direitos fundamentais.

Na realidade, são numerosos os direitos fundamentais consagrados na Constituição cuja concretização e cujo exercício pelos respectivos titulares depende de um procedimento e pressupõe uma organização, umas vezes pela *natureza* do direito, outras por *opção* constitucional ou legislativa, umas vezes por necessidade *de facto*, outras por imposição *jurídica*[317].

Devem considerar-se, em primeiro lugar, as hipóteses de direitos fundamentais *dependentes de um procedimento*, em que o *exercício individual* do direito só é possível, *de facto*, através de uma organização e segundo um procedimento – assim acontece, por exemplo, com o direito de sufrágio, que implica um procedimento eleitoral mais ou menos complexo e supõe uma organização administrativa adequada; ou com a liberdade de circulação automóvel, que só é possível com uma regulação do trânsito e com procedimentos de controle.

Outras vezes, embora o exercício do direito não fosse, em rigor, impossível sem procedimentos, a Constituição ou a lei entendem exigi-lo, seja para determinar se o direito existe no caso concreto, seja para permitir a resolução de problemas de colisão com outros direitos ou de conflito com valores comunitários. Esta espécie é próxima da anterior e poderia nela ser incluída, mas, a ser autonomizada, poderá ser chamada de *direitos sujeitos a um procedimento* – será o caso do direito de asilo, do direito à objecção de consciência, do direito à greve, mas também de liberdades, como a liberdade de iniciativa económica em certas áreas ou a liberdade de manifestação[318].

[317] Sobre estas situações v., por exemplo, OSSENBÜHL e DENNINGER, nas obras citadas na nota anterior, com diferentes sistematizações.

[318] Será ainda, como é óbvio, o caso dos próprios direitos fundamentais procedimentais, na medida em que deles se retirem exigências (que serão de 2º grau) quanto a aspectos do procedimento e da organização necessários à sua efectivação.

Noutras hipóteses, ainda, fala-se de *direitos fundamentais de cunho procedimental*, para designar aqueles direitos ou faculdades cujo exercício ou cumprimento impliquem a participação de outrem, em especial quando sejam direitos a prestações, que não são pensáveis sem uma organização e um procedimento, ainda que estes possam ser de dimensão e intensidade muito diversas – cabem aqui as liberdades «institucionais», como a liberdade científica e a liberdade de comunicação social, e a generalidade dos direitos sociais a prestações, como os direitos à saúde, à segurança social e à educação e cultura.

Por fim, devem salientar-se aquelas situações em que os direitos fundamentais podem ser *afectados por um procedimento*, designadamente por um procedimento administrativo ou judicial – como acontece com o direito de propriedade perante um procedimento de expropriação, com o direito ao trabalho perante um processo de despedimento ou de demissão, com o direito à inviolabilidade do domicílio e das correspondências ou com o direito à liberdade no contexto de um processo penal.

Em todas estas situações, consoante os casos, as normas relativas aos direitos fundamentais impõem que a organização e os procedimentos susceptíveis de afectarem os direitos sejam conformados no sentido de assegurar o exercício ou a efectividade desses direitos ou, pelo menos, em termos que ponderem os valores jusfundamentais em causa.

Essas imposições podem estar previstas na Constituição, em termos especificados ou com remissão para a intervenção legislativa reguladora, mas podem resultar também implicitamente dos preceitos relativos aos direitos fundamentais – deve entender-se que a efectividade é uma característica própria dos direitos fundamentais (designadamente dos direitos, liberdades e garantias, que são, no sentido que analisaremos melhor, «directamente aplicáveis») e, por isso, basta o respectivo preceito consagrador para tornar obrigatória a regulação (em regra, legislativa) da organização ou do procedimento que sejam necessários ao seu exercício[319].

O carácter vinculativo da imposição pode, portanto, variar em grau, conforme os direitos e em função de se tratar de normações necessárias, adequadas ou convenientes para a sua realização, mas, em face do carácter tipicamente indeterminado (ou até implícito) do imperativo de

[319] E nos termos adequados a esse exercício – v., por todos, DENNINGER, *ob. cit.*, p. 293.

conformação, só quanto ao *conteúdo essencial ou mínimo* se poderá excluir a liberdade constitutiva do legislador, permitindo aos tribunais um controlo intrínseco das opções legislativas.

As imposições decorrentes dos direitos fundamentais valem especialmente no que respeita aos procedimentos públicos – sobretudo administrativos e judiciais –, mas também nas relações entre privados, incumbindo então ao legislador fazer as normas indispensáveis à efectivação dos direitos, seja quando haja relações de poder, como por exemplo, no campo das relações laborais (procedimentos disciplinares, contratação colectiva), seja onde se torna necessária a cooperação (direito de associação, regulação da investigação científica ou dos meios de comunicação social).

Como se percebe, esta dimensão organizativa e procedimental está em parte associada às garantias institucionais e, no que respeita a terceiros, ao dever de protecção, constituindo, no seu conjunto, projecções normativas objectivas dos preceitos relativos aos direitos fundamentais.

3.4. A «re-subjectivização» das dimensões objectivas

A ideia de eficácia irradiante das normas constitucionais desenvolveu-se, como vimos, em registos distintos, mas sempre no sentido do alargamento das dimensões objectivas dos direitos fundamentais, isto é, da sua eficácia enquanto fins ou valores comunitários.

Contudo, se a doutrina e a jurisprudência retiram da consagração constitucional dos direitos, para além dos deveres correspectivos dos poderes públicos, garantias de realização efectiva, de promoção e de protecção em toda a vida comunitária, que se traduzem em outros tantos deveres para os poderes públicos, é natural que comece a perguntar-se se, bem vistas as coisas, os particulares titulares daqueles direitos não terão um direito subjectivo ao cumprimento desses deveres.

Assim, por exemplo, se o Estado está obrigado a reconhecer e a fiscalizar o ensino particular, pergunta-se se os pais não terão um direito a exigir uma intervenção estadual numa determinada escola, para assegurar a continuação ou a qualidade do ensino; se o direito à liberdade, à propriedade e à segurança pessoal e familiar, bem como o livre exercício de liberdades cívicas implicam a existência de uma administração policial eficiente, pergunta-se se os indivíduos não terão um direito subjectivo à intervenção da polícia quando terceiros ponham concretamente em causa os seus direitos; se o particular tem direito a aceder aos tribunais administrativos contra actuações ou comportamentos ilegais da Administração que os lesem na sua esfera jurídica, pergunta-se se os particulares não terão um direito a que o legislador regule o processo e o juiz aplique as normas legais em termos de assegurar a protecção efectiva dos seus direitos; e, se os direitos fundamentais constituem valores comunitários que constituem padrões normativos também para as relações privadas, não terão os indivíduos um direito a que os poderes públicos assegurem, ao nível legislativo, administrativo e judicial, o cumprimento desses valores, por exemplo, nas relações de trabalho, na prestação de serviços essenciais, nos contratos de adesão e, em geral, nas relações de consumo?

É certo que, na generalidade das hipóteses referidas, não está em causa como finalidade única a protecção dos direitos individuais, em função dos interesses dos particulares, mas a realização de valores comunitários, que em algumas áreas eram já assegurados pelo Estado antes mesmo da constitucionalização dos direitos ou da sua interpretação alargada às dimensões objectivas. Assim, a lei já há muito considera crimes as ofensas a bens jurídicos pessoais e garante direitos de personalidade nas relações privadas, tal como protege a liberdade e segurança das pessoas através das forças policiais ou regula os mecanismos eleitorais, o processo civil e penal e até a legalidade administrativa. A garantia da ordem pública e da segurança interna, a preservação dos bens jurídicos comunitários básicos, o bom funcionamento das instituições democráticas e dos tribunais não podem ser vistos como meras garantias dos direitos individuais, ainda que também o sejam ou que, pelo menos, constituam condições objectivas do seu exercício efectivo.

Por isso mesmo, não deve alargar-se a ideia de uma *presunção a favor da dimensão subjectiva* – que deve valer, como vimos, na medida em que represente o predomínio natural do direito subjectivo na matéria dos direitos fundamentais[320] – ao ponto de pretender subordinar à lógica dos direitos fundamentais toda a actividade pública[321].

[320] Nesse sentido, é certo que todas as normas relativas à matéria de direitos fundamentais têm uma dimensão subjectiva, pois que, independentemente da sua qualidade estrutural, têm como função a protecção de bens pessoais – cf. M. Borowski, *Grundrechte als Prinzipien*, 1998, p. 21 e passim (2. Teil).

[321] Alexy, *Die Grundrechte als subjektive Rechte...*, *cit.*, p. 49 e ss, defende a presunção de existência do direito subjectivo (o ónus da prova caberá a quem sustente o carácter exclusiva-

Aquilo que se pode designar como «o fascínio dos direitos fundamentais» transporta por vezes alguma doutrina e também alguma jurisprudência para um «jusfundamentalismo» em que as preocupações de equilíbrio próprias de uma abordagem científico-prática cedem a uma «emocionalidade jurídica»[322].

Esta tendência radicalizante encontrou alguma justificação quando estava em causa a subordinação aos direitos fundamentais do poder administrativo, que tradicionalmente era considerado, por preconceito histórico, mas também pela frequência e pela imediação de contacto com os particulares, o «inimigo público número um» das liberdades, mas é hoje estendida às relações com todos os poderes públicos, incluindo o legislador, apesar de este, para além de ter uma legitimidade democrática mais directa, desenvolver, em regra, uma actividade geral e abstracta que não toca imediatamente a esfera jurídica individual dos cidadãos.

Ora, ainda que se deva aceitar em geral a influência normativa dos direitos fundamentais sobre a legislação ordinária, é preciso ter alguma cautela perante a tentação de «ressubjectivar» os efeitos de garantia dos direitos fundamentais, concebendo faculdades do direito subjectivo correspondentes a todos os deveres públicos que afectem interesses dos cidadãos, sem dar o devido relevo aos interesses da comunidade[323].

Assim, por exemplo, só deve considerar-se a existência de um direito subjectivo dos particulares relativamente a *deveres de prestação* estadual, quando essas prestações sejam, em abstracto (perante o legislador) ou no caso concreto (perante a Administração ou o juiz), *necessárias* à rea-

mente objectivo do dever) no contexto da optimização dos direitos fundamentais, desvalorizando os argumentos contrários, dogmáticos (indivisibilidade dos interesses colectivos) e práticos (alargamento excessivo dos poderes do Tribunal Constitucional, excesso de acções constitucionais). No sentido da subjectivização, especialmente em relação à segurança, v. ROBBERS, *Sicherheit als Menschenrecht*, 1987, e D. MURSWIEK, *ob. cit.*

[322] V., nessa linha, as considerações que fizemos a propósito do dever de fundamentação, in *O dever da fundamentação expressa de actos administrativos*, 1990, p. 177 e ss (182 e ss).

[323] Neste sentido, v. K. STERN, *Idee und Elemente eines Systems der Grundrechte*, *HdBStR*, V, § 109, p. 83, e, mais impressivo ainda, BÖCKENFÖRDE, *Grundrechte als Grundsatznormen*, in *Der Staat*, 29 (1990), p. 1 e ss, e *Zur Lage der Grundrechtsdogmatik nach 40 Jahren des Grundgesetzes*, 1990, que só admite direitos subjectivos enquanto direitos de defesa do indivíduo perante o Estado.

lização do conteúdo essencial do direito fundamental de indivíduos determinados[324].

Por sua vez, só é de aceitar um *direito subjectivo à protecção estadual* (correspectivo de um dever de protecção) quando se trate de uma actuação pública que seja *indispensável* à realização ou à salvaguarda de um determinado direito subjectivo, nos seus aspectos nucleares[325], designadamente numa situação de perigo perante terceiros[326], podendo ser relevante a circunstância de haver previsão constitucional expressa de um *dever especial de protecção*[327].

Na mesma linha, só poderá haver *direito a uma certa organização* ou *a um certo procedimento* quando aquela ou este constituírem, em abstracto ou no caso concreto, *a única forma ou o único procedimento adequado* ao exercício ou à garantia de um direito fundamental[328].

De igual modo, só devem reconhecer-se *posições jurídicas subjectivas substantivas* no âmbito de uma *garantia institucional*, quando estejam em causa interesses *individualizáveis* referidos ao *núcleo essencial* da instituição, quando se trate de prestações necessárias, protecções indispensáveis ou procedimentos únicos[329].

[324] Não haverá direito subjectivo a uma regulação legislativa dos contratos de seguro ou à instalação ou manutenção de uma esquadra policial num determinado bairro.

[325] Obviamente, na proporção da sua importância para a salvaguarda da dignidade da pessoa humana. Neste sentido, v. C. STARCK, *ob. cit.*, p. 56 e ss.

[326] Por exemplo, não há um direito subjectivo à proibição de comercialização de aparelhos de escuta, ainda que tal proibição seja exigível para garantia da inviolabilidade das comunicações privadas (endereçadas).

[327] Poderá assim configurar-se um direito subjectivo à protecção legal, por exemplo, contra formas específicas de discriminação em função do sexo ou da raça (em face do artigo 26º, nº 1) ou contra a utilização abusiva de informações íntimas (em face do artigo 26º, nº 2).

[328] Por isso sustentámos (*O dever...*, *cit.*, p. 192 e ss), que o dever de fundamentação *contextual* não implica um *direito* a essa fundamentação, por ela não poder ser considerada indispensável ao exercício do direito à impugnação judicial dos actos administrativos. Pelo contrário, poderá defender-se a existência de um direito subjectivo a uma protecção efectiva (a título *principal* ou *cautelar*) para defesa de direitos, liberdades e garantias pessoais no processo administrativo, com base no nº 5 do artigo 20º, que reforça o nº 4 do artigo 268º. Referindo a existência de «deveres não relacionais» das entidades públicas, a que não correspondem direitos subjectivos, embora possam ser relevantes para a protecção desses direitos, com o exemplo da fundamentação, v. GOMES CANOTILHO, *ob. cit.*, p. 1267.

[329] Sobre este problema específico, v. H. DE WALL, *Die Einrichtungsgarantien des Grundgesetzes als Grundlagen subjektiver Rechte*, in *Der Staat*, 38, 1999, p. 377 e ss..

Em todos os casos, optamos pelas ideias da *«necessidade»* ou do *«standard mínimo»* para determinar a existência de um direito subjectivo, susceptível de tutela judicial, já que não são aceitáveis, neste contexto, nem um *«imperativo de optimização»*, nem um casuísmo decisório.

Na realidade, é indispensável considerar os limites materiais e jurídicos da actividade estadual, incluindo, além das possibilidades financeiras, a garantia da liberdade geral e a ponderação dos direitos das outras pessoas, bem como a divisão de poderes que assegure uma certa liberdade constitutiva ao legislador – sob pena de, afinal, estarmos a metamorfosear o Estado-protector num Estado totalitário ou a transformar os tribunais, em especial o Tribunal Constitucional, num «Guardião da Constituição», no mau sentido de proporcionar a consolidação de um desequilibrado «Estado Judicial».

Por fim, note-se, não se deve confundir este problema da eventual existência de uma faculdade, incluída no direito subjectivo *originário*, que tenha como objecto as imposições decorrentes da necessidade de garantir o direito fundamental (serão direitos-garantia, de nível constitucional), com outro problema que é o do eventual direito *derivado* à manutenção do grau de realização legislativa da promoção ou da protecção do direito fundamental[330] – que está, como veremos, ligado a uma ideia de proibição ou de condicionamento do retrocesso e que se basta com a força normativa de *orientação legislativa* dos preceitos constitucionais[331].

3.5. Outros efeitos normativos

Por vezes também se refere a dimensão objectiva para aludir às consequências jurídicas que são directamente imputáveis à própria norma constitucional, sem dependência da natureza do respectivo conteúdo, isto é, de ela reconhecer, ou não, posições subjectivas: são os casos de relevância jurídica do direito objectivo.

[330] Embora os problemas estejam ligados, havendo apenas uma diferença de grau, já que a concepção «ressubjectivizante» parte da ideia de que a forma de organização ou o procedimento estabelecidos na lei são a *única forma* de protecção ou de realização efectiva do direito fundamental.

[331] Seguindo a sugestão de alguma doutrina, poderemos recorrer aqui à distinção anglo-saxónica entre *hard law* e *soft law*, adaptada ao nível constitucional.

Assim se passam as coisas, por exemplo, no que se refere ao efeito de inconstitucionalidade. A ilegitimidade e a consequente invalidade de uma norma ou de um acto dos poderes públicos resultam da sua contradição com as disposições normativas ou com os princípios consagrados na Constituição, abstraindo da eventual existência e ofensa de posições subjectivas aí garantidas. O efeito de invalidação de normas ordinárias é, assim directamente referido ao preceito constitucional, ao direito objectivo, que constitui em si o padrão pelo qual se julga a constitucionalidade, sendo absolutamente irrelevante para o efeito a circunstância de se tratar de norma que confira posições jurídicas subjectivas[332].

O mesmo se diga do efeito de interpretação do direito ordinário. Também a «interpretação em conformidade com os direitos fundamentais», pelo menos quando implique a exclusão de outros resultados interpretativos (talvez não completamente quando indique apenas uma preferência de sentido), é, como em geral nas outras matérias, uma interpretação em conformidade com os preceitos constitucionais, sem mediação ou envolvimento da dimensão subjectiva individual.

4. Os deveres fundamentais

A concepção dos deveres fundamentais[333] é geralmente apresentada em conexão com a dimensão objectiva dos direitos fundamentais, por se en-

[332] Todo o sistema de controle da constitucionalidade é construído no pressuposto desse carácter «objectivo». Entre nós, isso é mais nítido pelo facto de não existir uma «acção constitucional» ou um recurso específico de «amparo» para defesa directa dos direitos fundamentais dos cidadãos. Por um lado, o controle sucessivo das normas por via abstracta só pode ser suscitado junto do Tribunal Constitucional por certas entidades (artigos 281º, nº 2 e 283º); por outro lado, o recurso individual para o Tribunal Constitucional de decisões judiciais que apliquem uma norma violadora de preceitos relativos aos direitos fundamentais visa o controle da norma aplicada e não se distingue dos restantes casos de inconstitucionalidade (artigo 280º, nº 1).

[333] É extensíssima a bibliografia relativa aos deveres fundamentais. Dela destacamos apenas: C. Schmitt, *Grundrechte und Grundpflichten*, in *Verfassungsrechtliche Aufsätze aus den Jahren 1924-1954*, 1958, p. 216; Carmelo Carbone, *I doveri pubblici individuali nella Costituzione*, 1968; A. Barbera, *La libertà tra diritti e «istituzioni»*, in *Scritti in onore di Costantino Mortati*, 1977, p. 1 e ss. (53 e ss.); R. Stober, *Grundpflichten und Grundgesetz*, 1979; E. Benda, *Grundrechte Grundpflichten*, 1981; J. Isensee, *Die verdrängten Grundpflichten des Bürgers*, in *DöV*, 1982, p. 609 e ss.; V. Götz, H. Hofmann, *Grundpflichten als verfassungsrechtliche Dimension*, in *VVDStRL*, 41 (1983); O. Luchterhandt, *Grundpflichten als Verfassungsproblem in Deutschland*, 1988; T. I. Schmidt, *Die Grundpflichten*, 1999. Entre nós, v. Gomes Canotilho / Vital

tender estarem em causa em ambos os casos a moderação, a correcção ou a superação das teses emancipatórias do liberalismo individualista, quer para defesa da democracia, promovendo a participação activa dos cidadãos na vida pública, quer a favor de um empenho solidário de todos na transformação das estruturas sociais. A concepção dos direitos fundamentais como poderes individuais contra o Estado não seria, de facto, suficiente nem adequada para exprimir juridicamente as relações entre os cidadãos e os poderes públicos: àqueles não caberiam apenas direitos nem a estes meros deveres.

Assim colocada, trata-se de uma questão antiga que volta a pôr-se nos tempos de hoje, no plano teórico da construção do Estado como no plano prático da integração social[334].

Porém, não será ao nível das generalidades que surgem diferenças de monta numa época em que o processo de socialização se pode considerar estabelecido nos factos e nas consciências.

Ninguém duvida, pelo menos, do interesse pedagógico e da importância espiritual e ética que reveste a ideia dos deveres fundamentais dos cidadãos, significando que o homem não existe isoladamente, nem a sua liberdade é absoluta e que os indivíduos são responsáveis no campo político, económico, social e cultural pela segurança, pela justiça e pelo progresso da comunidade.

Os problemas começam, porém, quando se pretende determinar o alcance jurídico concreto desses deveres fundamentais. E aqui há que distinguir entre os deveres fundamentais *autónomos* e os deveres fundamentais *associados a direitos*.

Moreira, *Fundamentos da Constituição*, 1991, p. 117 e ss e 146 e ss; Gomes Canotilho, *Direito Constitucional..., cit.*, p. 531 e ss; Jorge Miranda, *Manual..., cit.*, IV, p. 216 e ss; e, especialmente desenvolvido, J. Casalta Nabais, *O dever fundamental de pagar impostos*, 1998, Parte I.

[334] A concepção dos deveres do indivíduo perante a comunidade não é naturalmente nova. Nem é sequer exclusiva das doutrinas que encarecem a ideia de Estado e os padrões de fidelidade e solidariedade que lhe estão associados e que concebem a liberdade como disciplina (inserção numa ordem racional). Também a concepção liberal-revolucionária não esqueceu a «virtude» dos cidadãos como base da liberdade política (v. a Declaração de Direitos da Virgínia de 1776, secção XV e os apelos das constituições revolucionárias francesas), que é a virtude política que Montesquieu definia como «l'amour de la République» (*De l'Esprit des Lois*, Livro 5, cap. 2). O efeito de desintegração social é hoje patente sobretudo na forma como os grupos sociais, invocando os direitos fundamentais, que foram pensados para os indivíduos, pretendem participar e explorar o Estado sem o servir. Numa perspectiva algo diferente, v. Isensee, *ob. cit.*, p. 618.

4.1. Deveres fundamentais *autónomos* são os impostos pela Constituição independentemente de qualquer direito[335]. Assim, serão hoje deveres fundamentais os deveres de respeito pelos direitos dos outros e de obediência aos actos legítimos dos poderes públicos (cfr. artigo 21º e 27º, nº 3, alínea f), 1ª parte, da CRP), o dever de não uso da força privada (v. o artigo 21º e o artigo 45º, nº 1), o dever de pagar impostos (artigos 103º e 104º) e o dever de defesa da Pátria (artigo 276º, nº 1)[336] – deveres imediatamente decorrentes da própria ideia de Estado como comunidade política e que nao podem, por isso, deixar de ser considerados fundamentais, independentemente da sua consagração expressa com esse nome. E, como estes, outros deveres avulsos previstos na Constituição expressamente (deveres de recenseamento e de colaboração com a administração eleitoral, nos nºs 2 e 4 do artigo 113º) ou implicitamente (dever de colaboração e de comparência perante as autoridades judiciais, na alínea f) do nº 3 do artigo 27º) e, porventura, alguns deveres análogos previstos em leis (deveres de registo civil).

Não há divergências importantes na doutrina sobre estes deveres autónomos, pelo menos quanto aos previstos na Constituição[337], reconhecendo-se-lhes relevância jurídica em matéria de direitos fundamentais como autorizações ao legislador ordinário para restringir os direitos das pessoas na medida do necessário para a sua salvaguarda (artigo 18º, nº 2), ressalvado sempre, obviamente, o conteúdo essencial dos preceitos constitucionais (artigo 18º, nº 3).

4.2. Todavia, os problemas surgem já quando se tomam em consideração os deveres *associados com direitos fundamentais*. Então, o reconhecimento dos deveres já pode alterar não só a estrutura mas também o

[335] Na nossa primeira Constituição (1822), à semelhança de outras constituições liberais, estabeleciam-se expressamente deveres dos cidadãos: «Todo o português deve ser justo. Os seus principais deveres são venerar a Religião; amar a Pátria; defendê-la com as armas, quando for chamado pela lei; obedecer à Constituição e às leis; respeitar as Autoridades públicas: e contribuir para as despesas do Estado» (artigo 19º).

[336] Os deveres de prestação de serviço militar ou cívico foram desconstitucionalizados pela revisão de 1997, passando a depender de uma opção legislativa (artigo 276º, nº 2).

[337] Já quanto aos deveres previstos na lei ordinária se põe o problema de saber como podem justificar restrições legislativas em face do texto do nº 2 do artigo 18º. Sobre a questão da tipicidade e da constitucionalidade dos deveres fundamentais, v. Casalta Nabais, *ob. cit.*, p. 67 e ss.

significado dos direitos, que teriam de admitir uma mais profunda intervenção dos poderes públicos e que poderiam acabar por ser anulados ou funcionalizados, isto é, pura e simplesmente postos ao serviço de forças ou de finalidades colectivas.

A questão não aparece habitualmente no âmbito dos direitos à protecção de bens (vida, honra, integridade física, nome, etc.), dos direitos-garantia (garantias de processo penal, p. ex.) ou mesmo dos direitos a prestações (como os direitos à habitação ou à segurança social), porque não está em causa nessas hipóteses a actuação dos indivíduos, mas fundamentalmente a actuação dos poderes públicos[338].

Mas é já caracteristicamente polémica no que respeita aos direitos políticos (direitos de participação) e às liberdades (direitos de actuação privada).

Os direitos políticos, na visão de alguns, são reconhecidos aos cidadãos para a edificação e manutenção do regime democrático e o seu exercício constitui, por isso, também ou fundamentalmente um dever, o cumprimento de uma tarefa moral histórica que é comum aos membros da comunidade política. A sociedade democrática desapareceria, se estes se recusassem a exercer os seus direitos de participação política e, por essa razão, esse dever de exercício deve ser entendido como um dever jurídico que está indissoluvelmente ligado ao direito atribuído e que integra o seu conteúdo[339].

Esta concepção acentua a preponderância da dimensão política nos direitos fundamentais e leva-a ao ponto de tornar obrigatório o figurino ideal do cidadão activo e participante, a fim de combater a indiferença e a falta de empenhamento político[340].

[338] Isso não quer dizer que o problema dos deveres não possa aí ser colocado. Basta pensar, por ex., no âmbito dos direitos destinados à protecção directa de bens, naqueles casos em que o bem protegido, constituindo também um valor comunitário, possa ser considerado indisponível (será o caso do direito à vida e em geral dos direitos de personalidade). Por outro lado, ao direito à educação também se associa um dever de se educar, pelo menos quanto à educação elementar – cf. o artigo 26º, nº 1, da Declaração Universal dos Direitos do Homem. Julgamos que nestes casos se aplicam as considerações gerais que no texto se fazem sobre os deveres.

[339] Dava-se assim razão à conhecida frase de NOVALIS, segundo a qual todo o cidadão é um funcionário do Estado («Jeder Staatsbürger ist ein Staatsbeamter»). Esta é uma concepção que funcionaliza os direitos fundamentais à ideia democrática.

[340] V., p. ex., SMEND, *Bürger und Bourgeois im deutschen Staatsrecht*, in *Staatsrechtliche Abhandlungen*, 2ª ed., 1968, p. 309 e ss.; nesse sentido igualmente H. KRÜGER, *Die Verfassung als*

Parece-nos, contudo, que é de rejeitar a existência, entre nós, do dever jurídico fundamental de participação política, enquanto elemento co-essencial do conteúdo dos direitos políticos dos cidadãos. Isto, não apenas em nome do próprio princípio democrático, que, como mostra a experiência histórica, é desvirtuado pela realidade totalitária que normalmente se encobre com a «super-participação»: é que a nossa Constituição, no nº 2 do artigo 49º, estabelece paradigmaticamente que votar constitui um dever cívico, excluindo assim a «dupla natureza» do direito de sufrágio[341]. Nao significa que não haja um dever constitucional de votar, nem que a Constituição desvalorize o voto como forma de expressão política; contrariamente ao que afirmam alguns autores[342], julgamos que ao legislador ordinário fica aberta a possibilidade de tornar juridicamente obrigatório o voto, estabelecendo sanções para a abstenção injustificada[343]. Só que essa intervenção legislativa tem de ser considerada como restritiva da liberdade de voto e está por isso sujeita aos limites estabelecidos no artigo 18º, além dos limites gerais decorrentes de outros preceitos constitucionais[344]. O reconhecimento constitucional do dever cívico seria, no aspecto positivo, um afloramento do «interesse comunitário» da participação, que exclui o carácter absoluto da liberdade de votar (ou não votar) e autoriza o legislador a restringir, se

Programm der nationalen Repräsentation, in *Festschrift für E. R. Huber*, 1973, p. 95 e ss. Críticos, v. H. H. Klein, *Über Grundpflichten*, in *Der Staat*, 14 (1975), p. 160 e ss.; Bethge, *Grundpflichten als verfassungsrechtliche Dimension*, in *NJW*, 1982, p. 2147.

341 No mesmo sentido concorre o nº 2 do artigo 51º, que estabelece a liberdade de não-inscrição em partidos políticos. Parece ser isto, aliás, que G. Canotilho e V. Moreira querem significar quando afirmam que o direito de voto é um direito fundamental e não uma «função do Estado» verdadeira e própria ou uma obrigação pública (*ob. cit.*, p. 671).

342 G. Canotilho e V. Moreira, *Fundamentos da Constituição*, *cit.*, 6.2), que fazem uma interpretação *a contrario* do nº 2 do artigo 49º.

343 No sentido de considerar o dever de voto como um dever jurídico, v. Jorge Miranda, *O direito eleitoral na Constituição*, in *Estudos sobre a Constituição*, vol. II, 1978, p. 472 e *Manual...*, *cit.* IV, p. 177.

344 V. o Parecer da Comissão Constitucional nº 29/78, in *Pareceres*, vol. 7, p. 65 e ss. (relatado por Jorge Miranda), onde se considera a existência de inconstitucionalidade de um decreto da A. R. que prescrevia sanções para a abstenção eleitoral, por essas sanções (inelegibilidades) violarem os preceitos constitucionais relativos à capacidade eleitoral passiva. Entre os limites que as leis ordinárias terão de respeitar sobressai o conteúdo essencial do direito ao voto, que seria violado se, por exemplo, a «sanção» da abstenção fosse a contagem das abstenções como votos com determinado sentido ou se a abstenção fosse considerada um crime (seria desproporcionada).

for necessário para salvaguarda desse interesse comunitário, a faculdade de não exercício que está também incluída no direito fundamental de sufrágio.

Considerações semelhantes se podem fazer em relação às «liberdades» individuais, isto é, àqueles direitos que visam conceder aos indivíduos espaços de actuação livres da interferência do Estado ou de outros poderes sociais (liberdades de expressão e de informação, de imprensa, de reunião e manifestação, de deslocação, de criação cultural, de culto, de associação, etc., bem como a liberdade geral de acção contida no direito ao livre desenvolvimento da personalidade).

Deve entender-se que as liberdades não estão funcionalizadas, ou seja, não são reconhecidas aos indivíduos para a prossecução de determinados fins sociais, que forneceriam os critérios de concretização do seu conteúdo e de controle do seu bom exercício. O conteúdo das liberdades de actuação é, em princípio, determinado pelos seus titulares, presumindo-se que abrange todas as situações ou formas de exercício que não estejam constitucionalmente proibidas[345]. As liberdades de actuação incluem, por isso, também em princípio, a liberdade de não agir, que é muitas vezes tão importante como o poder de agir[346].

A inclusão do direito ou da faculdade de não-exercício no âmbito da liberdade encontra consagração expressa na nossa Constituição quanto à liberdade de associação em geral e às liberdades de associação política e sindical – v. artigos 46º, nº 3, 51º, nº 2 e 56º, nº 1, al. a), respectivamente –, talvez por serem daquelas liberdades em que a ideia de res-

[345] Por exemplo, a opção de vida do eremita ou de um membro de uma ordem contemplativa deve ser entendida como uma forma válida de «actualização» da liberdade constitucional: assim, H. H. KLEIN, *Die Grundrechte im demokratischen Staat*, 1974, p. 71. A proibição constitucional a que nos referimos é a que corresponde aos *limites imanentes*, explícitos ou implícitos, dos direitos – cf. *infra*, Capítulo VIII.

[346] DÜRIG (in MAUNZ, DÜRIG, HERZOG, *Grundgesetzkommentar*, comentário ao artigo 11, n. 39) observa que o não ter de fazer é mais importante que o poder fazer (a licitude). Contra, H. KRÜGER, *Allgemeine Staatslehre*, 1966, p. 543, é de opinião que há o dever de fazer uso dos direitos fundamentais, embora esse dever não seja susceptível de ser imposto coercivamente pelo Estado. Também contra a doutrina dominante, pondo em causa o «lado negativo» dos direitos de liberdade, v. HELLERMANN, *Die sogenannte negative Seite der Grundrechte*, 1993, que contesta genericamente a ideia «liberalista» da existência de uma esfera geral de liberdade protegida contra o Estado e, por via da protecção deste, contra os particulares (negando assim a eficácia irradiante dos direitos fundamentais).

ponsabilidade por objectivos comunitários com mais razão poderia ser invocada para limitar o poder de decisão dos indivíduos[347].

A liberdade de decisão individual – isto é, a sua não sujeição a um padrão oficial de exercício das liberdades – e o direito de *não exercício* devem assim considerar-se implícitos na hipótese normativa dos preceitos que prevêem as liberdades, de acordo com o princípio de que em matéria de direitos fundamentais a liberdade é a regra, que só cede perante razões legítimas que imponham interpretações limitadoras ou restritivas.

E essas razões podem existir: a liberdade nos direitos fundamentais não corresponde à emancipação anárquica, é autonomia moral e auto-responsabilidade na actuação social[348].

Por isso, também neste campo os indivíduos não se podem considerar desligados dos valores comunitários que preenchem o espaço normativo em que se movem e têm o dever de os respeitar.

Não se trata aqui, porém, de deveres fundamentais associados aos direitos, mas do dever geral de respeito pelas normas constitucionais, que, naturalmente, constituem limites aos direitos dos cidadãos: limites imanentes que excluem determinadas situações do âmbito de protecção constitucional (v. artigo 46º, nº 4); valores que, em situação de conflito, obrigam a uma compressão dos direitos ou autorizam o legislador a restringi-los ou limitá-los na medida do necessário (v. artigo 270º); princípios de interpretação que permitem conferir graus de intensidade de protecção distintos às diversas situações ou modos do seu exercício.

4.3. A nossa Constituição não estabelece, pois, no campo dos direitos políticos e das liberdades de actuação – onde a tendência objectivizante se manifesta normalmente com maior intensidade –, um modelo funcionalista[349]. Esta circunstância corresponde, aliás, a um especial cuidado constitucional em não incluir deveres no título relativo aos direitos, liberdades e garantias.

[347] Significativa foi, mesmo no período revolucionário do 25 de Abril, a não consagração do princípio da unicidade sindical, como prova da liberdade individual do trabalhador subordinado, apesar da consciência de que a unidade é indispensável à defesa eficaz dos seus direitos.

[348] V., sobre isto, ISENSEE, *ob. cit.*, p. 615.

[349] Nesse sentido, referindo um princípio de assimetria ou de assinalagmaticidade entre direitos e deveres fundamentais, v. G. CANOTILHO, *Direito Constitucional..., cit.*, p. 532 e s.

Contudo, isso não significa que se deva desvalorizar o conceito de deveres fundamentais na definição do estatuto da pessoa na comunidade política.

Percebe-se que o movimento pelos direitos seja unilateral, precisamente porque se trata de afirmar os valores pessoais contra o poder e as suas constantes ameaças, especialmente nas constituições da liberdade, editadas na revolta contra épocas de arbítrio e de opressão, mas, para além disso, seja qual for o regime político, mesmo depois de instaladas e enraizadas as concepções democráticas.

Mas não pode esquecer-se que, quer do ponto de vista filosófico, quer no plano jurídico, o estatuto das pessoas na sociedade política tem de incluir deveres fundamentais.

Desde logo, a imagem antropológica de uma pessoa não se compreende sem deveres – pode dizer-se até que a capacidade para ser titular de deveres, assumidos enquanto deveres morais ou de outra ordem, corresponde à *natureza humana*, sendo tal capacidade, como é, exclusiva da pessoa. Só o homem é capaz de superar impulsos instintivos ou interesses egoísticos e transcender-se na aceitação livre de um valor espiritual que o limita, pois que dever não é igual a sujeição nem pressupõe uma programação.

Depois, a vida jurídica não seria possível sem a imposição de deveres individuais, que estão intimamente associados à interdependência social. Mesmo que esses deveres não estejam formalizados, eles não correspondem todos a obrigações que o poder legislativo ou executivo imponham, nos limites da Constituição, a indivíduos que são apenas titulares de direitos.

Deve entender-se que há deveres fundamentais dos cidadãos, ainda que não escritos, que decorrem da obediência de todos os homens, pelo facto de o serem, a um conjunto de princípios axiológicos e deontológicos que regem as suas relações com os outros e com a sociedade em que necessariamente vivem[350].

Ainda assim, encontramos no texto constitucional a previsão de deveres fundamentais a propósito ou em conexão com direitos fundamentais. Por exemplo, no âmbito dos direitos, liberdades e garantias, para além do dever de exercício do sufrágio já mencionado, a Constituição

[350] V. o artigo 29º, nº 1, da DUDH: "O indivíduo tem deveres para com a comunidade, fora da qual não é possível o livre e pleno desenvolvimento da sua personalidade".

refere os deveres dos pais de manutenção e educação dos filhos (artigo 36º, nºs 3, 5 e 6); no título relativo aos direitos *e deveres* económicos, sociais e culturais, prevêem-se os deveres de defesa e promoção da saúde (artigo 64º, nº 1), de defesa do ambiente (artigo 66º, nº 1), de escolaridade básica (artigo 74º, nº 2, al. a)) e de preservação, defesa e valorização do património cultural (artigo 78º, nº1)[351].

E, se estes deveres associados a direitos eram, em alguns casos, afirmações de valores ou interesses comunitários feitas a propósito dos direitos, mas sem interferência no seu conteúdo específico[352], nos casos que hoje restam, ou alteram o conteúdo estrutural dos direitos, justificando eventualmente a autonomização de uma nova categoria de *direitos de solidariedade*[353], ou então atingem a natureza dos direitos, que têm de ser configurados como direitos-deveres ou poderes-deveres com dupla natureza[354].

[351] Note-se, contudo, que a revisão constitucional de 1997 eliminou o dever de trabalhar, que estava previsto no nº 2 do artigo 59º.

[352] Assim acontecia, por exemplo, com o dever de trabalhar, mau grado a Constituição o apresentar como inseparável do direito ao trabalho. De facto, não estávamos perante um dever conexo com um direito, no sentido de constituir o reverso dele. Tal só seria possível num sistema colectivista e de planificação centralizada. Entre nós, o conteúdo do direito ao trabalho, que é complexo e só determinável por mediação legislativa, não podia coincidir com o do dever de trabalhar. Este dever, não podendo significar a consagração da possibilidade do trabalho forçado nem a funcionalização do direito ao trabalho às necessidades comunitárias (v. p. ex., a liberdade de emigração e a liberdade de escolha da profissão), não era mais que uma afirmação programática que autorizava o legislador a (eventualmente) estabelecer obrigações concretas, se isso se revelasse necessário, para a salvaguarda de valores comunitários (a independência nacional ou o bem-estar geral, por exemplo).

[353] Assim, os direitos ao ambiente e à fruição do património cultural não se limitam ao direito à intervenção prestadora do Estado, nem sequer à exigência do respeito por um bem próprio (individual). Implicando directamente com o tipo de comportamento de todos os indivíduos e sendo exercido num quadro de reciprocidade e de solidariedade (v. a acção popular prevista no nº 3 do artigo 52º), são «direitos circulares», cujo conteúdo é definido necessariamente em função do interesse comum, pelo menos em tudo aquilo que ultrapassa a lesão directa de bens individuais. O mesmo se diga, em parte, do dever de defesa e promoção da saúde, que, além de exprimir o valor da saúde pública, pode ser considerado um elemento de um direito de solidariedade, do direito a um ambiente saudável (e sustentável). De qualquer modo, o estabelecimento do dever não afecta o conteúdo do direito individual à protecção da saúde, podendo, sim, justificar restrições da liberdade por via legislativa (proibição de fumar, obrigatoriedade de vacinação).

[354] Assim, p. ex., os deveres dos pais de manutenção e de educação dos filhos. Estamos perante um caso nítido de deveres reversos dos direitos correspondentes, ou seja, de poderes-

Os deveres fundamentais, mesmo os aparentemente associados a direitos, constituem, na generalidade dos casos, uma realidade autónoma e exterior a cada um deles, embora, na medida em que são explicitações de valores comunitários, possam fundamentar a limitação dos direitos fundamentais em geral, designadamente das liberdades. Normalmente, a consagração de deveres fundamentais significa, pois, a previsão expressa de um valor ou interesse comunitário, satisfazendo uma das exigências do nº 2 do artigo 18º para que o legislador possa restringir os direitos, liberdades e garantias[355].

Por vezes, a medida constitucional dos deveres e dos valores comunitários correspondentes justificará uma interpretação limitativa do próprio direito fundamental, interferindo assim directamente na determinação do seu conteúdo – pode falar-se então de deveres imanentes. Em nenhum caso, porém, essa interferência será total, pois nunca poderá afectar o conteúdo essencial do direito: a «intensidade» dos deveres será sempre inferior à das faculdades reconhecidas.

-deveres, direitos-deveres ou direitos-função. É, todavia, um caso especial, a partir do qual não é legítimo fazer generalizações ou retirar analogias de superfície. Os direitos dos pais de educação dos filhos não são meras liberdades em face do Estado, representam, no seu conteúdo essencial, poderes sobre os filhos. Não são nesta dimensão rigorosamente direitos dos indivíduos, mas poderes concedidos no quadro da autonomia familiar e estariam até fora da matéria de direitos fundamentais se não fosse a intensidade pessoal que caracteriza a organização da família na vida social e que é recolhida no seu reconhecimento jurídico-constitucional. Se a família é protegida por ser «elemento fundamental da sociedade» (artigo 68º), ela cabe na matéria dos direitos fundamentais porque é o prolongamento natural dos indivíduos que a formam e que se apresentam (cônjuges e filhos menores) como uma unidade pessoal. Mas, por isso mesmo, compreende-se que os direitos concedidos aos pais dentro da família sejam acoplados com deveres quando tenham a natureza de poderes de pessoas sobre outras pessoas, exercidos no interesse destas últimas e não dos seus titulares. Por sua vez, o dever de escolaridade básica é um dever de consumo reverso de um direito a uma prestação estadual. É um dever concreto que corresponde a um dos raros direitos a prestações materiais com conteúdo constitucionalmente determinado. Deve ser entendido como um direito-dever, de dupla natureza, pois que não tem como função única ou determinante a dignidade dos cidadãos, antes é, hoje, do mesmo modo essencial, além de garantia de um mínimo de igualdade de oportunidades, uma condição da preservação e do funcionamento regular de uma sociedade democrática moderna.

[355] Note-se que os limites que Jorge Miranda (*Manual..., cit.*, IV, p. 216 e ss) põe à fixação legislativa de deveres correspondem aos limites constitucionais ao poder de restrição do legislador.

Por último, deve entender-se que os preceitos que estabelecem deveres fundamentais não são directamente aplicáveis (a não ser que a Constituição determine expressamente o seu conteúdo concreto) e necessitam de previsão normativa expressa para serem fonte concreta de obrigações jurídicas[356].

[356] V., neste sentido, A. BARBERA, *ob. e loc. cits.*. Isto corresponde, obviamente, ao reconhecimento do carácter «restritivo» e, portanto, «excepcional» destes deveres. Sobre o problema, v. CASALTA NABAIS, *O dever fundamental...*, *cit.*, 1998, p. 148 e ss.

Capítulo V
Estrutura e tipos de direitos subjectivos fundamentais: os direitos, liberdades e garantias e os direitos sociais

Como vimos, toda a matéria dos direitos fundamentais visa, por definição substancial, a prossecução de valores ligados à dignidade humana dos indivíduos. A dignidade humana não representa, porém, um valor abstracto, é vista como a autonomia ética dos homens concretos, das pessoas humanas. Por isso, ao predomínio no plano axiológico e funcional de uma irredutível dimensão subjectiva há-de naturalmente corresponder, no plano jurídico-estrutural, o lugar central da posição jurídica subjectiva.

Estas posições subjectivas constituem, assim, o núcleo de cada preceito e do conjunto de preceitos conexos em matéria de direitos fundamentais: será com base nessas posições, à volta delas e a partir delas que se organiza todo o sistema constitucional de respeito, protecção e promoção – *respect, protect, fulfill* – da dignidade da pessoa humana.

Optámos no capítulo anterior pela utilização da categoria «direito subjectivo», entendida num sentido amplo, para designar o lado subjectivo dos direitos fundamentais[357]. Deixámos, porém, já entrever que

[357] Como dissemos, este caminho não representa uma evidência. Nem relativamente aos direitos de defesa, pois há quem considere aí inadequada a categoria direito subjectivo, preferindo falar de «liberdades» ou de «status»: v., por todos, RIDDER, *Die soziale Grundordnung des Grundgesetzes*, 1975, passim, e ARNDT, *Gesammelte Juristische Schriften*, 1976, p. 170. Nem,

adentro das fronteiras do direito subjectivo fundamental se revela um mundo extenso e rico de diferenças, que devem ser assinaladas e, sobretudo, organizadas numa perspectiva dogmática e prática.

Trata-se, contudo, de uma obra que não pretendemos aqui senão esboçar, até porque a complexidade deste «universo plural» só poderá ser desenredada com algum proveito a partir de um estudo aprofundado dos direitos fundamentais específicos.

Limitar-nos-emos, por isso, a apontar algumas linhas de fractura e de classificação, justamente para ilustrar a complexidade e a heterogeneidade características deste domínio, com a preocupação de salientar a diferença essencial estabelecida pela Constituição quando separa os direitos, liberdades e garantias dos restantes direitos fundamentais para efeitos de aplicação de um regime especial.

1. A complexidade estrutural

Um primeiro aspecto que cumpre realçar diz respeito à estrutura própria dos direitos fundamentais. Mesmo abstraindo do lado objectivo dos preceitos relativos a esta matéria, há que tomar em consideração o carácter complexo e multifacetado da maior parte dos direitos subjectivos fundamentais.

De facto, são frequentemente múltiplas as faculdades incluídas num direito constitucionalmente consagrado, faculdades que têm objecto e conteúdo distintos, que são oponíveis a destinatários diferentes, determinam deveres de variado tipo e que podem ter até titulares diversos.

Assim, num mesmo direito fundamental unitariamente designado podemos encontrar poderes de exigir um comportamento negativo dos poderes públicos, combinados com poderes de exigir ou de pretender prestações positivas, jurídicas ou materiais, ou com poderes de produzir efeitos jurídicos na esfera de outrem, poderes que têm muitas vezes recortes diferentes e aos quais correspondem, conforme os casos, deveres

muito menos, relativamente aos direitos a prestações, aos quais a generalidade da doutrina italiana e alemã nega a qualidade de direito subjectivo ou até de interesse legítimo. V. Guido Corso, I Diritti *Sociali nella Costituzione Italiana* e W. Schmidt, I Diritti *Fondamentali Sociali nella Repubblica Federale Tedesca*, ambos em *RTDP*, vol. 31º (1981), p. 755 e ss. e 785 e ss., respectivamente (os artigos também estão publicados em Suplemento da revista *Der Staat*, Beiheft 5, 1981, pp. 9 e ss. e 29 e ss.) – lembre-se, contudo, que utilizámos o conceito num sentido amplo.

de abstenção ou de não-intromissão, deveres de acção e de prestação, deveres de tolerar ou sujeições. Por outro lado, os sujeitos passivos dos direitos podem ser, simultaneamente mas em medida diversa, o legislador, as Administrações, o poder judicial ou, em certos casos, entidades privadas; tal como deparamos em certos direitos com faculdades ou poderes que cabem a todos os indivíduos, a par de outros que pertencem apenas aos que fazem parte de grupos específicos ou serão mesmo próprios de entidades colectivas ou comunidades.

Quando se fala de um direito subjectivo fundamental não se pode, pois, pensar «num singular poder ou pretensão jurídica unidimensional ou unidireccional»[358], antes a representação mais adequada é a de um feixe de faculdades ou poderes de tipo diferente e diverso alcance, apontados em direcções distintas.

Evidentemente, esta complexidade estrutural não é a mesma para todos os direitos e tem variações de grau desde, por exemplo, o direito à integridade física, relativamente simples, à liberdade de imprensa, porventura um dos direitos mais complexos[359]. De qualquer modo, a complexidade é uma característica geral e típica das posições jurídicas subjectivas fundamentais, que são normalmente formuladas em termos sintéticos por meio de designações genéricas. Depois, conforme as diferentes situações da vida, vão sendo concretizadas pelo legislador e pelo juiz, que retiram consequências normativas dos preceitos e explicam, deste modo, por referência reversa, a estrutura interior dos direitos[360].

Este trabalho de construção, que cabe à ciência jurídica organizar, reflecte-se, por vezes, no próprio texto constitucional, que é redigido à partida ou alterado nas revisões de forma a indicar expressamente e por extenso as diversas faculdades que constituem o direito, por vezes auto-

[358] Bernardo Xavier, *A licitude dos objectivos da greve*, separata da *RDES*, 1979 (Out./Dez.), p. 270.

[359] Daí que se designe a liberdade de imprensa como «instituição» ou como um «direito institucional», tomando em conta o lado objectivo e acentuando-o. V., por todos, E. FRIESENHAHN, *Die Pressefreiheit im Grundrechtssystem des Grundgesetzs*, in *Festgabe für O. KUNZE*, 1969, p. 21 e ss. e os pareceres apresentados por KÜBLER e MALLMAN, in *Verhandlungen des 49 DJT*, 1972, Vol. I, D1 e ss. e Vol. II, Tomo 2, N 10 e ss..

[360] V., por exemplo, entre nós, a análise feita por GOMES CANOTILHO/VITAL MOREIRA, a propósito do direito de associação e do direito de propriedade (*Constituição...*, 4ª ed., vol. I, 2007, anotações aos artigos 46º e 62º, respectivamente). Sobre o direito à greve, v. BERNARDO XAVIER, *ob. cit.*, p. 267 e ss. e MONTEIRO FERNANDES, *ESC*, vol. 2º, p. 321 e ss..

nomizando-as em termos de formar novos direitos que assim se fazem «derivar» do direito originário[361].

Particularmente expressiva é, neste contexto, a formulação constitucional da liberdade de imprensa, que foi objecto de cuidados especiais no artigo 38º: aí se pode ver que a liberdade de imprensa implica direitos de todos, direitos dos jornalistas e direitos dos empresários jornalísticos; que os direitos dos jornalistas não valem apenas perante o Estado, incluem faculdades «internas» cujos titulares passivos são a administração da empresa ou direcção da publicação (e os trabalhadores de outros sectores); que há direitos à abstenção do Estado (e de outros grupos de trabalhadores), direitos a prestações jurídicas, direitos a prestações materiais e direitos de participação[362].

Porém, o texto constitucional não expressa ou destrinça todas as potencialidades normativas dos direitos e, mesmo num direito aparentemente «simples» como o direito à integridade física, podem ver-se, para além da faculdade de exigir que o Estado se abstenha de comportamentos que provoquem ofensas corporais, a faculdade de exigir do Estado a proibição de actos de terceiros violadores do direito e a protecção efectiva e positiva (preventiva e repressiva) contra essas violações[363].

De qualquer modo, esta complexidade da estrutura subjectiva dos direitos fundamentais encontra, em regra, a sua referência unitária numa

[361] Como exemplos de faculdades explicadas constitucionalmente, vejam-se o direito de não ser torturado no direito à integridade moral e física (artigo 25º), ou as faculdades que formam a liberdade de consciência, religião e culto (artigo 41º) ou a liberdade de criação cultural (artigo 42º). Talvez se possa falar de novos direitos (especiais) no caso dos direitos-garantia que desenvolvem o direito à liberdade e à segurança (artigos 27º a 32º) e, seguramente, no caso da liberdade sindical (artigo 56º) e de criação de partidos políticos (artigo 51º) em relação à liberdade de associação (artigo 46º). Sobre a autonomia da liberdade sindical em relação à liberdade de associação, em termos de serem inconstitucionais as normas legais que imponham aos sindicatos regras de organização interna estabelecidas pelo Código Civil para a generalidade das associações, v. o Acórdão do TC nº 46/85 (DR, II S., de 25/05/85).

[362] V. Nuno e Sousa, *A liberdade de imprensa*, 1984, p. 132 e ss; J. C. Vieira de Andrade, *A problemática dos direitos da pessoa e a comunicação social na perspectiva jurídica*, in, Fundação Calouste Gulbenkian (ed.), *Os direitos da pessoa e a comunicação social*, 1995, p. 71 e ss.

[363] Considera-se somente a projecção do lado subjectivo. A relevância normativa do bem integridade física é muito mais ampla e manifesta-se, no direito privado e no direito público, como afirmação de um valor constitucional que limita a disponibilidade do próprio direito e condiciona o exercício de outros direitos fundamentais.

posição jurídica primordial do indivíduo, que constitui igualmente o núcleo caracterizador do preceito constitucional respectivo.

2. A heterogeneidade do conteúdo

Para além da complexidade estrutural, deve salientar-se que a textura normativa dos direitos não é homogénea.

Há a considerar, desde logo, relativamente a cada direito, a existência de um *conteúdo principal*, que abrange as faculdades ou garantias específicas de cada hipótese normativa, e de um *conteúdo instrumental*, que incluirá outras faculdades ou deveres, que, não constituindo o programa normativo do direito em si, decorrem directamente da necessidade da sua efectivação, visando assegurar o seu respeito, a sua protecção ou a sua promoção[364].

Por sua vez, no conteúdo principal, podem distinguir-se, na generalidade dos direitos e, em especial, nos direitos de liberdade, o *núcleo essencial* e as *camadas envolventes*, com diferença decrescente e contínua de intensidade normativa.

O «núcleo essencial» corresponde às faculdades típicas que integram o direito, tal como é definido na hipótese normativa, e que correspondem à projecção da ideia de dignidade humana individual na respectiva esfera da realidade – abrangem aquelas dimensões dos valores pessoais que a Constituição visa em primeira linha proteger e que caracterizam e justificam a existência autónoma daquele direito fundamental.

As «camadas envolventes» incluem outros valores (bens, comportamentos, garantias) que aquele direito também visa assegurar, mas que correspondem a aspectos em que, por serem menos típicos, mais relativos ou menos importantes, a protecção constitucional deve ser considerada de menor intensidade.

O domínio de protecção do direito terá um perímetro exterior, definido (delimitado) pelos seus limites intrínsecos ou imanentes, e deve ser entendido como um «espaço contínuo», que, sem quebras abruptas, tem uma intensidade normativa decrescente a partir do núcleo essencial.

[364] O conteúdo instrumental, como vimos, é em grande medida formado por deveres, designadamente estaduais, a que não correspondem necessariamente posições jurídicas subjectivas (instrumentais) do titular do direito.

Num sentido semelhante, a doutrina civilística há muito faz distinções, por exemplo, no que respeita aos bens protegidos pelos direitos de personalidade: o direito à intimidade da vida privada abrange um núcleo essencial, normalmente designado por «esfera de segredo», mas estende-se a camadas intermédias e periféricas, ditas «de confidencialidade» ou «de resguardo»[365]; o direito à honra estende-se da «honra» propriamente dita (integridade moral), ao «decoro» (costumes), ao «bom nome ou reputação» e ao «crédito»[366]. E esta concepção pode aplicar-se à generalidade dos direitos de liberdade, distinguindo, por exemplo, um *núcleo essencial* na liberdade de imprensa, constituído pelo direito a informar (no cumprimento de uma função de interesse público), e camadas *intermédias*, quando está em causa a crónica, o entretenimento e a publicidade, ou mesmo *periféricas*, quanto a publicações sensacionalistas e pornográficas; ou a direitos-garantia, distinguindo, também por exemplo, no direito de acesso aos tribunais, entre o direito de acesso primário e o direito de recurso das decisões jurisdicionais.

Note-se ainda que, nalguns casos, a Constituição remete para a lei ordinária, expressa ou implicitamente, a determinação do conteúdo de um direito[367], de modo que, nessas hipóteses, o conteúdo constitucional se autolimita em face da liberdade constitutiva do legislador e o núcleo essencial se configura como um «conteúdo mínimo» do direito, como acontece em certas liberdades económicas (o direito de propriedade e a liberdade de iniciativa económica) e sobretudo nos direitos económicos, sociais e culturais[368].

3. A variedade de tipos e de classificações

Os direitos fundamentais, como a sua complexidade e heterogeneidade e a abertura do sistema que formam já anunciam, são susceptíveis de

[365] V. o artigo 80º, nº 2, do Código Civil, que determina, a propósito da intimidade da vida privada de outrem, que «a extensão da reserva é definida conforme a natureza do caso e a condição das pessoas». Sobre o problema, v. Paulo Mota Pinto, *O direito à reserva da intimidade da vida privada*, *BFDUC*, LXIX, 1993, p. 479 e ss.

[366] V. Orlando de Carvalho, *Teoria Geral da Relação Jurídica*, policop., 1970, p. 63 e ss; Rabindranath Capelo de Sousa, *O direito geral de personalidade*, 1995, p. 301 e ss e 316 e ss.

[367] Sobre a diversidade das normas constitucionais relativas aos direitos fundamentais, em função dos tipos de vinculação do legislador, v. *infra*, Capítulo VI.

[368] Por sua vez, nas garantias institucionais, o núcleo protegido como conteúdo essencial é constituído pelos traços característicos da instituição.

classificação segundo múltiplos critérios[369], quanto à titularidade e aos sujeitos, quanto ao conteúdo ou ao objecto, quanto à estrutura, quanto ao modo de protecção, quanto à força jurídica e, em geral, quanto ao regime.

Não vamos, porém, ocupar-nos aqui de todas estas classificações[370], indicaremos apenas uma ou outra que possa ter algum relevo para a compreensão teórica dos direitos fundamentais e concentrar-nos-emos, depois, na distinção que é essencial para efeitos de regime.

3.1. Tendo em conta a evolução histórica dos direitos fundamentais, poderíamos tentar distingui-los conforme a sua matriz *liberal* (direitos de liberdade), *democrática* (direitos políticos) ou *social* (direitos sociais). Porém, um tal critério não é, por si, suficientemente rigoroso para servir de base a uma construção dogmática, apesar do interesse (político, histórico, filosófico e até antropológico), subjacente a muitas classificações e, de certo modo, à sistemática do articulado constitucional[371].

Algum interesse poderá ter já a distinção, próxima desta, entre *direitos de defesa, direitos de participação* e *direitos a prestações,* em que os direitos são separados conforme o conteúdo, ou, mais exactamente, o modo de protecção[372].

Os direitos de defesa ou direitos de impedir caracterizar-se-iam por implicarem, da parte do Estado, um dever de abstenção: abstenção de agir e, por isso, dever de não-interferência ou de não-intromissão, no que toca às liberdades propriamente ditas, em que se resguarda um espaço de autodeterminação individual; abstenção de prejudicar e, então, dever de respeito, relativamente aos bens, designadamente pessoais

[369] As classificações doutrinárias são, à partida, de algum modo arbitrárias (lembre-se a célebre classificação de animais de Jorge Luís Borges), mas (só) valem na medida em que são úteis para a compreensão da realidade, no nosso caso, da realidade normativa dos direitos fundamentais.

[370] V., sobre algumas delas, CASTRO MENDES, *Direitos, liberdades e garantias,* in *ESC,* vol. 1º, p. 102 e ss; JORGE MIRANDA, *Manual de Direito Constitucional,* IV, cit., p. 115 e ss.

[371] É, no essencial, a distinção adoptada pelos tratados internacionais sobre a matéria e que influenciou a nossa repartição constitucional originária dos direitos pelos dois títulos.

[372] Esta distinção inspira-se na célebre tríade de JELLINEK, que referia os direitos do «status negativus», do «status activae civitatis» (ou «status activus») e do «status civitatis» (ou «status positivus»). Contudo, o âmbito concreto de cada uma das categorias varia conforme os Autores e não coincide, por isso, necessariamente com o proposto por aquele Autor alemão.

(vida, honra, bom nome, intimidade), que são atributos da dignidade humana individual.

Os *direitos a prestações*, ao contrário, imporiam ao Estado *o dever de agir*, quer seja para protecção dos bens jurídicos protegidos pelos direitos fundamentais contra a actividade (excepcionalmente, a omissão) de terceiros, quer seja para promover ou garantir as condições materiais ou jurídicas de gozo efectivo desses bens jurídicos fundamentais. Em qualquer dos casos, o direito pode ser a prestações materiais (intervenção policial ou prestação de ensino ou de cuidados médicos) ou jurídicas (emissão de normas penais incriminadoras ou regulamentação das relações de trabalho, do arrendamento para habitação ou do ensino doméstico).

Os *direitos de participação* seriam, nesta perspectiva, *mistos* de direitos de defesa e de direitos a prestações, mas que são autonomizados em virtude da sua função de garantia da participação individual na vida política, mais concretamente, na formação da vontade política da comunidade[373], embora também se refiram por vezes nesta categoria os direitos a prestações relativamente a serviços ou bens já organizados (partilha: *Teilhabe*), num quadro de igualdade de tratamento.

3.2. Esta classificação começa por não ser muito rigorosa, por misturar dois critérios – o do tipo de dever estadual e o do fim, quanto aos direitos de participação política.

Além disso, acontece que, ao contrário do que por vezes apressadamente se conclui, os direitos de *defesa* não se traduzem apenas em faculdades de impedir, implicam também, em caso de violação, o direito e o dever de *suspensão* das eventuais intromissões ilegítimas, bem como o

[373] Como dissemos atrás, o âmbito concreto desta categoria varia conforme os Autores: se para G. Jellinek (*System der subjektiven öffentlichen Rechte*, 2ª ed., 1905, p. 139 e ss.) incluía, por exemplo, os direitos dos deputados e do presidente (monarca), que, tal como o direito de voto, seriam direitos de indivíduos ao actuarem como órgãos do Estado, já a partir de C. Schmitt passam a ser vistos como direitos democráticos do cidadão (cfr. *Verfassungslehre*, 1928, p. 168 e ss.). É variável o conteúdo desta categoria: para alguns Autores engloba o direito de petição e liberdades como, por exemplo, a de manifestação e reunião. Sobre a evolução, v. Schwabe, *Probleme der Grundrechtsdogmatik*, 1977, p. 278 e ss..

direito e o *dever de reposição* da situação anterior ou de *eliminação* das consequências já verificadas de tais intromissões ou ofensas[374].

Acresce que a maioria (senão a totalidade) dos direitos de liberdade (direitos pessoais e civis ou cívicos) inclui, como vimos, no entendimento actual, outras faculdades de exigir ou pretender acções positivas, seja para sua protecção contra terceiros, seja para promoção das condições do seu gozo efectivo[375].

Numa perspectiva dogmática, poderá perguntar-se ainda se será correcto restringir os direitos a prestações a direitos a acções positivas, pois que a obrigação de prestação tanto pode ser de facto positivo (de *facere* ou de *dare*) como de facto negativo (*non facere*) e até de suportação (*pati*).

Nesse sentido, poderia sustentar-se que a generalidade dos direitos fundamentais seriam direitos a prestações (de conteúdo obrigacional), a que corresponderiam, do lado passivo, obrigações.

Julgamos, porém, que essa seria uma generalização contraproducente do ponto de vista da compreensão do sistema de direitos fundamentais.

São obviamente direitos fundamentais a prestações os direitos a prestações positivas, sobretudo de *facere*[376], quer se trate de condutas

[374] LAUBINGER, *Der öffentlicherrechtliche Unterlassungsanspruch*, in *VwArch*, 1989, p. 261 e ss. Assim, por exemplo, quando se trate de actos administrativos, o particular tem direito à anulação ou declaração de nulidade do acto, bem como à reconstituição da situação hipotética actual (ou a uma indemnização, caso isso seja impossível ou incomportável para o interesse público) ou, em outros casos, à condenação à prática do acto devido.

[375] Assim, tal como o direito de voto, enquanto direito de participação, inclui o direito de exigir do Estado que se abstenha de interferir no exercício do voto e ainda direitos a prestações de protecção (contra violações por parte de terceiros) ou de promoção (por exemplo, inscrição nas listas, fornecimento de boletins de voto, organização das mesas, contagem dos votos), também a liberdade de manifestação, por exemplo, implica para o Estado, além do dever de não interferência, o dever de proteger os manifestantes de contra-manifestações e o de facultar o uso da via pública para a sua realização; e, em relação àqueles direitos que não necessitam de condições jurídicas ou materiais importantes para a sua realização, como a liberdade de consciência, o direito de não ser preso, o direito à intimidade, poderá defender-se que incluem pelo menos a faculdade de pretender a protecção do respectivo bem jurídico contra terceiros violadores.

[376] Poderá haver direitos que envolvam a prestação de coisas ou prestações pecuniárias, como o direito ao subsídio de desemprego (artigo 59º, nº 1, alínea e)) e os direitos à segurança social (artigo 63º, nº 3), mas quando muito como obrigações genéricas, que implicam a mediação do legislador ordinário, já que a este cabe concretizar o conteúdo das prestações.

materiais ou jurídicas, primárias ou decorrentes da necessidade de promoção, prevenção ou remédio da violação de outros direitos – é o que se passa com a generalidade dos direitos sociais, mas também com dimensões secundárias de outros direitos (as dimensões reactivas e de prevenção das violações nos direitos à abstenção, bem como, em geral, as faculdades de exigir a promoção de direitos).

Por sua vez, os direitos de defesa, na sua dimensão primária, poderiam ser configurados como direitos a prestações negativas, sobretudo se entendidos como direitos que valem apenas nas relações entre os indivíduos e o Estado, que seria então o titular identificado desse dever de não intromissão. Contudo, grande parte destes direitos – como acontece com as liberdades e muitos dos direitos pessoais – devem ser vistos como *direitos intransitivos* ou *direitos absolutos*, aos quais corresponde, do lado passivo, um dever geral de respeito e de abstenção, que não caberá, então, apenas ao Estado. De resto, mesmo na sua relação com os poderes públicos, estes direitos visam conferir ao seu titular a disponibilidade ou o domínio (por isso, também poderiam ser designados por «direitos dominiais») sobre determinados bens (imateriais) ou sobre um espaço de autonomia de comportamento, em termos de excluir intromissões alheias, o que lhes confere uma dimensão específica que justifica a autonomização em face dos direitos a prestações[377].

Por fim, deve considerar-se a existência de *direitos fundamentais potestativos* («poderes jurídicos», «direitos constitutivos», «direitos de conformação» ou «competências»), que correspondem ao poder de o particular produzir unilateralmente e inelutavelmente efeitos jurídicos que se impõem a todos ou, pelo menos, ao Estado. Tendo em conta a soberania estadual e o respectivo monopólio do poder, poderá configurar-se o lado passivo como um «estado de sujeição», e não como um dever de suportação (obrigacional), mesmo naqueles casos em que o exercício do poder altere a ordem jurídica sem implicar formalmente uma alteração da esfera jurídica do destinatário. Será o caso do direito de acesso à justiça, em particular o direito de acesso à justiça administrativa contra a Administração, bem como dos direitos de participação política (direito

[377] Sobre os problemas relativos à construção civilística dos direitos de personalidade como direitos subjectivos, v. ANTUNES VARELA, *Noções fundamentais de direito civil*, 3ª ed., 1954, p. 185 e ss, e, a propósito do direito geral de personalidade, RABINDRANATH CAPELO DE SOUSA, *ob. cit.*, esp. p. 605 e ss.

de voto, direito de acesso a cargos públicos ou direito de renúncia a esses cargos) e até de alguns aspectos das liberdades (direito de contrair casamento ou direito de constituir associações)[378].

É com este sentido e com estas prevenções que mantemos na exposição subsequente a tradicional classificação tripartida – *direitos de defesa* (como direitos primariamente dirigidos a uma abstenção), *direitos a prestações* (como direitos a prestações de facto positivo) e *direitos de participação* (como paradigma dos direitos-poderes)[379] – a qual permite, apesar de tudo, descrever e distinguir o conteúdo nuclear típico dos diversos direitos.

4. Direitos, liberdades e garantias e direitos económicos, sociais e culturais

A clivagem principal dentro dos direitos fundamentais é, no entanto, indubitavelmente, no nosso direito constitucional, a que distingue os «direitos, liberdades e garantias» dos «direitos económicos, sociais e culturais», que designaremos, abreviadamente, por «direitos sociais».

Esta distinção é relevante, não tanto pela circunstância de a Constituição sistematizar assim os títulos que dedica à matéria, mas sobretudo por definir um *regime geral específico* para os direitos, liberdades e garantias. Acresce que as características próprias do regime indiciam e pressupõem um recorte *substancial* da categoria a que se aplicam, ainda que não corresponda à sistematização adoptada.

4.1. Embora a Constituição baptize os direitos incluídos no título II da I Parte como «direitos, liberdades e garantias», não basta esse elemento formal e sistemático para resolver a questão do âmbito desta categoria. Isso mesmo resulta do artigo 17º, que estabelece a aplicabilidade do regime aos direitos enunciados no título II e aos direitos fundamentais de *natureza análoga*. Não podemos, pois, fugir ao problema de descobrir que «natureza» é essa, ou seja, desde logo, qual o critério

[378] Cf. Gomes Canotilho, *Direito Constitucional..., cit.*, 2003, p. 1257.

[379] Entre várias alternativas é de salientar a de Alexy, que propõe uma classificação que distingue entre «liberdades», «direitos a algo» (negativo ou positivo) e «competências» – cf. *Theorie der Grundrechte, cit.*, p. 215. Sobre esta classificação, a partir da concepção de Hohfeld de posições jurídico-subjectivas, v. Vitalino Canas, *Relação Jurídico-pública*, in *DJAP*, vol. VII, p. 207 e ss (214 e ss).

material que nos permite descobrir fora do título II (no título III, noutras partes da Constituição ou eventualmente, como decorre do nº 1 do artigo 16º, em leis ordinárias ou normas de direito internacional) direitos a que se aplique o regime dos direitos, liberdades e garantias por terem uma determinada natureza.

Importa, para isso, analisar a arrumação constitucional dos direitos e, designadamente, que direitos ou tipos de direitos estão incluídos no referido título II. Esta análise, que antes da revisão constitucional de 1982 não conduziria talvez a grandes resultados[380], poderá trazer-nos agora algumas pistas de solução[381].

Não que a sistematização actual, mesmo após várias revisões constitucionais, seja rigorosa e permita uma distinção clara e fundada entre os dois tipos de direitos: realmente, não se percebe por que razão a liberdade de iniciativa privada e o direito de propriedade não se encontram no título dos direitos, liberdades e garantias, ao lado das outras liberdades e direitos pessoais; tal como não se enxerga por que motivo o direito à segurança no emprego está entre os direitos, liberdades e garantias dos trabalhadores e o direito ao horário de trabalho ou ao descanso semanal está incluído nos direitos económicos. Porém, talvez esse rigor fosse exigência demasiada ao texto constitucional.

Apesar de tudo, pode concluir-se da análise do título II que aí estão incluídos quase todos os direitos herdados da tradição liberal e depois desenvolvidos (direitos pessoais e cívicos, liberdades, direitos-garantia), os principais direitos de participação política e ainda as liberdades dos trabalhadores, ficando de fora a generalidade dos direitos a prestações estaduais positivas[382].

[380] Sobre o problema, v. Jorge Miranda, *A Constituição de 1976*, 1978, p. 334 e ss.. O critério mais preciso seria o de Castro Mendes, *ob. cit.*, distinguindo entre direitos gerais e especiais. Este critério não serviria, contudo, como critério de regime, nem pretendia sê-lo, tendo em conta a extensão do regime feita no artigo 17º.

[381] A Lei Constitucional nº 1/82 teve a preocupação de assumir e melhorar a sistematização da matéria e introduziu de facto uma maior homogeneidade nos catálogos de cada um dos títulos, designadamente ao transferir para o conjunto dos direitos, liberdades e garantias certos direitos (liberdades) dos trabalhadores.

[382] Referimo-nos, obviamente, aos direitos cujo *conteúdo único ou principal* consiste em prestações estaduais, pois que, como vimos, praticamente todos os direitos contêm faculdades que implicam prestações.

Esta indicação geral pode ser comprovada, por exemplo, ao comparar, respectivamente, o artigo 43º com os artigos 74º a 77º e o artigo 36º com o artigo 67º. A liberdade de aprender e ensinar e o direito a criar escolas privadas, enquanto direitos de defesa, estão entre os direitos, liberdades e garantias, ao passo que o direito ao ensino, como direito a prestação de um serviço estadual está no título III. Por sua vez, a autonomia da família em face do Estado está consagrada no título II, enquanto os direitos da família ao auxílio estadual estão elencados entre os direitos sociais.

Pareceria, portanto, poder concluir-se que estão sujeitos ao regime dos direitos, liberdades e garantias todos os direitos que não consistam em direitos a prestações estaduais positivas[383].

Uma tal conclusão encontraria até um fundamento: tratar-se-ia de conferir especial protecção ao núcleo de direitos tido por «mais valioso, mais homogéneo ou no momento mais avançado»: e esse núcleo seria precisamente aquele que de mais perto toca a dignidade da pessoa humana enquanto ser livre e autónomo (como pessoa, como cidadão e como trabalhador)[384].

Esta ideia é tendencialmente correcta e salienta aspectos relevantes para a compreensão da diferença de regime entre direitos, liberdades e garantias e direitos económicos, sociais e culturais.

Por um lado, os direitos, liberdades e garantias caracterizam-se por terem uma *função primária de defesa* da autonomia pessoal[385]: ainda que, como vimos, a própria função de defesa e sobretudo a necessária protecção e a adequada promoção dos direitos impliquem prestações estaduais positivas, estas constituem dimensões instrumentais, ao passo que nos direitos económicos sociais e culturais constituem o respectivo conteúdo principal.

Por outro lado, as prestações positivas, ao contrário das abstenções típicas dos direitos, liberdades e garantias, têm um *custo social*, quer consistam em prestações materiais, em face da *escassez* de recursos económicos, quer consistam em prestações jurídicas, em face dos *limites* do poder estadual nas sociedades democráticas (livres e pluralistas).

[383] Essa era também a conclusão de G. Canotilho e V. Moreira, na *Constituição da República Portuguesa, Anotada*, 1ª ed., p. 61, em face da redacção originária do artigo 17º.

[384] Nesse sentido, Jorge Miranda, *ob. cit.*, especialmente p. 336, 345 e 348.

[385] Salienta este aspecto Gomes Canotilho, *Direito Constitucional...*, *cit.*, p. 407 e s.

4.2. Se, em geral, se pode concordar com a conclusão exposta, resta contudo averiguar se estamos perante um critério suficiente para sustentar a distinção de regime.

É que, como vimos, direitos a prestações não são apenas aqueles que consistem exclusivamente em prestações de auxílio social, pois também os direitos de liberdade e os de participação política contêm faculdades, embora normalmente não autonomizadas, de exigir ou pretender prestações estaduais de protecção ou de promoção.

Sendo assim, não se pode formular o critério nos termos descritos, sob pena de se negar, sem razão, a aplicabilidade do regime dos direitos, liberdades e garantias a algumas faculdades (direitos) como, por exemplo, a de exigir a protecção policial contra terceiros violadores de bens jurídicos fundamentais ou a de exigir a inscrição nos cadernos eleitorais de um cidadão, restringindo desse modo arbitrariamente a protecção constitucional dos direitos respectivos.

Claro que se poderia concluir[386] que ficam excluídos do regime dos direitos, liberdades e garantias apenas os direitos que consistam *exclusivamente* em prestações estaduais, isto é, os direitos autonomizados como direitos a prestações. Mas, essa conclusão, além de parecer implicar que o regime dos direitos, liberdades e garantias se aplique a *todas* as faculdades relativas a prestações estaduais ligadas a direitos de liberdade ou de participação política, o que seria excessivo[387], só tem sentido se houver um fundamento para que os direitos exclusivos a prestações estaduais tenham um tratamento especial – por exemplo, a presunção de que tais direitos são «fundamentalmente constituídos a nível político-legislativo». Ora, a ser assim, deve ser esse *fundamento* a constituir o *critério material* de distinção de regimes.

De facto, a nosso ver, o recorte do âmbito de aplicação do regime de direitos, liberdades e garantias deve justamente ter em conta os *elementos característicos* desse regime, na medida em que revelam a sua razão de ser. E, nesta perspectiva, são particularmente significativas as disposições que, no artigo 18º, estabelecem a aplicabilidade directa dos direi-

[386] Como faz Gomes Canotilho, *ibidem*.

[387] Não parece que devam estar sujeitas a esse regime faculdades ou garantias como, por exemplo, as de pretender o sancionamento penal da violação de bens jurídicos fundamentais (com excepção de alguns deles, como a vida), ou a cedência de instalações públicas para reuniões, ou a concessão de apoios à imprensa.

tos liberdades e garantias e impõem, como limite material ao poder de restrição do legislador ordinário, o conteúdo essencial dos direitos: estas disposições pressupõem que o conteúdo dos direitos respectivos é determinado pelos próprios preceitos constitucionais.

Daqui – e de outros elementos, como veremos – se pode partir para a afirmação de que, ao estabelecer dois regimes diferentes para os direitos fundamentais, a Constituição pressupõe dois tipos de direitos: aqueles cujo *conteúdo principal é essencialmente determinado ou determinável ao nível das opções constitucionais* e aqueles outros cujo conteúdo *principal* terá de ser, em maior ou menor medida, *determinado por opções do legislador ordinário*, ao qual a Constituição confere poderes de concretização. Isto é, que o regime dos direitos, liberdades e garantias se aplica aos direitos susceptíveis de concretização ao nível constitucional, mas já não àqueles que, para além de um núcleo essencial mínimo, só se tornam «líquidos e certos» no plano da legislação ordinária[388].

4.3. Antes de mais, importa dizer que a referência à determinação ou indeterminação constitucional não deve ser confundida com a distinção entre normas «compactas» e «difusas», isto é, com uma contraposição entre preceitos com maior ou menor intensidade de expressão normativa. Os preceitos relativos aos direitos, liberdades e garantias não recorrem menos que os outros a conceitos indeterminados, cláusulas gerais ou expressões de carácter abstracto. A determinação de que falamos é ao nível da constituição *interpretada* nas «penumbras» pelos seus aplicadores e definida em última instância pelos juízes – isto é, reconduz-se a uma *determinabilidade*, que não exclui uma certa *criação* jurisprudencial[389].

Por outro lado, a determinação ou indeterminação não são absolutas e referem-se ao conteúdo principal do preceito. Também os preceitos relativos aos direitos sociais têm um núcleo mínimo de conteúdo determinável por interpretação em referência à Constituição, sem o qual

[388] Poderíamos aplicar aqui a distinção entre «abertura semântica» e «abertura estrutural» das normas, desenvolvida pelas teorias hermenêuticas a propósito da discricionaridade administrativa, mas com sugestões no campo dos direitos fundamentais – cf. ALEXY, *Theorie der Grundrechte*, *cit.*, p. 58.

[389] MANUEL AFONSO VAZ, *Lei e reserva da lei*, 1992, p. 365 e ss, prefere falar de «determinidade», enquanto «critério de reserva material da Constituição», distinguindo através desse conceito os direitos, liberdades e garantias dos «direitos sociais».

dificilmente poderiam, aliás, ser considerados como posições jurídicas subjectivas fundamentais.

Do que se trata é, então, de surpreender uma diversidade de convicção (determinação) na intenção normativa dos direitos fundamentais: em relação a alguns deles, deve entender-se que as normas constitucionais (incluindo os princípios jurídicos fundamentais) são capazes de fornecer *todos* os elementos e critérios necessários e suficientes para a sua aplicação, ou seja, os direitos são integralmente determinados por opções ao nível constitucional; em relação a outros, há espaço para uma intervenção *autónoma* do legislador ordinário, a quem cabe *determinar* o seu conteúdo, para além do núcleo mínimo que o caracteriza, concretizando os preceitos respectivos e desenvolvendo assim a intenção normativa em termos de produzir direitos certos e determinados.

Poderá, deste modo, avançar-se mais um pouco e afirmar-se que a linha de separação introduzida por este critério leva a incluir no âmbito de aplicação do regime dos direitos, liberdades e garantias, além dos direitos a abstenções, imediatamente aplicáveis, os *direitos (faculdades) a prestações* que tenham por objecto um comportamento estadual que possa dizer-se de *execução vinculada* da Constituição; pelo contrário, não abrange os direitos a prestações materiais ou jurídicas a que corresponda um espaço de escolha, um certo grau de *liberdade de conformação do legislador*, enquanto poder estadual autónomo[390].

A determinação ou determinabilidade ao nível constitucional não significa, no entanto, que haja uma suficiência incondicional dos preceitos constitucionais relativos aos direitos, liberdades e garantias. Ao invés, a intervenção legislativa é *indispensável*, como veremos melhor, para a acomodação, protecção e promoção dos direitos e pode sê-lo, em grau maior ou menor, para assegurar procedimentalmente o seu exercício ou até para concretizar certos aspectos do respectivo conteúdo.

A determinação ou determinabilidade significam apenas uma *densidade essencial autónoma ao nível constitucional*, que exclui a liberdade de

[390] Isto é, insusceptível de reexame jurisdicional. Quando se fala de «liberdade constitutiva» do legislador, não se pensa em zonas livres do Direito, em esferas de puro arbítrio. Todos os órgãos do Estado estão sujeitos, nos termos do nº 3 do artigo 3º, aos princípios e normas constitucionais. O problema é, pois, o dos termos e da medida dessa vinculação e dele nos ocuparemos mais tarde.

conformação política pelo legislador do conteúdo *principal* dos direitos, liberdades e garantias[391].

Note-se, porém, que o alcance desta diferença de determinação não respeita exclusivamente à relação entre o legislador e a Constituição. A consagração do controle judicial da constitucionalidade das leis veio colocar o problema da interpretação *jurídica* da Constituição e obriga a ter em conta o órgão jurisdicional de fiscalização.

Assim, se os preceitos em matéria de direitos, liberdades e garantias e direitos análogos devem ser concretizados ao nível da Constituição, em última análise por intermédio de uma interpretação criadora, os tribunais devem dispor da liberdade necessária à determinação do conteúdo desses direitos, desde que consigam referir material e racionalmente à Constituição os conteúdos «descobertos», tendo nessa medida legitimidade para efectuar um controlo intrínseco da actividade legislativa na matéria[392].

Já não terá de ser assim quanto aos preceitos relativos aos outros direitos fundamentais, para os quais justamente a Constituição não prescreve em geral o regime da aplicabilidade imediata. Neste domínio, onde se insere a generalidade dos direitos a prestações, será, ao invés, de presumir, salvo indicação normativa em contrário, que há uma «delegação» constitucional no legislador da competência para definir ou concretizar o conteúdo dos direitos; seria, pois, ilegítima a conformação desse conteúdo pelos tribunais e o consequente reexame das decisões legislativas, por atentar contra a filosofia constitucional de repartição dos poderes.

[391] Não nos parece, por isso, que o nosso critério depare com dificuldades quanto aos direitos, liberdades e garantias procedimentalmente dependentes, como continua a sustentar Gomes Canotilho, *ob. cit.*, p. 407, que salienta ser a determinabilidade constitucional do conteúdo uma das dimensões materiais dos direitos, liberdades e garantias e não um critério único e exclusivo de caracterização.

[392] Note-se que os preceitos aqui incluídos são os que mais directamente se ligam ao princípio da dignidade da pessoa humana, como indivíduo, cidadão ou trabalhador: por isso, a Constituição estabelece quanto a eles, uma espécie de «presunção de consenso», habilitando os tribunais a exprimi-lo em nome da comunidade.

4.4. Esta conclusão é normalmente ilustrada a propósito dos direitos a prestações que envolvem recursos materiais, que são considerados os «direitos sociais» por excelência[393].

Na realidade, certos direitos, como, p. ex., os direitos à habitação, saúde, segurança social, educação, cultura, etc., dependem, na sua actualização, de determinadas condições de facto. Para que o Estado possa satisfazer as prestações a que os cidadãos têm direito, é preciso que existam recursos materiais suficientes e é preciso ainda que o Estado possa juridicamente dispor desses recursos[394].

Ora, a *escassez* dos recursos à disposição (material e também jurídica) do Estado para satisfazer as necessidades económicas, sociais e culturais de todos os cidadãos é um *dado* da experiência nas sociedades livres, pelo que não está em causa a mera repartição desses recursos segundo um princípio de igualdade, mas sim uma verdadeira *opção* quanto à respectiva afectação material[395]. Por outro lado, essa opção revela-se extremamente articulada e complexa, já que a escassez dos recursos disponíveis está intimamente ligada às variações no desenvolvimento económico e social e às interdependências na dinâmica das relações e dos fenómenos colectivos, tornando, por isso, a escolha dependente de um sistema global em que pesam todas as coordenadas que condicionam esse desenvolvimento e esta dinâmica[396].

Poderá entender-se que a Constituição contém a resposta para essas opções? Que dela se podem retirar concretamente os critérios defini-

[393] Sobre a problemática dos direitos sociais, v. INGO WOLFGANG SARLET, *Die Problematik der sozialen Grundrechte in der brasilianischen Verfassung und im deutschen Grundgesetz*, 1997; JULIA ILIOPOULOS-STRANGAS, (ed.), *La protection des droits sociaux fondamentaux dans les Etats membres de l'Union européenne*, 2000.

[394] Por exemplo, o Estado não pode dispor dos empregos no sector privado de uma economia de mercado. Cfr. BRUNNER, *Die problematik dr sozialen Grundrechte*, 1971, p. 14; C. STARCK, *Die Grundrechte des Grundgesetzes*, in *JuS*, 1981, p. 241 e ss..

[395] É certo que a realização dos direitos, liberdades e garantias nas relações sociais também implica a afectação de recursos avultados (polícia, tribunais, aparelho político), mas essas actividades representam as tarefas básicas da comunidade política, que, ao garantirem a segurança, a liberdade e o pluralismo democrático, condicionam substancialmente todas as outras e constituem, por definição, monopólio necessário do aparelho estadual.

[396] Cfr. BRUNNER, *ob. cit.*, p. 17.

dores das políticas públicas ("policies"), designadamente das políticas de prestação de bens e serviços pelo Estado[397]?

Parece que não, e seguramente que não numa sociedade que constitua uma democracia pluralista. É assim que se entende em geral que os direitos a prestações materiais do Estado correspondem a «fins políticos de realização gradual»[398] ou que são direitos «sob reserva do possível»[399]. A Constituição não pode dizer qual o *conteúdo* exacto da prestação, como há-de processar-se a respectiva atribuição e sob que condições ou pressupostos[400].

As opções que permitirão determinar o conteúdo dos direitos dos cidadãos a prestações positivas do Estado têm de caber, portanto, a um poder constituído[401]. Não certamente ao juiz, na sua função aplicadora, sob a cobertura de uma interpretação, mas sim aos órgãos (democraticamente eleitos e politicamente responsáveis) competentes para a definição das linhas gerais das políticas económicas, sociais e culturais ou para a sua «implementação». Isto é, em primeira linha, ao legislador, parla-

[397] Poderá dizer-se, com base na Constituição, em que termos o Estado está obrigado a garantir emprego aos cidadãos? a estabelecer um nível de salário mínimo? a assegurar uma habitação condigna às pessoas? a abrir hospitais e escolas? a dar bolsas de estudo aos estudantes? a dar subsídios de papel à imprensa? a financiar filmes ou peças de teatro?

[398] Cf. o Pacto Internacional sobre direitos económicos, sociais e culturais das Nações Unidas (1966), especialmente o artigo 2º, e os termos em que está redigida a Carta Social Europeia (1961).

[399] Pelo menos, quando esteja em causa algo mais que o mínimo essencial – v., sobre isso, *BVerfGE*, 33, p. 303 e ss., in *JZ*, 1972, p. 686 e ss.. H. H. RUPP afirma mesmo, de forma drástica, que «onde não há nada, não se pode ir buscar nada» – v. *JZ*, 1971, p. 402.

[400] O mesmo não acontece em geral com os «direitos, liberdades e garantias». Aí, a actividade estadual é, em parte, perfeitamente desnecessária (o que se exige é justamente a abstenção), e, quando é precisa a intervenção pública, ou esta corresponde às funções tradicionais e conaturais do próprio Estado, de que tem o monopólio (segurança, justiça, sistema eleitoral), ou não depende de condições materiais relevantes. Daí que os tribunais disponham, em geral, nesse campo, de um maior poder de decisão (note-se também o facto significativo de, no âmbito das convenções sobre direitos humanos, o reconhecimento da autoridade de tribunais internacionais só estar previsto para a garantia dos direitos cívicos e políticos).

[401] É certo que o «Bem-estar» social é hoje também uma «finalidade primária» do Estado, mas, diferentemente do que acontece com a segurança e a justiça, não pode ser monopólio deste, sob pena de asfixia da liberdade social, admitindo-se, por isso, graus diversos de intervenção que devem ser, em cada época, objecto de decisão política dos órgãos democraticamente eleitos, sujeita ao escrutínio popular.

mentar ou governamental. O conteúdo dos direitos sociais a prestações é, portanto, em última análise, determinado pelas disposições do legislador ordinário, actuando por delegação constitucional. A ele se destinam as directrizes constitucionais estabelecidas a propósito de cada um dos direitos a prestações.

Considerações semelhantes valem para os direitos a «prestações jurídicas» – isto é, à emissão de normas ou prática de actos jurídicos que não consistem na organização e na actuação de um sistema de fornecimento de prestações materiais – quando se entenda que o legislador deve ter uma margem de liberdade própria no cumprimento do seu dever de agir, designadamente (primariamente) fazendo normas. A definição do regime do arrendamento para habitação, a legislação sobre higiene e segurança no trabalho ou sobre emissões de substâncias poluentes, a legislação sobre o ensino superior, mesmo na medida em que respeitam directamente ao conteúdo dos direitos à habitação, às condições humanas de trabalho, a um ambiente saudável ou à educação, não são determinadas pelos preceitos constitucionais em termos de poderem ser consideradas, no essencial, actuações vinculadas.

As políticas de habitação, saúde, segurança social, educação, cultura, etc., dadas as suas complexidade e contingência, não podem estar determinadas nos textos constitucionais e a sua realização implica opções *autónomas* e *específicas* de órgãos que disponham simultaneamente de capacidade técnica e de legitimidade democrática para se *responsabilizarem* por essas opções. Não é, por isso, legítimo ao intérprete – seja ao juiz, para justificar a assunção de poderes fiscalizadores, seja ao próprio legislador, para se eximir da sua responsabilidade política – imputar à Constituição uma intencionalidade que ultrapasse os conteúdos que decorrem do estabelecimento de directrizes de legislação. Podemos falar aqui da necessidade de uma *concretização jurídico-política* da Constituição ou de uma *conformação* do conteúdo dos direitos fundamentais.

O contrário se deverá, por sua vez, entender quando se pensa em certas prestações materiais e jurídicas, por exemplo, as *necessárias* ou *indispensáveis* ao exercício efectivo dos direitos de participação política (designadamente do direito ao voto) ou de direitos de liberdade, em especial nos direitos dependentes de um procedimento. Por exemplo, poderá entender-se que a emissão de uma lei eleitoral que permita o exercício efectivo do direito de voto pelos cidadãos corresponde a uma intervenção vinculada do legislador: este não só não tem liberdade para optar quanto ao *an* ou ao *quando*, pois está em causa um elemento essencial do sistema democrático, cuja ausência é intolerável para a Constituição, como também não pode decidir «livremente» sobre a titularidade do direito, sobre os pressupostos do seu exercício ou a extensão do seu conteúdo. Nem sequer a escassez dos recursos materiais pode ser invocada para preterir a realização do acto eleitoral em favor de outros objectivos políticos. Também o legislador não é livre ao definir o tipo legal do crime de homicídio (pelo menos de pessoas nascidas) ou ao proibir a comercialização de aparelhos de escuta. Do mesmo modo, no nosso sistema, o legislador não pode decidir se estabelece, ou não, um horário máximo de trabalho diário ou o salário mínimo nacional, nem é livre de proibir, ou não, que as empresas privadas despeçam trabalhadores com o fundamento em falta de comparência ao serviço em virtude de greve profissional.

Em todos estes casos, a Constituição vincula apertadamente o legislador e, expressa ou implicitamente, determina no essencial as soluções que este deve consagrar.

Não está, assim, em causa apenas o dever que o legislador tem de organizar ou assegurar o fornecimento das prestações, ou seja, a *obrigatoriedade* da intervenção legislativa, mas também sobretudo o grau de determinação do conteúdo da intervenção legislativa organizadora ou prestadora, ou seja a sua *vinculação*[402]. Por outras palavras, estamos perante a prática de «actos legislativos constitucionalmente devidos», que configuram uma *concretização jurídico-interpretativa* da Constituição.

4.5. As considerações acabadas de fazer mostram a existência de dois tipos substanciais de direitos fundamentais, diferentes quanto à deter-

[402] É claro que, como vimos, nem sempre corresponde ao dever do legislador uma posição jurídica subjectiva individual (uma faculdade, um direito), pois muitas vezes as prestações jurídicas (legislativas) são indivisíveis e, por isso, insusceptíveis de individualização. Porém, já se podem considerar «direitos determinados» os direitos concretos a prestações individualizadas, quando estas dependem de uma actuação legislativa que, além de obrigatória, é vinculada. Assim, pode haver um direito dos indivíduos à protecção policial, fundado na garantia do dever estadual de organizar uma polícia de segurança com determinadas características, tal como há direito a ser inscrito nos cadernos eleitorais e a obter no dia das eleições um boletim de voto, porque a organização do processo eleitoral pressupõe a existência de cadernos eleitorais ou de boletins de voto (ou outros meios técnicos equiparados).

minação constitucional do respectivo conteúdo[403] e, por consequência, com diversa força jurídica.

De facto, embora tenhamos adoptado o conceito de direito subjectivo em sentido amplo para designar o lado subjectivo dos direitos fundamentais, importa agora distinguir, designadamente para efeitos de regime aplicável, entre os direitos, liberdades e garantias, enquanto direitos de «conteúdo constitucionalmente determinável» e os direitos sociais, enquanto direitos a «prestações sujeitas a determinação política».

É certo que há (hoje) uma corrente doutrinal que sustenta não haver apenas uma *unidade de sentido*, mas uma verdadeira a *unidade dogmática* do conjunto dos direitos fundamentais, que postularia a *idêntica relevância material* dos direitos, liberdades e garantias e dos direitos económicos, sociais e culturais, negando assim a racionalidade da opção constituinte (apesar de reafirmada e aperfeiçoada na revisão de 1982) por uma diferenciação sistemática e de regime entre os dois tipos de direitos.

Para alguns autores, os bens jurídicos protegidos por ambos os tipos de direitos seriam fundamentais, teriam o mesmo relevo constitucional, associado à valorização e protecção da dignidade da pessoa humana, não havendo razão para reconhecer supremacia axiológica ou prevalência jurídica aos direitos, liberdades e garantias. A diferença da indeterminação seria resolvida pela intervenção do legislador: na medida em que a lei ordinária concretizasse o conteúdo dos direitos sociais a prestações, estes passariam a ser passíveis de fruição imediata, assumindo-se plenamente como direitos subjectivos fundamentais (determinados). Daí decorreria a existência de um regime constitucional comum a todos os direitos fundamentais, aplicável quer aos direitos, liberdades e garantias, quer aos direitos económicos, sociais e culturais[404].

[403] Ainda que todos os preceitos constitucionais se manifestem através de conceitos indeterminados: nos direitos, liberdades e garantias, trata-se de concretizar decisões constitucionais, de modo que o juiz pode definir os conceitos, que devem considerar-se «indirectamente determinados» por remissão para um consenso pressuposto na comunidade; nos direitos a prestações, quando se esteja perante tarefas de conformação legislativa, o juiz deve limitar-se a controlar o conteúdo mínimo dos princípios afirmados, sempre que a Constituição não possa senão remeter para o saber técnico e para a legitimidade política do legislador a responsabilidade por decisões que, não decorrendo de um consenso ou de uma harmonização necessária, hajam de resultar da luta política por opções maioritárias., mais ou menos conjunturais.

[404] Esta posição é sustentada, na doutrina portuguesa, por Reis Novais, *As restrições aos direitos fundamentais não expressamente autorizadas pela Constituição*, 2003, p. 145 e ss.. e sobre-

Numa outra formulação, os direitos fundamentais apresentariam uma natureza jurídica unitária, na medida em que todos eles podem ser qualificados como direitos subjectivos, como princípios jurídicos ou como estruturas objectivas da comunidade. Assim aplicar-se-iam, a todos eles, as regras do regime "dito" dos direitos, liberdades e garantias, na medida em que constituam direitos subjectivos, e o regime dos direitos económicos, sociais e culturais, na medida da respectiva dimensão objectiva, enquanto princípios fundamentais da ordem jurídica[405].

Mas, se é verdade que todos são direitos fundamentais, não é verdade, como vimos, que todos o sejam da mesma maneira. Não se trata de uma distinção geracional, nem de uma supremacia axiológica[406], mas de uma *diferença estrutural e funcional, ao nível constitucional*, que justifica a diferença de regime jurídico – diferença de regime que encontramos, de resto, também na generalidade das constituições nacionais (democráticas) e, ao nível internacional, no campo dos direitos humanos.

Em primeiro lugar, quanto ao conteúdo, os direitos, liberdades e garantias são *nuclearmente* direitos subjectivos *negativos*, enquanto os direitos económicos, sociais e culturais são *nuclearmente* direitos subjectivos a *prestações* e, em grande medida, direitos condicionados objectivamente, razão pela qual a intervenção político-legislativa é *essencial* e *constitutiva* na concretização dos segundos e apenas *instrumental* ou *circunstancial* na realização dos primeiros – esta diferença mostra que há diferenças qualitativas entre os direitos fundamentais, ainda que todos possam ter dimensões positivas e negativas.

Em segundo lugar, os direitos, liberdades e garantias são direitos de todos (de todas as pessoas, de todos os cidadãos ou de todos os traba-

tudo, a propósito da crise portuguesa, em *Direitos Sociais*, 2010. Em sentido contrário, José de Melo Alexandrino, *A Estruturação do Sistema de Direitos, Liberdades e Garantias na Constituição Portuguesa*, II, Coimbra, 2006, pp. 198 ss; Rui Medeiros, "Direitos de liberdade e direitos sociais: entre a unidade e a diversidade", *Estudos em Homenagem ao Prof. Doutor Sérvulo Correia*, 2010, vol. I, p. 681 e ss; Carlos Blanco de Morais, *De novo a querela da "unidade dogmática" entre direitos de liberdade e direitos sociais em tempos de "exceção financeira"*, in *Epública – Revista Eletrónica de Direito Público*, Número 3 (número especial), Dezembro 2014.

[405] Esta é a posição de Vasco Pereira da Silva, *A Cultura a Que Tenho Direito. Direitos Fundamentais e Cultura*, 2007, p. 27 e ss, que não nega, porém, a diferença de regimes.

[406] Embora, como vimos, não se deva esquecer que, ao contrário dos direitos, liberdades e garantias, que pressupõem uma democracia livre e pluralista, os direitos sociais podem ser assegurados em regimes ditatoriais ou mesmo totalitários (em teoria até mais eficazmente).

lhadores subordinados) e a todos garantidos, em todos os momentos, da mesma maneira, com igual intensidade (sem prejuízo, naturalmente, das diferenciações resultantes das circunstâncias concretas relevantes no contexto do seu exercício), enquanto os direitos económicos, sociais e culturais, enquanto *direitos sociais a prestações,* embora potencialmente universais, tendem a ser *direitos de carência*: de todos os que precisam, quando precisam e na medida em que precisam (reguláveis em função de condições de recursos).

Em terceiro lugar, quanto às dimensões prestacionais, as prestações necessárias à realização dos direitos, liberdades e garantias são basicamente prestações obrigatórias e tarefas exclusivas do Estado soberano e do Estado de Direito (polícia, tribunais, administração eleitoral), visando realizar valores comunitários que ultrapassam a realização dos próprios direitos, enquanto a realização dos direitos económicos, sociais e culturais implica tarefas que sempre foram, são, podem e devem ser também realizadas por entidades sociais ou privadas (em colaboração com o Estado e reguladas por lei).

Em quarto lugar, as posições jurídicas subjectivas são heterogéneas, podem ser mais fortes e mais fracas – direitos plenos e direitos *prima facie*, direitos plenos e direitos limitados –, e as liberdades e direitos cívicos e políticos, sendo predominantemente negativos, são, em regra, por natureza, mais robustos no plano normativo constitucional.

Em quinto lugar, e principalmente, há uma *diferença típica* que releva para o efeito da distinção de regime: a *determinabilidade, ao nível constitucional,* do conteúdo dos direitos, liberdades e garantias, principalmente do seu *conteúdo essencial,* a fixar pelos aplicadores, em última instância pelos tribunais, no plano da interpretação jurídica das normas; em comparação com a indeterminação, para além de um *núcleo essencial mínimo,* das normas constitucionais relativas aos direitos económicos, sociais e culturais, que confere ao legislador democrático um espaço de concretização autónomo, designadamente em função de opções políticas, económicas e financeiras, adequadas às circunstâncias históricas – esta diferença não fica resolvida com a concretização legislativa, porque o conteúdo do direito resultante da determinação por via da lei ordinária não se transfigura em norma constitucional.

A distinção de regime tem implicações substanciais: sobretudo no que respeita às *prestações que não são monopólio estadual* (que não são simultaneamente prestações de soberania) *e que dependem de recursos escassos, constituindo, por isso, imperativos para optimização, sob reserva do possível,* há que *respeitar a liberdade de conformação do legislador,* que tem legitimidade democrática por via eleitoral e que é responsável perante a comunidade.

No âmbito dos direitos, liberdades e garantias, a *vinculação jurídico-constitucional* vale sobretudo na sua dimensão negativa, enquanto núcleo essencial, mas também abrange as prestações que são monopólio do Estado[407] – mesmo onde há *indeterminação conceitual,* presume-se que pertence ao juiz a concretização e definição dos conceitos normativos constitucionais, justificando-se um *controlo judicial forte* das restrições legislativas, com base no estrito cumprimento do princípio da proporcionalidade (na sua tripla dimensão da adequação, necessidade e proporcionalidade da restrição).

Na realização dos direitos sociais, sem prejuízo da aplicação imediata de normas que tenham conteúdo determinado (incluindo as de conteúdo prestacional, como as que estabelecem o direito a férias pagas ou a gratuitidade do ensino básico), *em regra,* a Constituição vincula os seus intérpretes e aplicadores apenas no que respeita ao núcleo essencial (mínimo), sem prejuízo do controlo de desvios manifestos, por violação de princípios jurídicos fundamentais (igualdade, proibição do arbítrio e do excesso, boa fé, protecção da confiança), justificando-se, então, *um controlo judicial fraco* do legislador e do Governo.

5. O regime dos direitos, liberdades e garantias

Como vimos, as normas que prevêem os direitos, liberdades e garantias são normas *preceptivas* e conferem verdadeiros poderes de exigir de outrem (em primeira linha, do Estado) um certo comportamento – não só a abstenção, mas também prestações obrigatórias ou a aceitação dos efeitos produzidos –, ao mesmo tempo que impõem os deveres correspondentes. São direitos cujo conteúdo é determinável ao nível constitucional e que não necessitam, por isso, para valerem como direitos, de uma intervenção legislativa conformadora. Na falta de lei, deve entender-se que o direito existe e vale plenamente, limitado apenas pelas

[407] Por exemplo, o direito de acesso à justiça é um direito análogo aos direitos, liberdades e garantias.

outras normas ou princípios constitucionais, pois constam de preceitos directamente aplicáveis pela Administração, pelos particulares, e, em última instância, pelos tribunais.

Pode falar-se aqui de direitos subjectivos plenos, embora não possuam uma certeza de conteúdo semelhante à generalidade dos direitos civis, nem lhes corresponda um autónomo direito de acção constitucional contra as leis que os desrespeitem, só podendo o particular invocá-los perante os tribunais quando se verifiquem violações concretas[408].

O regime específico dos direitos, liberdades e garantias está previsto, no essencial, no artigo 18º, mas resulta também dos artigos 19º, 20º, nº 5, e 21º e ainda dos artigos 165º, nº 1, al. b), 272º, nº 3, e 288º, al. d), da Constituição. Destes preceitos decorre a preocupação de proteger com especial intensidade aqueles direitos, garantindo-lhes um máximo de efectividade.

5.1. Nesse regime sobressaem, de um ponto de vista *substancial*: *o carácter de direito directamente aplicável*, independentemente da intervenção legislativa concretizadora ou assegurado por uma imposição da legislação procedimentalmente necessária, e garantido por um direito de resistência, afastando o perigo de um reconhecimento pura e simplesmente platónico dos direitos; a *vinculação estrita do legislador* e, em especial, *as condições postas à* sua *intervenção restritiva*, que tem de invocar um valor constitucionalmente reconhecido e, em qualquer caso, de respeitar o conteúdo essencial dos direitos e o princípio da proporcionalidade; *o cuidado em garantir os direitos perante todos os poderes públicos (e privados)*, não esquecendo o próprio poder de revisão constitucional e as situações excepcionais de estado de sítio e de emergência.

Na perspectiva *orgânica*, é de salientar a *reserva* de competência legislativa da Assembleia da República, que assegura a *autoria* ou, nos casos de autorização ao Governo[409], a *superintendência* parlamentar na legis-

[408] Mas neste plano há uma justiciabilidade plena e não apenas tendencial: por exemplo, o direito de asilo, no âmbito constitucionalmente definido (determinável por interpretação), é justiciável perante os tribunais do Estado asilante, não havendo aí lugar a espaços de conformação política.

[409] V., no entanto, que, embora a reserva legislativa parlamentar seja, em geral, uma reserva relativa (artigo 165º, nº 1, alínea b)), nos termos das alíneas a), b), e), f), h), l) e o) do artigo 164º, acaba por ser de *reserva absoluta* da AR a legislação sobre vários aspectos da matéria dos

lação relativa aos direitos, liberdades e garantias[410], com as inerentes vantagens da publicidade e do pluralismo contraditório[411].

Nos capítulos seguintes analisaremos com mais pormenor as características do regime material dos direitos, liberdades e garantias, referindo-nos à sua força jurídica, aos seus limites (e limitações) e à sua tutela constitucional[412].

5.2. Interessa-nos neste momento definir o *âmbito* de aplicação do regime, em face do disposto no artigo 17º, que o refere aos direitos, liberdades e garantias *incluídos* no Título II e aos direitos fundamentais de *natureza análoga*.

Da referência «aos [direitos, liberdades e garantias] enunciados no Título II» deve retirar-se que o regime específico se aplica, quer a posições jurídicas subjectivas, quer, ainda que com as necessárias adaptações[413], a garantias institucionais (ou figuras equiparáveis) que estejam expressa ou implicitamente contidos no Título II da Parte I da Constituição[414].

direitos, liberdades e garantias (direito de voto, suspensão de direitos, direito de associação política, restrição ao exercício de direitos por militares, agentes militarizados e dos serviços e forças de segurança).

[410] Assegurada previamente pelas condições da autorização e, posteriormente, pelo mecanismo de apreciação parlamentar dos decretos-leis. Poderão hoje suscitar-se novos problemas de competência em face do direito da união europeia, designadamente quanto à transposição de directivas que toquem a matéria de direitos, liberdades e garantias; também a reserva parlamentar tem de ser articulada com a reserva de autonomia regulamentar do poder local (artigo 241º).

[411] Já não se pode falar propriamente de uma mais valia democrática, tendo em conta a legitimidade do Governo e a prática da disciplina de voto dos deputados.

[412] Deixaremos para um capítulo final o estudo do regime dos direitos sociais, ilustrando através deste confronto as diferenças que atrás indicamos em geral.

[413] As adaptações a que nos referimos dizem respeito à circunstância de não haver aí, em regra, direitos subjectivos, mas sobretudo ao tipo de vinculação do legislador: como veremos, as garantias institucionais visam tipicamente salvaguardar a existência e o carácter da instituição (o seu núcleo essencial) e permitem, dentro desses limites, um certo grau de conformação legislativa.

[414] Alteramos assim a nossa opinião anterior. No sentido de excluir as garantias institucionais do regime dos direitos, liberdades e garantias se pronunciava a generalidade da doutrina. V. o Parecer nº 18/78 da Comissão Constitucional, in *Pareceres*, vol. 6º, p. 3 e ss., onde concorrem as opiniões de Eduardo Correia e Nunes de Almeida; Gomes Canotilho, *Direito*

Já não será, contudo, quanto a nós, aplicável nem a posições subjectivas nem a garantias institucionais (ou figuras equiparáveis) que não pertençam à matéria dos direitos fundamentais, mesmo que constem expressamente do referido Título II[415].

Depois, o regime é ainda aplicável aos direitos de natureza análoga[416] e, em princípio, por força do nº 1 do artigo 16º, a todos eles, isto é, quer aos que constam de outros preceitos constitucionais, quer aos que estejam contidos em leis ordinárias ou tratados internacionais.

Essa analogia de natureza deve, quanto a nós, respeitar cumulativamente, a dois elementos: tratar-se de uma posição subjectiva individual ou de uma garantia que possa ser referida de modo imediato e essencial à ideia de dignidade da pessoa humana, isto é, que integre a matéria constitucional dos direitos fundamentais; e poder essa posição subjectiva ou garantia ser *determinada* a um nível que deva ser considerado *materialmente constitucional*[417].

Assim, por exemplo, serão direitos análogos aos direitos, liberdades e garantias, entre outros, a liberdade de iniciativa económica privada (artigo 61º) e o direito de propriedade privada, ao menos na sua relação com o poder estadual de expropriação[418] (artigo 62º), o direito de resistência (artigo 21º), os direitos subjectivos dos administrados (artigo 268º, nºs 1, 2 , 4 e 5), o direito de defesa em processo disciplinar (artigo 269º, nº 3), o direito de não ser prejudicado por virtude de cumprimento do serviço militar (artigo 276º, nº 7). Tal como também o serão

Constitucional, 3ª ed., 1983, p. 433, e de certo modo ainda hoje, *Direito Constitucional e Teoria da Constituição*, 7ª ed., 2003, p. 397.

[415] Contra, Castro Mendes, *ob. cit.*, e Manuel Afonso Vaz, *ob.cit.*, p. 372, nota 273.

[416] A revisão constitucional de 1982 veio resolver alguns problemas provocados pela obscuridade da redacção originária do artigo. Sobre esses problemas, v. Jorge Miranda, *A Constituição..., cit.*, p. 339 e bibliografia aí citada.

[417] Cfr. a posição de Gomes Canotilho /Vital Moreira, *ob. cit.*, p. 374, que adoptam o critério do *objecto* («direitos negativos ou direitos dos trabalhadores a acções ou prestações concretas e determinadas», excluindo «os direitos que consistam exclusivamente em direitos genéricos a prestações ou acções do Estado») e o da *densificação constitucional* («em termos de permitir a sua concretização minimamente adequada a partir da própria Constituição»).

[418] V., nesse sentido, a jurisprudência constante do Tribunal Constitucional, por exemplo, nos Acórdãos nºs 341/86, 404/87, 442/87, 131/88, 289/91, 273/92, 147/93, 594/93 e 159/07.

os direitos dos trabalhadores subordinados a férias pagas, à duração máxima da jornada de trabalho, ao descanso semanal e ao salário mínimo[419].

5.3. Tem sido discutido se o artigo 17º estende aos direitos análogos, além do regime material, o regime orgânico-formal dos direitos, liberdades e garantias, designadamente no que respeita à reserva de competência da Assembleia da República e aos limites materiais da revisão constitucional.

Com respeito pelas opiniões contrárias, não nos parece que haja razões suficientes para concluir que o artigo 17º não se refere, em princípio, à globalidade do regime, e, pelo contrário, entendemos que a analogia substancial com os direitos, liberdades e garantias justifica que também os direitos abrangidos gozem dos diversos aspectos desse regime, incluindo as garantias da irrevisibilidade e da protecção resultante da reserva de lei formal[420].

Não há obviamente qualquer obstáculo à aplicação do regime, em toda a sua extensão, àqueles direitos que têm assento na Constituição, dentro e mesmo fora do catálogo. Mas não nos parece que, apesar de à primeira vista estranha, seja impensável a aplicação global do regime, ainda que *na medida do possível* e, portanto, *com as necessárias adaptações*, aos direitos análogos previstos na lei e nas normas internacionais[421].

Quanto à reserva parlamentar (alínea *b)* do nº 1 do artigo 165º), por exemplo, não é logicamente absurdo, nem é novidade, que um preceito constante de um decreto-lei (p. ex., do Código Civil) não possa ser

[419] Cfr. JORGE MIRANDA, *ob. cit.*, p. 211 e ss, que, no entanto, apresenta um catálogo mais vasto. V. também GOMES CANOTILHO/ VITAL MOREIRA, *ob. cit.*, *ibidem*.

[420] Nesse sentido, G. CANOTILHO /V. MOREIRA, *ob. cit.*, anotação IV ao artigo 17º. Cfr. ainda o Parecer da Comissão dos Assuntos Constitucionais, in *DAR* de 11-2-77, p. 2470 e s. É certo, porém, que a reserva orgânica do Parlamento não é, em si, uma exigência decorrente da *determinabilidade* dos direitos, mas sim da sua maior *proximidade valorativa* ao núcleo essencial da dignidade da pessoa humana.

[421] Contra, JORGE MIRANDA, já in *ESC*, vol. 1º, p. 392, que afirmava, contra o nosso entendimento, que isso implicaria uma consequência inadmissível. GOMES CANOTILHO /VITAL MOREIRA aceitam a aplicação do regime «naquilo que não seja incompatível com a sua qualidade infraconstitucional» (*ob. e loc. cit.*). Sobre as posições doutrinais e jurisprudenciais relativamente a esta questão, v. JORGE MIRANDA, *Manual...*, *cit.*, IV, p. 208 e ss, que tem por seguro que o artigo 17º apenas se reporta ao regime material, salvo quanto aos constantes do título I da parte I da Constituição.

modificado ou revogado por outro decreto-lei, tanto mais que o primeiro decreto-lei será naturalmente anterior à Constituição e terá provindo, por isso, de um outro poder, com uma esfera de competência diferente[422].

Quanto aos limites impostos às restrições legislativas (artigo 18º) e à consequente vinculação do legislador a normas *legais*, por imposição ou indicação de preceitos constitucionais, é hoje uma realidade normativa consagrada na figura das *leis reforçadas* (v. o nº 3 do artigo 112º, e as alíneas a) do nº 2 do artigo 280º e b) do nº 1 do artigo 281º)[423] e, de qualquer modo, não repugna, desde que se aceite que, embora positivados em diplomas de legislação comum, estes direitos pertencem à «constituição material» e gozam, no plano da validade, da autoridade superior à das leis ordinárias[424]. De resto, mesmo a necessidade de previsão expressa do poder de restrição estabelecida no nº 2 do artigo 18º não será inaplicável, se for referida, como entendemos possível, a valores consagrados na Constituição[425].

Por seu turno, a subordinação do legislador às normas internacionais é já defendida pela doutrina dominante em face do artigo 8º e parece

[422] O Tribunal Constitucional (cf. Acórdão nº 517/99, in DR, II S., de 11/11/99) aceita, em princípio, a aplicabilidade do regime orgânico, mas apenas relativamente «à dimensão do direito que tiver essa natureza análoga». O argumento sistemático da redundância de outras alíneas do artigo 165º, esgrimido por Jorge Miranda (*ob. cit., ibidem*), não nos convence, pois que, para além do seu carácter puramente formal, provaria demais: veja-se que várias outras alíneas desse artigo (alíneas a), c) e d)) e até, como vimos, do artigo 164º se referem seguramente a matéria de direitos, liberdades e garantias e estão autonomizadas.

[423] Referimo-nos aqui em especial às leis reforçadas no sentido da sua «parametricidade» material. V., desenvolvidamente, sobre a figura, embora com uma posição diferente da nossa, Carlos Blanco de Morais, *As leis reforçadas*, 1998.

[424] Em França, onde os direitos fundamentais não estão previstos no texto constitucional, há uma remissão do preâmbulo (de 1946) para os princípios fundamentais reconhecidos pelas leis da República, que funciona desde há muito como fundamento de declaração de inconstitucionalidade (em regra, quanto às leis, em sede de fiscalização preventiva) pelo *Conseil Constitutionnel* – neste contexto, v. o caso de uma lei que pretendia instituir um regime de controle preventivo da liberdade de associação, revogando o regime de controle repressivo anteriormente estabelecido, em Y. Madiot, *Droits de l'Homme et Libertés publiques*, cit., p. 184, e Rivero, *Les garanties constitutionnelles des droits de l'homme*, in *RIDC*, 1977, p. 15.

[425] Também, por força do artigo 16º da CRP, em conformidade com o disposto na Declaração Universal dos Direitos Humanos. Gomes Canotilho/Vital Moreira entendem que os direitos análogos contidos em normas legais apenas «gozam do privilégio de proibição do retrocesso» (*ob. cit., ibidem*).

indiscutível, por força do artigo 17º, no que respeita às normas de direito internacional geral ou convencional que contenham direitos humanos análogos aos direitos, liberdades e garantias.

Quanto à garantia contra o poder de revisão, a alínea *d)* do artigo 288º pode ser entendida como a proibição de *introdução* no texto constitucional de um preceito que diminua o alcance do conteúdo essencial desses direitos fundamentais legais ou internacionais *análogos* aos direitos, liberdades e garantias, em termos de os fazer desaparecer ou de os desfigurar. Esta posição pressupõe o entendimento – que sempre foi o nosso – de que os limites materiais de revisão correspondem ao *núcleo essencial* que confere *identidade de sentido* à *Constituição em sentido material*[426], que naturalmente se estende aos direitos, liberdades e garantias substancialmente análogos aos enunciados no catálogo.

[426] V. esta nossa posição em Barbosa de Melo, Cardoso da Costa, Vieira de Andrade, *Estudo e projecto de revisão da Constituição*, 1981, p. 300 e ss.

Capítulo VI
A força jurídica dos preceitos relativos aos direitos, liberdades e garantias

1. O paradoxo substancial dos direitos fundamentais

O problema anunciado na epígrafe do capítulo insere-se na questão mais geral do valor jurídico da *parte material* da Constituição[427].

É (ou foi) em primeiro lugar, um problema da própria *juridicidade* deste tipo de normas perante o prestígio da *lei* (ordinária), que, entendida originariamente como manifestação da «vontade nacional» ou até como expressão da «razão humana», logrou em certo momento a sua identificação com o Direito[428].

[427] Contrapõe-se à parte organizatória: cf. Gomes Canotilho, *Direito Constitucional e Teoria da Constituição*, 7ª ed., 2003, p. 1168 e ss. Embora essa contraposição não seja absoluta, parece adequada à colocação do problema.

[428] Por um lado, o valor *democrático* da lei é acentuado por um «mito pós-rousseauniano» (Rivero, *RIDC*, 1981, p. 661), que transforma o legislador no grande defensor das liberdades e na expressão política da sociedade. Por outro lado, o carácter geral e abstracto atrai-lhe a consideração devida às expressões do «universal», válidas para todos os seres racionais. Porém, a lei, ao comprometer-se na direcção e conformação política da comunidade, perdeu o seu carácter universal na solução repetida de conflitos de interesses parcelares, ao mesmo tempo que o corpo legiferante era dominado pelas posições (facções) partidárias, mediadoras da vontade popular. Sobre a «crise da lei» e a sua mudança de sentido, v. R. Soares, *Interesse público, legalidade e mérito*, 1955, p. 77 e ss.; Bachof, *Grundgesetz und Richtermacht*, 1958; Castanheira Neves, O *Instituto dos «Assentos» e a função jurídica dos Supremos Tribunais*, 1983, p. 528 e ss.

É, depois, assente o carácter jurídico-positivo dos preceitos constitucionais, um problema de *efectividade*, isto é, uma questão do grau ou intensidade da sua real força normativa, medida pela capacidade do ordenamento jurídico-constitucional de assegurar a sua realização na vida comunitária.

Em qualquer dos planos, e designadamente neste último, impõe-se hoje a determinação constitucional de que os preceitos relativos aos direitos, liberdades e garantias, «são directamente aplicáveis e vinculam as entidades públicas e privadas» (artigo 18º, nº 1).

No entanto, como veremos, esta afirmação não basta para resolver o problema da aplicação dos preceitos constitucionais, antes suscita uma série de questões normativas, revelando o carácter paradoxal do sistema dos direitos fundamentais.

Na realidade, e em geral, verifica-se que, embora a *ideia* dos direitos fundamentais tenha surgido para *defesa* dos cidadãos contra o Estado, pressupõe (e, bem vistas as coisas, sempre pressupôs) a existência de um *poder estadual* que os assegure.

Mais concretamente, a ideia *constitucional* dos direitos fundamentais afirmou-se para protecção dos cidadãos, não só contra o Executivo monárquico (para isso bastaria a legalidade administrativa), mas contra as próprias *maiorias parlamentares*, que deveriam respeitar valores tão importantes como o estatuto fundamental dos indivíduos na sociedade política – só que a Constituição portuguesa, como as outras, continua a conferir ao Parlamento o poder de concretizar, de regular, de harmonizar e de restringir os direitos fundamentais (e não nos referimos aos direitos sociais a prestações, em que lhe dá, e ao Governo, um espaço de conformação do conteúdo) e impõe-lhe mesmo deveres de protecção contra outros particulares, em termos de interferir restritivamente na liberdade destes (isto é, na liberdade de todos).

Por outro lado, a construção *normativa* dos preceitos jurídicos relativos aos direitos, liberdades e garantias, apesar da determinação do seu carácter *directamente aplicável*, recorre a *cláusulas gerais e a conceitos vagos ou fortemente indeterminados*, raramente os formulando com a precisão suficiente para dispensarem a mediação legislativa, menos ainda em termos de serem imediatamente exequíveis, de tal modo que, salvo casos excepcionais, dependem quase sempre do legislador para a *concretização* do seu sentido e muitas vezes da Administração para a garantia da sua *realização efectiva*.

Acresce ainda que o *sistema* dos direitos fundamentais forma uma unidade de sentido que visa a defesa e promoção da dignidade das pessoas enquanto homens livres – mas é *intrinsecamente conflitual* e a afirmação plena dos direitos fundamentais de uns não pode fazer-se, as mais das vezes, sem prejuízo dos direitos dos outros ou de valores comunitários essenciais, o que, somado à inevitável *indeterminação* normativa dos respectivos preceitos, justifica ou impõe a intervenção dos diversos poderes públicos para a solução desses conflitos.

Como vimos já, estes paradoxos não são verdadeiras contradições, nem entregam os direitos fundamentais nas mãos do inimigo potencial, num sistema em que exista uma fiscalização judicial (independente) da constitucionalidade das leis e, em geral, do cumprimento da Constituição pelas diversas autoridades públicas.

Mas põem problemas complicados de interpretação e de aplicação do Direito, designadamente no que se refere às relações entre as normas constitucionais e as normas legislativas, e outros, não menos difíceis, de divisão e de equilíbrio entre os poderes públicos, em especial entre os órgãos de soberania.

2. A aplicabilidade directa dos preceitos constitucionais

A qualidade de normas directamente aplicáveis que o nº 1 do artigo 18º prescreve – inspirado no exemplo da Lei Fundamental Alemã[429] – é susceptível de diversos entendimentos e deve, por isso, ser considerada a diferentes níveis[430].

2.1. Em primeiro lugar, significa, como já se disse, a afirmação do carácter *jurídico-positivo* e não meramente programático (proclamatório) dos preceitos relativos aos direitos, liberdades e garantias. Constitui, neste sentido, uma explicitação do *princípio da constitucionalidade,* de acordo

[429] Nos termos do artigo 1 da GG, os direitos fundamentais vinculam o legislador, a administração e o poder judicial como «direito de validade imediata» *(unmittelbar geltendes Recht).*

[430] Sobre a aplicabilidade directa, v. MAUNZ-DÜRIG-HERZOG, *Grundgesetz,* anotações ao artigo 1º/III; A. QUEIRÓ, BARBOSA DE MELO, A *liberdade de empresa e a Constituição,* 1968; GOMES CANOTILHO/VITAL MOREIRA, *Constituição da República Portuguesa,* 4ª ed., 2007, anotação II ao artigo 18º; M. FROMONT, *Les droits fondamentaux dans l'ordre juridique de la République Fédérale Allemande,* in *Recueil d'études en hommage à Ch. Eisenmann,* 1977, p. 49 e ss.; GOMES CANOTILHO, *Direito Constitucional..., cit.,* p. 438 e 1178; JORGE MIRANDA, *Manual de Direito Constitucional,* T. II, 7ª ed., 2013, p. 307 e ss, e T. IV, 6ª ed. 2015, p. 376 e ss.

com o qual «a validade das *leis* e dos demais actos do Estado, das regiões autónomas, do poder local e de quaisquer outras entidades públicas depende da sua conformidade com a Constituição» (artigo 3º, nº 3).

Esse princípio fica assim confirmado, designadamente em face do legislador, afastando uma dúvida fundamental acerca do papel da lei neste domínio. Já não é possível sustentar que os direitos fundamentais só têm real existência jurídica por força da lei (em virtude de uma transposição legal), ou que valem apenas com o conteúdo que por estas lhe é dado (por interpretação autêntica ou por delegação constitucional), porque a Constituição vale por si, prevalece e vincula positivamente o legislador, de modo que uma lei só terá valor jurídico se estiver conforme com a norma constitucional que consagra um direito[431].

No contexto desta construção teórica, que representou, em certo momento, uma verdadeira revolução no entendimento dos direitos fundamentais, a afirmação do princípio da constitucionalidade tem efeitos práticos.

Organizado um sistema de fiscalização da constitucionalidade dos actos legislativos[432], é possível conseguir que uma norma legal seja desaplicada ou mesmo retirada do ordenamento jurídico por *ofender* o conteúdo de um preceito constitucional relativo a um direito fundamental.

Além disso, também do princípio da superioridade normativa da Constituição se pode extrair a obrigatoriedade para os poderes estaduais de, ao aplicarem as leis, as *interpretarem em conformidade com os direitos fundamentais*. Assim, as normas legislativas que contendem ou contactam com os direitos fundamentais devem ser interpretadas criticamente em função do sentido próprio das normas constitucionais respectivas[433].

[431] Falava-se anteriormente de «liberdade segundo a medida legal» (*Freiheit nach Massgabe der Gesetze*): G. JELLINEK, *System der subjektiven öffentlichen Rechte*, 2ª ed., 1905, p. 81 e ss.. Sobre o princípio da constitucionalidade em França, onde teve de esperar pelos recentes anos 70 para se afirmar, v. L. FAVOREU, *Le principe de constitutionnalité*, in *Recueil d'études en hommage à Ch. Eisenmann*, 1977, p. 33 e ss.. V. ainda A. QUEIRÓ, B. MELO, *ob. cit.*, p. 9 e ss..

[432] Há países em que não se admite (UK e alguns países anglo-saxónicos, Holanda), ou só se admite em termos limitados (França), o controlo da constitucionalidade das leis (parlamentares).

[433] O princípio da interpretação em conformidade com a Constituição é entendido aqui como princípio de prevalência ou de integração hierárquico-normativa e não apenas como princípio de limitação do controlo da constitucionalidade. Sobre o problema, v. ZIPPELIUS,

Estes efeitos *derrogatório* ou *anulatório* e *interpretativo* garantem já um certo grau de efectividade aos preceitos constitucionais, pelo menos sempre que haja legislação sobre a matéria.

2.2. O conteúdo do princípio da aplicabilidade directa não se esgota, porém, nesta reafirmação do princípio da constitucionalidade, que vale, aliás, em princípio, para todos os preceitos constitucionais, embora, naturalmente, com graus de eficácia distintos, consoante a maior ou menor «densidade» desses preceitos.

De facto, a aplicabilidade directa dos preceitos relativos aos direitos, liberdades e garantias não visa apenas garantir a prevalência destes preceitos ao nível da *validade*, mas também ao nível da *aplicação*, incluindo, portanto, a sua *eficácia imediata*.

O problema é, agora, o de saber em que sentido e com que alcance.

2.2.1. Em primeiro lugar, nos casos em que não exista legislação sobre a matéria ou quando esta for deficitária, em situações, portanto, de falta ou insuficiência *de lei*.

Nestes casos, o princípio da aplicabilidade directa valerá como indicador da *exequibilidade potencial* das normas constitucionais, presumindo-se a sua «perfeição», isto é, a sua auto-suficiência baseada no carácter *determinável* do respectivo conteúdo de sentido[434]. Vão, pois, aqui incluídos o *dever* dos juizes e dos demais operadores jurídicos de aplicarem os preceitos constitucionais e a *autorização* para com esse fim os concretizarem por via interpretativa[435].

Verfassungskonforme Auslegung von Gesetzen, in *Festgabe des* 25 Jh. *BVerfGs*, II, 1976, p. 108 e ss., e entre nós Gomes Canotilho, *Constituição Dirigente e Vinculação do Legislador*, 1982, p. 405 e s e *Direito Constitucional..., cit.*, p. 1226 e s.

[434] Determinável e não determinado, pois que os preceitos constitucionais utilizam conceitos indeterminados até na definição do próprio núcleo dos direitos, liberdades e garantias: «integridade moral», «desenvolvimento da personalidade», «bom nome e reputação», «domicílio», «noite», «casamento», «família», «censura», «criação artística», «profissão», «carreira profissional», «despedimento por motivos políticos», «contratação colectiva», «justa causa», «greve», «propriedade», etc. – para não falar da indeterminação do conceito de «conteúdo essencial» de um direito como limite aos poderes de restrição do legislador.

[435] Mesmo que esteja em causa, como estará frequentemente, a resolução de conflitos com outros direitos ou valores. É claro que a interpretação feita pelos outros operadores jurídicos

Tal não levanta problemas de maior quando se trate de *direitos à abstenção* do Estado, na parte em que se exige dos poderes públicos o *respeito* por determinados bens pessoais ou pela esfera de liberdade dos particulares, ou então o cumprimento de certas regras nas actuações públicas.

O exercício destes direitos, nuclearmente, o de alguns direitos e liberdades pessoais, como os direitos à vida e à integridade moral e física, as liberdades de consciência, de reunião e de expressão ou a liberdade artística, não carece, em geral, de intervenção legislativa, refere-se a domínios ou fenómenos da vida avessos à regulamentação jurídica e por vezes até tendencialmente exógenos ao direito[436].

Então, o princípio da aplicabilidade directa implica sobretudo que os poderes públicos não possam invocar a falta de regulamentação legal para proibir ou recusar o exercício destes direitos pelos indivíduos[437].

Aí os problemas não são de monta, desde logo porque os preceitos constitucionais são *de facto* imediatamente exequíveis, isto é, os direitos podem, em regra, ser exercidos ainda que não exista uma intervenção legislativa prévia; por outro lado, também não levanta dificuldades a concretização dos preceitos *nesta matéria*, apesar das formulações vagas e abertas, já que o juiz – enquanto aplicador directo ou enquanto instância de controlo – é naturalmente a entidade adequada para determinar o sentido dos conceitos imprecisos contidos nas normas jurídicas. Não há aqui necessidade de remeter para a capacidade técnica ou para a perspectiva política do legislador: quer a definição do alcance jurídico dos preceitos, quer ainda a medida da composição de interesses e valores constitucionais eventualmente em conflito reclamam uma interpretação das concepções culturais comuns e uma ponderação de interesses nos casos concretos – e o juiz é a figura que, no plano orgânico como no

(pela Administração, por exemplo) está sujeita em última instância ao controlo judicial da sua conformidade com a Constituição.

[436] Não existem, em regra, nos países de civilização liberal, normas legais específicas para regular o exercício de vários dos direitos referidos, embora actualmente haja uma tendência hiperreguladora dos comportamentos das pessoas (que limita, por exemplo, a liberdade de expressão, numa época de comunicação global).

[437] Pense-se, por exemplo, na hipótese de não existirem normas legais que regulem as liberdades de reunião e de manifestação ou o «habeas corpus».

plano funcional, melhor se adapta à finalidade e ao modo de operar característicos deste tipo de concretização da Constituição[438].

No entanto, *aplicabilidade directa* não é equivalente a *exequibilidade imediata* e, por isso, os problemas surgem no que respeita à generalidade dos direitos, liberdades e garantias, desde logo para aqueles direitos cujo *exercício efectivo* está *necessariamente dependente* de uma regulação complementar, de uma organização ou de um procedimento[439] – por exemplo, os direitos políticos (como o direito de voto), os direitos processuais (como o direito de acção administrativa), alguns aspectos das liberdades (liberdade de circulação automóvel, liberdade de ensino privado) –, mas também relativamente às *garantias institucionais* (em que há um certo espaço de conformação legislativa) e mesmo a outros tipos de direitos, incluindo as liberdades e os direitos relativos a bens pessoais, quanto a aspectos da sua *protecção perante terceiros* – designadamente no que toca às prestações jurídicas ou materiais de garantia (dever de protecção criminal e civil, dever de intervenção policial).

É que os preceitos relativos àqueles direitos e garantias (e à generalidade dos direitos, quanto aos referidos aspectos de protecção) *não são de facto imediatamente exequíveis*, pois dependem da intervenção do Estado, designadamente de uma actuação legislativa que regule o domínio da vida em questão ou organize o procedimento e os meios da acção pública.

Nestas hipóteses, o alcance normativo da aplicabilidade directa não reside na exequibilidade, está na *deverosidade estrita* da intervenção legislativa, que há-de assegurar, nas condições de normalidade de um Estado

[438] O juiz pode, pois, preencher os conceitos indeterminados, retirando dos preceitos soluções que não estejam expressamente previstas. Por exemplo, na Alemanha, retirou-se da liberdade religiosa a licitude da recusa de juramento em tribunal; da liberdade de imprensa, o direito dos jornalistas de não revelarem as fontes de informação; da intimidade da vida privada, a nulidade das provas obtidas por escuta; da liberdade sindical, a capacidade judiciária dos sindicatos. Também o Tribunal Administrativo Federal alemão (*BVerwG*) fez decorrer do princípio do Estado Social a limitação da discricionariedade na concessão de autorizacão de residência a avó de imigrante que vinha tomar conta dos netos (cfr. *BVerwGE*, *42*, p. 148 (156 e ss.)). Os aplicadores da Constituição (*maxime*, os juizes) podem ainda concretizar os *limites imanentes* dos direitos (cfr., por exemplo, o nº 4 do artigo 46º ou a proibição de manifestações que interrompam o trânsito automóvel ou a circulação ferroviária) ou resolver as colisões de direitos ou os conflitos entre valores protegidos por direitos e outros valores constitucionais.

[439] V., em primeira linha, os direitos dependentes de um procedimento ou os direitos de cunho procedimental referidos no Capítulo IV.

de Direito, a existência da legislação e a produção das demais actuações necessárias ao exercício dos direitos.

Tendo em conta que o conteúdo do direito é, no essencial, *determinável*, por via de interpretação, ao nível constitucional – o que torna a prestação legislativa, além de obrigatória, *vinculada* – e, no plano dos factos, a circunstância de se tratar tipicamente de normas básicas e de «serviços» essenciais e, por isso, desde sempre e por definição, assegurados, em regime de monopólio, pelo Estado (legislação e administração eleitoral, legislação penal, organização dos tribunais e do processo judicial, dispositivo de forças de segurança, etc.), podemos concluir que também nestes domínios os preceitos constitucionais podem pretender ser directamente aplicados, porque na prática não faltará seguramente a lei necessária[440].

Contudo, mesmo que a lei não existisse, ainda teria sentido o carácter directamente aplicável dos preceitos constitucionais, pelo menos na medida em que, com base neles, o juiz poderia *declarar* a existência, o conteúdo e os limites do direito individual[441], sendo pensável até a *condenação* concreta do Estado à prática do acto omitido indispensável à plena realização desse direito ou ao pagamento da indemnização eventualmente devida pelos danos causados pela omissão ilegítima e culposa[442].

2.2.2. Em segundo lugar, no caso de existir uma lei que regulamente o exercício dos direitos.

[440] Grande parte dessa legislação é mesmo anterior à própria consagração constitucional dos direitos fundamentais, ainda que o seu conteúdo deva agora ser reconfigurado, por influência normativa da Constituição.

[441] V. o caso do dever de indemnizar do Estado por privação inconstitucional da liberdade, que no nº 5 do artigo 27º confere «nos termos que a lei estabelecer», tal como foi entendido pelo Tribunal Constitucional no Acórdão nº 90/84 (in *Acórdãos...*, 4º vol., p. 267 e ss.), ao considerar que, apesar da falta de lei concretizadora, haveria um direito à indemnização, cuja exercitabilidade estaria dependente da produção dessa legislação, mas que teria efeitos retroactivos.

[442] Independentemente da existência de mecanismos próprios (sobretudo jurisdicionais) de garantia, a determinação do conteúdo dos direitos, liberdades e garantias implica o dever de *actualizacão* (concretização) por todos os órgãos constitucionais. Como veremos, isto não acontece da mesma maneira com os direitos sociais a prestações, que não têm, em regra, a não ser num mínimo, um conteúdo determinável por referência à Constituição, sendo por essa menor densidade normativa, e não pela sua falta de justiciabilidade, que se distinguem dos direitos, liberdades e garantias.

Neste caso, os efeitos jurídicos do princípio da aplicabilidade directa dependem da entidade aplicadora que está em causa.

a) Os juizes, tendo em conta a sua competência própria para o controlo da constitucionalidade das leis[443], podem e devem aplicar os preceitos constitucionais *contra* a lei e *em vez* da lei [444].

Por um lado, não se limitam, nesta sua actividade de controlo, a avaliar da «compatibilidade» da lei com os preceitos constitucionais, antes apreciam a «conformidade» intrínseca das normas legais com o conteúdo concretizado daqueles preceitos[445], reavaliando assim em toda a sua extensão o juízo do legislador, em termos que analisaremos a seguir.

Por outro lado, caso concluam pela inconstitucionalidade da lei ordinária, os juizes têm um poder de desaplicação[446] e, porque não podem deixar de agir, sob pena de denegação de justiça, devem resolver o caso como se essa lei não existisse[447], aplicando directamente, em vez

[443] Cfr. os artigos 204º e 280º da Constituição.

[444] Cfr., sobre o tema, DÜRIG, *ob. cit.*, notas ao artigo 1, III, anotação 93 e ss.. No entanto, a interpretação do texto não vale nos mesmos termos na Alemanha em virtude da competência exclusiva do Tribunal de Karlsruhe para a declaração de inconstitucionalidade. V. OSSENBÜHL, *Daseinvorsorge und Verwaltungsprivatrecht*, in *DöV*, 1971, p. 521-522; EHMKE, *VVDStRL, 19*, p. 258 (objecção na discussão); SCHEUNER, *Pressefreiheit...*, in *Der Staat, 10*, 1971, p. 145 e ss. (169).

[445] Os conceitos são adaptados de CH. EISENMANN, que os elaborou em vista da relação entre a administração e a lei: v. *Le droit administratif et le principe de legalité*, in *Études et Documents du Conseil d'État*, fasc. 11, 1957, p. 25 (traduzido em português na *RDA*, vol. 50 (1959), p. 47 e ss.).

[446] Não têm de suspender o processo e esperar por uma decisão do Tribunal Constitucional, como acontece nos sistemas puros de controlo concentrado, em vigor na generalidade dos países europeus.

[447] Uma situação intermédia será a da existência de uma lei que não cumpra um imperativo de igualdade, na medida em que há simultaneamente uma acção e uma omissão. Nesse caso, o juiz poderá eventualmente aplicar o regime mais favorável a todos – v., por exemplo, na Alemanha, o caso da igualdade entre filhos legítimos e ilegítimos e entre homem e mulher, embora aí o Tribunal Constitucional Federal tenha dado um prazo ao legislador, findo o qual os tribunais fariam tal aplicação directa, como relata C. PESTALOZZA *"Noch verfassungsmässige" und "bloss verfassungswidrige" Rechtslagen*, in *Bundesverfassungsgericht und Grundgesetz*, I, p. 540 e ss. Em Portugal, seria previsível que os juizes se sentissem legitimados a fazer, sempre que possível, uma aplicação directa, mas o Tribunal Constitucional começou por resistir à feitura de sentenças aditivas – v. o Acórdão nº 191/88 sobre a questão das pensões diferenciadas, atribuídas aos viúvos e viúvas de cônjuges mortos em acidentes de trabalho.

dela, os preceitos constitucionais[448], devidamente interpretados e concretizados[449].

b) Já é mais complexa a questão quando se trate de órgãos administrativos, em virtude da sujeição especial da actividade administrativa (regulamentar ou concreta) ao princípio da legalidade e da ausência de uma competência específica do poder executivo para fiscalização da constitucionalidade. Poderá admitir-se que a Administração, directamente obrigada pelos direitos fundamentais, possa ou deva não aplicar uma lei por a considerar inconstitucional[450]?

O problema põe-se, em geral, nos ordenamentos jurídicos em que se prevê um sistema de fiscalização judicial da constitucionalidade das leis e, em especial, naqueles em que existe uma fiscalização concentrada, que atribui a um Tribunal Constitucional o poder exclusivo de declarar a inconstitucionalidade de uma lei com força obrigatória geral.

Uma doutrina mais antiga, que parecia pressupor o carácter proclamatório das normas constitucionais, associado a uma supremacia absoluta e a um poder de livre conformação do legislador, sustentava que a Administração teria de aplicar sempre a lei e não poderia sequer *verificar* (comprovar) a sua constitucionalidade[451].

[448] Nestes casos, o nosso sistema de fiscalização de constitucionalidade impõe que o Tribunal Constitucional se pronuncie sobre a questão, mediante o recurso obrigatório do Ministério Público (cfr. artigo 280º, nº 2). Note-se, por outro lado, que os juízes podem (devem) conhecer oficiosamente da inconstitucionalidade da norma legal, não sendo necessária a sua invocação pelas partes.

[449] Quando estejam em causa preceitos relativos a direitos, liberdades e garantias, não se trata propriamente de o intérprete criar a norma de decisão dentro do espírito do sistema (como acontece nos termos do artigo 10º do Código Civil), mas de concretizar o conteúdo da norma constitucional directamente aplicável.

[450] Sobre as questões da apreciação da constitucionalidade e da rejeição pela Administração de lei inconstitucional, v., por todos, O. Bachof, *Die Prüfungs- und Verwerfungskompetenz der Verwaltung gegenüber dem verfassungswidrigen und dem bundesrechtswidrigen Gesetz*, in *AöR*, 87, 1962, p. 1 e ss, e, entre nós, Rui Medeiros, *A decisão de inconstitucionalidade*, 1999, p. 149 e ss, e A. Salgado de Matos, *A fiscalização administrativa da constitucionalidade*, 2004.

[451] É uma posição minoritária na Alemanha: v. Bachof e Rui Medeiros, nas obras citadas, p. 3 e p. 155-6, respectivamente. Mas é a solução francesa, onde o controlo da constitucionalidade das leis é negado até à generalidade dos tribunais.

Actualmente, a opinião maioritária[452] parece ser a de que a Administração pode apreciar a constitucionalidade das leis, mas não terá, em princípio, poderes para rejeitar ou não aplicar as leis que considere inconstitucionais, resolvendo o caso à luz da norma constitucional[453]. Dado que a lei inconstitucional é eficaz até ser anulada ou declarada nula por via judicial, a Administração não poderia rejeitá-la, resolvendo o caso como se ela não existisse; mas, como é responsável pela juridicidade da sua actuação, não deveria ser obrigada a aplicá-la. Poderia, então (para alguns autores deveria), sempre que possível, suspender a sua actividade de aplicação da norma legal, esperando a decisão do caso pela instância fiscalizadora competente.

Há, no entanto, quem sustente que a Administração, verificada a desconformidade com a Constituição de uma lei, deveria desaplicá-la, pelo menos quando se tratasse de preceitos constitucionais de aplicabilidade directa, como os relativos aos direitos fundamentais (entre nós, os referentes aos direitos, liberdades e garantias)[454], embora alguns autores entendam que essa competência de rejeição é limitada por várias condições, designadamente a do carácter evidente ou manifesto da inconstitucionalidade[455].

[452] Para uma indicação do estado da doutrina na Itália, na Alemanha e entre nós, v. RUI MEDEIROS, *ob. cit.*, p. 152, 156 e 159 e ss.

[453] Já não será assim quando se trate da inconstitucionalidade de normas regulamentares ou da inconstitucionalidade superveniente de normas legislativas anteriores à Constituição, em que se admite, em princípio, a rejeição pela Administração – cf. STERN, *StR*, vol. III/1, p. 1346 e ss.

[454] V. os autores e as obras indicados em RUI MEDEIROS, *ob. cit.*, p. 153, 158 e 161.

[455] Segundo BACHOF, a Administração *poderia* e *deveria* comprovar a constitucionalidade das normas a aplicar, embora deva partir de uma presunção de constitucionalidade – bastaria uma apreciação sumária susceptível de detectar sinais «patentes» de inconstitucionalidade. O órgão administrativo *deveria* comunicar as suas dúvidas ao superior, se estivesse hierarquicamente subordinado, ou pôr a questão ao Governo, se fosse órgão de uma autarquia. Porém, se isso obrigasse a suspender a aplicação da lei, só poderia fazê-lo se não fosse contra o interesse público nem prejudicasse direitos individuais. Se a suspensão não fosse possível, teriam de optar pela aplicação ou não aplicação. *Teriam o dever* de não aplicação se a inconstitucionalidade da lei fosse *evidente*. Se o não fosse, *poderiam* não a aplicar, mas só se, possuindo conhecimentos jurídicos para isso, estivessem *convencidos* (não bastaria a dúvida) da inconstitucionalidade e se os efeitos negativos da não-aplicação não sobrelevassem os prejuízos que poderiam resultar da sua aplicação.

Pensamos que o problema se deve pôr no quadro de um conflito entre princípios constitucionais: de um lado, o *princípio da constitucionalidade* e, mais concretamente, o carácter directamente aplicável dos preceitos relativos aos direitos, liberdades e garantias; do outro lado, o *princípio da separação dos poderes*[456].

Este conflito não pode resolver-se através da prevalência automática do direito constitucional sobre o direito legal. Não é disso que se trata, porque o que está em causa não é, em si, a constitucionalidade da lei, mas o *juízo* que sobre essa constitucionalidade possam fazer os órgãos administrativos. Por um lado, a Administração, ao contrário dos tribunais, não é um «órgão» a que tenha sido reconhecida *competência específica* para fiscalização da constitucionalidade[457]; por outro lado, a submissão da Administração à lei não visa apenas a protecção dos direitos dos particulares, mas também a defesa e prossecução de interesses públicos. A concessão ao poder administrativo de uma competência genérica de desaplicação das leis com fundamento na sua inconstitucionalidade – para além de poder causar prejuízos irrecuperáveis a interesses particulares ou públicos relevantes[458] – poderia levar a uma anarquia administrativa, tenderia a inverter a relação Lei-Administração e desequilibraria o princípio da divisão dos poderes, tal como está consagrado na nossa Constituição[459].

Por sua vez, também não é adequado amarrar a Administração a uma obediência cega à lei, estabelecendo uma presunção absoluta da constitucionalidade desta, como se a Administração fosse, no âmbito das suas

[456] Concordamos assim com A. SALGADO MATOS, *ob. cit.*, p. 204 e ss, 323 e ss e 488.

[457] A inexistência para a Administração de uma tal competência não resulta *a contrario* do artigo 204º, mas do sistema estabelecido nos artigos 277º e ss, que determina a quem cabe, e em que termos, a função de fiscalização (abstracta ou concreta) da constitucionalidade das leis.

[458] Referimo-nos sobretudo ao risco de uso erróneo de tal competência, pois que, salvo casos excepcionais, teriam de considerar-se legítimas (e, por isso, lícitas) as decisões administrativas de desaplicação das leis, mesmo que o juízo de inconstitucionalidade não obtivesse vencimento em sede de fiscalização judicial.

[459] Em sentido contrário, no entanto, v. RUI MEDEIROS, *ob. cit.*, p. 167-275, que, analisando detidamente os diversos argumentos normativos apresentados pela doutrina dominante, sustenta um amplíssimo poder administrativo de rejeição de leis inconstitucionais, baseado na superioridade normativa da Constituição. V. também a posição de H. MAURER, *Allgemeines Verwaltungsrecht*, 9ª ed., 1994, p. 73 e s.

funções próprias, um poder nulo[460]. Uma solução desse tipo, além de contrariar o princípio da constitucionalidade e, especificamente, a vinculação directa da Administração aos direitos, liberdades e garantias, parte de uma concepção ultrapassada do poder administrativo como inimigo principal das liberdades, pressupondo a sua falta de democraticidade e excluindo a sua autonomia como poder – e, consequentemente, a possibilidade de ele actuar como contrapeso responsável do legislativo e do poder judicial num sistema equilibrado e pluralista de separação dos poderes.

Deve, por isso, optar-se, na senda de Bachof, por uma solução diferenciada, recorrendo a critérios de proporcionalidade para resolução do conflito entre os dois princípios.

Se a inconstitucionalidade for *evidente*, deve prevalecer o princípio da vinculação constitucional directa das autoridades administrativas. Um suporte dogmático para a solução poderá ser constituído pela aplicação da «teoria da evidência» em matéria de invalidade, ligando a um vício de inconstitucionalidade desse tipo a consequência da *nulidade-inexistência*[461]-[462]. Não haverá conflito, porque a lei, em rigor, não «existe», não produz efeitos e não obriga a Administração.

[460] A ideia de uma (verdadeira) presunção da constitucionalidade das leis não deve admitir-se como regra geral: a aceitar-se, seria conferir ao legislador um privilégio na determinação do sentido das normas constitucionais (que teria sentido ligado à ideia da soberania parlamentar, que ainda tem algum curso em França), contrariando o actual entendimento da subordinação de todos os poderes à Constituição. Outra coisa é a consideração das relações entre os diversos poderes, em que já podem relevar as ideias de uma subordinação administrativa à lei e de uma relativa contenção do juiz quando o legislador tenha uma incumbência constitucional própria.

[461] A Constituição considera inexistentes os diplomas que sofram de vícios formais evidentes (cfr. artigos 137º e 140º, nº 2, relativos à promulgação ou assinatura e à referenda governamental). Referida à inconstitucionalidade material, que é a que aqui nos interessa, a teoria da evidência associa à ideia de «patência» a ideia de «gravidade» – assim, por exemplo, não haverá dúvidas de que a «afectação», em qualquer caso, dos direitos previstos no nº 6 do artigo 19º (na vigência ou, por maioria de razão, fora da vigência do estado de sítio) implica a nulidade/inexistência do acto legislativo violador.

[462] Julgamos que nunca poderá considerar-se evidente e, mais que isso, talvez não deva admitir-se a desaplicação, pelos órgãos administrativos, de normas legais, quando essas normas tenham sido apreciadas pelo Tribunal Constitucional e este não se tenha pronunciado pela sua inconstitucionalidade. Tratar-se-ia, então, de um efeito possível dessas resoluções negativas do Tribunal. No mesmo sentido, GOMES CANOTILHO/VITAL MOREIRA, *Constituição...*, 4ª ed., vol. II, 2010, p. 800. Contra, porém, RUI MEDEIROS, *ob. cit.*, p. 252 e ss.

De qualquer modo, deve sempre procurar-se a proporção que corresponda a um equilíbrio ponderado dos valores em jogo: assim, só deve admitir-se a desaplicação com fundamento em inconstitucionalidade material (e não formal ou orgânica)[463]; deve reservar-se sempre aos órgãos superiores da Administração (estadual ou autónoma) a faculdade da não-aplicação; se for possível, sem prejuízo grave para o interesse público ou para interesses particulares relevantes, suspender a aplicação da lei no caso concreto, deve escolher-se essa alternativa; se o órgão administrativo tiver apenas dúvidas, ou, pela sua falta de conhecimentos específicos, só puder ter dúvidas, deve funcionar uma presunção prática (uma probabilidade forte) de justeza ou de constitucionalidade da lei (que provém de um órgão supostamente mais capaz e mais representativo que o órgão aplicador); quando haja convicção justificada do órgão administrativo, este deve pensar os «prós» e os «contras» da aplicação e não-aplicação e decidir-se pela que considere menos onerosa[464].

Esta parece ser a solução que corresponde ao princípio da unidade da Constituição e que deve valer especialmente quando a Administração pretenda defender os direitos, liberdades e garantias, aos quais a lei fundamental reconhece aplicabilidade directa e imediata. Por outro lado, é a solução mais adequada à nova imagem de uma Administração democrática, com maior legitimidade, responsável, e, afinal de contas, sempre sujeita à responsabilidade pelos prejuízos causados e ao controlo judicial da validade dos seus actos.

c) Por último, também os próprios indivíduos têm o *direito de resistência* a quaisquer ordens que ofendam os seus direitos, liberdades e garantias (artigo 21º), o que significa, como veremos, que, em casos excepcionais, os próprios indivíduos, enquanto membros da comunidade jurídica[465], poderão recorrer directamente às normas constitucionais,

[463] De resto, é essa também a solução que preconizamos, *de iure condendo*, para (toda) a fiscalização judicial concreta da constitucionalidade.

[464] Problema diferente será o da desaplicação, por inconstitucionalidade, de *normas administrativas* por parte de órgãos que lhes devam obediência: aqui já se pode admitir com maior amplitude tal desaplicação, tendo em conta, no entanto, as relações interorgânicas e de competência. Sobre este problema, v. PIETZCKER, *Inzidentverwerfung rechtswidriger untergesetzlicher Rechtsnormen durch die Verwaltung*, *DVBl*, 1986; STERN, *Staatsrecht*, III/1, p. 1346 e ss.

[465] Poderá fazer-se apelo à conhecida ideia da «sociedade aberta dos intérpretes da Constituição» de HÄBERLE. Contra os monopólios no acesso ao Direito, v. BARBOSA DE MELO, *Sobre o problema da competência para assentar*, 1988, p. 6.

invocando-as perante os poderes públicos nos casos concretos em que sejam afectados (tratar-se-á, em regra, de uma resistência passiva em face da Administração). Julgamos que também aqui só o *princípio da evidência*, associado a uma ideia de *gravidade objectiva* (intersubjectivamente comprovável), poderá definir o âmbito da resistência legítima em termos que permitam a sua utilização prática, em segurança e com razoabilidade, pelos cidadãos[466].

3. A vinculação de entidades públicas

A afirmação de que os preceitos relativos aos direitos, liberdades e garantias «vinculam as entidades públicas», para não ser uma banalidade, deve ser entendida como um reforço do carácter obrigatório daqueles preceitos constitucionais. Referindo a vinculação aos «agentes» públicos e não apenas à actividade, a Constituição parece sublinhar a existência de um *dever específico* de respeito, de protecção e de promoção dos direitos fundamentais[467].

3.1. Os vínculos do legislador

Esta força vinculativa dirige-se, em primeiro lugar, ao *legislador*.

Já atrás nos referimos, a vários propósitos, à obediência que o legislador deve à Constituição, designadamente em matéria de direitos fundamentais. O poder legislativo deixou de corresponder à ideia de um soberano que se autolimita, devedor apenas de uma veneração moral ou política a uma Constituição distante da realidade e juridicamente débil. É um poder «constituído», obrigado a realizar certas tarefas, a respeitar limites e a acatar proibições, a prosseguir determinados fins e a usar modos específicos para atingir os objectivos que se propõe, a mover-se dentro do quadro de valores constitucionalmente definido[468].

[466] Parece-nos óbvio que os cidadãos só podem invocar inconstitucionalidades materiais que respeitem à *violação* imediata dos seus direitos (e não, por exemplo, uma alegada inconstitucionalidade formal ou orgânica da norma que fundamenta o acto que afecta os seus direitos). Sobre o alcance do direito, v., entre nós, MARIA ASSUNÇÃO ESTEVES, *A constitucionalização do direito de resistência*, 1989.

[467] Cfr. DÜRIG, *ob. cit.*, anotação ao artigo 1, III.

[468] De tal modo que se fala com insistência crescente em «discricionariedade legislativa». A expressão começou por ser utilizada como *alusão*, mas tornou-se em certo momento uma *comparação* com o estatuto de dependência das entidades administrativas em face da lei Sobre o problema, v. G. CANOTILHO, *Constituição dirigente e vinculação do legislador*, 1982,

Contrariamente ao que por vezes se afirmava (e, em França, como vimos, só há pouco tempo se transformou este entendimento), o legislador, mesmo o legislador parlamentar, apesar de continuar a ser o representante directo da vontade popular, é, também ele, um potencial «inimigo» das liberdades[469].

Acresce que, como se disse, a vinculação do legislador como entidade pública incluída no nº 1 do artigo 18º não é exclusiva dos direitos, liberdades e garantias e, por isso, há-de significar que, nesta matéria específica, sobretudo confrontada com a relativa aos direitos sociais a prestações, a vinculação dos poderes públicos é *maior e mais intensa*[470]: o poder de livre escolha da maioria democrática neste domínio é especialmente restringido ou limitado pela nossa lei fundamental, que se preocupa em acentuar a força jurídica vinculante daqueles direitos fundamentais dos cidadãos mais intimamente associados à sua dignidade de homens livres.

3.1.1. A vinculação do legislador aos preceitos relativos a direitos, liberdades e garantias só pode, porém, ser integralmente compreendida depois de analisadas as complexas relações entre a Constituição e a lei

p. 209 e ss. Não interessa aqui aprofundar a questão, mas tem de dizer-se que não é lícito reduzir o poder de conformação do legislador a uma discricionariedade em sentido técnico. A Constituição não deve ser vista como uma lei, pois não pode ter, pela sua vocação ascética de intemporalidade, o mesmo apetite regulamentador; a função politico-legislativa é demasiado complexa e aventurosa para poder ser subjugada e degradada a uma tacanhez administrativa, tal como não pode, pela sua legitimidade representativa, estar sujeita a oráculos judiciais; e, por seu lado, as forças vivas de uma comunidade não se resignam (senão, quando muito, transitoriamente) a cumprir com subserviência um destino legado em testamento, muitas vezes elaborado em época de euforia utopista.

[469] Cfr. Bachof, *Grundgesetz und Richtermacht*, 1958, p. 25. Como já dizia Madison, «*the great and essential rights of the people are secured against legislative as well as against executive ambition. They are secured, not by laws paramount to prerogative, but by Constitution paramount to laws*», in *Report on the Virginia Resolutions*, apud Paul Freund e outros, *Constitutional Law*: Cases and other problems, 3ª ed., vol. 11, p. 1718. V., sobre a concepção francesa, p. ex., Prosper Well, *Protection des libertés publiques en droit francais*, in *Mélanges Marcel Bridel*, 1968, sobretudo p. 624 e ss.. Contudo, a tradição parlamentar francesa inclui também os cépticos, como se ilustra nas páginas de B. Constant, *Cours de politique constitutionnelle*, 3ª ed. 1837, pp. 6 e s., em que se sublinham os perigos que resultam para as liberdades do poder ilimitado das assembleias representativas.

[470] Esta vinculação mais íntima decorre ainda de algum modo da reserva parlamentar em matéria de direitos, liberdades e garantias, enquanto imperativo de densidade normativa.

neste domínio. A diversidade normativa dos preceitos constitucionais impõe várias distinções, em função do modo como são formulados os direitos e os termos da intervenção da legislação ordinária respectiva.

De facto, são diversas as formulações dos preceitos constitucionais: para além da maior ou menor concretização dos direitos – incluindo em certos casos a autonomização de faculdades contidas em «direitos-mãe» – e da explicitação, ou não, de excepções ou limitações, há muitos preceitos que se referem expressamente a uma regulação legal, enquanto alguns não prevêem qualquer intervenção legislativa[471]. Dos primeiros, uns conferem ao legislador poderes (deveres) de concretização ou de conformação do conteúdo dos direitos, outros impõem uma regulação ou uma protecção do seu exercício, ao passo que outros ainda autorizam uma legislação geral restritiva para determinadas finalidades ou limitações estatutárias específicas. Contudo, independentemente da referência expressa à intervenção do legislador, há preceitos que implicam, por interpretação, uma regulação legal necessária para o exercício dos direitos, designadamente normas de organização e procedimento, enquanto outros devem ser entendidos como proibições de intromissão legislativa[472], ao que acresce a conflitualidade sistemática (e sistémica) entre direitos e entre direitos e valores comunitários, que pode impor ou fundar a intervenção legislativa na resolução de uma multiplicidade de questões de fronteira ou de confronto.

Daí que se torne indispensável, a partir das formulações e das implicações constitucionais, distinguir a intenção e o alcance da legislação ordinária reguladora da matéria de direitos fundamentais: embora o artigo 18º apenas refira expressamente a categoria das leis *restritivas*, as leis podem ainda ser (ou pretender ser) *ordenadoras*, *condicionadoras*, *interpretativas* (*delimitadoras* ou *concretizadoras*), *constitutivas* (ou *conformadoras*), *protectoras*, *promotoras* e *ampliativas* dos direitos fundamentais[473]. E, como

[471] Por exemplo, os preceitos relativos à liberdade de criação cultural, à liberdade de aprender e ensinar, aos direitos de deslocação e de reunião (artigos 42º a 45º).

[472] Além da proibição expressa de limitação do âmbito de interesses a defender através da greve (artigo 57º, nº 2), v., por exemplo, as que resultam da proibição da censura (artigo 37º, nº 2), da proibição de programação oficial da educação e da cultura (artigo 43º, nº 2) ou da independência dos órgãos da comunicação social (artigo 38º, nºs 4 e 6).

[473] Há naturalmente outras classificações possíveis: por exemplo, P. Lerche, in *Übermass und Verfassungsrecht*, 1961, p. 106 e ss., distingue entre normas que restringem (*eingreifende*), clarificam (*verdeutlichende*), determinam (*grundrechtsprägende*), previnem abusos (*missbrau-*

veremos, ao lado das leis restritivas propriamente ditas e diferentes das que definem limites imanentes, devem ainda considerar-se autonomamente as leis que solucionam, em abstracto, problemas de colisão de direitos, que designamos por leis *harmonizadoras*.

3.1.2. Na realidade a intervenção legislativa na matéria dos direitos fundamentais não implica, na maior parte dos casos, uma restrição do conteúdo desses direitos.

3.1.2.1. Referimos, em primeiro lugar, como normas *ordenadoras* aquelas que se limitam a introduzir e acomodar os direitos na vida jurídica.

De facto, como se viu já, os preceitos constitucionais relativos aos direitos, liberdades e garantias, embora sejam «directamente aplicáveis», não podem desprezar nem, por vezes, prescindir das vantagens práticas resultantes da sua organização e adaptação à vida real[474]. O exercício dos direitos fundamentais no espaço, no tempo e no modo, só será muitas vezes possível ou efectivo se houver medidas concretas que, desenvolvendo a norma constitucional, organizem e disciplinem o uso e previnam o conflito, ou visem proibir o abuso e a violação dos direitos. Essa necessidade prática – que, já sabemos, não se deve confundir com uma necessidade ou dependência jurídica – é particularmente notória quando se trata de efectivar direitos em que predomina o aspecto institucional ou procedimental, mas pode de alguma maneira ser referida à generalidade dos direitos fundamentais[475].

Nestes casos, as leis contêm normas reguladoras (ou «regulamentadoras»), que organizam e disciplinam a «boa execução» dos preceitos constitucionais. A sua intenção não é restringir, mas, pelo contrário, assegurar praticamente o direito fundamental constitucionalmente declarado.

chswehrende) ou solucionam problemas de conflito (*konkurrenzlösende*); GOMES CANOTILHO, *Direito Constitucional... cit.*, p. 1263 e ss, distingue entre as leis conformadoras em sentido amplo, as leis restritivas, concretizadoras e reguladoras (ou conformadoras em sentido estrito).

474 Já nesse sentido, v. M. HAURIOU, *Précis de Droit Constitutionnel*, 1929, p. 631.

475 As normas que regulam a forma de constituição, a capacidade jurídica, a responsabilidade, a organização interna e o funcionamento das associações não restringem necessariamente a liberdade de associação, tal como as normas que regulam os trâmites processuais não restringem, por definição, o conteúdo dos direitos procedimentais respectivos. O mesmo se passa, por exemplo, com a regulamentação do casamento, da propriedade, do sufrágio, da circulação ou da manifestação nas vias públicas.

É certo que as leis, ainda com essa mesma finalidade, poderão estabelecer imposições que acabam por constituir condicionamentos ao exercício dos direitos[476], mas não estamos ainda perante verdadeiras leis restritivas, dado que não afectam o conteúdo do direito[477] – é neste caso que se poderá falar de leis *condicionadoras* [478].

O poder do legislador para regular (ordenar e eventualmente condicionar) os direitos é por vezes expressamente concedido pela Constituição[479], mas tal não é necessário, devendo, pelo contrário, entender-se que esse é um poder que resulta muitas vezes de uma imposição ou de uma autorização implícita, determináveis por interpretação[480]. A Constituição indicia isso mesmo, de forma mais ou menos clara, até pelo carácter parcial das referências expressas à lei, e esse é, de todo o modo, o entendimento que melhor se coaduna, quer com as necessidades práticas de efectivação dos direitos, quer com uma concepção não individualista – isto é, não puramente subjectivista – dos direitos fundamentais[481].

[476] Será, por exemplo, o caso da norma legal que impõe a comunicação prévia às entidades com poderes de polícia da realização de reuniões públicas ou de manifestações (se não for uma norma meramente ordenadora, dado que há-de entender-se que não põe em causa as manifestações espontâneas), ou daquelas que obrigam ao registo das publicações periódicas ou à habilitação com a carteira de jornalista. Será quanto a nós também o caso das normas processuais que estabeleçam o recurso hierárquico necessário como pressuposto da impugnação judicial de determinados actos administrativos. Sobre esta figura, v. a jurisprudência constitucional em matéria de direito à tutela judicial efectiva perante a Administração (por exemplo, o Acórdão do TC nº 92/2001, 13/3, in *DR, II S.*, 22/5/01, p. 8690)

[477] V., por exemplo, o Acórdão do TC nº 866/96 (*Acórdãos*..., *cit.*, 34º vol., p. 53 e ss), que considera um condicionamento do direito de propriedade o ónus de consentimento no trânsito de caçadores para exercício da actividade cinegética.

[478] No entanto, a distinção entre condicionamento e restrição é fundamentalmente prática, já que não é possível definir com exactidão, em abstracto, os contornos das duas figuras. Muitas vezes, é apenas um problema de grau ou de quantidade. Uma caução exigida aos organizadores de uma manifestação (para garantir o pagamento de eventuais prejuízos causados pelos manifestantes) ou um prazo para comunicação prévia da sua realização podem constituir meros condicionamentos, se aquela, na sociedade concreta, for de um montante acessível e se este for de duração razoável, mas constituirão uma restrição, se, pelo contrário, impedirem ou dificultarem em condições normais o exercício do direito.

[479] Cf., por exemplo, os artigos 20º, nº 2; 32º, nºs 1, 3, 4, 5, 6 e 7; 35º, nºs 1 e 7; 36º, nº 2; 38º, nºs 3 e 7; 39º, nºs 2 a 5; 49º, nº 1 (e 164º, alínea a)); 51º, nº 6; 52º, nº 2 e 3; 62º, nº 2.

[480] V., por exemplo, os artigos 20º, nº 1, 268º, nºs 4 e 5 e, em geral, as normas que consagram direitos fundamentais procedimentais ou dependentes de um procedimento.

[481] V., neste sentido, embora partindo de uma perspectiva institucionalista, que não subscrevemos, HÄBERLE, *ob. cit.*, p. 193.

Esse poder do Legislativo, seja-lhe atribuído expressa ou implicitamente, não engloba, em si, um poder de disposição. O reconhecimento desta função ao legislador não o coloca numa situação de preponderância em face da Constituição: o seu poder é vinculado pelo próprio direito cujo exercício visa regular e, em princípio, não lhe cabe definir, nem lhe é possível afectar ou modificar o *conteúdo* do direito fundamental, sob pena de se inverter a ordem constitucional das coisas[482].

No entanto, poderá optar entre diversas soluções organizativas e procedimentais[483], seja porque não existe, em regra, uma única forma de realização ou de garantia do direito – o contrário implicaria a petrificação legislativa, pondo em causa a possibilidade de adaptação ou de evolução das fórmulas de organização e de procedimento –, seja porque os procedimentos, designadamente os procedimentos públicos, não visam em exclusivo a defesa dos direitos dos particulares, mas também a salvaguarda de valores comunitários (designadamente, a eficiência na realização dos interesses públicos), com os quais têm de ser harmonizados[484].

Por isso, esta normação legislativa, além de estar sujeita ao controlo dos limites (isto é, do respeito pelo conteúdo do direito) sofre ainda, quanto à ordenação escolhida, a fiscalização da sua conformidade com a intenção que justifica e funda o poder respectivo de efectivar o direito, isto é, de o transpor para a realidade – uma fiscalização *teleológica*, que, no entanto, em face da autonomia legislativa, não permite um reexame judicial, mas tão só um *controlo externo* de constitucionalidade, isto é, um controlo de limites externos e de erro manifesto, segundo um *critério de evidência*.

3.1.2.2. Noutros casos, a lei intervém (só pode intervir) na matéria dos direitos fundamentais para interpretar os preceitos constitucionais,

[482] V., por todos, W. Leisner, *Die Gesetzmässigkeit der Verfassung*, in *JZ*, 1964, p. 201 e ss. e *Von der Verfassungsmässigkeit der Gesetze zur Gesetzmässigkeit der Verfassung*, 1964.

[483] Tal como pode posteriormente alterá-las, dado que a ordenação legal, em princípio, não se constitucionaliza, apesar de as normas poderem oferecer alguma resistência à alteração, por força e na medida da necessidade de garantir a efectividade do direito fundamental.

[484] Sobre o problema da harmonização entre a eficiência e a garantia dos direitos fundamentais no procedimento administrativo, v., por todos, Rainer Wahl / Jost Pietzcker, *Verwaltungsverfahren zwischen Verwaltungseffizienz und Rechtschutzauftrag*, *VVDStRL*, 41, 1983, p. 151 e ss e 193 e ss, e, entre nós, João Loureiro, *O procedimento administrativo entre a eficiência e a garantia dos particulares*, 1995, p. 201 e ss.

a fim de permitir ou facilitar a sua aplicação – é com esse sentido que nos referimos a *leis interpretativas*. Em rigor, o legislador não acrescenta, então, nem tira nada aos direitos, limitando-se a "explicar" ou "explicitar" os conceitos normativos, desenvolvendo ou repetindo mais claramente o seu conteúdo, razão pela qual designamos essas normas por *concretizadoras*[485].

Em regra, a concretização legislativa estabelece o modo normal, típico ou tradicional de exercício do direito, sem excluir necessariamente outras formas de exercício. Mas, por vezes, a concretização parece limitar o direito, na medida em que define ou delimita o domínio da realidade que constitui a respectiva esfera normativa[486], e, nalguns casos, aparenta mesmo restringi-lo, seja quando concretiza excepções definidas pelos próprios preceitos constitucionais («restrições» que constituem limites intrínsecos)[487], seja quando exclui autonomamente do domínio protegido uma certa forma (necessariamente atípica) de exercício do direito[488], mas ainda deverá ter-se por interpretativa se não fizer mais do que *delimitar* ou *declarar os limites imanentes* do direito fundamental.

Esta intervenção do legislador, porque não é restritiva, não precisa de ser expressamente autorizada pela Constituição, exercendo o legislador, nessa medida, um poder próprio, que resulta da distribuição constitucional dos poderes. Em princípio, os conteúdos definidos por lei, na medida em que visam apenas explicitar ou delimitar o conteúdo dos

[485] Cfr., por ex., a concretização do conceito de liberdade de imprensa no nº 1 do artigo 2º da Lei de Imprensa (Lei nº 2/99, de 13 de Janeiro), designadamente a alínea c), bem como os direitos dos jornalistas (artigo 38º, nº 2, alínea b), da CRP) tal como são concretizados nos artigos 6º a 13º da Lei nº 1/99, de 13 de Janeiro (Estatuto do Jornalista).

[486] V., por exemplo, a definição negativa de «jornalista» contida no nº 2 do artigo 1º do Estatuto do Jornalista, ou a definição de «resposta» resultante da 1ª parte do nº 4 do artigo 25º da Lei de Imprensa (Lei nº 2/99, de 13 de Janeiro), na medida em que limita o conteúdo da resposta ou rectificação «pela relação directa e útil com o escrito ou a imagem respondidos». V. o caso especial da definição legal do casamento, que alargou o conceito constitucional, limitado a contrato de pessoas de sexo diferente – será uma lei concretizadora se admitirmos que o conceito constitucional também evoluiu ao longo do tempo.

[487] Será, por exemplo, o caso das leis que concretizam as excepções relativas à privação da liberdade determinadas pelo nº 3 do artigo 27º da CRP, bem como o das leis que estabelecem incapacidades eleitorais nos termos do nº 1 do artigo 49º.

[488] Acontece com muitas normas incriminatórias e, por exemplo, com as normas que proíbem as manifestações armadas ou o exercício das actividades de contrabandista ou o lenocínio (em face dos artigos 45º, nº 2 e 47º, nº 1, respectivamente).

direitos, são *imputáveis* aos preceitos constitucionais respectivos, mas, como o legislador não tem competência para fazer uma interpretação autêntica da Constituição, está sujeito, nessa sua actividade de explicitação do conteúdo e limites do direito fundamental, a uma *vinculação estrita* à norma constitucional e, consequentemente, a um *controlo intrínseco de reapreciação* por parte das entidades com poderes de fiscalização da constitucionalidade[489].

Note-se que, em rigor, apenas se devem considerar como leis concretizadoras as normas interpretativas que se limitem a declarar faculdades já contidas no preceito constitucional, distinguindo-se, assim, das normas que definem *direitos ou garantias derivados ou acessórios,* as quais exprimem uma opção legislativa e hão-de enquadrar-se nas normas protectoras.

3.1.2.3. Em terceiro lugar, também não podem ser consideradas como de restrição aquelas hipóteses em que a Constituição remete para uma determinação legislativa autónoma a própria configuração do conteúdo dos direitos e garantias fundamentais. A lei *conformadora* ou *constitutiva* não restringe o conteúdo do direito ou da garantia, porque é a ela própria que cabe determiná-lo, para além do conteúdo mínimo ou do núcleo essencial do direito ou da garantia, que decorrem da Constituição.

É o que acontece, em regra, como os direitos económicos, sociais e culturais, em que a liberdade constitutiva do legislador está sujeita a um respeito vinculado pelo conteúdo mínimo imperativo do preceito constitucional (incluindo naturalmente a proibição da discriminação e do arbítrio), mas também se verifica por vezes no contexto dos direitos, liberdades e garantias, quanto àqueles *direitos e faculdades cujo conteúdo é juridicamente construído pelo legislador*[490], e, tipicamente, nas *garantias ins-*

[489] Cf., por exemplo, o nº 6 do artigo 36º: os «deveres fundamentais» dos pais serão concretizados pela lei, mas a especificação pelo legislador é vinculada, estando sujeita a reexame pelos tribunais e, designadamente, pelo Tribunal Constitucional.

[490] V., por exemplo, os direitos às indemnizações previstas nos artigos 27º, nº 5, e 29º, nº 6, os direitos à protecção de dados informatizados, nos termos dos nºs 2 e 6 do artigo 35º, o direito à adopção segundo o artigo 36º, nº 7, certos direitos dos jornalistas, segundo o artigo 38º, nº 2, alínea b), e o direito de acesso à função pública, conforme o artigo 47º, nº 2. Será ainda o caso de direitos como o direito à objecção de consciência do artigo 41º, nº 6, e das liberdades de iniciativa económica, cooperativa e autogestionária, como são formuladas no artigo 61º, num contexto de socialização da vida económica. V., por exemplo, o Acórdão

titucionais, para cuja definição ou configuração é mandatado o legislador[491], assegurando a Constituição apenas a preservação da essência da figura contra a sua *destruição, desfiguração* ou *descaracterização.*

O poder de conformação legislativa resulta da interpretação dos preceitos constitucionais respectivos e pode considerar-se *implícito* na generalidade dos preceitos relativos a direitos económicos, sociais e culturais, mas deverá, no âmbito dos direitos, liberdades e garantias, fundar-se numa *expressa* e inequívoca remissão para a autonomia legislativa.

Apesar do poder legislativo de configuração, ao juiz cabe ainda verificar o respeito pelo *conteúdo essencial* do direito (que será, em regra, o seu *conteúdo mínimo*) ou pelo *núcleo característico* da instituição, avaliados segundo um *critério de evidência.*

3.1.2.4. Por fim, não é seguramente restritiva a legislação que visa directamente proteger, promover ou até ampliar o alcance dos direitos fundamentais fora das situações de colisão.

Poderá falar-se de uma legislação *protectora* quando se trate de cumprir os encargos legislativos de estabelecer protecções e garantias *especiais* para certos direitos ou valores pessoais[492], e *promotora*[493] quando visa criar condições favoráveis ao exercício dos direitos[494].

nº 160/95 do Tribunal Constitucional (*Acórdãos..., cit.*, 30º vol., p. 807 e ss), em que não se considerou inconstitucional o artigo 225º, nº 2, do Código de Processo Penal, que conformou o conteúdo do direito à indemnização previsto no artigo 27º, nº 5 da Constituição, ao admiti-lo, além dos casos de prisão preventiva manifestamente ilegal, quando esta se revele «injustificada» por «erro grosseiro» e os prejuízos sejam «anómalos e de particular gravidade».

[491] Assim, quanto à configuração do casamento (artigo 36º, nº 2), da autonomia universitária (artigo 76º, nº 2) ou da contratação colectiva (artigo 56º, nºs 3 e 4).

[492] Trata-se do cumprimento do dever geral de protecção, bem como de deveres de protecção *especial* de direitos, liberdades e garantias (artigos 20º, nº 5, 26º, nº 1, *in fine*, nº 2 e nº 3, 35º, nºs 2 e 6, 55º, nº 6), bem como de certos direitos sociais (68º, 69º, 70º e 71º), no que vá para além do cumprimento, garantia e protecção que correspondem ao conteúdo típico desses direitos.

[493] Referimo-nos à legislação promotora, mas, como veremos, nada impede a intervenção administrativa promotora, também por via normativa (designadamente por regulamentos autónomos, regionais, locais, institucionais ou associativos).

[494] V., por exemplo, o caso do «porte pago» para as publicações científicas e para a imprensa regional, ou o direito a um regime especial de estacionamento de viaturas dos jornalistas em serviço – artigo 10º, nº 5, do Estatuto do Jornalista. Mas também talvez se possa falar de legislação promotora quando haja uma protecção especialmente intensa, como acontece com

As hipóteses de legislação *ampliadora* verificam-se quando o legislador alarga o âmbito de protecção do direito tal como é definido pelo preceito constitucional, já devidamente interpretado, seja criando novas faculdades – como acontece, por exemplo, com o direito de asilo para os perseguidos não «militantes»[495], ou com o direito de impugnação judicial de actos administrativos por titulares de mero interesse de facto (desde que directo, pessoal e legítimo) na respectiva anulação[496] –, seja concretizando uma excepção a uma restrição constitucional, como pode acontecer relativamente a certos direitos políticos de estrangeiros[497].

Note-se que, tal como na legislação promotora, os direitos conferidos pela legislação ampliadora são, em regra, de nível legal, mas podem ser materialmente fundamentais, na medida em que sejam análogos aos direitos constitucionalmente definidos[498].

3.1.3. Mas, em alguns casos, o legislador visa diminuir ou reduzir efectivamente o conteúdo do direito fundamental, tal como ele é definido pela norma constitucional. Estamos, então, perante leis *restritivas* propriamente ditas[499].

Discutiam alguns autores se a figura da restrição legislativa dos direitos fundamentais teria verdadeiramente sentido, se as limitações aos direitos não se reduziriam à declaração ou concretização dos limites imanentes ou à regulamentação (conformação) dos mesmos[500]. O que

a legislação que consagra o processo urgente de intimação para protecção dos direitos, liberdades e garantias (artigos 20º, nº 5, da CRP e 109º e ss do CPTA).

495 V. a Lei nº 27/2008, de 30 de Junho, que, para além dos casos previstos no nº 7 do artigo 33º da CRP, confere ainda direito de asilo aos «estrangeiros e apátridas que, receando com razão ser perseguidos em virtude da sua raça, religião, nacionalidade, opiniões políticas ou integração em certo grupo social, não possam ou, em virtude desse receio, não queiram voltar ao Estado da sua nacionalidade ou da sua residência habitual» (artigo 3º, nº 2).

496 A Constituição (artigo 268º, nºs 4 e 5) atribui apenas o direito de impugnação aos titulares de direitos ou interesses legalmente protegidos, isto é, de posições jurídicas substantivas.

497 V. os nºs 4 e 5 do artigo 15º da CRP.

498 Será, quanto a nós, o caso do direito de asilo previsto no já referido preceito da Lei nº 15/98.

499 Leis restritivas não são necessariamente leis especialmente dirigidas à restrição dos direitos, mas quaisquer normas que afectem substancialmente o seu conteúdo. Por outro lado, a restrição tanto pode advir de uma proibição como da imposição de um dever. Cfr. *D. A. C.*, nº 35. Sobre os «limites incidentais» dos direitos, v. Jónatas Machado, *Liberdade de expressão*, 2001, que ilustra a importância do «impacto restritivo», para além da «intenção restritiva».

500 Nesse sentido v. Mangoldt-Klein e Häberle, citados por Schaumann, *ob. cit.*, p. 492, nota 4.

estaria em causa, em muitos casos tradicionalmente designados como de restrição, seria então apenas ou a delimitação ou a configuração dos direitos fundamentais. Parece-nos, no entanto, que, à face da nossa Constituição, é conveniente distinguir, nos termos apontados, os diferentes tipos de intervenção legislativa. De facto, as cautelas constitucionais contra as leis restritivas não têm sentido quanto às normas concretizadoras ou ordenadoras e, por outro lado, não pensamos que as restrições devam ser, por recurso a teorias institucionalistas ou funcionalizantes, subestimadas como meras regulamentações.

Hoje, a ideia da superação do conceito de «restrição» e de «lei restritiva» volta de algum modo a aparecer na doutrina, mas passa agora pela sua integração num conjunto indiferenciado de *leis limitadoras*, a partir do entendimento das normas constitucionais relativas aos direitos fundamentais como «princípios», contrapostos a «regras», no sentido que lhes deram Dworkin e Alexy.

Nesta concepção, todos os direitos fundamentais seriam «direitos limitáveis», dotados de um conteúdo «prima facie» aberto, susceptível de ser *afinal* («all things considered») comprimido ou limitado, em função da necessidade de realização de outro direito ou de um valor comunitário com ele conflituante, que, ponderadas as circunstâncias, devesse ser tomado em consideração. Sendo assim, as leis restritivas não seriam propriamente leis que diminuiriam um conteúdo constitucional pré-definido, incluir-se-iam, sim, nas leis que resolvem colisões entre direitos fundamentais, ou conflitos entre direitos fundamentais e outros valores constitucionais, limitando *a posteriori* o conteúdo dos direitos nas suas relações com outros valores (quer se tratasse daquilo que tradicionalmente se considera restrição, quer se tratasse da definição de limites imanentes, da configuração do conteúdo do direito ou da consagração legislativa de soluções de colisão).

Parece-nos, porém, que tem sentido, no que respeita à relação entre a Constituição e o legislador – isto é, num plano geral e abstracto –, distinguir entre as *leis restritivas* e as *leis harmonizadoras*, que solucionam problemas de colisão.

A diferença, que é relevante justamente para efeitos do grau ou do tipo de vinculação legislativa aos preceitos constitucionais, estará, então, em que a lei restritiva propriamente dita pressupõe a *prefiguração constitucional* da necessidade de *sacrificar o conteúdo protegido de um direito*, seja por se considerar esse direito (muitas vezes, a liberdade ou uma liberdade especial), como potencialmente «agressivo» relativamente a outro direito, potencialmente «vítima» (pois que seria prejudicado pelo exercício não limitado daquele), seja para assegurar um valor comunitário, cuja realização efectiva exige «forçosamente» aquela limitação. Por sua vez, as leis que solucionam problemas de colisão têm um objectivo diferente, já que visam resolver um *conflito não prefigurado* ao nível constitucional (mas que se revela inevitável ou para o qual o legislador considera conveniente uma solução geral e abstracta), através de *critérios* de harmonização, dirigidos à *limitação de ambos os direitos* ou *de um direito e de um valor comunitário*, na proporção do respectivo peso normativo nas situações legislativamente hipotizadas.

Por outro lado, enquanto as leis restritivas tendem a enunciar de forma *precisa*, em abstracto, as limitações introduzidas aos direitos restringidos, as leis harmonizadoras serão tendencialmente mais abertas, definindo, em regra através de conceitos com um elevado grau de *indeterminação*, critérios que visam permitir a ponderação dos direitos ou valores conflituantes em função das circunstâncias dos casos concretos[501].

Por fim, também se justificará a autonomização da categoria de leis restritivas, pelo menos para certos efeitos, mesmo que se parta de uma concepção de «direitos limitáveis», na medida em que as harmonizações, tal como a definição de limites imanentes, se hão-de referir exclusivamente a colisões ao *nível constitucional*, cuja solução normativa tem de estar sujeita a um reexame judicial, ao passo que as restrições legislativas propriamente ditas estão autorizadas a incluir momentos de *conformação legislativa autónoma*, que exprimam opções políticas[502].

3.1.4. Como fomos vendo, as diferenças entre as normas são relevantes para determinação do *grau de vinculação* do legislador às normas

[501] V., por exemplo, o artigo 180º do Código Penal, que "restringe" a liberdade de expressão, ao proibir, *de plano*, a imputação de factos não verdadeiros ofensivos da honra, mas que, em abstracto, "harmoniza" a liberdade de expressão com o direito ao bom nome, ao permitir imputações de factos ofensivos verdadeiros que sejam feitas "para realizar interesses legítimos" (a julgar nas circunstâncias do caso).

[502] No entanto, ALEXY reconhece ao legislador um «espaço de ponderação» (*Abwägungsspielraum*) entre princípios, bem como um «espaço de diferenciação» (*Differenzierungsspielraum*) para introduzir desigualdades de tratamento racionalmente justificáveis – cf. *Theorie der Grundrechte*, *cit.*, p. 279.

constitucionais, seja quanto à obrigatoriedade de emissão, seja quanto à intensidade da pré-determinação do conteúdo, e, em consequência, para o correspondente *grau de fiscalização* judicial.

De facto, é manifesta a *obrigatoriedade* da emissão do *núcleo* das normas legais *ordenadoras* e *conformadoras*, na medida em que a regulação que contêm seja *indispensável* ao exercício efectivo dos direitos, devendo, porém, ser consideradas de emissão facultativa as normas *condicionadoras*, bem como as ordenadoras ou conformadoras para além desse âmbito de indispensabilidade[503]. No entanto, estas normas preenchem, em regra, um espaço legislativo de *escolha autónoma* da solução adequada, seja por não tocarem (ou não diminuírem) o conteúdo do direito, seja por constituírem uma opção política de concretização – o *controlo* judicial faz-se segundo um critério *de evidência* (se for manifesta a inconstitucionalidade), quer se trate de controlar o respeito pelo conteúdo constitucional do direito, quer se trate de assegurar a não-desrazoabilidade das soluções escolhidas.

Em contraposição a estas categorias, as leis *interpretativas*, que visem declarar limites imanentes ou especificar aspectos do conteúdo constitucional do direito, sofrem uma estrita *vinculação de conteúdo* e estão sujeitas a um *controlo total* ou *reexame* ("strict scrutiny") pelo juiz, porque pretendem concretizar o sentido da própria norma constitucional, embora, em contrapartida, *não sejam de emanação obrigatória* – o mesmo valendo para as leis *harmonizadoras*, na medida em que apenas visam pôr em concordância valores constitucionais.

Por sua vez, as leis *restritivas*, devem entender-se de *emissão obrigatória* quando estejam expressamente previstas, e, em qualquer caso, de *finalidade e conteúdo essencialmente vinculado*, apesar de o legislador dispor, em comparação com as leis harmonizadoras, que visam solucionar colisões e, por maioria de razão, em comparação com as leis interpretativas, de um *relativo espaço de conformação* decorrente da reserva específica de autorização, que acresce à reserva geral da alínea b) do nº 1 do artigo 165º – os tribunais hão-de fazer aí, em termos que veremos melhor, um controlo da proporcionalidade da restrição através de um *critério de defensa-*

[503] O critério da obrigatoriedade será o da inconstitucionalidade por omissão: «medidas legislativas necessárias para tornar exequíveis as normas constitucionais», nos termos do artigo 283º da Constituição.

bilidade ("intermediate scrutiny")[504], não se exigindo nem se admitindo a ponderação rigorosa dos direitos nos termos de um reexame judicial da decisão legislativa[505].

Também as leis *protectoras* são de considerar *obrigatórias*, na medida em que constituam o cumprimento de imposições concretas de legislação ou até de ordens de legislar, e, no essencial, *vinculadas*, sujeitas a um controlo judicial de *defensabilidade*.

Já quanto às leis *promotoras* e *ampliadoras*, como visam exclusivamente favorecer o exercício de direitos fundamentais, não suscitam problemas especiais, dado que não constituem o cumprimento estrito de obrigações ou deveres e estarão apenas sujeitas a um controlo de *evidência*, que poderá funcionar, designadamente, em casos de desigualdade de tratamento, para obstar a discriminações arbitrárias ou desrazoáveis.

3.2. As obrigações da Administração Pública

Os preceitos relativos aos direitos, liberdades e garantias vinculam também o poder administrativo, incluindo-se aí a Administração do Estado e das regiões autónomas, as autarquias locais e quaisquer outras entidades públicas.

3.2.1. O primeiro problema que se levanta é o de saber *quando* é que a Administração está vinculada pelos direitos, liberdades e garantias enquanto *entidade pública*, seja porque ela também utiliza hoje largamente formas organizativas e meios de actuação de direito privado para prossecução dos interesses públicos, seja na medida em que muitas tarefas administrativas são realizadas por particulares.

Note-se que não se trata, em face da nossa Constituição, de saber se há, ou não, vinculação aos direitos fundamentais, já que o nº 1 do artigo 18º também refere a expressamente a vinculação das entidades privadas. Não enfrentamos aqui, por isso, o mesmo problema que, por exemplo,

[504] Nesse controlo, haverá que distinguir a *adequação*, relativamente à qual o juiz pode efectuar um controlo mais intenso, do controlo da *necessidade* e da *proporcionalidade em sentido estrito* (ou *equilíbrio*), em que se basta com a verificação da razoabilidade da solução adoptada.

[505] Sobre os três níveis de controlo judicial – controlo total, de defensabilidade e de evidência – em matéria de direitos fundamentais, v., por todos, C. STARCK, *Über Auslegung und Wirkung der Grundrechte*, 1990, republicado em *Praxis der Verfassungsauslegung*, 1994, p. 211 e ss (218 e ss).

os juristas norte-americanos, cujo *Bill of Rights* se aplica apenas à actividade do Estado (*state action*), contraposta à actividade privada (*private action*)[506]. No entanto, o facto de também as entidades privadas estarem vinculadas aos direitos fundamentais não elimina a questão, visto que, como adiante se verá melhor, a vinculação dessas entidades pode e deve ser entendida de modo diverso da vinculação das entidades públicas.

Deve começar por dizer-se que «entidades públicas», para efeitos do artigo 18º, não é necessariamente a mesma coisa que «pessoas colectivas públicas».

A complexidade (ou mesmo a confusão) que domina as formas da actividade administrativa nos nossos tempos não permite soluções tão simples e lineares. Para além de haver organismos públicos que não têm personalidade jurídica[507], existem hoje diversas entidades administrativas que visam realizar interesses públicos e integram a Administração Pública, mas que gozam de um estatuto jurídico-privado[508].

De facto, independentemente de ser possível formular regras de colisão que permitam justificar e controlar a legitimidade da escolha pelo Estado (e por outros entes públicos de atribuições genéricas, como as autarquias) das formas de organização de direito público ou de direito privado, não deve admitir-se que a Administração, mesmo com a cobertura do legislador, que é normalmente o Governo, se possa furtar a uma vinculação mais efectiva pelos direitos fundamentais dos cidadãos, decidindo pura e simplesmente actuar através de uma figura de direito privado[509].

[506] Daí a preocupação do Supremo Tribunal americano em alargar aquele conceito a partidos políticos, entidades privadas que desempenhem actividades de interesse público, que sejam subvencionadas pelo Estado, etc.. Cf. T. Lewis, *The meaning of state action*, in *Selected Essays on Constitutional Law* (1938-1962), 1963, p. 915 e ss.; H. J. Abraham/ Barbara A. Perry, *Freedom and the Court*, 7ª ed., 1998, p. 389 e ss.

[507] Por exemplo, «serviços públicos não personalizados» (serviços municipais de água e transportes) ou «autoridades administrativas independentes» (Comissão de Acesso aos Documentos Administrativos, Comissão Nacional de Eleições).

[508] Referimo-nos às «sociedades públicas» (empresas públicas de direito privado), às cooperativas públicas e às «associações e fundações administrativas de direito privado», algumas vezes de composição mista, que proliferam na administração estadual e local – v., entre nós, por todos, Vital Moreira, *Administrações Autónomas e Associações Públicas*, 1997, p. 285 e ss.

[509] As razões de eficiência que justificam a escolha de meios privados não prejudicam a vinculação pelos princípios constitucionais (como os princípios da igualdade, da proibição do arbítrio e da boa fé) e, em especial, pelos direitos, liberdades e garantias dos cidadãos. Nesse

Por outro lado, não tem sentido aplicar ao nosso problema os critérios doutrinais de classificação das pessoas colectivas, que, além de serem controvertidos e por vezes inconsequentes, pretendem qualificá-las em abstracto como públicas ou privadas a fim de as submeter a um regime global típico[510].

O que aqui nos interessa é determinar o que são entidades públicas para efeito da sua sujeição específica aos direitos fundamentais.

Por isso mesmo, não vamos preocupar-nos sequer com as fronteiras, cada vez mais movediças, entre o direito público e o direito privado[511]; vamos, sim, procurar um critério que nos permita determinar quais as entidades que, pela sua natureza ou pela sua função, devam ser necessariamente sujeitos passivos dos direitos fundamentais dos cidadãos.

É certo que, nesse caminho, importa a existência, nas relações jurídicas em causa, de entidades com poderes públicos, com competências ou prerrogativas de *autoridade*[512].

Essa situação específica de supremacia – o *imperium*, enquanto expressão do monopólio do poder – impõe uma protecção especial dos direitos, liberdades e garantias dos indivíduos. A sujeição aos direitos dos cidadãos é a contrapartida de um privilégio de poder, ou, noutra perspectiva, uma defesa contra as arbitrariedades ou os abusos (sempre possíveis) deste. Nessa relação se manifesta, aliás, a tensão originária entre os cidadãos e o Estado a que já várias vezes fizemos referência.

sentido, v. o artigo 2º, nº 3, do Código do Procedimento Administrativo, que manda aplicar os preceitos constitucionais «a toda e qualquer actuação da Administração Pública, ainda que meramente técnica ou de gestão privada».

[510] V. A. Queiró, *Direito Administrativo*, 1959, p. 260 e ss.; A. Sandulli, *Enti pubblici ed enti privati d'interesse pubblico*, in *Scritti giuridici in onore di Giovanni Salemi*, 1961, p. 315 e ss; mais recentemente, Freitas do Amaral, *Curso de Direito Administrativo*, vol. I, 3ª ed.., 2006, p. 753 e ss, e, em especial, Vital Moreira, *ob. cit.*, p. 257 e ss.

[511] Sobre o problema da distinção, posta em causa fundamentalmente no âmbito do direito administrativo, v. por todos Prosper Weil, *O Direito Administrativo* (tradução portuguesa), 1977, espec. p. 89 e ss. M. Bullinger, *Öffentliches Recht und Privatrecht*, 1968; Wolff/ /Bachof/Stober, *Verwaltungsrecht*, vol. I, 10ª ed., 1994, p. 195 e ss..

[512] Note-se que os poderes de autoridade não se limitam às decisões desfavoráveis (imposição, proibição e ablação), incluindo, naturalmente, actos favoráveis (autorizações, concessões, subvenções) e outros, no contexto alargado de uma administração que não é apenas policial, mas, cada vez mais, também uma administração prestadora, de fomento, de regulação e de controlo – importante é que exista uma competência própria para produção unilateral constitutiva de efeitos jurídicos.

Sendo assim, tal como as pessoas colectivas públicas, em especial o Estado, estão submetidas aos direitos fundamentais, mesmo quando utilizam formas de actuação privadas[513], devem ser consideradas também «entidades públicas», para esse efeito, as pessoas colectivas de direito privado, sejam de criação pública, particular ou mista, quando, na sua relação com os particulares, disponham de poderes públicos de autoridade[514].

Mas isso não significa que, simetricamente, possam excluir-se do conceito de entidades públicas, para este efeito, as pessoas colectivas públicas ou as pessoas colectivas privadas «de mão pública» – sociedades comerciais de capitais exclusiva ou predominantemente públicos, fundações e associações de direito privado pertencentes a entidades públicas –, que não tenham (ou quando não disponham) desses poderes.

Essas entidades, em vista da sua ligação organizativa, funcional ou material à actividade administrativa em sentido estrito, devem estar sujeitas em primeira linha aos direitos, liberdades e garantias, não devendo ser tratadas como entidades dotadas de *autonomia privada*[515].

É que a linha de demarcação entre a relevância – necessária e mais exigente, porque total – dos direitos fundamentais na vida pública e o

[513] Essa é uma conclusão que integra o *acquis* doutrinário: no domínio do chamado «direito privado administrativo» (em que, afinal, se combina a aplicação de normas de direito privado e de direito público), a Administração não pode estar isenta da vinculação aos direitos fundamentais e aos princípios constitucionais (incluindo o princípio da igualdade de tratamento, da proibição do arbítrio e da não discriminação). V., por todos, HAVERKATE, *Die Einheit der Verwaltung als Rechtsproblem, VVDStRL*, 46, 1988, p. 225 e ss; WOLFF/BACHOF/STOBER, *ob. cit.*, p. 238 e ss.

[514] Por ex., para além das tradicionais empresas concessionárias de serviços públicos ou de obras públicas ou as instituições de previdência, v. hoje a miríade de organizações privadas (de criação pública ou particular) que, das mais diversas formas, exercem poderes públicos por «concessão» ou «delegação» estadual – v., por todos, VITAL MOREIRA, *ob. cit.*, p. 280 e ss, e o estudo momunemtal de PEDRO GONÇALVES, *Entidades privadas com poderes públicos*, 2005, p. 423 e ss (1036 e ss). V. o artigo 267º, nº 6, da Constituição, introduzido pela revisão constitucional de 1997, que refere expressamente as «entidades privadas que exerçam poderes públicos», bem como o artigo 22º do Decreto-lei nº 133/2013, de 3 de Outubro (que estabelece o regime do sector empresarial do Estado), onde se referem genericamente os poderes de autoridade reconhecidos às empresas públicas de direito privado.

[515] Nesse sentido, OSSENBÜHL, *Daseinsvorsorge und Verwaltungsprivatrechts*, in *DöV*, 1971, especialmente p. 518 e ss.; BACHOF, *VVDStRL* 19, 1961, na discussão do segundo tema (*Schranken nichthoheitlicher Verwaltung*), pp. 259-260. Aqui se insere a interrogação de PESTALOZZA: «Poderá o Estado realmente saltar sobre a sombra da singularidade do seu poder?»

papel, eventual e mais fluído, que lhes cabe na conformação dos domínios da actividade privada, não pode ser definida apenas, positivamente, pela concepção tradicional dos direitos fundamentais, enquanto liberdades ou direitos individuais contra os poderes públicos, mas também, negativamente, pela ausência de uma liberdade e de uma autonomia privadas que justifiquem as excepções, restrições ou compressões ao alcance dos direitos[516].

3.2.2. Outro problema é o do *modo* como a actividade da Administração Pública está subordinada aos direitos fundamentais.

Tradicionalmente, a vinculação da actividade administrativa aos direitos fundamentais era assegurada através do *princípio da legalidade*, cabendo à lei a protecção da liberdade e da propriedade dos cidadãos – esta matéria constituía a *reserva legislativa* (que era uma reserva do Parlamento e se identificava com a zona reservada do Direito), de modo que a Administração necessitava aí de uma autorização legal expressa para intervir e tinha de actuar em estrita conformidade com a lei.

A mediação legal mantém-se, mas a proibição de actuação administrativa *praeter legem* não pode prejudicar a actividade administrativa de *aplicação directa* dos preceitos constitucionais. Assim, por exemplo, a Administração *não pode restringir,* mas pode e deve, *no âmbito das suas atribuições e competências, proteger, promover* e até *concretizar*[517], na falta de lei específica, as normas relativas aos direitos, liberdades e garantias. Não é então uma actividade de execução da lei, mas de *execução* vinculada da Constituição.

Por outro lado, não basta a vinculação administrativa por via da lei, ela própria agora suspeita: a protecção dos direitos dos indivíduos enquadra-se na *vinculação directa* da actividade administrativa às normas e

[516] No entanto, ao contrário, será admissível que a lei estenda a imposição do respeito pelos direitos, liberdades e garantias e princípios constitucionais conexos às pessoas colectivas privadas de utilidade pública – v. o Decreto-lei nº 460/77, de 7 de Novembro. Claro que as razões da vinculação são diferentes: relativamente a estas, não é por ainda serem públicas, mas pela contrapartida dos benefícios públicos recebidos.

[517] A concretização implica muitas vezes a especificação de limites imanentes dos direitos ou a resolução de conflitos concretos entre normas, que são susceptíveis de se confundirem, à primeira vista, com restrições aos direitos. Em qualquer caso, a concretização das normas constitucionais pela Administração está sempre sujeita a um controlo total (a um reexame) por parte dos tribunais.

princípios constitucionais, designadamente às normas relativas aos direitos, liberdades e garantias e aos princípios da igualdade e da imparcialidade, incluindo a proibição do arbítrio e da discriminação.

Essa vinculação constitucional projecta-se, desde logo, na aplicação das leis, impondo a respectiva interpretação em conformidade com os direitos fundamentais e autorizando mesmo, como vimos, em casos excepcionais, a desaplicação das normas manifestamente inconstitucionais.

Mas torna-se ainda evidente quando a Administração disponha de espaços próprios de decisão, seja ao nível da elaboração de regulamentos, seja no uso concreto de poderes discricionários legalmente concedidos.

A autonomia administrativa está sempre condicionada pelo respeito dos direitos, liberdades e garantias dos cidadãos, que constituem um limite autónomo do poder discricionário. As normas relativas aos direitos fundamentais podem comprimir ou mesmo «reduzir a zero» os poderes discricionários, se houver no caso concreto apenas um modo de realização do direito fundamental[518].

A Constituição portuguesa preocupa-se especialmente com os poderes implícitos da Administração, ao abrigo da cláusula geral de polícia[519]: além de sujeitar as medidas policiais a uma tipicidade legal, prescreve expressamente o cumprimento do *princípio da proporcionalidade* (artigo 272º, nº 2) e refere significativamente o respeito pelos direitos, liberdades e garantias dos cidadãos como limite da actividade de prevenção criminal (artigo 272º, nº3).

Além disso, a vinculação das autoridades administrativas aos direitos fundamentais exprime-se directamente na consagração (no artigo 268º) de um conjunto específico de direitos fundamentais dos particulares perante a Administração, designados como «direitos e garantias dos administrados»: direito à informação procedimental, direito de acesso aos registos e arquivos administrativos e direito à notificação prévia de actos lesivos, que constituem outros tantos *deveres administrativos*, aos quais se juntam o *dever* de fundamentação das decisões administrativas desfavoráveis e a *sujeição* dos entes públicos ao contencioso administrativo e fiscal.

[518] V., por todos, JOST PIETZCKER, *Der Anspruch auf ermessensfehlerfreie Entscheidung*, in *JuS*, 1982, p. 108 e ss.

[519] Lembre-se que a manutenção da ordem pública e a prevenção criminal eram as únicas áreas em que tradicionalmente se admitia um poder originário de intervenção administrativa nas relações com os cidadãos.

Por fim, apesar de a Constituição referir apenas o alcance dos estados de sítio e de emergência, em que haverá lugar a «suspensão» formal de certos direitos, liberdades e garantias (artigo 19º), hão-de considerar-se as situações de *necessidade administrativa*, designadamente, as de «urgente necessidade», em que, estando em causa a satisfação de interesses públicos primordiais, a Administração, em nome do *princípio da necessidade*, dispõe de poderes anormais e pode eventualmente praticar actos lesivos de direitos dos particulares[520]. No entanto, como um dos pressupostos da necessidade como causa de justificação da *lesão* de um direito implica a existência de um *interesse manifestamente superior* a assegurar, não será provável que, fora do contexto da anormalidade constitucional, uma tal situação possa ser configurada relativamente a direitos, liberdades e garantias, a não ser nos casos expressamente previstos na lei[521].

3.3. A vinculação de outras entidades públicas

3.3.1. Afirmar que os tribunais, enquanto órgãos do Estado, estão igualmente submetidos à Constituição[522] e devem respeitar preceitos relativos aos direitos fundamentais, quer no processo, quer no conteúdo das suas decisões, parece um truísmo, de tal modo está enraizada nos nossos espíritos a imagem dos juizes como "garantes" dos direitos fundamentais dos cidadãos e como intérpretes do Direito e da consciência jurídica comunitária.

Os tribunais recorrem aos direitos fundamentais de acordo com a matéria que julgam, mas, quer apliquem direito público, direito privado, direito europeu ou internacional, a vinculação dos juizes é sempre da mesma natureza: a sua actividade é sempre *pública*[523].

[520] Cf., sobre o tema, em que há grandes divergências doutrinárias, FRIER, *L'urgence*, 1987; ALVAREZ GARCIA, *El concepto de necessidad en Derecho publico*, 1996 e, entre nós, ESTEVES DE OLIVEIRA/PEDRO GONÇALVES /J. PACHECO DE AMORIM, *Código do Procedimento Administrativo*, 2ª ed., 1997, p. 92 e ss.; CARLA AMADO GOMES, *Contributo para o estudo das operações materiais da Administração pública e do seu controlo jurisdicional*, 1999, p. 180 e ss..

[521] Será, por exemplo, o caso da posse administrativa nas situações de urgência na requisição e expropriação por utilidade pública.

[522] Nos termos do artigo 204º da CRP: «Nos feitos submetidos a julgamento *não podem* os tribunais aplicar normas que infrinjam o disposto na Constituição ou os princípios nela consignados».

[523] Cf. MAUNZ-DÜRIG-HERZOG, *ob. cit.*, anotação 121 ao artigo 1. Nessa medida podemos concordar com SCHWABE (*«Drittwirkung» und Kein Ende*, in *NJW*, 1973, pp. 229-230), quando

O desenvolvimento de direitos fundamentais processuais veio chamar a atenção para uma área em que, para além da intervenção legislativa, estão em causa directamente os tribunais como «prestadores do serviço de justiça». Assim, o direito a uma decisão em *prazo razoável* e mediante *processo equitativo* tem também como destinatário directo e sujeito passivo o próprio juiz, tanto mais quanto mais vastos sejam os seus poderes de condução do processo, que hoje incluem o próprio poder de adaptar a tramitação às circunstâncias do caso concreto.

Acresce que os tribunais, além de deverem respeitar a Constituição, têm uma especial responsabilidade que lhes advém da sua função própria de controlo ou fiscalização da constitucionalidade das normas e demais actos do Estado. Quando se fala de aplicabilidade imediata dos preceitos relativos aos direitos, liberdades e garantias, tem-se, por isso, em conta sobretudo o poder-dever dos juizes de, por um lado, positivamente, aplicarem os preceitos constitucionais respectivos e interpretarem em conformidade com eles o direito ordinário (administrativo, penal ou privado), e de, por outro lado, negativamente, não aplicarem ou interpretarem correctivamente as normas jurídicas que julguem inconstitucionais ou não totalmente conformes com a Constituição, ou então de invalidarem os actos que ofendam aqueles preceitos – isto é, tem-se em conta sobretudo a sua *justiciabilidade*.

No entanto, o papel dos preceitos constitucionais varia conforme os tipos de relações jurídicas estabelecidas e não é legítimo responsabilizar os tribunais – como não é legítimo responsabilizar o legislador – pela garantia absoluta do cumprimento dos direitos fundamentais em todos os escaninhos da vida social. Não é legítimo, designadamente, como veremos, que o «dever de protecção» estadual dos direitos, liberdades e garantias seja levado ao ponto de, através da actuação judicial, *publicizar* as relações entre privados em termos de eliminar ou de reduzir drasticamente a liberdade individual e a autonomia privada[524].

afirma que seria absurdo que a intervenção do juiz fosse vinculada ou não pelos direitos fundamentais conforme estivesse em causa um acto público ou um acto privado.

[524] Sobre o «dilema» da garantia da liberdade e da igualdade no direito americano, a propósito da *state action* e da *equal protection clause*, v. ABRAHAM/PERRY, *ob. cit.*, p. 389 e ss (408 e ss).

3.3.2. Resta fazer uma breve referência à chamada função política ou governamental[525]. Apesar da falta de sanção jurídica, também os «órgãos supremos» do Estado devem considerar-se obrigados pela Constituição (artigo 3º, nº 3).

Por um lado, em geral, a definição das políticas governamentais deve ter em conta a importância das tarefas que o respeito, a protecção e a promoção dos direitos fundamentais impõem ao Estado. Por outro lado, em especial, as decisões políticas concretas devem atender aos direitos fundamentais dos cidadãos, quando sejam susceptíveis de os afectarem e não os devem prejudicar arbitrariamente ou desproporcionalmente.

Nem sempre a vinculação específica do nº 1 do artigo 18º terá sentido quanto aos *actos políticos* tradicionais, que, na maior parte dos casos, respeitam ao funcionamento do sistema político e aos superiores interesses da comunidade política, sem tocar directamente a esfera dos particulares, mas há-de entender-se, por exemplo, que o Presidente da República tem o dever de utilizar o seu direito de veto e de não promulgar diplomas quando não tenha dúvidas de que violam os direitos fundamentais dos cidadãos[526]. Por outro lado, também poderá perguntar-se se decisões como o indulto ou a comutação de penas, tal como a concessão de amnistias, que afectam estatutos de cidadãos, devem ser considerados como prerrogativas arbitrárias de clemência ou antes como poderes juridicamente vinculados[527].

No entanto, actualmente, a função política, enquanto *função governativa* ("indirizzo politico"), desenvolve-se também através de dimensões de programação e de orientação *político-estratégica* da actividade administrativa *(políticas públicas)*, sobretudo nos domínios económico e social (política energética, de saúde, de ordenamento do território, de ambiente, de transportes, de educação e investigação, de habitação) e financeiro (política orçamental) – que resultam dos poderes gerais do Governo como "órgão de condução da política geral do país" (artigo 182º), exercidos pelo Conselho de Ministros.

[525] Sobre esta função do Estado, no sentido tradicional, v. A. Queiró, *«Actos de Governo» e Contencioso de anulação*, 1970, e *Licões de Direito Administrativo*, vol. I, 1976, p. 72 e ss..

[526] Se tiver dúvidas, deve suscitar a questão junto do Tribunal Constitucional, no âmbito da fiscalização preventiva (artigo 278º).

[527] Cfr. a sentença do Tribunal Constitucional Federal alemão de 23/4/69, in *BVerfGE*, 25, p. 352 e ss., embora ela se refira a actos ministeriais de clemência.

Embora o controlo judicial da constitucionalidade abranja, entre nós, apenas "normas jurídicas", acontece que essa função do governo é frequentemente exercida através de decretos-leis (muitas vezes, "decretos-leis-medida")[528], e executada mediante actuações administrativas, factos que acabam por permitir uma fiscalização pelos tribunais, ainda que imperfeita, da sua conformidade com os direitos, liberdades e garantias.

[528] Justamente por isso, podemos falar de uma actividade político-legislativa de governo. Note-se que a Lei nº 67/2007, de 31 de Dezembro, que aprova o Regime da responsabilidade extracontratual do Estado, regula a responsabilidade no exercício da "função politico-legislativa" (artigo 15º).

Capítulo VII
Os direitos liberdades e garantias no âmbito das relações entre particulares

A Constituição portuguesa de 1976, ao referir a força jurídica dos preceitos relativos aos direitos, liberdades e garantias dos cidadãos, afirma que eles vinculam «*entidades* públicas e *privadas*».

Coloca-nos assim frontalmente perante a questão nuclear da aplicabilidade (da validade e da eficácia) dos preceitos constitucionais relativos aos direitos, liberdades e garantias nas relações entre particulares[529]

[529] Da extensíssima bibliografia sobre a matéria, destacamos, entre nós, GOMES CANOTILHO/ /VITAL MOREIRA, *Constituição da República Portuguesa Anotada*, 4ª ed., 2007, comentários ao artigo 18º; GOMES CANOTILHO, *Direito Constitucional... cit., 2003*, p. 448 e 1285 e ss.; H. E. HÖRSTER, *A Parte Geral do Código Civil Português*, 1992, p. 94 e ss; LUCAS PIRES, *Uma Constituição para Portugal*, 1975, p. 88 e ss; MOTA PINTO, *Teoria Geral do Direito* Civil, 1983, p. 72 e ss; VIEIRA DE ANDRADE, *Os direitos fundamentais nas relações entre particulares*, in *Documentação e Direito Comparado*, Sep. do *BMJ*, nº 5 de 1981, p. 233 e ss.; V. PEREIRA DA SILVA, *A vinculação das entidades privadas pelos direitos, liberdades e garantias*, in *RDES*, 1987, p. 259 e ss; NUNES ABRANTES, *A vinculação das entidades privadas pelos direitos fundamentais*, 1990; J. SOUSA RIBEIRO, *Constitucionalização do direito civil*, *BFDC*, LXXIV, 1998, p. 729 e ss; PAULO MOTA PINTO, *O direito ao livre desenvolvimento da personalidade*, in *Portugal-Brasil Ano 2000*, 2000, p. 149 e ss; INGO WOLFGANG SARLET, *Direitos fundamentais e Direito privado: algumas considerações em torno da vinculação dos particulares aos direitos fundamentais*, in I. W. SARLET (org.) *A Constituição concretizada*, 2000, p. 107 e ss; J. REIS NOVAIS, "A intervenção do Provedor de Justiça nas relações entre privados", in *O Provedor de Justiça. Novos estudos*, 2008, p. 229 e ss. V. ainda G. LOMBARDI, *Potere privato e diritti fondamentali*, 1971; LEISNER, *Grundrechte und Privatrecht*,

– questão muito debatida na doutrina constitucional alemã, e que, baptizada por Ipsen, tem sido exportada sob a veste do problema da *Drittwirkung* («eficácia externa» ou «efeitos em relação a terceiros») dos direitos fundamentais[530].

1. A história do problema

Como esta mesma designação já indicia, a relevância directa dos direitos fundamentais nas relações entre particulares começou por ser desvalorizada e até negada no entendimento liberal tradicional[531].

Numa época em que o indivíduo era concebido isoladamente no espaço social e político, e a Sociedade e o Estado eram considerados dois mundos separados e estanques, cada um governado por uma lógica de interesses própria e obedecendo, por isso, respectivamente, ao direito privado ou ao direito público, não admira que os direitos fundamentais

1960; NIPPERDEY, *Grundrechte und Privatrecht*, in *Festschrift für E. Molitor zum 75.Geb.*, 1962, p. 17 e ss.; BÖCKENFÖRDE, *Grundrechtsgeltung gegenüber Träger gesellschaftlicher Macht*, in *Freiheit in der sozialen Demokratie*, 1975, p. 77 e ss; SCHWABE, *Die sogenannte Drittwirkung der Grundrechte*, 1977; e, mais recentemente, HESSE, *Verfassungsrecht und Privatrecht*, 1988 (há uma tradução espanhola de 1995); OETER, *«Drittwirkung» der Grundrechte und die Autonomie des Privatrechts*, in *AöR*, 119 (1994), p. 529 e ss; CLASSEN, *Die Drittwirkung der GR in der Rechtsprechung des BverfG*, in *AöR*, 1997, p. 65.; BILBAO UBILLOS, *La eficacia de los derechos fundamentales frente a particulares*, 1997; I. von MÜNCH, P. S. CODERCH, J. FERRER y RIBA, *Zum Drittwirkung der Grundrechte*, 1998; LANGNER, *Die Problematik der Geltung der Grundrechte zwischen Privaten*, 1998; J. NEUNER, *Privatrecht und Sozialstaat*, 1998; CANARIS, *Grundrechte und Privatrecht*, 1999 (de que existe actualmente uma excelente tradução portuguesa, feita por Ingo W. Sarlet e Paulo Mota Pinto: *Direitos fundamentais e direito privado*, Coimbra, 2003); M. RUFFERT, *Vorrang der Verfassung und Eigenständigkeit des Privatrechts*, 2001.

[530] V. as críticas certeiras de PECES BARBA, *Curso de Derechos Fundamentales*, 1999, p. 618, a esta expressão teutónica, por estar em causa um problema da validade (material) e não de eficácia (processual), e ainda por tal problema não dizer apenas respeito às relações privadas, mas a todas as relações jurídicas. Como veremos, também a designação de «eficácia horizontal» não é adequada, por existirem relações de poder (verticais, *hoc sensu*) entre particulares, devendo então preferir-se a expressão «validade nas relações entre particulares».

[531] É certo que, como sublinha PECES BARBA, *ob. cit.*, p. 619 e ss, a garantia dos direitos das pessoas nas relações sociais foi a própria razão de ser da construção liberal (contratual) do Estado e esteve na base das declarações americanas e francesa dos direitos do homem. Todavia, cedo se acreditou que bastava a existência e a autoridade do Estado para assegurar a realização dos direitos nas relações entre particulares, ao passo que seria necessário construir uma teoria de limitação do poder pelos direitos fundamentais para proteger as pessoas contra o arbítrio das autoridades públicas.

pudessem ser e fossem exclusivamente concebidos como direitos do indivíduo contra o Estado.

Poder-se-ia até afirmar que os direitos fundamentais *não podiam deixar de ser* então concebidos dessa maneira: para além da natural influência de um contexto favorável, estava em causa uma *exigência* teórica e prática, visto que os direitos fundamentais tinham precisamente como *finalidade* a protecção da Sociedade contra as intromissões do poder político[532].

Os direitos fundamentais eram vistos, deste modo, como um *instituto específico* das relações entre o indivíduo e o Estado, consagrado com um fim determinado: a salvaguarda da liberdade individual e social[533].

Esta concepção simples e esquemática dos direitos fundamentais não podia, contudo, resistir imune às mudanças operadas na realidade política e social, das quais resultou a nova ordem a que se convencionou chamar «sociedade técnica de massas» e em que não pode já pressupor-se a garantia da liberdade individual e social como valor primeiro e único da comunidade política.

A regra formal da liberdade não é suficiente para garantir a felicidade dos indivíduos e a prosperidade das nações e serviu por vezes para aumentar a agressividade e acirrar os antagonismos, agravar as formas de opressão e instalar as diferenças injustas. A paz social, o bem-estar

[532] Na realidade, a consagração constitucional dos direitos e liberdades dos cidadãos não representa apenas a defesa do indivíduo isolado perante o poder estadual. Essa consagração, no fundo, significa também a defesa da Sociedade, no seu conjunto, em face do Estado, a defesa, afinal, de um determinado modelo de Sociedade e de uma determinada ideia de Estado. A sociedade burguesa vivia da liberdade económica, na crença da «mão invisível» do mercado, que automaticamente conduziria ao melhor dos mundos possíveis. Para isso, tinha de evitar a interferência do Estado (do Executivo) na vida económica e social, reduzir à abstenção essa mão visível, que devia apenas velar pela *segurança pública*, garantindo a *autonomia* da esfera privada e a *liberdade* e a *propriedade* dos indivíduos (os seus direitos fundamentais).

[533] Evidentemente, também os indivíduos estavam obrigados juridicamente a respeitar a liberdade dos seus concidadãos e competia ao Estado assegurar esse respeito, prevenindo ou castigando abusos e violações e solucionando conflitos. Porém, esse respeito devido e essa protecção não eram entendidos no quadro dos direitos fundamentais, mas no âmbito do direito privado e do direito criminal. Se um particular atentasse contra a integridade física de outrem, este último não invocaria o direito fundamental previsto na Constituição, mas o artigo correspondente do Código Penal. Ou, no caso de uma violação de um direito real, não seria invocado o direito fundamental da propriedade, mas o preceito próprio do Código Civil.

colectivo, a justiça e a própria liberdade não podem realizar-se espontaneamente numa sociedade economicamente desenvolvida, complexa, dividida, dissimétrica e conflitual. É necessário que o Estado regule os mecanismos económicos, proteja os fracos e desfavorecidos e promova as medidas necessárias à transformação da sociedade numa perspectiva comunitariamente assumida de progresso, de justiça e de bem-estar.

Perante esta lição dos factos, o sistema dos direitos fundamentais tornou-se, como vimos, mais complexo e diferenciado.

Por um lado, não pode pura e simplesmente remeter o Estado para a categoria fixa do «inimigo público». Os direitos fundamentais ganham uma dimensão objectiva, são também valores constitucionais que aos poderes públicos cabe respeitar, mas igualmente fazer respeitar como interesses públicos fundamentais – esbate-se, nessa medida, o antagonismo substancial indivíduo-Estado, que tinha sido a força impulsionadora dos direitos do homem.

Por outro lado, torna-se patente que os indivíduos não estão isoladamente contrapostos ao Estado como pressupunham as teorias liberais-burguesas. A área da sociedade deixa de ser (ou de poder ser vista como) o palco de actuações individuais, à medida que se verifica a profunda diversificação e imbricação entre os interesses das pessoas e se multiplica a actividade dos partidos e dos grupos de interesse – sindicatos, associações patronais, igrejas, grupos económicos, associações cívicas, profissionais, desportivas, etc. – que dispõem, cada vez mais, de elevado poder social e político.

Além de o Estado-Administração aparecer na vida social metamorfoseado em diversas figuras jurídicas e, cada vez mais, na veste de sujeito privado, as entidades privadas passam a exercer tarefas de interesse colectivo ou determinam em termos fundamentais os comportamentos de indivíduos em diversas áreas sociais – esbate-se a distinção entre entidades públicas e privadas e, em consequência, a diferença entre o direito público e o direito privado como critério de relevância dos direitos fundamentais.

Neste contexto já é possível pôr-se o problema da validade dos direitos fundamentais nas relações entre sujeitos privados. Em certo sentido, e simetricamente em comparação com a situação anterior, talvez se deva dizer que esse problema tem de ser posto.

E vai ser posto em duas direcções concorrentes: em primeiro lugar, afirma-se que os direitos fundamentais como princípios e valores constitucionais não podem deixar de aplicar-se em *toda* a ordem jurídica e, portanto, também nas áreas do direito privado (princípio da unidade do ordenamento jurídico); em segundo lugar, põe-se em relevo a necessidade de protecção dos particulares não apenas perante o Estado, mas também, através do Estado, perante outros particulares, pelo menos, perante indivíduos ou entidades privadas que sobre eles exercem ou estão em condições de exercer verdadeiros poderes, jurídicos ou de facto.

É assim que se pergunta se ou até que ponto as liberdades (de expressão, religiosa, de residência, de associação, por exemplo) ou bens pessoais (integridade física e moral, intimidade, imagem) podem ser limitadas por contrato, com o acordo ou o consentimento do titular; se é lícito o apelo público ao boicote de um filme ou de um livro; se é válido um contrato em que os empregadores se obrigam a não admitir trabalhadores não inscritos num certo sindicato; até que ponto é admissível a restrição da liberdade de expressão (e de outras liberdades) dos jogadores de um clube desportivo, dos membros de um partido político ou de uma ordem religiosa; quais os poderes de sancionamento que os pais ou tutores podem exercer sobre os menores; se é admissível juridicamente que alguém contrate uma agência privada de detectives para vigiar determinada pessoa, ou que alguém publique um livro com um personagem obviamente baseado na vida íntima de uma outra pessoa. Ou se é lícito a um empregador contratar ou deixar de contratar um trabalhador por causa da confissão religiosa, sexo ou opção política dele; se o senhorio pode despejar um inquilino por não pagamento da renda quando tolera a permanência de outro que também não a paga; se uma pessoa pode legitimamente deixar os seus bens por testamento apenas a familiares de um dos sexos, excluindo intencionalmente os do outro; se os donos de hotéis, táxis ou restaurantes, bem como os escolas ou de clubes privados, podem recusar a permanência, o transporte, o serviço ou a frequência a certas categorias de pessoas (estrangeiros, pessoas de raça diferente ou de determinado sexo)[534].

[534] Estas questões não são novas como questões jurídicas e para elas se foram encontrando, no âmbito do direito privado, respostas legislativas, jurisprudenciais ou doutrinais. O que está em causa é saber se a solução jurídica destes problemas não deverá testar-se hoje à luz da aplicabilidade dos direitos fundamentais nas relações entre particulares, isto é, se ela não depende do facto de os sujeitos privados envolvidos serem titulares de direitos fundamentais constitucionalmente protegidos.

1.1. Posições tradicionais

As posições tradicionalmente defendidas a este propósito na doutrina, em especial na doutrina alemã[535], dividiram-se entre aqueles que advogavam a *aplicabilidade imediata* dos preceitos constitucionais relativos aos direitos fundamentais nas relações entre sujeitos privados (posições monistas) e aqueles que só admitiam a *relevância indirecta* ou a *aplicabilidade mediata* dos direitos fundamentais nesta área, *mediante* a regulação legislativa do direito privado (posições dualistas).

1.1.1. Para Dürig, cuja posição foi apontada como típica das concepções dualistas, o princípio constitucional da liberdade (e do livre desenvolvimento da personalidade) devia continuar a ser o postulado básico, o valor fundamental a ter em conta na solução do problema[536].

Os direitos fundamentais seriam, primariamente, direitos de defesa da liberdade contra o poder do Estado e não se justificava que eles vinculassem também os particulares[537]. Submeter a actividade dos sujeitos privados aos mesmos vínculos que limitam a acção do Estado significaria transformar os direitos em deveres, invertendo o seu sentido[538].

[535] De facto, a discussão do problema começou por ser dominada pela doutrina germânica. Cfr. Leisner, *ob. cit.*, p. 300 e ss.. É certo que, por exemplo, em França, J. Rivero, *Les libertés publiques*, vol. I, p. 164-166, afirma que os preceitos constitucionais valem igualmente para as relações entre particulares, dado que também os indivíduos poderosos e os grupos privados podem afectar as liberdades. A afirmação não tem, contudo, nem desenvolvimentos dogmáticos, nem consequências relevantes num sistema em que o legislador ainda hoje não está verdadeiramente submetido a um efectivo princípio da constitucionalidade. No entanto, a questão põe-se actualmente, não apenas entre nós e em países próximos, como a Espanha e o Brasil, mas também, embora num contexto diferente, em países de «common law», como a Inglaterra, desde o *Human Rights Act* de Novembro de 1998 (em vigor desde Outubro de 2000), que, ao qualificar os tribunais como «autoridades públicas», levanta a questão do «efeito horizontal» da Convenção Europeia dos Direitos do Homem – cf. Murray Hunt, *The «horizontal effect» of the Human Rights Act*, in J. Jowell, J. Cooper (eds.), *Understanding Human Rights Principles*, 2001, p. 161 e ss.

[536] V. Dürig, *ob. cit.*, anotações 127 e ss..

[537] Pressupõe-se que estão frente a frente sujeitos jurídicos «iguais», não estando nenhum deles investido em posição de supremacia.

[538] O principio constitucional da liberdade seria prejudicado, não só porque exige na esfera privada o *poder de disposição* dos particulares, mas também porque desse alargamento do âmbito de validade dos direitos fundamentais resultaria um aumento intolerável do poder do Estado, que, naturalmente erigido em fiscal dos «deveres» dos indivíduos, invadiria todo o domínio da actividade privada, destruindo a sua autonomia.

É certo que o Estado, precisamente enquanto sujeito passivo dos direitos fundamentais, tem também o dever de proteger esses direitos contra os ataques que lhe sejam movidos (mesmo) por entidades privadas. Só que essa protecção deveria fazer-se *através do direito privado.*

A força jurídica dos preceitos constitucionais em relação aos particulares *(terceiros)* não se afirmaria de modo imediato, mas apenas *mediatamente,* através dos princípios e normas próprios do direito privado. Quanto muito, os preceitos constitucionais serviriam como *princípios de interpretação* das cláusulas gerais e conceitos indeterminados susceptíveis de concretização, clarificando-os *(Wertverdeutlichung),* acentuando ou desacentuando determinados elementos do seu conteúdo *(Wertakzentuierung, Wertverschärfung)*[539], ou, em casos extremos, colmatando as lacunas *(Wertschutzlückenschliessung)*[540], mas sempre dentro do «espírito» do direito privado.

1.1.2. No quadrante oposto, alguns autores defenderam a teoria da validade absoluta *(erga omnes)* dos direitos fundamentais[541].

Para Nipperdey, por exemplo, o perigo para os direitos fundamentais dos cidadãos na sociedade do século XX não vinha apenas do Estado, mas também dos grupos sociais, que detêm na sociedade de massas uma parcela cada vez maior do poder social e económico, um poder real que se impõe aos indivíduos de várias maneiras e que é capaz de afectar intensamente zonas e aspectos relevantes da sua vida e da sua personalidade.

Por outro lado, os direitos fundamentais são também *normas de valor* que devem valer para *toda* a ordem jurídica, isto é, também para o direito privado. A dignidade humana continua a ser o ponto de partida, mas não como liberdade do indivíduo isolado e, sim, como livre desenvolvimento da personalidade de homens solidários integrados numa sociedade e responsáveis perante ela.

[539] Seria o caso do famoso *LÜTH-Urteil* (in *NJW*, 58, p. 257 e ss.) em que o *BVerfG* considerou que não era contra os «bons costumes» (§ 826 do BGB) o apelo ao boicote de um filme, porque tinha sido feito no exercício da liberdade de expressão, que, consideradas as circunstâncias concretas, o justificava.

[540] Na Alemanha sobretudo para proteger a intimidade da vida privada, na ausência de preceitos legais.

[541] É o caso de NIPPERDEY e LEISNER (v. *obs. cits.*, n. 92).

Daí que alguns direitos fundamentais – embora não aqueles que só tenham sentido perante o Estado – devessem ser *directamente* aplicáveis nas relações entre privados.

Por um lado, os direitos fundamentais deveriam valer como *direitos subjectivos* contra entidades privadas que constituam verdadeiros *poderes sociais* ou mesmo perante indivíduos que disponham, na relação com outros, de uma situação real de poder que possa equiparar-se, nesse ponto concreto, à supremacia do Estado[542].

Por outro lado, entre cidadãos «comuns» ou iguais, os preceitos constitucionais relativos aos direitos fundamentais também se aplicariam *directamente* como valores comunitários – não seriam só regras de interpretação ou de preenchimento de cláusulas gerais: a cláusula dos «bons costumes», p. ex., não seria suficientemente nítida[543].

1.1.3. No espaço desenhado por estas posições mais puras apareceram entretanto na doutrina propostas de soluções diferenciadas, que procuravam equilibrar, em proporções diversas, os valores conflituantes em jogo[544].

[542] Por exemplo, os princípios *nulla poena sine lege* ou *ne bis in idem* e o direito de ser ouvido deveriam valer nas relações disciplinares entre um grupo e os seus membros ou nas sanções privadas em geral, p. ex., no contrato de trabalho. Cfr. NIPPERDEY, *Festschrift für Molitor*, p. 28.

[543] Não seriam válidas quaisquer cláusulas negociais que implicassem o dever de agir ou de não reagir em situações que têm de ser de decisão totalmente livre. Por exemplo, a obrigação de casar ou não casar, de abraçar ou deixar certa religião, segundo a vontade de outrem, a obrigação, assumida pelo marido, de nunca viajar sozinho, etc.. Também seriam contrárias à dignidade humana e, por isso, nulas as estipulações contratuais em *que, por dinheiro,* se aceitassem certas restrições à liberdade. Por exemplo, se um atleta se obriga a não entrar em competições desportivas ou o dono de um jornal a não consentir num anúncio. Cf. *ibidem*, p. 29.

[544] V., por exemplo, a posição de SCHWABE, *ob. cit.* (n. 1) e *Bundesverfassungsgericht und Drittwirkung der Grundrechte*, in *AöR*, 100, 1975, p. 442 e ss, que distingue os *direitos de liberdade*, cuja ofensa seria sempre imputável ao Estado e os *direitos de igualdade*, onde os poderes públicos só deveriam intervir em casos de discriminação grave. Ou a posição de HESSE *(ob. cit.*, p. 147 e ss.), que, por um lado, defende que não deve admitir-se a eficácia dos direitos em relação a particulares quando vá restringir a (relativamente maior) liberdade permitida pelo direito privado: considera, por exemplo, a admissibilidade das limitações parciais à liberdade de expressão num contrato; a possibilidade de um empregador dar emprego ou deixar de o dar a um trabalhador por causa da sua confissão religiosa ou opção política; a liberdade de um testador deixar a quota disponível só aos filhos ou só às filhas; mas, por outro lado, quando os preceitos de direito privado reduzem a liberdade, também os preceitos constitucionais não deveriam, em princípio, pôr em causa os imperativos legais, se os sujeitos estivessem numa

A análise concreta das soluções resultantes das diversas posições defendidas mostrava que as teorias, para além de estarem de acordo quanto à existência de uma vinculação, surgiam mitigadas, procurando cada uma adaptar ou conciliar a sua tese central com os princípios ou situações que eram, afinal, os que fundavam a argumentação das outras. Por vezes, todas as teorias, partindo de pressupostos distintos ou operando por vias diversas, chegavam ao mesmo resultado prático[545].

Por um lado, as teorias dualistas admitiam de facto a influência das normas de valor dos direitos fundamentais nas relações entre particulares, através das cláusulas gerais de direito privado, embora essas cláusulas filtrassem, na aplicação, o conteúdo das normas constitucionais, mantendo o «espírito jusprivatístico»[546]. De resto, essas teorias já admitiam o alargamento do campo de aplicação *directa* dos direitos fundamentais à execução de tarefas administrativas públicas através de meios de direito privado (e mesmo a actividades económicas ou negociais auxiliares da Administração), quando representassem o exercício de um «poder específico estadual», mesmo que a actuação fosse feita por figuras de direito privado[547].

posição de igualdade real: seria, p. ex., o caso em que o *BVerfG* entendeu que um senhorio podia exigir do locatário que retirasse cartazes eleitorais apostos nas janelas por serem susceptíveis de prejudicar a convivência no prédio, sem recorrer à liberdade de expressão para interpretar restritivamente ou afastar os deveres do locatário impostos pelas regras de direito civil.

[545] Também no sentido de que as diferenças práticas são menores do que a intensidade sonora da discussão poderia fazer crer v. já Bachof, *Freiheit des Berufs*, in Bettermann-Nipperdey-Scheuner, *Die Grundrechte*, III/I, p. 173, nota 68.

[546] Por exemplo, um tratamento discriminatório numa disposição testamentária só determinaria a invalidade do testamento se fosse contra os bons costumes, tal como já são entendidos em direito privado («a consciência ou a sensibilidade das pessoas de sã formação»). Não basta, portanto, a um valor ser constitucional para automaticamente integrar a cláusula; é preciso que seja intolerável para a consciência jurídica da comunidade que a discriminação (p. ex.) se faça entre particulares. Cf. P. Mikat, *Gleichheitsgrundsatz und Testierfreiheit*, in *Festschrift für Nipperdey*, 1965, p. 591 e s.. Leisner tenta demonstrar que, mesmo para as teorias dualistas, o valor constitucional não era apenas um *factor de conhecimento* na interpretação da cláusula de direito privado, constituiria também um factor *integrativo* e, nessa medida, directamente aplicável. Cf. *ob. cit.*, p. 361 e ss..

[547] Cf. Dürig, *ob. cit.*, anotações 134 e ss. Hesse (*ob. cit.*, p. 280 e s.) vai mais longe e admite a aplicação directa das decisões de valor constitucionais quando um dos particulares actue numa posição de *poder social ou económico* (ainda que não jurídico), quando esteja em causa a o mínimo de liberdade que os preceitos constitucionais garantem objectivamente. P. ex.,

Por seu lado, as teorias da aplicação directa afirmavam que esta não existia para todos os direitos fundamentais, que era necessário ver, para cada direito específico, se ele também vinculava, e até que ponto, o comportamento dos particulares[548]. O mesmo valia na aplicação do princípio da igualdade, para o qual se reconhecia na liberdade individual um limite. A preocupação maior destas teorias era a protecção dos indivíduos contra os «poderes sociais», sem com isso quererem negar a liberdade negocial ou a autonomia privada (individual)[549].

1.2. Os deveres de protecção estadual perante terceiros

Actualmente, embora se verifique a prevalência das ideias de aplicabilidade mediata, nota-se uma tendência doutrinal para a superação desse modo de apresentação do problema, em favor da construção já referida de um *dever de protecção estadual* dos direitos fundamentais, que não valeria apenas relativamente aos poderes públicos (incluindo outros Estados), mas também perante os privados[550].

Os preceitos relativos aos direitos fundamentais dirigir-se-iam *em primeira linha* às relações entre os particulares e os poderes públicos, mas estes, para além do dever de os respeitarem (designadamente de se absterem de os violar) e de criarem as condições necessárias para a sua realização, teriam ainda o dever de os proteger contra quaisquer ameaças, incluindo as que resultam da actuação de outros particulares.

o valor da liberdade de expressão aplicar-se-ia directamente no caso de ameaça de boicote de um grupo de produtores de filmes a um argumentista que se recusa a mudar certas cenas para satisfazer os interesses políticos do grupo. E, no caso de boicote a uma pequena revista por uma grande editora (Springer), também a liberdade de expressão e de imprensa foram consideradas ameaçadas. Estes casos são ainda mais significativos quando comparados com outra sentença, em que o apelo ao boicote (por um indivíduo) foi sustentado juridicamente pela mesma liberdade de expressão.

548 Seria necessário analisar cuidadosamente o conteúdo concreto, a essência e a função da norma que prevê o direito fundamental. Assim, Nipperdey, *Festschrift für Molitor, cit.*, p. 28.

549 Admitir-se-ia que os sujeitos dos direitos fundamentais se auto-restringissem, desde que não fosse posto em causa o conteúdo essencial dos direitos: tal como se admite a restrição heterónoma pelo legislador, deveria aceitar-se a restrição autónoma e com os mesmos limites. Por sua vez, o princípio da igualdade valeria também para as relações entre particulares, mas não poderia prejudicar intoleravelmente a liberdade (por exemplo, a liberdade de testar ou de contratar).

550 Relativamente ao problema sob a veste dos «deveres de protecção» estaduais, v. H. H. Klein, *Die grundrechtliche Schutzpflicht, DVBl*, 1994, p. 489 e ss, Oeter, *ob. cit.*, p. 529 e ss, e P. v. Unruh, *Zur Dogmatik der grundrechtlichen Schutzpflichten*, 1996.

Quer o legislador, ao fazer as leis reguladoras das relações jurídicas privadas, quer o juiz, ao resolver os conflitos entre particulares (designadamente os decorrentes de relações contratuais), enquanto poderes vinculados pelos direitos fundamentais, teriam sempre de ter em conta e de aplicar os preceitos constitucionais respectivos.

E esse dever de protecção não se resumiria ao cumprimento pontual daquelas imposições expressamente estabelecidas na Constituição; constituiria, para além disso, um *dever geral*, decorrente do princípio do Estado de Direito e do correspondente *monopólio estadual* da autoridade e do uso da força legítima, visto que os particulares, salvo situações excepcionais, só podem evitar ou defender-se das agressões dos seus direitos por outros particulares se os poderes públicos proibirem, prevenirem e reprimirem tais ofensas.

Assim, estas teorias do dever de protecção, embora sejam tributárias de uma ideia de aplicabilidade mediata, alargam a aplicabilidade dos direitos fundamentais para além do tradicional preenchimento das cláusulas gerais de direito privado[551], impondo aos poderes públicos (ao legislador, à Administração e ao juiz) a obrigação de velarem efectivamente por que não existam ofensas aos direitos fundamentais por parte de entidades privadas[552].

O dever de protecção aparece, como vimos, associado a um imperativo de protecção suficiente, formulado negativamente como *princípio de proibição do défice* (*Untermassverbot*)[553], que, ao contrário do princípio simétrico[554], é entendido pela maioria da doutrina como um *princípio*

[551] Sobre as diferenças entre as teorias do dever de protecção e as teorias tradicionais de aplicação mediata, v., por todos, THOMAS LANGNER, *Die Problematik der Geltung der Grundrechte zwischen Privaten*, 1998.

[552] Nos Estados Unidos, a partir da concepção da *state action*, sustenta-se há muito que o Estado é responsável por discriminações privadas quando *as podia e devia evitar e não evitou*, quando as *encoraja ou aprova* ou quando as *torna efectivas através dos tribunais* – v. LOUIS HENKIN, in *University of Pennsilvania Law Review* (Fev. 1962), *apud* ABRAHAM / PERRY, *Freedom and the Court*, , 7ª ed,, 1998, p. 390, nota 268

[553] A formulação originária é de CANARIS, in *AcP*, 1984, p. 228, como vimos no Capítulo IV.

[554] Referimo-nos naturalmente ao *Übermassverbot*, princípio da proibição do excesso, que vale no Estado de Direito como critério de controle da constitucionalidade das leis e da legitimidade da actuação pública.

orientador – não tem de ser visto como uma protecção mínima[555], mas também não impõe uma protecção máxima, seja na medida em que tem de respeitar o *princípio da proporcionalidade* quando atinja outros direitos e liberdades ou valores comunitários relevantes, com relevo especial para a autonomia privada[556], seja na medida em que há-de respeitar a *liberdade constitutiva do legislador*, que pode e deve graduar a protecção conforme os valores ou bens jurídicos em causa, a intensidade da ameaça e a possibilidade de autodefesa do particular[557].

Há, no entanto, alguns autores que vão mais longe, ultrapassam a ideia do mero dever de protecção e retiram do monopólio estadual da autoridade a ideia da *responsabilidade pública* por qualquer agressão, por privados, dos direitos fundamentais de uma pessoa, afirmando que essa ofensa é sempre *imputável* ao Estado, pois que, ou foi permitida por uma lei, ou *pela ausência de uma lei*, quando não resultou da falta de prevenção ou de repressão do incumprimento da lei em vigor[558]. Não nos parece, porém, que esta concepção seja defensável no âmbito de uma ordem jurídica baseada no princípio da liberdade, em que os indivíduos não actuam por delegação estadual e são responsáveis pelos seus actos, de modo que a ausência de intervenção pública, designadamente normativa, não torna lícita nem autoriza necessariamente a actuação privada. A ideia de liberdade e de responsabilidade individual pela ofensa de direitos fundamentais de outrem vale, quer no âmbito contratual (em que haverá uma autolimitação), quer nas relações extracontratuais (em que a ofensa é directamente imputável ao particular), de modo que o Estado só pode ser corresponsabilizado na medida em que haja incumprimento de um dever específico, seja de um dever específico de protecção do

[555] Ao contrário do que sustenta K-E Hain, *Der Gesetzgeber in der Klemme zwischen Übermass und Untermassverbot?*, in *DVBl*, 1993, p. 982 e ss, que faz coincidir a proibição do défice com a proibição do excesso, entendendo que aquela proibição não acrescenta nada a esta.

[556] V. sobre a matéria, por todos, Isensee, *Das Grundrecht als Abwehrrecht und als staatliche Schutzpflicht*, in HdStR, p. 143 e ss.

[557] Neste sentido, v. Canaris, *JuS*, 1989, p. 161 e ss. Sobre o ponto, v. J. Dietlein, *Das Untermassverbot*, in *ZfG*, 1995, p. 131 e ss.

[558] Sobre esta concepção mais extrema, defendida por Schwabe e, mais recentemente, por Murswiek e que aparece designada na doutrina alemã (a partir de Isensee) como *Etatische Konvergenztheorie* (à letra, «teoria da convergência estatista»), v. Paulo Mota Pinto, *ob. cit.*, p. 230 e s.

legislador, seja de um dever específico de cumprimento da lei pelo poder administrativo ou judicial[559].

2. O problema na Constituição portuguesa

No que respeita à nossa Constituição, devemos começar por negar que o preceituado no nº 1 do artigo 18º possa ser considerado suficiente para a resolução do problema. Se é certo que aí se afirma claramente que os preceitos constitucionais vinculam as entidades privadas, não se diz *em que termos* se processa essa vinculação e, designadamente, não se estabelece que a vinculação seja idêntica àquela que obriga as entidades públicas[560]. Além de que ainda resta averiguar o sentido a dar à palavra «entidades»: se ela se refere a todos e quaisquer indivíduos ou apenas a pessoas colectivas ou individuais «poderosas»[561].

Também a solução não pode ser deduzida simplesmente do conceito de liberdade definido pela Constituição[562]. A nossa lei fundamental não crisma uma opção liberal-individualista, nem uma opção colectivista-totalitária.

Por um lado, revela um forte pendor socializante e não pode, por isso, abandonar aos jogos de forças e interesses a vida de uma sociedade que já não está separada do Estado. Este deve assegurar a justiça social, tem de intervir e organizar, estabelecer imperativos, disciplinar e proibir. Na nossa lei fundamental, são visíveis, designadamente no que diz respeito às relações de trabalho e de consumo, essa preocupação e essa intenção de conformar as relações sociais.

559 V., por todos, a crítica de CANARIS, *Grundrechte und Privatrecht*, 1999, p. 41, e as considerações de J. PIETZCKER, *Drittwirkung, Schutzpflicht, Eingriff*, in H. MAURER et alii (eds.), *Das akzeptierte Grundgesetz, Festschrift für Dürig zum 70. Geb*, 1990, p. 345 e ss. Entre nós, no mesmo sentido, v. MARIA LÚCIA AMARAL, *Dever de legislar e dever de indemnizar*, in *THEMIS*, Ano I, nº 2, 2000, p. 67 e ss (96 e ss), ao entender que, numa sociedade livre, a tutela geral da confiança do particular perante a ordem jurídica tem um conteúdo basicamente defensivo, não implicando um dever de legislar para protecção contra todos os perigos.

560 Não é esta a opinião de G. Canotilho, V. Moreira, *ob. cit.*, p. 385. Mas, v. a posição mais diferenciada de G. CANOTILHO, *ob. cit.*, p. 1289 e ss.

561 Refira-se, a título de curiosidade, que, na versão francesa da Constituição, publicada pela Secretaria de Estado da Comunicação Social, o vocábulo «entidades» é traduzido por *personnes morales*, o que excluiria a sua aplicação aos indivíduos.

562 Ao contrário do que sustentou ANA PRATA, *A tutela constitucional da autonomia privada*, 1982, p. 137 e ss.

Mas, por outro lado, recebe, como princípio de valor, a *autonomia privada*[563], não deixando dúvidas de que não quer destruir nem apoucar o livre desenvolvimento da personalidade, a livre iniciativa económica, a liberdade negocial, a propriedade privada, a instituição familiar ou o fenómeno sucessório.

Afinal, estamos perante um conflito entre duas dimensões da liberdade, ou da liberdade com a igualdade. A liberdade que os direitos fundamentais pretendem garantir não é apenas um abstracto valor social, mas sobretudo o poder de disposição ou a auto-determinação dos indivíduos concretos, e é, por sua vez, em nome da liberdade geral ou da liberdade negocial que podem defender-se certas compressões à aplicabilidade dos preceitos constitucionais nas relações entre particulares.

Portanto, para além dos casos em que a Constituição regula os direitos fundamentais de tal maneira que só podem valer perante o Estado e daqueles outros que são desde logo pensados na sua eficácia perante sujeitos privados[564], o problema está em aberto e terá, por isso, de ser objecto de discussão doutrinária.

Entre nós, manifestaram-se, como era de esperar, posições semelhantes às que atrás referenciamos: umas, mais perto das teorias da eficácia absoluta e outras das teorias da aplicabilidade mediata.

As primeiras pretendem dar maior protecção aos indivíduos em face dos grupos privados ou indivíduos poderosos, revelando uma especial sensibilidade às relações de desigualdade que se multiplicam no mundo do trabalho, da política, da vida social e até da vida familiar. Fazem apelo para isso ao forte pendor socializante da Constituição e à necessidade de os poderes públicos assegurarem a todos os níveis a igualdade e a justiça

[563] Não se trata obviamente da garantia de uma autonomia privada absoluta, nem o conceito é reduzido aos seus aspectos económicos.

[564] Entre os primeiros contam-se, por exemplo, os direitos de asilo e de não extradição e expulsão (artigo 33º) ou as garantias do «habeas corpus» e do processo criminal (artigos 31º e 32º). Entre os segundos, poderão mencionar-se o direito de resposta e de rectificação (artigo 37º, nº 4), o direito de intervenção dos jornalistas na orientação dos órgãos de informação (artigo 38º, nº 2), o direito de associação no seu aspecto negativo (artigo 46º, nº 3), o direito à greve, na parte que respeita ao empregador (artigo 57º) e, porventura, diversos direitos relativamente aos quais se admite a acção popular (artigo 52º, nº 3).

social, intervindo e organizando, estabelecendo imperativos, disciplinando e proibindo[565].

As segundas procuram defender uma margem de liberdade de acção para os particulares, tentando evitar que, através de um intervencionismo asfixiante ou de um igualitarismo extremo, se afecte o sentimento de liberdade, a iniciativa e a capacidade de realização dos indivíduos concretos. Privilegiam, por isso, as normas constitucionais que indiciam a autonomia privada, o livre desenvolvimento da personalidade, a liberdade negocial[566].

Porém, todos acabam por concordar em certos pontos essenciais: que os sujeitos privados poderosos não podem ser tratados como quaisquer outros indivíduos e que devem ser consideradas ilícitas nas relações privadas as diferenças de tratamento ou as restrições que atinjam a dignidade das pessoas, por um lado; mas, que não pode destruir-se a autonomia pessoal e que a liberdade negocial e geral não pode ser negada, por outro lado. Daqui resulta a nossa convicção de que, seja qual for a

[565] V., sobretudo, G. CANOTILHO/V. MOREIRA, *ob. cit.*, e ANA PRATA, *ob. cit.*. GOMES CANOTILHO (*ob. cit.*, n. 4, p. 1293 e s) salienta hoje sobretudo (citando J. RIVERO) a necessidade de evitar uma «dupla ética no seio da sociedade».

[566] V. LUCAS PIRES, *Uma Constituição para Portugal*, 1975, p. 89-90, que refere uma «adopção» e «transposição» dos valores constitucionais pelas cláusulas de direito privado e, sobretudo, MOTA PINTO, *Teoria Geral do Direito Civil*, 2ª ed., 1983, p. 72 e ss., que afirma que os preceitos constitucionais devem conciliar o seu alcance com o de certos princípios fundamentais do direito privado, que também têm assento constitucional. Assim, o princípio da *liberdade contratual* prevaleceria sobre o princípio da igualdade, salvo se o tratamento desigual implicasse violação de um direito de personalidade de outrem (integridade moral, p. ex.); a *confiança* (boa-fé) poderia limitar a liberdade de expressão para garantir a cooperação da outra parte na realização do fim do contrato. Ninguém poderia impugnar um testamento onde um filho fosse beneficiado em relação aos outros, ou uma venda por ter sido feita ao mesmo preço que outrem já tinha oferecido; mas já haveria ilicitude em caso de discriminação em virtude da raça, religião ou sexo (dono do restaurante que se recusa a servir ou motorista de automóvel de aluguer que se recusa a transportar por causa da raça da contraparte), pois que seria atingida a integridade moral do prejudicado. Seria nula a cláusula de um contrato de seguro de responsabilidade em que o segurado, sob pena de perder os seus direitos, se obriga a abster-se de quaisquer declarações ou actos que tendam a reconhecer a responsabilidade do segurador. Mas, já não seria contra a ordem pública a limitação da liberdade de expressão necessária à cooperação (p. ex., dever de segredo sobre processos de fabrico) para o fim do contrato.

teoria adoptada, os seus quadros são capazes de suportar soluções concretas equilibradas e justas[567].

No entanto, não pode ignorar-se, pelo menos, que, por detrás da pluralidade de opiniões da doutrina jurídica nesta matéria, estão em jogo questões teóricas estruturais, como são a do *significado* do instituto jurídico-constitucional dos direitos fundamentais e a do *papel* do legislador e dos tribunais (estes, enquanto órgãos de fiscalização da constitucionalidade) no contexto da divisão constitucional dos poderes.

E, é evidente, essas questões teóricas só serão seriamente encaradas se derem lugar, neste como noutros problemas específicos dos direitos fundamentais, a uma elaboração doutrinal, que permita desenhar com a precisão e clareza possíveis os contornos do instituto e os critérios de actuação dos poderes públicos em face de um conjunto indeterminado de situações concretas.

É com essa intenção e nessa perspectiva limitada que se alinham a seguir algumas considerações sobre o problema[568].

3. Os direitos liberdades e garantias no âmbito das relações privadas de poder

O primeiro aspecto em que se analisa a questão é o da possibilidade de os particulares tomarem o lugar tradicional do Estado como *sujeitos passivos* dos direitos, liberdades e garantias. Trata-se aqui de um problema central, em que não estará em causa um «efeito externo», «indirecto» ou «horizontal» dos preceitos relativos aos direitos fundamentais nas relações jurídicas privadas, mas a investidura dos particulares, a título principal, como *sujeitos passivos* dos *direitos subjectivos fundamentais* no âmbito das relações privadas.

Quanto a nós, para além dos casos já referenciados em que a Constituição expressamente concebe os direitos perante privados, só deverá

[567] Em sentido semelhante para a Alemanha, v. R. Alexy, *Theorie der Grundrechte, cit.*, p. 483. Em Portugal, acresce que muitas vezes, a legislação de direito privado e do direito do trabalho acompanha mais de perto a evolução da sociedade e reflecte mais intensamente o programa de valores constitucional do que a jurisprudência.

[568] Mais recentemente, a questão foi tratada no quadro de uma teoria geral dos deveres de proteção estadual, na obra de Jorge Pereira da Silva, *Deveres do Estado de protecção de direitos fundamentais,* 2015, que analisa os três polos da relação jusfundamental: o agressor, o lesado e o Estado protector.

aceitar-se esta transposição directa dos direitos fundamentais, enquanto direitos subjectivos, para as relações entre particulares quando se trate de situações em que pessoas colectivas (ou, excepcionalmente, indivíduos) disponham de *poder especial* de carácter privado sobre (outros) indivíduos[569]. Em tais casos, estamos perante relações de poder – e não relações entre iguais – e justifica-se a protecção da liberdade dos homens comuns que estejam em posição de vulnerabilidade[570]. O poder em causa não terá de ser necessariamente um poder jurídico, se for um poder de facto inequívoco e objectivamente determinável, como aquele que existe *em relações informais*, por exemplo, numa situação de monopólio de facto, de cartelização ou de oligopólio, pelo menos de bens essenciais. Não será suficiente, em contrapartida, uma dependência psicológica subjectiva ou momentânea, embora esta possa tornar-se relevante por outra via (por exemplo, se determinar um vício da vontade na celebração de um negócio jurídico).

Por vezes, há relações de poder privado, semelhantes às «relações especiais de poder» típicas do direito administrativo[571]. Outras vezes, são os grupos ou organizações que exercem poderes sobre os seus membros[572]. Em certos casos, as entidades privadas dispõem de um poder económico ou social susceptível de conformar aspectos relevantes da vida dos indiví-

[569] Não consideramos aqui as entidades privadas que sejam meros expedientes de criação pública (os «falsos privados»), nem aquelas (ainda que sejam indivíduos) que exerçam poderes *públicos*, pois que essas devem ser tratadas para este efeito como «entidades públicas».

[570] Nesse sentido, v. a Lei nº 30/96, de 14 de Agosto, que alterou o Estatuto do Provedor de Justiça (Lei nº 9/91, de 9 de Abril), alargando o âmbito de actuação desta Autoridade às «*relações entre particulares que impliquem uma especial relação de domínio*, no âmbito da protecção dos direitos, liberdades e garantias» (artigo 2º, nº 2).

[571] Veja-se a semelhança entre os poderes de direcção, regulamentação e disciplina para ordem e eficiência nas empresas ou em colectividades desportivas e os poderes correspondentes dos superiores hierárquicos que caracterizam as chamadas relações especiais de direito administrativo e pense-se em situações paralelas de restrição da liberdade, como, p. ex., proibição de circular, de dar entrevistas sem autorização ou de exprimir certo tipo de ideias ou comentar certos factos, a aplicação de sanções disciplinares, etc.. Considere-se ainda a obediência que os menores devem aos pais ou tutores. Mesmo quando a situação é criada com base num acordo, os problemas não se resolvem com o mero recurso ao princípio da liberdade contratual.

[572] Pense-se nos sindicatos e associações em geral, nos partidos nas ordens religiosas, nas igrejas e especialmente nos poderes de exclusão ou de sancionamento disciplinar.

duos não-membros[573], chegando mesmo a dispor de poderes normativos (mais ou menos vastos), tolerados ou institucionalizados[574].

Porém, as situações de poder social são muitas e diversas e o grau e a medida da aplicabilidade imediata dos direitos, liberdades e garantias têm necessariamente de variar conforme os tipos de situações e as circunstâncias, que só em concreto podem em última análise ser determinadas. Assim, não pode ser tratada da mesma maneira a relação de poder que existe dentro da família, entre menores e pais (ou tutores), e aquela que liga um empregador a um empregado numa empresa, ou o utente de uma instalação privada e a respectiva administração, ou os consumidores e empresas oligopolistas, tal como merecem tratamento diferenciado as relações entre os grupos e os membros, conforme forem institutos religiosos e igrejas, sindicatos, partidos, ou outros tipos de associações.

Acresce que o problema da sujeição de entidades privadas poderosas aos direitos fundamentais apenas se põe na medida em que isso se justifique pela natureza da pessoa (normalmente) colectiva e pelo tipo de relação estabelecida, só valendo obviamente no âmbito dessa relação específica de poder[575].

O critério da «desigualdade» ou do «poder social» não deve, por isso, ser entendido como um critério classificatório, que nos permitisse *em abstracto* determinar as entidades que, além do Estado e demais pessoas

[573] Por exemplo, as empresas monopolistas ou em situações de quase-monopólio de facto, designadamente as empresas que fornecem bens ou serviços essenciais, ou grupos que disponham de influência (isto é, poder) em zonas da vida social.

[574] É o caso das federações desportivas, relativamente ao desporto federado, bem como, em certa medida, o caso dos sindicatos e associações patronais em matéria de contratação colectiva (na medida em que sejam susceptíveis de extensão e em que o respectivo incumprimento configure uma contraordenação) ou dos acordos entre empresas sobre condições negociais, na medida em que não afectem as leis de defesa da concorrência. Um caso exemplar de violação de direitos fundamentais seria o das «closed-shops», em que os empregadores se obrigam a não admitir e até, por vezes, a despedir trabalhadores não-inscritos num certo sindicato. Era prática frequente, p. ex., na Grã-Bretanha, várias vezes condenada no Tribunal Europeu dos Direitos Humanos (cfr. *NJW*, 1982, 486).

[575] Note-se que, no que respeita às pessoas colectivas, o nº 2 do artigo 12º da CRP poderia ser interpretado no sentido de que elas estão sujeitas aos *deveres correspectivos aos direitos fundamentais* que sejam compatíveis com a sua natureza – nesse sentido, para preceito paralelo da lei fundamental alemã, v. JÖRG LÜCKE, *Die Drittwirkung der Grundrechte an Hand des Artikels 19, Abs. 3 GG*, in *JZ*, 1999, p. 377e ss.

colectivas públicas, seriam sujeitos passivos dos direitos fundamentais. Ele é, sobretudo, um critério teleológico que *em concreto* permite estender por analogia e *graduar* a eficácia dos direitos e liberdades nas relações privadas[576].

Os particulares poderão, assim, de acordo com *a natureza especifica*, a *razão de ser* e a *intensidade* do poder exercido (na falta ou insuficiência da lei ou contra ela, se inconstitucional), invocar os direitos fundamentais que asseguram a sua liberdade, por um lado, e exigir, por outro, uma igualdade de tratamento em relação a outros indivíduos nas mesmas circunstâncias, arguindo a invalidade dos actos e negócios jurídicos que ofendam os princípios constitucionais ou reclamando a indemnização dos danos causados.

Em todo o caso, a vinculação das entidades privadas poderosas pelos direitos fundamentais raramente se produzirá em termos semelhantes à vinculação dos poderes públicos[577]. Na realidade, as entidades privadas são também, apesar de tudo, titulares de direitos, liberdades e garantias (ainda que, no caso das pessoas colectivas, em termos limitados) e essa circunstância, que terá de ser levada em linha de conta, poderá sempre implicar uma *ponderação* dos direitos ou valores em conflito, ainda que venha a revelar-se mínima, por exemplo, quando se trate da titularidade – que, sublinhe-se, já é, em regra, limitada, por se tratar de uma pessoa colectiva – de um direito tipicamente «agressivo» ou «intrusivo».

Por isso, alguns Autores, na doutrina estrangeira e entre nós, têm posto reservas à utilização do conceito de poder privado como categoria operativa nesta matéria. Salientando justamente a titularidade de direitos fundamentais por parte das entidades privadas, ainda que poderosas, bem como a nebulosidade da fórmula do «poder privado», contestam a validade desse critério para determinar a vinculação directa de particulares aos direitos subjectivos fundamentais, preferindo afirmar que tal

[576] Ter-se-á, portanto, em consideração, tal como nas relações com entes públicos, se e até que ponto os valores ou interesses colectivos que estão na base das diferentes situações de poder exigem e justificam, no caso concreto, a limitação da liberdade. Como afirma G. CORSO, *RTDP*, 31º (1981), p. 769, o reconhecimento (jurídico) da autonomia de certas instituições (família, escola) implica a aceitação de certas estruturas, formas de coesão e tipos de relações incompatíveis com a liberdade e igualdade de tratamento dos respectivos membros.

[577] Ou nunca, pois que, desde logo, estão excluídas as faculdades de exigir a *protecção positiva ou activa* dos direitos e liberdades, que só podem ter como destinatário o Estado, detentor do monopólio da coacção.

vinculação existe no que respeita ao *núcleo essencial* dos direitos (a dignidade humana) e vale para *todos* os particulares[578].

No entanto, entendida, como salientámos, num contexto de intensidade variável, esta solução teria a vantagem de conferir um sentido útil ou, pelo menos, de corresponder mais fielmente à norma do nosso ordenamento constitucional que determina a «vinculação de entidades privadas», a par da vinculação das entidades públicas.

Acresce que não deve temer-se que, por esta via, se instale um «governo dos juízes», por estes ficarem com a possibilidade de dominar abusivamente a aplicação das normas de direito privado, substituindo-se ao legislador (e, em certa medida, aos próprios particulares), com o fundamento (afinal, um pretexto) da aplicabilidade imediata dos preceitos constitucionais.

Para além de esse resultado eventual, sem dúvida inconveniente, constituir um risco inevitável, visto que inerente em geral aos poderes de fiscalização judicial da constitucionalidade do direito legislado, pensamos que a extensão da vinculação directa dos direitos, liberdades e garantias aos privados poderosos, tal como a entendemos, não o agrava. Na realidade tal vinculação, além de ser limitada às situações de poder (em regra, de pessoas colectivas), há-de ser entendida como uma vinculação *gradativa*, pelo que o juiz não pode deixar de ponderar os valores em jogo, tendo em conta o diferente peso dos direitos e da liberdade nas situações concretas. A isto se somará que, no nosso sistema, não deixa de caber em primeira linha ao *legislador* a regulação imperativa das relações privadas e a resolução dos problemas da colisão entre as liberdades e, em geral, entre os direitos dos particulares nelas envolvidos[579].

Afinal, bem vistas as coisas, trata-se apenas de assegurar, quando e na medida em que isso se justifique, uma protecção *mais intensa* aos

[578] Nesse sentido, v. PAULO MOTA PINTO (*ob. cit.*, p. 240 e s.), na esteira de autores como CANARIS, STARCK e NEUNER. Também GOMES CANOTILHO, *ob. cit.*, p. 1293, duvida da operacionalidade da categoria, embora reconheça o relevo da situação desigualitária.

[579] Julgamos que a concepção que nega a vinculação directa, mas admite o dever de protecção estadual contra privados, com intensidade variável, também comporta riscos semelhantes, na medida em que esse dever de protecção recai em última análise sobre o juiz, na falta ou mesmo através ou para além da lei. Lembre-se, no entanto, uma vez mais, que o problema não assume em Portugal a mesma dimensão que na Alemanha, visto que não existe entre nós uma acção constitucional de defesa, cuja legitimidade dependa da titularidade de direitos subjectivos fundamentais.

particulares vulneráveis nas relações com privados poderosos[580] – garantia que corresponde, afinal, às preocupações evidenciadas pelas teorias moderadas do dever de protecção[581] –, sem deixar de ter em conta a circunstância de essas entidades privadas poderosas também serem titulares de direitos fundamentais, embora, na maior parte dos casos, lembre-se uma vez mais, se trate de pessoas colectivas que, afinal, gozam apenas desses direitos parcialmente e por analogia.

4. Os direitos liberdades e garantias nas relações privadas típicas

Fora destes casos, isto é, nas relações entre «iguais», parece-nos que os particulares não devem ser considerados *sujeitos passivos* dos direitos fundamentais, enquanto *direitos subjectivos*, com os *deveres típicos* correspondentes. E entendemos que essa não transposição da figura dos direitos subjectivos fundamentais para as relações de «isonomia» privada – isto é, bem vistas as coisas, a reafirmação da concepção original dos direitos fundamentais como direitos característicos das relações entre as indivíduos e os poderes sociais – deve valer para todos os direitos, mesmo para os direitos mais intimamente ligados à dignidade humana[582].

4.1. Isso não significa, porém, que os preceitos constitucionais relativos a esta matéria não se apliquem nas relações interprivadas ou que os particulares possam impunemente violar os direitos fundamentais dos outros indivíduos[583].

Em primeiro lugar, os direitos fundamentais incluem, como vimos, faculdades de exigir ao Estado *a protecção* dos bens jurídicos e da liberdade contra a violação por terceiros. Essa protecção jurídica, plasmada

[580] Só assim se poderia justificar certas situações-limite, como, por exemplo, aquela em que o Tribunal Constitucional Alemão julgou inválida a fiança prestada por uma operária de 21 anos (que ganhava 1150 DM/mês) para garantia de dívida elevada do pai (100.000 DM), porque, sendo desproporcionada, importava uma asfixia económica para toda a vida e, portanto, a violação do seu direito ao livre desenvolvimento da personalidade, sendo certo que tal juízo implica um limite à própria autodeterminação (*JZ*, 1994, p. 408).

[581] Tal como corresponde às preocupações civilísticas de protecção dos privados nas situações de inferioridade negocial – v. Sousa Ribeiro, *ob. cit.*, p. 747.

[582] Divergindo, assim, da posição daqueles autores, como, entre nós, Paulo Mota Pinto (*ob. e loc. cits.*), que, como vimos, concebem a eficácia dos direitos subjectivos fundamentais, no seu núcleo essencial, perante todos os particulares.

[583] Como apressadamente parece concluir Ana Prata, *ob. cit.*, p 138.

sobretudo na legislação penal e civil, é *devida* pelo Estado, pelo menos, no que toca ao *núcleo essencial* dos direitos fundamentais, na medida em que exprime o princípio da dignidade da pessoa humana – um valor absoluto, que vincula o próprio titular dos direitos – e, a partir desse dever, que exprime a «eficácia vertical» das normas, vai projectar-se nas relações entre particulares: ficam por essa via proibidos todos os *actos de pura e simples violação* do *conteúdo essencial* de direitos fundamentais[584].

Por outro lado, também o entendimento e a solução normativa da *colisão de direitos fundamentais*, dado que passam pela limitação recíproca e proporcionada dos direitos em presença, diminuem o espaço de ofensa possível e implicam uma protecção relativa dos direitos nas relações interindividuais, designadamente no plano da aplicação jurisdicional do direito privado e do direito penal.

De facto, está fora de dúvida que, sendo os direitos fundamentais também *princípios de valor* objectivos, têm de valer nas relações privadas, tanto mais intensamente quanto mais íntima for a sua ligação ao valor-mãe da dignidade da pessoa humana. A autonomia do direito privado não significa independência em relação à Constituição, que tem hoje como tarefa fundamental a garantia da unidade do ordenamento jurídico. Assim, os preceitos relativos aos direitos fundamentais determinam a invalidade, por inconstitucionalidade, das normas legais de direito privado que os infrinjam ou contrariem. Além disso, fornecem argumentos que influenciam, por vezes decisivamente, a interpretação e aplicação das normas jurídicas ordinárias que regulam as relações de direito privado.

Esta *eficácia objectiva* não pode ser negada aos preceitos relativos aos direitos fundamentais, pois resulta directamente do princípio da constitucionalidade e é comum a todas as relações entre normas constitucionais e preceitos legislativos.

Em todos estes casos, porém, não estamos propriamente no cerne do problema da validade dos direitos fundamentais nas relações entre particulares, mas, em rigor, perante efeitos das normas que atingem de modo *indirecto* os sujeitos privados.

Parece-nos que o verdadeiro problema da eficácia dos preceitos constitucionais relativos aos direitos, liberdades e garantias começa aí,

[584] De resto, este dever de protecção sempre existiu e nunca o liberalismo significou anarquia: uma coisa é a existência de uma esfera livre da *intromissão* estadual, outra é a inexistência de uma esfera estadual.

mas põe-se sobretudo a partir daí. A ideia da aplicabilidade *mediata* foi inicialmente mal defendida, porque os seus partidários não se libertaram do peso das concepções liberais-individualistas e deixaram-se influenciar pela circunstância de terem sido o direito civil e o direito penal, na sua ancianidade, que primeiro regularam as relações privadas e definiram os termos em que se assegurariam os direitos pessoais no âmbito dessas relações. É que a essência dessa ideia respeita à necessidade de defesa de uma esfera de liberdade dos homens concretos em face dos poderes públicos, mesmo quando estes pretendem actuar para protecção da liberdade e da dignidade das pessoas.

Aquilo que se deve entender por *mediação* na aplicabilidade dos preceitos constitucionais às relações entre iguais é, afinal, a necessidade de conciliar esses valores com a *liberdade* negocial e a *autonomia* privada no direito civil – às quais poderemos juntar a rapidez e segurança do tráfico no direito comercial, a harmonia internacional no direito internacional privado[585].

Não era, pois, feliz a expressão aplicabilidade mediata, que se confundia com eficácia indirecta, quando o que se queria afirmar era um imperativo de *adaptação* e de *harmonização* dos preceitos relativos aos direitos fundamentais na sua aplicação à esfera de relações entre indivíduos iguais, tendo em conta a autonomia privada, na medida em que é também constitucionalmente reconhecida[586].

[585] A nossa exposição versa principalmente sobre o direito privado interno e, dentro deste, sobre o direito civil. Quanto ao direito internacional (DIP), o problema que nos interessa aqui especificamente é o da possibilidade da não aplicação da lei estrangeira, designada pela nossa regra de conflitos, por contrariar o nosso ordenamento constitucional. Parece-nos que também aqui há que recorrer, em princípio, à cláusula geral de «ordem pública» e só em casos excepcionais – quando a conexão do caso com o nosso ordenamento seja suficientemente intensa para que a eventual perturbação da harmonia internacional das decisões seja (mais que) compensada pela garantia da unidade de valor da ordem jurídica interna – deverão aplicar-se directamente as normas constitucionais. V., sobre o problema, entre nós, RUI MOURA RAMOS, *Direito Internacional Privado e Constituição*. V., ainda, GAMILLSHEG, *Die Grundrechte bei der Anwendung ausländischen Rechts*, in *Festschrift für Nipperdey*, 1965, vol. I., p. 323 e ss..

[586] Os preceitos constitucionais não podem é aplicar-se nos mesmos termos em que se aplicam nas relações indivíduo-Estado. A conclusão semelhante chega MOTA PINTO, *ob. cit.*, p. 78, que diz que a questão da aplicabilidade mediata ou imediata é uma questão de palavras ou de formulação.

4.2. Face a tudo isto, julgamos que, afinal, a aplicação dos preceitos relativos aos direitos fundamentais, incluindo entre eles o princípio da igualdade, nas relações entre particulares («iguais») não levanta problemas específicos, observada a referida regra material de *harmonização*, própria das situações de conflito[587].

4.2.1. Assim, no caso de haver uma norma legal que regule positivamente a situação, deve esta ser aplicada, *presumindo-se* que estabelece *um equilíbrio aceitável* entre os valores em jogo[588].

Essa presunção poderá ser ilidida, mas quem o quiser fazer deve ter o *ónus da prova* da inconstitucionalidade da norma, que existirá, por exemplo, se ela atentar frontalmente contra os preceitos relativos aos direitos fundamentais, enquanto princípios objectivos ou normas. Deverá ter-se em conta, porém, a possibilidade de se tratar de uma lei restritiva, a qual, além dos outros requisitos, terá, para ser válida, de respeitar sempre o «conteúdo essencial» dos direitos. Aqui, os «valores» próprios do direito privado podem funcionar como valores ou interesses constitucionalmente protegidos que justifiquem a restrição (nos termos do artigo 18º).

Também, obviamente, as normas legais podem e devem ser interpretadas em conformidade com os direitos fundamentais, nos termos e com os limites em que é em geral admitida a interpretação em conformidade com a Constituição[589].

4.2.2. No caso de não existir uma norma legal que regule directamente a situação, não fica o juiz desprovido da possibilidade de atender aos preceitos constitucionais para definir a «norma de decisão» do caso. Deve, se for caso disso, recorrer aos conceitos abertos próprios do direito privado e preenchê-los com a ajuda dos valores constitucionais:

[587] Concluindo, a partir de considerações semelhantes, mas de forma distinta, pela eficácia directa (*prima facie*) dos direitos fundamentais nas relações entre particulares, v. I. Wolfgang Sarlet, *ob. cit.*, p. 138 e ss.

[588] Pressupõe-se um nível de maturidade do direito privado, embora isso possa ser discutível naquelas matérias em que se tenha verificado uma acentuada transformação das relações sociais. Problema semelhante se põe nos sistemas de «common law», relativamente às soluções tradicionais consolidadas.

[589] V., por todos, Gomes Canotilho, *ob. cit.*, p. 1226 e ss..

pense-se, por exemplo, em cláusulas como «contrário à ordem pública» ou «contrário à lei», «ofensivo dos bons costumes», bem como nas cláusulas da «boa fé» e do «abuso de direito»[590]. Se tal se revelar insuficiente, deverá o juiz decidir o caso a partir dos princípios gerais, aplicando os princípios da harmonização e da ponderação, sempre que se possa afirmar que há um valor ou interesse constitucionalmente relevante – será, paradigmaticamente, a autonomia privada – que se contrapõe à eficácia normativa absoluta do preceito constitucional[591].

5. O critério normativo para resolução dos conflitos

Resta, porém, saber qual o alcance efectivo que deve reconhecer-se ao princípio da liberdade ou da autonomia privada enquanto contrapólo normativo dos valores jurídicos protegidos pelos direitos fundamentais (incluindo a igualdade de tratamento).

Isso depende, naturalmente, da pré-compreensão do intérprete-aplicador e também das circunstâncias típicas do caso.

Por nossa parte, julgamos que o sistema dos direitos fundamentais da nossa Constituição retira a sua unidade de sentido do princípio da dignidade da pessoa humana, entendida como dignidade de homens livres[592].

[590] Cf. os exemplos apontados por Mota Pinto, segundo o qual seriam contrários à «ordem pública» os negócios segundo os quais alguém fique obrigado a professar ou a abandonar certa religião ou a casar ou não casar. Também se poderá recorrer aos «bons costumes» (cf. artigos 271º, 280º, 2230º e 2232º do Código Civil) ou, eventualmente, à «boa-fé» (artigo 227º). A jurisprudência tem, aliás, menos relutância em utilizar estas clausulas do que em aplicar directamente os conceitos constitucionais, também vagos, ao contrário do que parece supor Ana Prata, *ob. cit.*, p. 139.

[591] Um caso desse tipo poderia ser, por exemplo, o da proibição à concubina de entrar no domicílio do casal com o marido. Na falta de preceito legal expresso e dada a insuficiência das cláusulas gerais, aplicar-se-ia directamente o princípio do valor da família, consagrado nos artigos 36º e 67º, interpretados à luz do nº 3 do artigo 16º da Declaração Universal dos Direitos do Homem. Estes casos serão pouco frequentes (v. um caso no *JZ*, 1952, p. 688) e não poderá nunca deduzir-se logicamente a decisão a partir do princípio de valor. Sempre terá de situar-se a questão e de comprovar cuidadosamente a validade da aplicação do princípio a situações onde não há relação de poder entre as partes.

[592] Já antes sustentámos que é esse o significado inequívoco do nº 2 do artigo 16º, ao vincular o sentido dos direitos fundamentais ao espírito da Declaração Universal dos Direitos do Homem e não é outro o sentido que lhes dá a tradição cultural do povo e da civilização europeia em que nos integramos.

Os direitos fundamentais nasceram e cresceram de uma raiz liberal e, embora o processo de socialização tenha estendido o âmbito e de certo modo alterado a estrutura do sistema que formam, não pretendeu subverter o seu carácter essencial: eles continuam a ser essencialmente poderes de *autonomia* nas liberdades, poderes de *controlo* nos direitos políticos e cívicos, poderes de *reivindicação* nos direitos a prestações, sociais ou outras.

Os direitos fundamentais tiveram, com a superação do liberalismo, de adaptar-se às novas necessidades, às novas formas de defesa da dignidade humana dos indivíduos, mas continuam a ter sentido apenas se não perderem essa matriz *libertadora* que constitui o momento da tradição que permanece na sua história, que se vai fazendo – a liberdade não foi ultrapassada pela socialidade, o liberalismo é que foi posto em causa pela socialização.

Ora, se isto é válido em geral, é por maioria de razão válido para os direitos, liberdades e garantias, de cuja eficácia se trata aqui. Esta é a parcela dos direitos fundamentais que constitui o núcleo inicial e aquela que mais intimamente se liga à ideia de liberdade[593].

Por isso, propomos que a nossa Constituição seja interpretada no sentido de consagrar o princípio da *liberdade* como *regra* das relações entre indivíduos *iguais*. Os indivíduos, no uso do seu direito ao livre desenvolvimento de personalidade devem poder autodeterminar os seus comportamentos e conduzir o seu projecto de vida, tal como lhes compete em primeira linha harmonizar e ajustar entre si, no uso da liberdade negocial, os seus direitos e interesses[594].

Esta regra tem, contudo, os seus limites. Não pode admitir-se que na vida social privada as pessoas, mesmo em situação de igualdade, possam ser tratadas ou admitirem ser tratadas como se não fossem seres humanos. Tal seria a negação do axioma antropológico que dá fundamento à própria ideia de direitos fundamentais. Por isso, a dignidade humana, enquanto *conteúdo essencial absoluto* do direito, nunca pode ser afectada – esta é a *garantia mínima* que se pode retirar da Constituição[595].

[593] Essa ideia de liberdade individual nunca pode ser destruída, nem em nome da liberdade dos outros. Cfr. o sentido do artigo 30º da Declaração Universal dos Direitos do Homem.

[594] Nesse sentido, também Sousa Ribeiro, *ob. cit.*, p. 746.

[595] É também este afinal o âmbito que alguns autores defendem ter de ser assegurado nas relações entre privados: é o caso de Neuner (*ob. cit.*, p. 150 e ss), que distingue os «direitos

Assim, por exemplo, nos casos de *renúncia* e, em geral, de *auto-restrição* do titular do direito fundamental, que são aqueles em que mais longe se pode ir na garantia da liberdade negocial, aceitamos (pressuposta sempre a igualdade dos sujeitos e a existência de uma vontade livre e esclarecida) que ela exclua a aplicação do preceito constitucional, mas, ainda aí, só se não atingir aquele mínimo de conteúdo do direito para além do qual o indivíduo se reduz à condição de objecto ou de não-pessoa – nestes casos o bem jurídico deve ser considerado indisponível[596]-[597].

Esta é uma das soluções possíveis: aceitar a *liberdade* de actuação individual, mas só desde que não se prejudique intoleravelmente a ideia da *dignidade* da pessoa humana. Outra seria a inversa: subordinar constitucionalmente os indivíduos aos princípios da igualdade e da sujeição aos direitos fundamentais como imperativos, que só deveriam ser afastados no caso de a imposição prejudicar intoleravelmente a liberdade do agente[598].

humanos» (enquanto expressão directa da dignidade humana) de entre os direitos fundamentais, e de Paulo Mota Pinto (*ob. cit.*, p. 241 e ss).

596 Entendemos que os limites ao poder de renúncia devem ser menos exigentes do que os limites ao poder legal de restrição. Designadamente, não vemos razões que obriguem o titular do direito fundamental a justificar, por um valor social ou público, a auto-restrição. A proporção não tem aqui de ser respeitada, mas apenas a dignidade da pessoa humana como mínimo indisponível. Assim, e diferentemente de Mota Pinto (*ob. cit.*, p. 210), consideramos válida a renúncia à integridade física, para operação de estética, mesmo que o risco seja grande e os eventuais resultados escassos.

597 Será, por exemplo, nulo o consentimento (negocial) na lesão do bem «vida». Mas, o consentimento para intervenções médicas, operações estéticas, participação em jogos violentos, etc., já constitui renúncia lícita ao direito à integridade física. Não pode, em princípio, renunciar-se em globo e (ou) por período indeterminado à liberdade de circulação ou ao exercício de certa profissão ou actividade, mas uma pessoa pode obrigar-se a não exercer a actividade comercial em certo lugar ou a residir na localidade da fábrica onde trabalha ou a não receber visitas depois de certa hora no quarto que arrendou. Sobre os direitos de personalidade e a sua irrenunciabilidade, v. Mota Pinto, *ob. cit.*, p. 209 e ss.. Outro caso será, p. ex., o de um contrato entre recém-divorciados, nos termos do qual o ex-marido se obriga a não residir na cidade (cf. *NJW*, 1972, p. 1999 e *NJW*, 1973, p. 229).

598 Esta parece ser a posição de G. Canotilho, *ob. cit.*, p. 1293, que põe como limite à eficácia dos preceitos constitucionais o confisco substancial da autonomia pessoal e a inexistência de um direito subjectivo cujo núcleo essencial seja sacrificado pelo uso anormal dessa autonomia. Por isso, este Autor considera intolerável a decisão do Tribunal Constitucional Federal alemão que entendeu que um senhorio poderia exigir do locatário que retirasse

Optamos pela primeira, até porque não se trata da afirmação de um princípio absoluto. Estas considerações só valem quando não exista preceito legal expresso que regule o caso, impondo certas obrigações e deveres ou proibindo especificamente a discriminação a ou contra certas categorias de pessoas. Ao legislador ordinário fica assim atribuída uma margem de actuação que lhe permite fazer variar, conforme as necessidades públicas e a opinião comunitária, o espaço de liberdade dos indivíduos nas relações de direito privado – desde que, é evidente, não atinja o conteúdo essencial dos direitos, liberdades e garantias, nem destrua a autonomia individual. Pode o legislador, por exemplo, proibir a recusa ou o condicionamento da venda ou arrendamento de bens imóveis, da celebração de contratos de seguro ou de acesso a cuidados de saúde ou ao ensino em estabelecimentos privados, em função de deveres especiais de protecção[599]. Tal como pode obrigar qualquer particular a auxiliar outro em situação real de necessidade, em face da importância do bem protegido, obrigação que pode passar pela criminalização da omissão de auxílio.

Além disso, lembrar-se-á que as normas de direito privado contêm *cláusulas gerais* que também permitem à jurisprudência graduar, dentro de certos limites, a influência dos princípios constitucionais, ponderando, consoante as circunstâncias concretas dos casos, numa perspectiva de adequação social, a medida em que o sentimento jurídico comunitário exige a restrição da liberdade de cada indivíduo para a defesa da liberdade e da dignidade dos outros homens.

Fica, pois, aberta a possibilidade de o legislador ou o juiz comprimirem a liberdade individual para a prevenção ou repressão de situações de injustiça a que o abuso da liberdade por vezes conduz, quando sejam intoleráveis para o sentimento jurídico geral.

cartazes eleitorais apostos nas janelas, por serem susceptíveis de prejudicar a convivência no prédio (nos termos das regras gerais de direito civil), apesar de esta limitação à liberdade de expressão do inquilino, além de não ser arbitrária, não afectar substancialmente a sua capacidade de autodeterminação no plano político. O que o senhorio não poderia fazer era impedir a afixação de cartazes a um inquilino e permiti-la a outros, como declarou «obiter» o Tribunal (*BVerfGE*, 7, p. 236).

[599] V., por exemplo, a Lei nº 93/2017, de 23 de Agosto e a Lei nº 46/2006, de 28 de Agosto, que proíbem práticas discriminatórias no âmbito das relações privadas, baseadas na raça ou na deficiência, respectivamente.

6. A aplicação do princípio da igualdade nas relações privadas

Tudo isto poderá ser ilustrado através do exemplo do princípio da igualdade, que surge frequentemente em contradição com a liberdade geral e com a liberdade negocial no âmbito das relações privadas[600].

6.1. Julgamos que o princípio da igualdade não é aplicável nas relações privadas enquanto proibição do arbítrio ou imperativo de racionalidade de actuação.

O homem não é apenas um ser racional, nem é perfeito e a ética jurídica não pode pretender que ele o seja. A liberdade do homem individual inclui necessariamente uma margem de arbítrio, é também uma liberdade emocional[601].

Em vez de se pretender impor rigidamente a cada indivíduo que, nas relações com os seus semelhantes, os trate com estrita igualdade, fundamentando sempre juridicamente os seus actos e não actuando senão com a certeza de poder justificar a sua atitude com um valor socialmente igual ou maior, deve tolerar-se um certo espaço de espontaneidade e até de arbitrariedade[602].

É assim que o Direito Civil tutela generosamente a vontade, por exemplo, na doação e no testamento, e consagra em termos latos a liberdade de contratar (e de não contratar), sem condicionar esses actos em geral por um critério de *racionalidade do comportamento*[603]. Estender aos indivíduos a aplicação do princípio constitucional da igualdade afigura-se-nos, em princípio, impróprio, absurdo e insuportável[604]. A liberdade

[600] Sobre o princípio da igualdade nas relações privadas, v., além de MIKAT, *ob. cit.*, SALZWEDEL, *Gleicheitsgrundsatz und Drittwirkung*, in *Festschrift für H. Jahrreiss zum* 70. *Geb.*, 1964, p. 339 e ss.; HUECK, *Der Grundsatz der gleichmässigen Behandlung im Privatrecht*, 1958; MEYER-CORDING, *Die Gleichheitsgrundsatz in Privatrecht und das Wettbewerbsrecht, in Festschrift für Nipperdey*, 1965, p. 537 e ss. Sobre o princípio da igualdade, em geral, e a respectiva metódica de «controlo», v. GOMES CANOTILHO, *ob. cit.*, p. 426 e ss, 1295 e ss.

[601] Em sentido semelhante, SOUSA RIBEIRO, *ob. cit.*, p. 753 e ss

[602] Liberdade é, para os indivíduos, também o direito de ser diferente, incongruente, irracional, ilógico, volúvel. V. MAUNZ/DÜRIG/HERZOG/SCHOLZ, *ob. cit.*, Artigo 3, I GG, Rdnr 130; SALZWEDEL, *ob. cit.*, p. 348.

[603] V., no entanto, a proibição contida no artigo 2232º do Código Civil de condições testamentárias «de residir ou não residir em certo prédio ou local (...), de tomar ou deixar de tomar o estado eclesiástico ou determinada profissão e as *cláusulas semelhantes*».

[604] Isto, mesmo pensando a igualdade como mínimo, enquanto igual dignidade individual. Por exemplo, poderá um inquilino opor-se ao despejo por falta de pagamento da renda com

tem de prevalecer sobre a igualdade, constitui um limite imanente deste princípio[605].

6.2. Contudo, o princípio da igualdade já terá de ser aplicado, mesmo entre iguais, enquanto *proibição de discriminações* que atinjam intoleravelmente a *dignidade humana* dos discriminados, *maxime*, que impliquem uma violação dos seus direitos de personalidade[606].

6.3. Como também dissemos em geral, o princípio da igualdade de tratamento pode ser imposto por *disposições legislativas restritivas* da liberdade geral ou negocial. Assim, por força de imposições constitucionais[607] ou de obrigações internacionais[608] ou ainda quando, em virtude das circunstâncias concretas da sociedade, houver razões sociais fortes para restringir a liberdade dos indivíduos, não permitindo determinados tipos de discriminação, será legítima a imposição por via legislativa de

base no facto de o senhorio não ter despejado outro inquilino nas mesmas circunstâncias? Ou um legatário impugnar um testamento por ter sido substancialmente discriminado pelo *de cuius*? Ou um comprador queixar-se de que o vendedor muda o preço conforme o interessado? Um dever geral de igualdade de tratamento espartilharia as relações entre os indivíduos, promoveria a suspeição e o despeito, o artificialismo e a hipocrisia, seria irrealista e funesto. V. Bachof, *JZ*, 1966, p. 21. G. Canotilho, *ob.* cit., p. 1293, aceita que nalguns destes casos é difícil argumentar com o princípio da igualdade. Note-se que nos referimos a relações privadas típicas, em que se pressupõe a igualdade – outras são hoje as relações económicas reguladas, em que se destaca, por exemplo, a situação de poder de produtores ou fornecedores de bens e serviços essenciais em relação aos consumidores ou utentes. De facto, nas relações de consumo, pressupõe-se a desigualdade na relação entre as partes, devendo proteger-se a parte vulnerável (à semelhança da protecção do trabalhador por conta de outrem no contrato de trabalho).

[605] Contra, Nipperdey, *Festschrift für Molitor, ob. cit.*, p. 31-32, que se refere, no entanto, especialmente ao direito do trabalho e parte de uma presunção de liberdade.

[606] Mota Pinto, *ob. e loc. cit.*, entende que a liberdade deve prevalecer sobre a igualdade, salvo quando sejam afectados direitos de personalidade de outrem. Valem aqui também, por maioria de razão, as considerações feitas a propósito da irrenunciabilidade dos direitos de personalidade.

[607] Cfr., por exemplo, em matéria de trabalho, o artigo 59º e, relativos à família, os nºs 3 e 4 do artigo 36º.

[608] Cf., p. ex., a Convenção internacional sobre a eliminação de todas as formas de discriminação racial ou a Convenção sobre a eliminação de todas as formas de discriminação contra as mulheres – v. estes e outros textos internacionais in J. Bacelar Gouveia, *Direito da Igualdade Social*, 2000.

deveres específicos de igualdade de tratamento, na medida em que essas razões o justifiquem[609]. Desde a revisão de 1997, a Constituição consagra mesmo no nº 1 do artigo 26º um *direito à protecção legal contra todas as formas de discriminação*, que implica um dever especial de protecção[610] e favorece a interpretação das normas legais existentes no sentido de uma limitação da liberdade, quando discriminatória[611].

O legislador pode ainda impor obrigações específicas de igualdade de tratamento, por exemplo, como contrapartida da outorga de vantagens[612] ou da concessão de licenças[613], em qualquer caso, desde que tal imposição se revele adequada, isto é, justificada e razoável.

6.4. Por outro lado, lembre-se de novo que se pressupôs nas afirmações anteriores uma situação de igualdade entre os particulares.

Quando estejam em causa situações em que certas pessoas colectivas, grupos ou indivíduos detenham uma posição de domínio económico ou social, designadamente se gozarem de uma situação de monopólio, não

[609] Não sendo importantes, entre nós, tradicionalmente, os problemas raciais ou religiosos, este tipo de situações eram considerados pouco prováveis, já que na nossa sociedade não sofria dessas escleroses sociais que só a intervenção activa do poder público era capaz de curar. No entanto, a transformação do nosso país numa terra de imigração traz problemas novos de exclusão e de discriminação potencial, sobretudo relativamente aos membros dessas comunidades estrangeiras.

[610] V. a Lei nº 93/2017, de 23 de Agosto, que tem por objecto prevenir e proibir as discriminações no exercício de direitos por motivos baseados na origem étnica, raça, cor, nacionalidade ou território de origem, e que apresentam, a título exemplificativo, um elenco de práticas discriminatórias, entre as quais se contam também comportamentos de pessoas singulares ou colectivas *privadas*, uns no âmbito de relações de poder (acesso ao emprego, a estabelecimentos de saúde e de ensino), outros mesmo nas relações entre iguais (venda ou arrendamento).

[611] Assim, por exemplo, poderá o já referido artigo 2232º do Código Civil ser interpretado no sentido de serem «contrárias à lei» disposições testamentárias que sejam comprovadamente discriminatórias.

[612] Cfr. o Decreto-lei nº 460/77, de 7 de Novembro, que considera a não discriminação como requisito para a declaração de utilidade pública.

[613] Por ex., o exercício de actividades destinadas ao serviço do público, como transportes de táxi, exploração de estabelecimentos comerciais, cafés, restaurantes, hotéis, casinos, etc. deve entender-se subordinado ao principio da igualdade, mesmo fora da situação de monopólio, porque se trata de serviços de interesse directo das populações, que estão sujeitos a licenciamento e em que os particulares renunciam à sua autonomia (e à sua intimidade) ao emitirem declarações gerais de vontade negocial e abrirem as portas ao público.

deve permitir-se que invoquem a liberdade negocial para escolher arbitrariamente a contraparte ou impor a exclusão de terceiros[614]. Aí poderá valer a primazia do dever de respeito pela igualdade sobre a liberdade.

6.5. Note-se, enfim, que o princípio da igualdade enquanto proibição de discriminações se refere a uma *igualdade material* e se dirige especialmente às actuações arbitrárias ou injustificadas, designadamente as determinadas por diferenças mais frequentes, como o sexo, a religião, as convicções políticas, entre outras. Exige-se, porém, uma intenção discriminatória, no sentido de uma diferenciação injustificada, que não resulta automaticamente do facto de estarem em causa as qualidades enumeradas no nº 2 do artigo 13º. Por exemplo, um partido político não discrimina quando diferencia pelas convicções políticas os candidatos à admissão (não abandona o quadro da sua racionalidade), tal como uma publicação confessional pode estabelecer diferenciações pela religião sem discriminar[615]. O que importa é que haja uma actuação racional, técnica ou eticamente fundada, que não se diferencie para discriminar[616].

No entanto, quando estejam em causa as "categorias suspeitas" enunciadas no artigo 13º, nº 2, há-de exigir-se uma fundamentação mais clara da diferenciação, porventura até uma prova positiva da sua razoabilidade.

[614] P. ex., a única piscina da vila aberta ao público não pode excluir certas categorias de pessoas, atendendo ao sexo, à raça, à língua, à condição social, etc.. E também a uma grande empresa, com forte posição no mercado de trabalho, não é lícito recusar admitir um trabalhador apenas por razões religiosas, de raça, etc. (ao contrário, por exemplo, deve admitir-se a livre escolha do pessoal que presta serviço doméstico).

[615] Já é difícil hoje, no entanto, conceber a hipótese de uma discriminação no emprego em função do sexo, mesmo invocando a «capacidade objectiva para o exercício da função», por exemplo, na actividade de estiva.

[616] P. ex., poderá uma clínica *católica* despedir um pintor por ter casado civilmente pela 2ª vez, mantendo-se ainda (para o direito canónico) o casamento anterior (católico)? E se fosse um médico? Poderá um jardim de infância aceitar apenas crianças baptizadas? Sobre o «Tendenzbetrieb», v. Leisner, *ob. cit.*, p. 268 e ss., especialmente a nota 195 da pág. 269. Um exemplo será o das cláusulas nas apólices de seguro da responsabilidade automóvel que prevêem prémios mais baixos para condutores do sexo feminino, com fundamento na estatística que prova que as condutoras provocam menos acidentes graves – exemplo colhido em Sousa Ribeiro, *ob. cit.*, p. 753.

6.6. Havendo prática discriminatória, haverá lugar a responsabilidade contraordenacional e a responsabilidade civil[617], desde que se prove (o que muitas vezes é difícil) que não houve ou não poderia ter havido outra razão para o facto e que dele resultou um prejuízo real, patrimonial ou não, para o indivíduo atingido[618].

Já é discutível a possibilidade de obrigar a contratar a parte que o recusou, o que, apesar de tudo, parece admissível nos casos em que haja emissão geral de vontade de contratar (restaurantes, cinemas, etc.).

A actuação discriminatória pode ainda acarretar sanções penais ou ser reprimida ou prevenida por medidas policiais, quando atinja bens criminalmente protegidos ou afecte a ordem pública, mas já não estaremos aqui no âmbito da relevância autónoma do princípio da igualdade[619].

[617] V. os artigos 15º e 16º da Lei nº 93/2017, de 23 de Agosto.

[618] Nas relações entre iguais, a presunção deve valer sempre a favor da liberdade.

[619] Sobre os efeitos jurídicos do princípio da igualdade, v. Salzwedel, *ob. cit.*, p. 350 e ss..

Capítulo VIII
Os limites e as limitações dos direitos, liberdades e garantias nas situações de conflito

1. Limites e limitações, harmonização e restrição de direitos

Não será seguramente novidade afirmar neste momento que os direitos fundamentais, mesmo os direitos, liberdades e garantias, não são absolutos nem ilimitados.

Não o são na sua dimensão subjectiva, porque os preceitos constitucionais não remetem para o arbítrio do titular a determinação do âmbito e do grau de satisfação do respectivo interesse, e também porque é inevitável e sistémica a conflitualidade dos direitos de cada um com os direitos dos outros. E, podemos dizê-lo, nunca se sustentou que o fossem, já que mesmo na época liberal-individualista se entendia que os direitos fundamentais (cada um dos direitos e os direitos de cada um) tinham como limite a necessidade de assegurar aos outros o gozo dos mesmos direitos[620].

Não o são também enquanto valores constitucionais, visto que a Constituição não se limita a reconhecer o valor da liberdade: liga os di-

[620] O artigo 4º da Declaração dos Direitos do Homem e do Cidadão de 1789 rezava assim: «A liberdade consiste em poder fazer tudo aquilo que não prejudique outrem: assim, o exercício dos direitos naturais de cada homem não tem por limites senão os que asseguram aos outros membros da sociedade o gozo dos mesmos direitos. Estes limites apenas podem ser determinados por Lei».

reitos a uma ideia de responsabilidade social e integra-os no conjunto dos valores comunitários. Assim, além dos limites «internos» do subsistema jusfundamental, que resultam das situações de conflito entre os diferentes valores que representam as diversas facetas da dignidade humana, os direitos fundamentais têm também limites «externos», pois hão-de conciliar as suas naturais exigências com as imposições próprias da vida em sociedade: a ordem pública, a ética ou moral social, a autoridade do Estado, a segurança nacional, a estabilidade financeira, entre outros.

Nestes termos, poderá afirmar-se que o problema dos limites dos direitos fundamentais se coloca, afinal, na maior parte dos casos, como um *conflito prático* entre valores – entre os valores próprios dos direitos ou entre esses e outros valores comunitários – no contexto do sistema constitucional.

Porém, esse conflito apresenta-se em situações diversas e assume, designadamente da perspectiva do direito que sofre a limitação, formas diferentes, que convém separar, porque põem problemas distintos, a exigirem construções e soluções normativas próprias.

Referimo-nos agora exclusivamente às situações de *limites* ou de *limitações* ao conteúdo constitucional dos direitos fundamentais, sem considerar as hipóteses de conformação ou de ordenação legislativa (menos ainda, as de mera promoção, ampliação ou protecção de direitos), e tratamos especialmente do universo dos direitos, liberdades e garantias, cujo conteúdo principal é, como vimos, determinado ou determinável ao nível da Constituição[621].

[621] Sobre a matéria, v., de entre a inumerável bibliografia, RIVERO, *Libertés publiques*, vol. I, 1973, p. 166 e ss.; N. RÜFFNER, *Grundrechtskonflikte*, in *BVerfG und GG*, vol. II, 1976, p. 453 e ss.; HÄBERLE, *Die Wesensgehaltsgarantie des Artikel 19, Abs. 2 Grundgesetz*, 1962; P. LERCHE, *Übermass und Verfassungsrecht*, 1961; ERBEL, *Das Sittengesetz als Schranke der Grundrechte*, 1971; H. SCHNEIDER, *Die Güterabwägung des BVerfGs bei Grundrechtskonflikten*; BETTERMANN, *Grenzen der Grundrechte*, 2ª ed, 1976; BETHGE, *Zur Problematik der Grundrechtskollisionen*, 1977; ROLF ECKHOFF, *Der Grundrechtseingriff*, 1992; K. HESSE, *Grundzüge des Verfassungsrechts...*, 20ª ed., 1995, p. 137 e ss.; R. ALEXY, *Theorie der Grundrechte*, 1994; M. BOROWSKI, *Grundrechte als Prinzipien*, 1998; ANDREAS von ARNAULD, *Die Freiheitsrechte und ihre Schranken*, 1999; para uma comparação entre o sistema alemão e o português, TORSTEN GROTHMANN, *Grundrechtsschranken Portugal-Deutschland*, 1996; entre nós, v. GOMES CANOTILHO, *Direito Constitucional e Teoria da Constituição*, 7ª ed., 2003, p. 448 e ss, 1261 e ss.; JORGE MIRANDA, *Manual de Direito*

1.1. Neste contexto, põe-se, em primeiro lugar, o problema dos limites do direito no que toca à *delimitação* do respectivo *âmbito de protecção constitucional*, para definir o seu objecto e conteúdo *principal*. Trata-se de determinar os bens ou esferas da acção abrangidos e protegidos pelo preceito que prevê o direito e de os distinguir de figuras e zonas adjacentes, para saber, em abstracto, também em função de outros preceitos constitucionais, se inclui, não inclui ou exclui em termos absolutos as várias situações, formas ou modos pensáveis do exercício do direito – está em causa um problema de *interpretação* das normas constitucionais, que compreende o problema da determinação do âmbito protegido, isto é, dos *limites imanentes* ou *constitucionais* de um direito fundamental.

A seguir, tem de considerar-se o problema da *restrição* do conteúdo do direito – depois de este ter sido previamente delimitado por interpretação ao nível constitucional –, operada através de uma intervenção normativa *abstracta* do legislador ordinário, para salvaguarda de outros valores constitucionais, nos termos autorizados e nos casos previstos pela Constituição – trata-se aqui do problema das *leis restritivas* de direitos fundamentais.

E há ainda que pôr o problema da *limitação* ou *harmonização* dos direitos, liberdades e garantias, em face dos compromissos naturais e inevitáveis entre os direitos e valores constitucionais que conflituam ou podem conflituar directamente em determinadas situações ou tipos de situações concretas, e que, nessas circunstâncias, reciprocamente se limitam – estamos perante os problemas das *colisões* de direitos ou dos *conflitos* entre direitos e valores constitucionais comunitários[622].

Estes problemas de colisão e de conflito, que implicam uma limitação recíproca dos direitos e valores colidentes ou conflituais, podem surgir *em abstracto*, ao *nível legislativo*, quando o preceito constitucional não tenha previsto qualquer restrição para um determinado direito ou se torne necessário ir além das restrições legislativas previstas, bem como, obviamente, naquelas hipóteses em que a Constituição preveja direitos ou valores estruturalmente incompatíveis[623].

Constitucional, IV, 6ª ed., 2015, p. 484 e ss; JORGE REIS NOVAIS, *As restrições aos direitos fundamentais não expressamente autorizadas pela Constituição*, 2003.

622 A doutrina designa, por vezes, as colisões entre direitos como «colisões autênticas» e os conflitos entre direitos e valores comunitários como «colisões inautênticas».

623 Referimo-nos a hipóteses específicas – como, por exemplo, a consagração do direito de resposta e da liberdade de expressão (enquanto liberdade de edição) no âmbito da comu-

E surgem, seguramente, *nos casos concretos*, ao *nível da aplicação do Direito*, sobretudo pelos tribunais, seja quando se tenha de conciliar preceitos constitucionais directamente aplicáveis que numa situação de facto conflituem entre si, seja quando se devam aplicar leis reguladoras da matéria de direitos, liberdades e garantias que utilizem cláusulas gerais ou conceitos indeterminados para estabelecer critérios ou padrões de solução de conflitos.

Por fim, deverá atender-se a algumas *situações especiais de restrição* legislativa, entre as quais avultam as dos *estatutos especiais* de certas categorias de cidadãos e as das restrições legislativas que visem a *protecção dos cidadãos contra si próprios*, bem como a certas *hipóteses especiais de colisão*, designadamente, as de *auto-limitação*, em que a diminuição do direito é promovida, acordada ou consentida pelo próprio titular.

1.2. Como decorre deste sumário, não adoptamos como modelo a já referida concepção de Alexy, que tem tido algum curso na doutrina alemã e também entre nós, nos termos da qual os preceitos relativos aos direitos fundamentais deveriam ser entendidos como *princípios*, isto é, como consagradores de direitos *prima facie*, que, em definitivo, podem vir a ser limitados, comprimidos, restringidos, ou até sacrificados, segundo critérios de *ponderação* e de *harmonização*, para satisfazer outros valores ou direitos, em situações de conflito.

Nesta construção – que parte de um âmbito de protecção máximo do preceito, de algum modo extremando as teorias da «hipótese normativa alargada» –, a *limitação* de direitos fundamentais, associada ao método da *ponderação* e da *harmonização*, toma um sentido muito amplo, que tende a consumir na colisão de direitos ou de direitos e valores, além dos casos de harmonização, a declaração de limites imanentes (neste modelo, necessariamente, *a posteriori*) e a restrição legislativa[624].

nicação social (artigo 37º, nº 4, e artigo 38º), ou a protecção do segredo de justiça, em face do direito à informação dos cidadãos e dos jornalistas (artigo 20º, nº 3, e 37º, nº 1, 2ª parte, e artigo 38º, nº 2, al. b)) –, mas também à limitação dos direitos e liberdades por «leis gerais» que tenham necessariamente sobre eles efeitos restritivos. Sobre este aspecto, a propósito das liberdades comunicativas, v. JÓNATAS MACHADO, *Liberdade de expressão*, STVDIA IVRIDICA 65, 2002, p. 714 e ss.

[624] E até, se alargada aos direitos sociais ou a aspectos acessórios dos direitos, liberdades e garantias, a própria *conformação* legislativa.

Parece-nos, no entanto, que, no sistema normativo da Constituição portuguesa, não deve desta teoria adoptar-se, nem o pressuposto liberal, nem a estratégia de indiferenciação: há boas razões para proceder a uma delimitação substancial do âmbito normativo dos direitos ao nível constitucional, por interpretação; é obrigatória a distinção entre as situações de restrição legislativa e as de solução, abstracta ou concreta, de colisões ou conflitos que envolvam direitos fundamentais; tal como se justifica a distinção categorial das leis conformadoras, como veremos a seguir.

1.2.1. No que respeita aos limites imanentes, embora seja de rejeitar um modelo «pré-formativo», que sustente a recondução à hipótese normativa constitucional de todas as limitações possíveis, acima referenciadas (nos termos da chamada «teoria interna»)[625], deve admitir-se uma interpretação das normas constitucionais que permita restringir *à partida* o âmbito de protecção da norma que prevê o direito fundamental, excluindo os conteúdos que possam considerar-se *de plano* constitucionalmente inadmissíveis, mesmo quando não estão expressamente ressalvados na definição textual do direito[626].

Essa delimitação substancial justifica-se, desde logo, pela vantagem prática de evitar que venha a considerar-se como uma situação de conflito de direitos aquela em que o conflito é apenas aparente: não tem sentido fazer uma ponderação, que pressupõe a consideração de dois valores, quando estamos perante um comportamento que não pode, *em caso algum*, considerar-se constitucionalmente protegido, pois que, não existindo à partida um dos direitos, a solução só pode ser a da afirmação total do outro.

Mas a interpretação restritiva, em abstracto, da norma constitucional que prevê o direito fundamental justifica-se ainda, e sobretudo, por assim se assegurar plenamente o *núcleo essencial* (o «domínio garantido») *dos outros direitos fundamentais*, reforçando o valor normativo da dignidade da pessoa humana que neles se projecta, bem como *os valores comunitários básicos*.

[625] Sobre este modelo, v., numa perspectiva crítica, G. LÜBBE-WOLFF, *Die Grundrechte als Eingriffsabwehrrechte*, 1988, p. 17 e ss (87 e ss) e M. BOROWSKI, *ob. cit.*, p. 31.

[626] Em sentido diverso, v. REIS NOVAIS, *ob. cit.*, espec. p. 390 e ss, que sustenta não ser possível descrever, em abstracto e *a priori*, os limites do direito, cuja definição está, por isso, necessariamente sujeita a uma verificação prática, susceptível de controlo, da prevalência de outro direito ou valor digno de protecção.

De facto, um dos perigos das teorias «principiais» ou «principiológicas» é o do enfraquecimento axiológico do sistema, concebendo os direitos fundamentais como *imperativos para optimização*, como se não houvesse, à partida, valores intocáveis[627]. Uma teoria normativa *forte* dos direitos fundamentais justifica a limitação imanente de um direito, desde que possa afirmar-se *em abstracto* que determinada forma aparente de exercício do direito não é, *em caso algum*, possível ou legítima – isto é, para utilizar a conceptologia alexyana, onde o conteúdo do direito fundamental não é limitado por um outro *princípio*, mas por uma *regra*, em especial onde essa regra é a expressão do valor absoluto da dignidade da pessoa humana[628].

Acresce que a construção dogmática da figura dos «limites imanentes» não é, em si, dispensável: desde logo, porque não podem ignorar-se a delimitação do bem protegido ou os limites expressos no próprio texto da Constituição; depois, na medida em que tais limites hão-de ser reconhecidos, a partir do processo de ponderação, pelo menos como limites constitucionais *a posteriori*, quando, numa situação concreta, as circunstâncias permitam formular uma *regra* cuja hipótese seja constituída por essas mesmas circunstâncias[629].

Aliás, a figura dos limites imanentes é ainda relevante do ponto de vista do regime jurídico aplicável, na medida em que a sua determinação

[627] Note-se que GOMES CANOTILHO, in *Métodos de protecção de direitos, liberdades e garantias*, in BFDC, Volume Comemorativo do 75º Tomo, 2003, p. 793 e ss (814), esclarece que só é razoável falar de direitos como princípios "quando se trata de acentuar as dimensões objectivas de valor a eles inerentes", de modo que o modelo adequado de concretização dos direitos, liberdades e garantias é um modelo combinado de regras e princípios, mas "com prevalência do plano das regras sobre o plano dos princípios".

[628] Como afirma STARCK, *Über Auslegung und Wirkung der Grundrechte*, in HEYDE/STARCK (eds.), *40 Jahre Grundrechte in ihrer Verwirklichung durch die Gerichte*, 1990, p. 14, matar e roubar, por exemplo, não estão incluídos no âmbito de protecção das liberdades. Note-se que, entre nós, GOMES CANOTILHO, apesar de aceitar a concepção dos direitos fundamentais como princípios, reconhece a existência de regras, como, por exemplo, a do nº 2 do artigo 25º – v. *ob. cit.*, p. 1255. É de perguntar, no entanto, se mesmo esta proibição pode considerar-se absoluta quanto a «torturas» que não consistam em «tratos cruéis, degradantes ou desumanos».

[629] Isto é, quando se conclua que, se previsse expressamente essas circunstâncias, a Constituição as excluiria do âmbito da protecção do direito; ou que a protecção do direito nessas circunstâncias seria absolutamente incompatível com a protecção constitucional de outros direitos ou valores.

constitui uma actividade *interpretativa* referida ao nível constitucional, que, por isso, deve estar sujeita, quando seja efectuada pelo legislador ou outros poderes, ao controlo total próprio de um *reexame* judicial, em última instância pelo Tribunal Constitucional[630].

1.2.2. Por sua vez, a figura da *restrição legislativa*, que a Constituição estabelece categoricamente no artigo 18º, deve ser autonomizada, seja na medida em que não se confunde com a delimitação do âmbito dos direitos, seja porque implica uma autorização dada ao legislador.

Essa autonomização impõe-se sobretudo se se entender que a lei restritiva só é permitida, entre nós, nos casos e para os efeitos em que seja *expressamente prevista* pelos preceitos constitucionais relativos a esses direitos (tal como consta do texto do artigo 18º, nº 2); deste modo, a limitação legislativa de um direito em caso de colisão com outro direito ou valor constitucional, fora dessas hipóteses, tem de ser *outra coisa* que não uma restrição, sob pena de se defraudar a proibição de restrição fora dos casos previstos[631].

A distinção entre as figuras da restrição legislativa e da resolução abstracta de conflitos poderá fundar-se, como vimos já em capítulo anterior, em dois aspectos básicos, que resultam numa desigual vinculação do legislador e do juiz[632].

Por um lado, serão diferentes os *critérios de limitação*: na *restrição* – porque visa assegurar um direito que a Constituição prefigurou como posto em risco por um outro direito potencialmente agressivo, ou então um valor comunitário cuja realização impõe necessariamente o sacrifício

[630] A ideia de limites imanentes explica, então, como veremos, que não haja lugar a harmonização, mas a uma preferência absoluta pelo direito limitador. A ideia de limites imanentes é ainda utilizada para outros efeitos: por exemplo, alguns autores, entre eles GOMES CANOTILHO/VITAL MOREIRA, utilizam-na para identificar as limitações que as leis de revisão constitucional poderiam introduzir nos preceitos relativos aos direitos, liberdades e garantias.

[631] V. o Acórdão do Tribunal Constitucional nº 254/99 (DR, II S., de 15/6/99, p. 8586 e ss), em que se admitiu, com fundamento numa ideia de ponderação, a legitimidade da limitação legislativa abstracta (em tudo idêntica a uma restrição legislativa) dos direitos de informação dos particulares, em hipóteses (protecção de segredo comercial e industrial ou relativo à propriedade científica) nao expressamente previstas no nº 2 do artigo 268º e, portanto, relativamente às quais não havia autorização constitucional expressa para a legislação restritiva.

[632] Por isso, são aplicáveis à resolução legislativa de conflitos, com as devidas adaptações, mas por maioria de razão, as condições constitucionais de restrição legislativa.

de um direito –, o legislador, embora deva operar através de critérios de *proporcionalidade*, está autorizado, a partir da *ponderação* feita, a estabelecer *preferências abstractas* em prejuízo do direito restringendo; já na *resolução abstracta de conflitos*, não havendo uma autorização específica para a sua intervenção, o legislador terá de pautar-se obrigatoriamente por critérios de *mera harmonização* e deverá, em regra, abster-se de fixar preferências abstractas, utilizando conceitos *flexíveis*, que permitam a consideração das *circunstâncias concretas* nos casos em que as leis venham a aplicar-se – será em vista de cada caso concreto que se irão ponderar os direitos e valores em jogo e, a partir daí, operar as limitações e as eventuais preferências.

Por outro lado, é distinto o *grau de fiscalização judicial* da constitucionalidade substancial das leis, designadamente pelo Tribunal Constitucional: a autorização constitucional para a *restrição* confere ao legislador um certo espaço próprio de avaliação e de decisão, sujeito fundamentalmente a um controlo de *defensabilidade* pelo juiz; por seu lado, a limitação de direitos (ou de direitos e de valores comunitários) numa situação abstracta de *colisão*, porque corresponde a uma *mera interpretação*[633] de preceitos constitucionais conflituantes, está naturalmente sujeita a um *reexame* judicial, em função das circunstâncias pressupostas e da sua capacidade de adaptação às exigências de uma concordância prática[634].

1.2.3. Por fim, a consagração genérica (entre nós, ao contrário do que acontece noutros sistemas), como direitos subjectivos fundamentais, de direitos sociais a prestações, cujo conteúdo principal há-de ser, em regra, para além de um mínimo, autonomamente definido pelo legislador, segundo critérios políticos, implica a consideração autónoma da figura das leis *conformadoras*.

[633] Uma interpretação que, além de não poder ser «autêntica», tem de respeitar estritamente os cânones jurídicos de aplicação das normas constitucionais, sem espaços próprios de autoria conformadora, pois que não opera no contexto de uma regulação expressamente autorizada.

[634] Esse tipo de fiscalização judicial das leis harmonizadoras – que coloca o juiz no mesmo plano do legislador – é facilitado pela prática do Tribunal Constitucional de, no âmbito da fiscalização concreta, apreciar a constitucionalidade de *segmentos normativos*, isto é, de se pronunciar sobre a validade das normas, tal como foram interpretadas pelo aplicador (em regra, o juiz comum).

Esta categoria normativa, construída no âmbito de um regime constitucional próprio dos chamados «direitos sociais», pode ser aplicada ainda, como vimos, a certas faculdades, garantias institucionais ou mesmo a certos direitos no contexto do regime dos direitos, liberdades e garantias, embora com as devidas adaptações, pois que o legislador está aqui, apesar do mandato regulador, mais intensamente vinculado ao *conteúdo essencial* do preceito constitucional.

2. Delimitação do âmbito normativo: os limites imanentes

Em primeiro lugar, os direitos fundamentais têm os seus limites imanentes, isto é, as fronteiras definidas pela própria Constituição que os cria ou recria (mesmo quando de algum modo os recebe).

No entanto, pode falar-se de limites intrínsecos da definição constitucional dos direitos num duplo sentido.

Por um lado, num sentido material, enquanto *limites do objecto*, para indicar o *âmbito* ou o *domínio abrangido* do direito, isto é, para designar os limites que resultam da especificidade do *bem jurídico* que cada direito fundamental visa proteger ou da *parcela da realidade* incluída na respectiva hipótese normativa (a expressão, a imprensa, o domicílio, a fé religiosa, a família, a propriedade, a profissão).

Por outro lado, num sentido jurídico, enquanto *limites de conteúdo*, para delimitar o *conteúdo protegido*, na medida em que a protecção constitucional não abranja todas as situações, formas ou modos de exercício pensáveis para cada um dos direitos, designadamente no caso das liberdades (como aconteceria se a Constituição os concedesse aos indivíduos para que deles fizessem uso como bem entendessem)[635].

Os limites materiais, que definem o *âmbito* ou a *esfera normativa* de cada um dos direitos fundamentais, decorrem da interpretação dos preceitos constitucionais que os prevêem, sendo que estes, em regra, utilizam para o efeito conceitos indeterminados ou mesmo cláusulas gerais – a tarefa de delimitação do direito por interpretação desses conceitos cabe, como vimos, a todos os aplicadores da Constituição e, em última instância, aos juízes, delimitação que, aliás, em face do texto da norma,

[635] Nesse sentido se diz que as liberdades não são «naturais», mas «jurídicas» (K. HESSE, *ob. cit.*, p. 127) ou que o «real normativo» é um «real construído».

tanto pode saldar-se numa interpretação enunciativa[636], como numa "interpretação restritiva" (uma redução teleológica)[637] ou mesmo numa "interpretação ampliativa" (uma extensão teleológica)[638].

Interessam-nos, no entanto, aqui, especialmente, aqueles *limites de conteúdo* que, pressuposta a definição do âmbito do direito (o «domínio abrangido» ou o «domínio regulado»), possam constituir *restrições constitucionais* ao *programa normativo* do preceito (o «domínio protegido», incluindo, no seu núcleo, o «domínio garantido»).

Tais limites podem ser expressamente formulados no texto constitucional, em regra, no próprio preceito relativo ao direito fundamental[639], mas também em preceitos incluídos noutras partes da Constituição – por vezes, os efeitos limitadores resultam da consagração de deveres fundamentais manifesta e inequivocamente dirigidos ou referidos a certos direitos, havendo por isso de ser contados entre os limites imanentes *expressos* destes, como acontece, por exemplo, no caso do dever de pagar impostos em relação ao direito de propriedade.

No entanto, haverá limites imanentes dos direitos fundamentais que só são determináveis por interpretação, pelo facto de estarem apenas *implícitos* no ordenamento constitucional. Se é mais ou menos fácil saber qual o bem jurídico ou a esfera da realidade que o preceito visa abranger através de um direito fundamental, já é muitas vezes difícil determinar os contornos da respectiva protecção, sobretudo quando o seu exercício se faça por modos atípicos ou em circunstâncias especiais, que afectam, de uma maneira ou de outra, valores comunitários ou outros direitos também constitucionalmente protegidos.

Estes casos são muitas vezes contados como conflitos entre direitos e valores constitucionais ou como colisões de direitos. Importa, todavia,

[636] Quando se discute, por exemplo, se o direito de associação inclui o direito de constituir sociedades comerciais ou se a liberdade de expressão inclui a publicidade comercial.

[637] Por exemplo, quando se conclui que o direito a contrair casamento não abrange a união poligâmica (até há pouco tempo não abrangeria também a união homossexual) ou que a liberdade religiosa não abrange qualquer seita ou confissão autoproclamada.

[638] Como acontece, entre nós, com os conceitos constitucionais de «propriedade», de «domicílio», de «profissão», relativamente ao seu significado noutros contextos jurídicos. V. sobre o assunto, Starck, in Heyde/Starck, *ob. cit.*, p. 14.

[639] Cfr., por ex.: o nº 3 do artigo 27º sobre o direito à não privação da liberdade; o nº 1 do artigo 45º, no inciso em que só admite o direito de reunião e manifestação se for «pacificamente e sem armas»; o nº 4 do artigo 46º, quanto às associações proibidas.

distinguir nesta matéria situações que não devem ter o mesmo tratamento jurídico[640].

Por exemplo, terá sentido invocar a liberdade religiosa para efectuar sacrifícios humanos ou, associada ao direito de contrair casamento, para justificar a poligamia ou a poliandria? Ou invocar a liberdade artística para legitimar a morte de um actor no palco ou para roubar o material necessário à execução de uma obra de arte? Ou apelar ao direito de propriedade para não pagar impostos ou ao direito de educar os filhos para os espancar? Ou invocar a liberdade de reunião para utilizar um edifício privado contra a vontade do legítimo proprietário ou o direito à greve para destruir ou danificar equipamentos da empresa[641] ou para que o Governo faça pressão para o reconhecimento do estatuto de preso político aos membros de um grupo terrorista? Ou invocar a liberdade de expressão para, através de afirmações falsas, injuriar uma pessoa?

Nestes, como em outros casos semelhantes, não estamos propriamente perante uma situação de conflito entre o direito invocado e outros direitos ou valores, por vezes expressos através de deveres fundamentais: é o próprio preceito constitucional que não visa proteger essas formas de exercício do direito fundamental, é a própria Constituição que, ao enunciar os direitos, exclui do respectivo programa normativo a protecção esse tipo de situações.

E a diferença é importante, como veremos melhor, já que, a entender-se que não há conflito, a solução do problema não tem que levar em conta o direito alegado, porque ele não existe naquela situação[642]. Pelo contrário, havendo conflito, tal significaria a existência de um

[640] A admissibilidade de limites imanentes nesses casos baseia-se numa concepção moderada da teoria da hipótese normativa alargada. Cfr. especialmente RÜFFNER, *ob. cit.*, p. 455 e ss, e DÜRIG, *AöR*, Bd. 79, p. 57 e ss. (59).

[641] V. a actual redacção do nº 3 do artigo 57º. Também não seria admissível a invocação do direito à greve pelos trabalhadores gráficos de certo jornal por não concordarem com as opiniões formuladas pelos jornalistas. V. ainda, sobre o direito de sair do país, o Parecer da Procuradoria Geral da República nº 140/76, de 3/3/77, in *BMJ*, 276, p. 33 e ss..

[642] Por esta mesma razão, não consideramos restritiva a lei que declara limites imanentes, tal como julgamos admissível a actuação administrativa que, mesmo sem lei declarativa de limites imanentes, os pressuponha, comprimindo o direito fundamental apenas na aparência. Por exemplo, no caso previsto em nota anterior, seriam legítimas a lei que proibisse a greve com esse objectivo e a actuação policial que garantisse o funcionamento das máquinas com trabalhadores-substitutos.

direito em face de outros direitos ou de outros valores (deveres) e a solução não poderia nunca ignorar o direito invocado[643], a não ser que se partisse do reconhecimento de uma ordenação hierárquica dos bens constitucionalmente protegidos, sacrificando-se então naturalmente o menos valioso. Só que um critério de hierarquia não é sustentável e acabaria, de qualquer modo, por suscitar uma série de problemas sem solução racional.

Preferimos, por isso, considerar a existência de *limites imanentes implícitos* nos direitos fundamentais, sempre que (e apenas quando) se possa afirmar, com segurança e em termos absolutos, que não é pensável *em caso algum* que a Constituição, ao proteger especificamente um certo bem através da concessão e garantia de um direito, possa estar a dar cobertura a determinadas situações ou formas pensáveis do seu exercício; sempre que, pelo contrário, deva concluir-se que a Constituição as exclui sem condições nem reservas[644].

A ideia de limites imanentes não é nova e tem sido largamente utilizada na doutrina e jurisprudência alemãs[645].

Para uns, os limites imanentes seriam dados pelos «limites de não-perturbação» (*Nichtstörungsschranken*): cada direito seria limitado pela existência de outros direitos, evitando-se assim o abuso e o prejuízo dos outros. Porém, esta cláusula não parece suficientemente clara para distinguir entre limites imanentes e colisão de direitos, além de que sempre teria uma eficácia limitada.

Falam outros, a propósito, de «exigências mínimas da vida em sociedade», que englobariam os direitos dos outros, a lei moral ou a ordem pública (constitucional), enquanto valores elementares sem os quais a comunidade não poderia subsistir. Esta «cláusula de comunidade» (*Gemeinschaftsklausel*) é, porém, criticada por ser demasiado vaga e não

[643] Mesmo nos casos em que, por razões de praticabilidade, se tenha mesmo de sacrificar um direito ao outro (prevalência do direito preponderante), o direito sacrificado não pode, como veremos, ser pura e simplesmente ignorado.

[644] É com esse sentido e alcance que fazemos uma leitura sinóptica dos bens constitucionalmente protegidos, que não nos leva apenas a reconhecer a conflitualidade natural e a consequente limitabilidade geral dos direitos, mas a descobrir algumas fronteiras delimitadoras. Em sentido diferente, v. Jónatas Machado, *ob. cit.*, p. 709 e s.

[645] V. Maunz-Dürig-Herzog, notas ao artigo 2/I; Wipfelder, *Ungeschriebene und immanente Schranken der Grundrechte*, in *BayVBl*, 1981, p. 417.

dar apoio seguro a uma aplicação racional e fundada dos preceitos constitucionais[646].

Outros ainda pretendem que os direitos fundamentais estão (imanentemente) limitados pelas «leis gerais», isto é, pelas normas ordinárias imperativas, designadamente civis ou penais[647]. É certo que, por vezes, a Constituição parece estabelecer ou estabelece mesmo reservas-limite desse tipo (cfr., p. ex., os artigos 46º, nº 1, *in fine*, relativo às leis penais[648]), mas admitir esta concepção dos limites imanentes poderia implicar a sujeição dos direitos fundamentais a uma reserva de lei, invertendo a hierarquia das normas e fazendo-nos regressar ao tempo em que os direitos fundamentais só existiam no quadro das leis ordinárias (ainda que limitado às "grandes leis").

O problema deve, portanto, ser resolvido como problema de *interpretação* dos preceitos que prevêem *cada um dos direitos fundamentais* no contexto global das normas constitucionais[649]. O que se pergunta é se o programa normativo do preceito em causa inclui ou não um certo aspecto ou modo de exercício, isto é, até onde vai o domínio de protecção (a hipótese) da norma. Se num caso hipotético ou concreto se põe em causa o *conteúdo essencial* de outro direito, ou quando se atingem *intoleravelmente* valores comunitários *básicos* ou princípios *fundamentais* da ordem constitucional, deverá resultar para o intérprete a convicção de que a protecção constitucional do direito não quer ir tão longe[650]. E, então,

[646] Cfr. BACHOF, *JZ*, 1957, p. 337.

[647] V. HÄBERLE, *ob. cit.*, p. 36 e s.. No fundo, partia-se do princípio de que as leis civis ou penais, designadamente as codificadas, eram anteriores e exteriores ao mundo das leis reguladoras dos direitos fundamentais, quando estas leis, mesmo as mais antigas, têm de ser «reinterpretadas» à luz dos preceitos constitucionais.

[648] Também o nº 3 do artigo 37º se referia anteriormente ao regime de punição da lei geral. Contudo, de acordo com a Comissão Constitucional (Acórdão nº 175, in *BMJ*, 294, p. 16, relatado por FIGUEIREDO DIAS), tal devia ser entendido como referência aos princípios gerais de direito criminal, doutrina que foi consagrada expressamente na revisão constitucional de 1982.

[649] A figura dos «limites imanentes» foi utilizada pelo Tribunal Constitucional neste sentido, embora com alguns matizes – v., por exemplo, os Acórdãos nºs 81/84 (expressões ofensivas nas peças forenses), 236/86 (apreensão de bens), 7/87 (processo penal), 103/87 (estatuto dos agentes militarizados), e a posição mais aberta do Acórdão nº 113/97 [*Acórdãos...*, *cit.*, 36º vol., p. 291 e ss (307)], a propósito da liberdade de expressão.

[650] Os critérios enunciados pela doutrina e atrás referidos não devem ser desprezados e fornecem tópicos de investigação e argumentação interpretativa. Assim, por exemplo, é normal

o domínio protegido do direito é *delimitado* pelos direitos dos outros ou por valores comunitários fundamentais, de modo que as leis que eventualmente os exprimam não restringem o seu conteúdo, tal como é constitucionalmente definido[651].

Adoptamos, assim, a concepção dos limites imanentes que, além de teoricamente justificada, nos parece útil no plano dogmático-prático. Isto não significa aceitar a funcionalização dos direitos fundamentais que, por vezes, lhe aparece ligada: como vimos, não está implicada a referência dos direitos a um só valor comunitário supremo e, por outro lado, a «dimensão objectiva» não pode nunca afectar o *núcleo essencial* constituído pelas situações típicas primárias de exercício do direito (nem quando exprime uma «restrição constituinte», como neste caso dos limites imanentes).

3. As restrições legislativas

3.1. O primeiro problema suscitado pelas leis restritivas de direitos, liberdades e garantias é justamente o que resulta da necessidade de autorização constitucional expressa para a restrição estabelecida no artigo 18º, nº 2.

Nalguns preceitos, a Constituição autorizou a lei ordinária a restringir determinados direitos *em alguns aspectos* ou *para determinadas finalidades*, ou então atribuiu-lhe expressamente uma competência de regulação geral da matéria que pode ser interpretada como incluindo poderes de restrição[652].

que um comportamento que integre as circunstâncias de facto típicas de um tipo legal de crime não esteja incluído na hipótese normativa do direito fundamental.

[651] Diferentemente, considerando os limites imanentes, não como um resultado *interpretativo*, mas como «o resultado de uma *ponderação* de princípios jurídico-constitucionais», v. G. Canotilho, *ob. cit.*, p. 1281.

[652] V., por exemplo, quanto às restrições expressamente previstas, os direitos à cidadania e à capacidade civil (artigo 26º, nº 4) e os direitos à inviolabilidade do domicílio e da correspondência (artigo 34º, nºs 2, 3 e 4), bem como os direitos à informação dos administrados (artigo 268º, nº 2) e vários direitos dos militares, agentes de forças militarizadas e de serviços e forças de segurança (artigo 270º); quanto a competências genéricas de regulação, v. o direito geral de liberdade e a liberdade de expressão, em face da lei penal (artigos 27º, nºs 2 e 3, e 37º, nº 3), o direito à protecção de dados pessoais informatizados (artigo 35º, nºs 1 e 2), o direito a contrair casamento (artigo 36º, nº 2), os direitos dos jornalistas à informação e ao sigilo profissional (artigo 38º, nº 2, alínea b)), o direito à objecção de consciência (artigo 41º, nº 6) e a garantia institucional da contratação colectiva (artigo 56º, nº 3).

No entanto, há muitos preceitos constitucionais – como, por exemplo, os relativos ao direito à vida, à integridade pessoal e outros direitos pessoais (artigos 24º a 26º), mas também os relativos às liberdades de criação cultural (artigo 42º), de aprender e de ensinar (artigo 43º), aos direitos de deslocação e emigração (artigo 44º), de reunião e manifestação (artigo 45º) – que não prevêem expressamente quaisquer restrições legislativas.

Será correcto, relativamente a todos estes direitos, invocar o nº 2 do artigo 18º para os qualificar como *legalmente irrestringíveis*, em termos de ser *inconstitucional* qualquer sua *limitação por via legislativa*? Ou para considerar, relativamente aos direitos legalmente restringíveis, que só podem ser restringidos por lei nos casos e para as finalidades expressamente previstas?

Poder-se-á, por exemplo, considerar inconstitucional uma lei que proíba ou restrinja a divulgação de obras ou o ensino que exprimam ideias contrárias à integridade territorial do Estado, que limite a liberdade de circulação por razões de saúde pública, que proíba manifestações em determinados locais ou permita às entidades policiais impedirem ou interromperem reuniões ou manifestações que ponham em causa a ordem pública, ou que proíba greves-surpresa ou greves que atinjam gravemente a economia nacional? E não poderá a lei ordinária proibir associações para além dos limites dos nºs 1 e 4 do artigo 46º, por exemplo, quando os seus fins sejam contrários à lei, à ordem pública e aos bons costumes[653]? Ou restringir o direito de acesso aos registos e arquivos administrativos referido no artigo 268º, nº 2, para protecção de segredos comerciais e industriais[654]?

É que, nestes como em muitos outros casos, não se tratará de situações em que se possa afirmar que os direitos limitados não existem enquanto tais, por se estar fora do domínio da respectiva protecção constitucional; verifica-se apenas um *conflito*, em determinadas circunstâncias, entre o direito fundamental e outros direitos ou valores comunitários, ou, mais correctamente, entre o direito e o modo como o legislador perspectiva ou define certos valores da comunidade. De facto,

[653] Como faz o artigo 158º-A do Código Civil.

[654] Assim foi estabelecido pela Lei nº 8/95, de 29 de Março, que alterou o artigo 10º da Lei nº 65/93, de 26 de Agosto.

estaremos normalmente perante formas ou situações típicas (não anómalas) de exercício dos direitos, de tal modo que não é correcto concluir que a Constituição as não teve em vista ao formular a hipótese normativa. Só nos casos concretos, em virtude da concorrência com outras circunstâncias, é que esse exercício vai colidir com outros direitos ou valores, que podem exigir o sacrifício parcial ou total do direito[655].

Nalguns casos, poderá recorrer-se, como fez o Tribunal Constitucional, à construção de uma *previsão indirecta, tácita ou instrumental* da restrição, quando esta decorra claramente de certas normas constitucionais, designadamente de outras previsões de restrição[656] – mas isso, sobretudo na medida em que se refira a casos concretos, não constitui uma resposta geral para o problema.

Uma das hipóteses de solução destes casos de ausência de preceitos constitucionais que autorizem a restrição legislativa poderia encontrar-se no recurso interpretativo ou integrativo à Declaração Universal dos Direitos do Homem, nos termos do nº 2 do artigo 16º da Constituição. A Declaração, no seu artigo 29º, permite genericamente que o legislador estabeleça limites aos direitos fundamentais para assegurar o reconhecimento ou o respeito dos valores aí enunciados: «direitos e liberdades de outrem», «justas exigências da moral, da ordem pública e do bem-estar geral numa sociedade democrática»[657].

[655] Por exemplo, a proibição legal de representação de peças de teatro que (pressuposto o seu valor artístico) veiculem ideias separatistas não se limita a concretizar um limite imanente às liberdades artísticas e de expressão, restringe essas liberdades. Só se justificará, numa sociedade democrática, aberta e pluralista, se as circunstâncias forem tais que transformem essas representações em perigo efectivo para a integridade territorial do Estado.

[656] V., por exemplo, os Acórdãos nºs 81/84, 225/85 e 244/85, bem como o Acórdão nº 7/87 (*Acórdãos..., cit.*, respectivamente, 4º vol., p. 225 e ss , 6º vol., 793 e ss e 211 e ss, 9º vol., p. 7 e ss). V. Casalta Nabais, *Os direitos fundamentais na jurisprudência do Tribunal Constitucional*, sep. do *BFDUC*, 1990, p. 19 e ss.

[657] Esta opinião foi sustentada no ensino oral por Carlos Alberto Mota Pinto, e a ela demos inicialmente o nosso acordo. Também a ela se referiu o Tribunal Constitucional, por exemplo, nos Acórdãos nºs 6/84 e 198/85. A génese do preceito revela que esta previsão de uma cláusula geral limitadora só não terá sido expressamente estabelecida pela Assembleia Constituinte por haver receio, em 1975, da sua utilização abusiva (v. *DAC*, p. 784 e ss) – perigo que hoje não se justificaria. A jurisprudência mais recente do Tribunal Constitucional tem, no entanto, dispensado a invocação da DUDH para limitação de direitos fundamentais – v., por exemplo, os Acórdãos nº 121/2010 e 242/2018. Sobre o problema, v. Jorge Miranda, *Manual..., cit.*, IV, p. 232 e ss.

Nesta construção, o nº 2 do artigo 18º não exigiria uma previsão formal específica da restrição no texto da Constituição. A sua intenção seria a de proibir uma limitação autónoma dos direitos, liberdades e garantias pelo legislador, e o seu alcance consistiria na consagração do *princípio da fundamentação constitucional da restrição legislativa* de tais direitos, que só seria admitida quando visasse salvaguardar um outro valor ou interesse constitucionalmente protegido (tal como se diz no fim do referido número).

Outra solução, que conduz a resultados semelhantes, seria a de admitir a existência de *restrições implícitas*, derivadas da necessidade de salvaguardar «outros direitos ou interesses constitucionalmente protegidos»: a lei fundar-se-ia então em *princípios*, mas não obrigatoriamente em *preceitos* constitucionais[658].

Mais recentemente, sustenta-se a existência de uma "reserva geral imanente de ponderação", no entendimento de que a referência à autorização constitucional da restrição legislativa constituiria apenas um apelo ou uma advertência para justificação da restrição, na medida em que as necessidades da vida prática e a natureza das coisas tornam inevitável a restrição de direitos para além dos casos expressamente previstos[659].

Já não nos parece, porém, defensável que, por um lado, se exija a autorização de restrição expressa, em nome da segurança jurídica (com uma função de *advertência* e um alcance de *proibição*), e, ao mesmo tempo, se admita, sem mais, a intervenção *legislativa* limitadora *a posteriori*, quando esteja em causa um *conflito* entre direitos fundamentais ou entre direitos e valores comunitários, mesmo para além das situaçoes de limites imanentes[660].

Admitir entre nós a intervenção legislativa relativamente a direitos consagrados em preceitos constitucionais sem limites explícitos *a priori*,

[658] É a posição de Jorge Miranda, *Manual..., cit.*, IV, p. 494 e ss.

[659] É a tese de Jorge Reis Novais, *As restrições aos direitos fundamentais não expressamente autorizadas pela Constituição*, 2003, espec. p. 581 e ss, que parte da estrutura aberta e do carácter principial de grande parte das normas de direitos fundamentais.

[660] Parece ser a posição de Gomes Canotilho (cf. *ob. cit.*, p. 452 e p. 1278), sufragada também pelo Tribunal Constitucional no já referido Acórdão nº 254/99. Note-se que está em causa aqui a intervenção legislativa abstracta e não a solução judicial de conflitos em casos concretos.

com base numa espécie de «reserva geral de colisão», tal como se defende na Alemanha[661], seria defraudar o preceito constitucional entendido no sentido de estabelecer a necessidade de autorização expressa da restrição, a não ser que a limitação legislativa em causa seja alguma coisa de diferente de uma lei restritiva.

Por isso, em rigor, só se poderá aceitar a redução das hipóteses de restrição aos casos expressamente previstos na Constituição[662], na medida em que se construam categorias autónomas de «leis interpretativas» e de «leis harmonizadoras», que se distingam das «leis restritivas» quanto ao conteúdo, quanto ao grau de vinculação legislativa à norma constitucional e quanto à intensidade do respectivo controlo judicial[663].

3.2. O poder de restrição do legislador é, como já se viu, um poder vinculado, de modo que a sua concessão não coloca os direitos fundamentais à mercê do legislador[664].

Desde logo, o próprio preceito constitucional que autoriza a restrição pode indicar expressamente os fins ou outros pressupostos especí-

[661] Na República Federal Alemã, onde houve um certo cuidado na formulação dos preceitos e onde as questões das reservas de regulamentação e de restrição estão intensamente tratadas e organizadas por uma dogmática doutrinal e jurisprudencial, defende-se há muito a existência de limitações para além dos casos de restrições expressamente autorizadas, quando os direitos entrem em conflito entre si ou com certos valores comunitários, como, por exemplo, a moral pública – cfr. FRANSSEN, *Verfassungsrecht und Auslegung der polizei-und ordnungsrechtliche Generalklausel*, in *Verwaltungsrecht zwischen Freiheit, Teilhabe und Bindung, Festgabe zu 25 Jh. des BVerwGs*, p. 201 e ss. (204 e ss..). Hoje admite-se consensualmente uma reserva geral de colisão para os direitos que não prevêem reserva (simples ou qualificada) de regulação – v., por todos, PIEROTH/SCHLINK, *Grundrechte – Staatsrecht II*, 15ª ed., 1999, p. 58 e ss. No entanto, o artigo 19 da Lei Fundamental Alemã, que inspirou o nosso artigo 18º, não contém um imperativo de previsão expressa como o da 1ª parte nº 2 do nosso preceito – expressamente nesse sentido, v. TORSTEN GROTHMANN, *ob. cit.*, p. 116, que, no entanto, sublinha as vantagens que teria a adopção de uma solução como a portuguesa na Alemanha (p. 130 e s).

[662] Incluindo porventura as hipóteses de previsão indirecta, tácita ou instrumental.

[663] A propósito das restrições legislativas, v., na jurisprudência do Tribunal Constitucional, por exemplo, os Acórdãos nº 282/86 e nº 103/87; v., em especial, o Acórdão nº 484/2000 (DR, II S., de 4/1/2001, p. 136), em que se entende que a sujeição das obras particulares a licenciamento administrativo representa a resolução de um conflito e não uma restrição do direito de propriedade.

[664] É o receio de tornar o legislador o «dono» das liberdades que justifica o princípio da excepcionalidade da restrição. Contudo, os limites ao poder de restrição do legislador que a seguir se enumeram constituem também garantias efectivas da força normativa dos preceitos constitucionais.

ficos da restrição. Será o caso, por exemplo, dos artigos 27º, nº 3, 34º, nº 4 e 47º, nº 1, que podem ser considerados de «reserva qualificada». Nestas situações, presume-se que o legislador só está autorizado a *restringir* o conteúdo dos direitos *para essas finalidades*, ou seja, para a salvaguarda dos direitos ou valores enunciados, quando muito para outras finalidades que decorram necessariamente ou se possam considerar implicadas nas expressamente referidas (sem prejuízo, como se disse, da limitação legislativa desses direitos, para declaração de limites imanentes ou para solução de um conflito)[665].

Para além disso, e em geral, a Constituição estabelece um conjunto importante de requisitos de validade das leis restritivas: têm de revestir carácter geral e abstracto, não podem ter efeitos retroactivos, as restrições têm de limitar-se ao necessário para salvaguardar outros direitos ou interesses constitucionalmente protegidos, não podendo em caso algum diminuir a extensão e o alcance do conteúdo essencial dos preceitos constitucionais (artigo 18º, nºs 2 e 3)[666].

3.3. Começando por estes últimos limites, pergunta-se o que é o *conteúdo essencial* dos preceitos[667].

Na doutrina alemã, cuja Constituição contém uma cláusula semelhante, que inspirou a nossa, aparecem dois tipos de teorias, habitualmente designadas como absolutas, umas, e relativas, outras[668].

[665] Em sentido algo diferente, v., porém, a posição que fez vencimento no referido Acórdão nº 254/99 do Tribunal Constitucional.

[666] Estes requisitos valem naturalmente, com as devidas adaptações, para todas as leis limitadoras de direitos, liberdades e garantias, incluindo as que, embora não visem directamente a restrição de direitos, tenham sobre eles um *efeito limitador significativo*.

[667] Não nos preocupamos com a distinção entre «extensão» e «alcance» do conteúdo essencial. Não nos parece que tenha havido intenção de distinguir, nem que essa distinção seja relevante. Ainda que ao primeiro vocábulo se desse um sentido de esfera ou domínio de aplicação e ao segundo uma conotação (mais) funcional, não teríamos ido longe. Para além de os vocábulos serem utilizados indiferentemente na linguagem jurídica (cf. K. ENGISH, *Introdução ao Pensamento Jurídico*, p. 102), interessa salientar que, no âmbito dos direitos fundamentais, o domínio protegido tem a ver sempre com a função do preceito, que é a protecção de um bem jurídico pessoal (por exemplo, a inviolabilidade do domicílio não se refere ao espaço físico em si, mas à sua função de assegurar a intimidade).

[668] V., sobre o assunto, Maunz, in MAUNZ/DÜRIG/HERZOG, *Kommentar, cit.*, notas aos artigos 19, II (1977), com indicação de bibliografia. Em Espanha, onde também se põe o problema,

Para as teorias absolutas, o «conteúdo essencial» consistiria num núcleo fundamental, determinável em abstracto por interpretação, próprio de cada direito e que seria, por isso, intocável. Referir-se-ia a um espaço de maior intensidade valorativa (o «coração do direito») que não poderia ser afectado sob pena de o direito deixar realmente de existir.

Segundo alguns autores, ele corresponderia à projecção da dignidade humana em cada direito e seria afectado sempre que o indivíduo se tornasse "objecto do acontecer estadual"[669]; para outros, significaria uma certa medida de «valor social» global que teria sempre de sobrar depois da restrição[670]; para outros ainda, seria constituído pelos elementos típicos que conferem carácter ao direito[671]. E as formulações sucedem-se, na tentativa de encontrar critérios de aplicação prática do conceito.

As teorias relativas, por sua vez, reconduzem o conteúdo essencial aos princípios da exigibilidade e da proporcionalidade: a restrição só seria legítima quando (se) fosse exigida para realização de bens jurídicos que devessem ser considerados (no caso) como mais valiosos e – acrescenta-se – só na medida em que essa exigência se imponha ao direito fundamental. O conteúdo essencial de um direito seria, portanto, afectado se a restrição não fosse forçosa ou na medida em que o não fosse[672]. No fundo, estaríamos perante a necessidade de harmonização de bens jurídicos, a levar a cabo com critérios de concordância prática[673].

As diferenças entre estas duas leituras do conteúdo essencial acabam muitas vezes por não ter relevo prático, dado que conduzem a resultados semelhantes. Sobretudo quando a posição das teorias relativas é entendida em termos de a proporcionalidade da restrição dos direitos fundamentais dever ser avaliada à luz do direito restringido e da sua garantia constitucional[674].

v., por todos, MARTINEZ-PUJALTE, *La garantia del contenido esencial de los derechos fundamentales*, 1997.

669 DÜRIG, *Der Grundrechtssatz von der Menschenwürde*, in *AöR*, 1956, p. 136 e 55..

670 Nesse sentido, por vezes utilizado pelo Tribunal Constitucional Federal, cf. V. MANGOLDT-KLEIN, Kommentar zum GG, comentários ao artigo 19.

671 LEISNER, *Grundrechte und Privatrecht*, 1960, p. 152 e ss

672 V. HÄBERLE, *ob. cit.*, p. 234 e ss.; EIKE V. HIPPEL, *Grenzen und Wesensgehalt der Grundrechte*, 1965, p. 47 e ss..

673 Daí que esses autores considerem que o preceito alemão tem um carácter puramente declaratório, apenas reafirmando positivamente o que já era direito.

674 Expressamente, v. HESSE, *ob. cit.*, p. 142 e s..

Parece-nos, contudo, que a proibição do artigo 18º, nº 3, não se pode reduzir a uma ideia de proporcionalidade, mesmo que, por essa via, se chegue, na maior parte dos casos, a resultados funcionalmente equivalentes. Há aí uma proibição absoluta, um limite fixo, um mínimo de valor inatacável[675].

Não poderá designadamente admitir-se que o conteúdo essencial (enquanto núcleo fundamental) possa ser afectado, mesmo que um bem considerado superior o exigisse ou parecesse exigir, no caso. Não tanto porque consideremos pensável uma situação desse tipo, mas porque sempre é possível que o legislador invoque uma aparência com esse fim, julgamos preferível interpretar o nº 3 do artigo 18º em termos de resguardar o mais possível os direitos em face do legislador, finalidade que constitui, afinal, a sua razão de ser.

Nem se pode argumentar, entre nós, que esta necessidade de atender mais ao direito a restringir do que às razões da restrição poderia acabar por prejudicar o próprio alcance dos preceitos constitucionais que protegem os direitos fundamentais, na medida em que, concebido o conteúdo essencial apenas como limite absoluto, teríamos de nos contentar com uma protecção que só salvaria o direito de ser (quase) completamente destruído, que só actuaria em casos extremos – estar-se-ia, então, a dar ao legislador o poder de restringir dentro de limites mais latos, a possibilitar restrições desproporcionadas aos direitos, desde que não os aniquilassem, atingindo o mínimo que tem de constituir o conteúdo essencial como limite absoluto.

É que a Constituição portuguesa refere-se expressamente no nº 2 do artigo 18º à necessidade da restrição, referência que deve ser entendida como consagração do *princípio da proporcionalidade* em sentido amplo, incluindo a proibição de restrições inadequadas, desnecessárias ou desproporcionais dos direitos, liberdades e garantias, ainda que tais restrições não afectem o conteúdo essencial (absoluto) dos preceitos constitucionais..

3.4. Qual é, no entanto, esse limite absoluto? Em que consiste? Como se controla?

[675] V., no mesmo sentido, PETER LERCHE, *Übermass und Verfassungsrecht*, 1961, p. 34 e ss..

O limite absoluto do nº 3 do artigo 18º parece-nos ser a dignidade da pessoa, do homem concreto como ser livre, que aqui estará uma vez mais reafirmada.

A dignidade do homem livre constitui para nós a base dos direitos fundamentais e o princípio da sua unidade material. Se a existência de outros princípios ou valores (inegável numa constituição particularmente marcada por preocupações de carácter social) justifica que os direitos possam ser restringidos (ou os limita logo no plano constitucional), a ideia do homem como ser digno e livre, que está na base dos direitos e que constitui, muito especialmente, a essência dos direitos, liberdades e garantias, tem de ser vista como um limite absoluto a esse poder de restrição[676].

Nessa medida e com este sentido, diríamos que nº 3 do artigo 18º tem um carácter concretizador: vem confirmar positivamente (por escrito) um princípio geral de direito que já devia, em nosso entender, ser visto como limite da actuação dos poderes constituídos.

Mas, a dignidade do homem concreto referir-se-á, no caso, à dignidade de cada indivíduo ou ao valor em si? Ou, por outras palavras, quererá a Constituição proteger o conteúdo essencial de cada direito subjectivo ou o valor contido em cada um dos vários preceitos que os prevêem (isto é, os específicos aspectos em que se projecta a ideia de dignidade do homem) ? Por exemplo, poderá a lei estabelecer como sanção a inibição de conduzir veículos automóveis por tempo ilimitado ou por toda a vida?

Independentemente da resposta a esta última questão, que pode ser considerada extrema, parece ter de admitir-se que a lei sacrifica totalmente ou nega um direito fundamental a determinados indivíduos em certas circunstâncias[677]-[678]. Quando a lei estabelece penas de prisão está a permitir o sacrifício completo do direito à liberdade de circulação dos condenados; quando autoriza a censura da correspondência, a escuta telefónica ou a busca domiciliária (no âmbito do processo penal), pouco

[676] A nossa posição assemelha-se neste aspecto à de Dürig, *ob. cit.*, p. 136.

[677] As leis restritivas não podem, por força da primeira parte do nº 3 do artigo 18º, ser individuais, tendo sempre de dirigir-se a uma categoria (geral) de destinatários.

[678] Cfr. Lerche, *ob. cit.*, p. 238 e n. 324; e também H. Krüger, *Allgemeine Staatslehre*, 1966, p. 536 e s..

ou nada restará por vezes do direito subjectivo à inviolabilidade da correspondência ou do domicílio dos indivíduos em causa.

Não pode, pois, o artigo 18º significar que é ilegítima toda a restrição que possa atingir o conteúdo essencial de cada um dos direitos subjectivos individuais. O conteúdo essencial, até porque é considerado aqui perante uma intervenção em abstracto do legislador, tem de entender-se como referido não ao direito, mas ao preceito constitucional (é essa, de resto, a letra da norma constitucional), enquanto norma de valor e garantia. O limite ao poder legislativo residirá, então, em não poder ele atentar contra as exigências (mínimas) de valor que, por serem a projecção da ideia de dignidade humana, constituem o fundamento (a essência) de cada preceito constitucional nesta matéria. O que o legislador não pode, sob pena de ultrapassar este limite absoluto, é destruir ou restringir gravemente a liberdade física em geral ou a intimidade do cidadão comum. Não pode é subverter ou desfigurar o valor e a garantia constitucionais ínsitos em cada um dos diversos preceitos relativos aos direitos fundamentais.

Por vezes, a projecção da ideia de dignidade humana será de tal modo intensa que não pode admitir-se a violação em nenhum caso individual sem que o conteúdo essencial do preceito seja também atingido. O direito à vida, o direito à integridade física (na dimensão do direito a não ser submetido a penas cruéis ou degradantes), o direito à identidade pessoal ou o direito a não ser condenado senão em virtude de lei anterior serão exemplos disso. Mas, em relação a outros direitos, precisamente porque se referem a aspectos específicos da vida das pessoa , já será admissível, em circunstâncias excepcionais ou especiais, a sua anulação parcial.

Contudo, não fica por aqui a protecção dada pelo limite absoluto do nº 3 do artigo 18º. Quando se tenha de admitir a «anulação» do direito subjectivo de certos indivíduos em determinadas circunstâncias, nunca essa restrição poderá ser absoluta: não poderá ser ilimitada no tempo, nem poderá abranger todos ou a generalidade dos domínios da vida desses indivíduos. Se assim fosse, eles deixavam de ser homens livres para se transformarem em escravos[679].

679 Estas considerações serão ilustradas adiante, quando nos debruçarmos sobre as «relações especiais de poder».

3.5. Fica, no entanto, claro que este limite absoluto só actua em casos extremos, é ainda bastante permissivo e, por isso, insuficiente para proteger os direitos fundamentais em face do legislador.

Para que se preserve o conteúdo dos preceitos relativos aos direitos fundamentais, não basta, pois, limitar em geral o legislador pelo valor restringido, pelo resultado da restrição. É preciso ainda ter em conta o processo de restrição e, designadamente, os seus motivos ou fundamentos.

O valor constitucional dos preceitos relativos aos direitos fundamentais só é efectivamente garantido se se exigir que a eventual restrição seja adequada e justificada pela necessidade de proteger ou promover um bem constitucionalmente valioso (artigo 18º, nº 2) e só na proporção dessa necessidade.

Por exemplo, em que condições ou em que medida poderá o legislador proibir o fornecimento de informações ou de documentos administrativos aos cidadãos? Ou extinguir associações que defendam certa ideologia? Ou proibir a discussão ou divulgação de certas ideias ou que os jornais tenham secção de anúncios? Ou permitir buscas administrativas nos escritórios de empresas ou profissionais? Ou proibir aos seus funcionários a crítica do sistema político? Ou proibir manifestações em certos locais?

O poder de restrição é um poder excepcional no plano normativo, não apenas porque necessita de ser autorizado, mas também porque não se justifica em regra (como regra)[680]. O legislador tem, por isso, de se basear – nas situações ou casos em que a restrição se torne necessária – num outro valor constitucional que imponha o sacrifício do direito fundamental. Se esse valor não existir ou não exigir para a sua afirmação ou protecção tanto quanto o legislador alega, então a restrição não é legítima e viola o preceito constitucional que prevê o direito fundamental em causa. Não se trata aqui de um limite abstracto fixo, de uma proi-

[680] Neste sentido, o princípio do artigo 18º, nº 2, constitui uma expressão do princípio *in dubio pro libertate*, interpretado no sentido de que, havendo dúvidas fundadas, deve optar-se pela solução que, em termos reais, seja menos restritiva ou menos onerosa para a esfera de livre actuação dos indivíduos – um imperativo da razão prática que não dispensa a procura da solução mais correcta, que não é necessariamente a que garante a maior liberdade. O princípio não deve valer, pois, enquanto princípio abstracto, no sentido, por exemplo, de uma interpretação «libertária» do domínio de protecção dos direitos fundamentais, pois que «a liberdade é estabelecida e garantida pelo poder estadual» – assim, Martin Kriele, *Grundrechte und demokratischer Gestaltungsspielraum*, in *HdbStR*, V, p. 101 e ss (102).

bição absoluta, mas de uma proibição relativa, referida a um conteúdo constitucional elástico e só em concreto determinável. Neste sentido, o conteúdo inatacável dos preceitos relativos aos direitos, liberdades e garantias começa onde acaba a possibilidade e a legitimidade da sua restrição[681].

A ideia da *proporcionalidade* já resulta da proibição geral do arbítrio, mas a Constituição estabelece nos nºs 2 e 3 do artigo 18º uma proibição qualificada de arbítrio quanto à restrição dos direitos fundamentais, que talvez se justifique como contrapartida dos largos poderes de que o legislador, apesar de tudo, goza, visto o princípio da constitucionalidade não ter o grau de intensidade reconhecido hoje ao princípio da legalidade da Administração.

Estabelecidos os limites materiais ao poder de restrição[682], os juízes, enquanto entidades competentes para a fiscalização da constitucionalidade das normas, poderão não aplicar ou declarar nulas as normas legais que os infrinjam, designadamente as que contenham restrições inadequadas, desnecessárias ou desproporcionais ou as que violem o conteúdo essencial de um preceito constitucional.

Não levantará, em princípio, dificuldades particulares o controle da *adequação* da restrição e da *necessidade* de restringir justificada pela existência de um valor constitucional a assegurar – em especial no que se refere aos direitos, liberdades e garantias. Mas o controle da proporcionalidade em sentido estrito já pode suscitar muitas dúvidas, porque coloca questões de medida em que a diversidade de opiniões é inevitável.

Julgamos que os juízes e, designadamente, o Tribunal Constitucional deverão utilizar, na fiscalização destes limites substanciais, um cri-

[681] Sobre a ideia de «conteúdo essencial» como limite ao poder do legislador na Constituição de 1933, v. AFONSO QUEIRÓ e BARBOSA DE MELO, *A liberdade de empresa e a Constituição*, 1968, p. 15 e s.. Quanto à Constituição italiana (referindo-se também à doutrina alemã), V. GROSSI, *Introduzione ad uno Studio sui Diritti inviolabili nella Costituzione Italiana*, 1972, p. 149 e ss..

[682] Em certos casos, a restrição resulta da suspensão de direitos aplicada aos seus titulares por terem sido por eles mal exercidos (abusados). Contudo, julgamos que a figura da *perda* dos direitos fundamentais por *abuso* não merece, entre nós, tratamento autónomo em matéria de limites. De facto, não havendo cláusulas gerais expressas de limitação dos direitos fundamentais e não sendo admissível uma teoria funcionalizante dos direitos, o problema do «abuso» confunde-se com o da falta do direito (limites imanentes) ou com o dos fundamentos da sua restrição. Sobre a figura da perda de direitos por abuso, utilizada sobretudo na Alemanha, v. GOMES CANOTILHO, *ob. cit.*, p. 461 e ss.

tério geral de *defensabilidade*, em especial quanto à proporcionalidade estrita, considerando inconstitucionais apenas as normas *desrazoáveis*, que constituam uma violação clara do princípio[683]. Só assim se garantirá uma repartição equilibrada e racional dos poderes constitucionais, tanto mais que o legislador em causa é obrigatoriamente um órgão com legitimidade democrática directa e está constitucionalmente autorizado a restringir aqueles direitos para aquelas finalidades[684].

3.6. Também os restantes requisitos constitucionais da validade da lei restritiva levantam algumas dificuldades que, porém, nos limitaremos aqui a apontar, já que estão em causa problemas tão vastos e controversos como o do carácter geral e abstracto das leis e o da retroactividade.

Nos termos do artigo 18º, nº 3, a lei restritiva tem de ser *geral e abstracta*, isto é, deve ser aplicável a todas as pessoas ou a toda uma categoria de pessoas (proibição de leis *individuais*) e não pode ter como objecto um caso concreto, ou melhor, deve ser susceptível de aplicação a um número indeterminável de casos (proibição de leis *concretas*). Embora não haja acordo na doutrina quanto à definição teórica de generalidade e abstracção, deve entender-se que, no domínio dos direitos fundamentais, este imperativo se refere em primeira linha ao *princípio da igualdade*, enquanto manifestação do carácter universal dos direitos fundamentais e proibição de privilégios e de discriminações e segregações arbitrárias ou injustificadas[685]. Alguns Autores referem que se visa garantir a deter-

[683] Nesse sentido, v. HESSE, *ob. cit.*, p. 142 e s. V., por exemplo, o modo como a Lei Orgânica nº 4/2001 restringiu o direito de reunião dos militares (ao aditar o artigo 31º-B à LDNFA) e pense-se que há efectivamente alternativas de maior ou menor restrição legislativa, todas elas dentro dos limites da razoabilidade exigível.

[684] A jurisprudência do TC defronta-se muitas vezes com problemas de avaliação da proporcionalidade de soluções legislativas restritivas – além dos casos referidos por CASALTA NABAIS, *ob. cit.*, p. 33 e ss., v., por exemplo, os Acórdãos nºs 420/89 (indemnização expropriatória), 188/91 (declaração de contumácia), 449/91 (liberdade de organização sindical), 233/92 (informação procedimental), 494/94 (impenhorabilidade de bens), 407/97 (escutas telefónicas), 274/98 (ilícito urbanístico), 23/06 (investigação de paternidade), 221/09 (direito à protecção da saúde) – embora muitas vezes tenha concluído pela não desproporcionalidade.

[685] Parece que a prática demonstra que o interesse fundamental de um preceito deste tipo é evitar leis que estabeleçam discriminações injustificadas quanto a certos grupos ou algumas pessoas ou entidades. Cfr. BAUERNFEIND, *DVBl*, 1976, p. 193 e ss.; GOMES CANOTILHO, *ob. cit.*, p. 454 e s. Por exemplo, não irá contra o nº 3 do artigo 18º a proibição geral de manifestações no Terreiro do Paço (ou, no exemplo de ZIPPELIUS, a proibição de manifestações

minabilidade e previsibilidade do comportamento estadual, bem como a separação dos poderes, mas essas finalidades devem ser entendidas como intenções e utilidades adicionais[686].

A proibição de leis restritivas com *efeitos retroactivos*, introduzida pela revisão constitucional de 1982, apresenta-se como a consagração de um princípio comummente aceite já antes repetidamente afirmado pela Comissão Constitucional[687]. Embora esta proibição de eficácia retroactiva pretenda ser *absoluta* – tendo em conta o princípio geral da não retroactividade e que a retroactividade de leis desfavoráveis só deve admitir-se em casos excepcionais –, levanta-se a dúvida sobre se, em certos casos, a «protecção da confiança» dos particulares não deverá ceder perante exigências mais valiosas do bem comum?[688]

3.7. Apesar de não estar expressamente referida, deve ainda considerar-se que a lei restritiva, em função da *reserva de lei formal*, tem de apresentar uma *densidade suficiente*, isto é, um certo grau de *determinação* do seu *conteúdo*, pelo menos no *essencial*, não sendo legítimo que deixe à Administração espaços significativos de regulação ou de decisão, como

num dia de eleições gerais), mas já haverá violação desse preceito se a lei proibir manifestações (só) em frente à sede do(s) partido(s) do Governo. V. ainda G. CANOTILHO, V. MOREIRA, *Constituição Anotada*, anotação XIII ao artigo 18º.

686 Acentuando o primeiro destes aspectos, GRABITZ, *Freiheit und Verfassungsrecht*, 1976, p. 81 e ss.. Cfr. ainda a posição de MENGER (*Über Inhalt und Tragweite von Artikel 19, Abs. I des GG*, in *Festschrift für F. Klein*, 1977, p. 321 e ss.), que pretende ver em preceito idêntico na Alemanha a proibição de leis-medida, entendidas como leis ditadas por considerações de oportunidade política. V. entre nós, GOMES CANOTILHO, *ob. cit.*, p. 454.

687 V., nesse sentido, na jurisprudência do Tribunal Constitucional, o Acórdão nº 256/90, DR, II, nº 184. O Tribunal defrontou-se várias vezes com o problema, por exemplo, nos Acórdãos nºs 28/84 (pensões de funcionários ultramarinos), 141/85 (impostos).

688 Parece que a proibição deverá ser *absoluta* em caso de *lei penal* ou *sancionatória* (se for desfavorável): cfr. artigo 29º, nºs 1, 3 e 4, que estabelecem garantias que são simultaneamente princípios gerais de direito comuns às nações civilizadas. Noutros casos, porém, a questão não será tão simples de resolver, designadamente quando estiverem em conflito valores ou interesses protegidos por dois direitos fundamentais (imagine-se uma lei que restrinja a liberdade contratual para salvaguarda do direito à habitação, por exemplo). Por outro lado, não se pode esquecer a complexidade própria desta problemática: por exemplo, a distinção que a doutrina faz entre «retroactividade» em sentido estrito e «retrospectividade». Sobre estes problemas, V. G. CANOTILHO, *ob. cit.*, p. 456 e s.; BAPTISTA MACHADO, *Introdução ao Direito e ao Discurso Legitimador*, 1983, p. 220 e ss..

veremos melhor a propósito da protecção institucional dos direitos, liberdades e garantias perante a Administração[689].

3.8. Referimo-nos até aqui ao poder legal de restrição dos direitos da generalidade dos indivíduos. No entanto, por vezes, os titulares dos direitos fundamentais não são «meros indivíduos» ou cidadãos, encontram-se em situações especiais de relação jurídica com os poderes públicos. Assim, os membros das Forças Armadas, os funcionários públicos, os presos, os internados, ou os alunos de estabelecimentos oficiais de ensino e os utentes de determinados serviços «públicos» (como, por exemplo, os de transportes aéreos, marítimos ou ferroviários), não podem ser tratados, quanto ao gozo de certos direitos fundamentais, como titulares comuns[690].

O problema é, pois, o dos *estatutos especiais* de certas pessoas em matéria de direitos fundamentais.

O significado dos direitos fundamentais no âmbito das relações especiais de poder começou por ser teórica e praticamente nulo. De facto, sobretudo na Alemanha[691], a doutrina largamente dominante excluía as relações especiais de poder do próprio mundo jurídico e, naturalmente, também do âmbito de aplicação dos direitos fundamentais. Os vínculos específicos e, nalguns casos, particularmente fortes que ligavam os indi-

[689] V. o importante Acórdão do TC nº 285/92, em que o Tribunal, em processo de fiscalização preventiva, considerou inconstitucional certas normas de um projecto legislativo, por haver «uma lata indeterminação na definição legal dos critérios a observar pela Administração na identificação do pessoal considerado disponível», tratando-se de uma lei restritiva de direitos, liberdades e garantias dos trabalhadores da função pública.

690 Fala-se habitualmente a este propósito de «relações especiais de poder». Esta expressão contrapor-se-ia à de «relações gerais de poder», mas, apesar de ultrapassada no seu sentido (as relações cidadão-Estado não são as de súbdito-soberano), continua a ser de uso corrente. Nota-se, porém, a tentativa de a substituir pelas de «estatutos especiais» ou «relações jurídicas especiais». Cfr. Henke, *Das subjektive öffentliche Recht*, 1968, p. 50 e ss. e DöV, 1980, p. 624; Koester, *Zur Meinungsäusserungsfreiheit im Beamtenverhältnis*, in *ZBR*, 1981, p. 210 e ss. (212).

[691] Em França, o Conseil d'État já admitia a possibilidade de recurso em certos «actos internos». Cfr. J. Du Bois de Gaudesson, *L'usager du service public administratif*, Paris, 1974, p. 241. Sobre a evolução na Alemanha cfr. Krüger, Ule, *Das besondere Gewaltverhältnis*, in VVDStRL, 15, pp. 109 e ss. e 133 e ss.; Kempf, *Grundrechte im besonderen Gewaltverhältnis*, in JuS, 1972, p. 701 e ss.. Cfr., entre nós, Rogério Soares, *Direito Administrativo*, 1980, p. 94 e ss..

víduos à Administração determinavam um sistema de relações em que o dever de obediência afastaria a possibilidade de invocação dos direitos e garantias constitucionais[692].

Não podia admitir-se, por exemplo, que os funcionários públicos, invocando a liberdade de expressão, pudessem divulgar livremente factos ou informações a que tivessem acesso no âmbito da sua actividade, ou que os membros das Forças Armadas protestassem as ordens ou fizessem greve, já que assim se comprometeriam a disciplina, a ordem ou o bom andamento da Administração ou da instituição militar. Nem que os presos pudessem reunir-se livremente na prisão ou comunicar livremente com o exterior, pois que daí resultariam inconvenientes graves do ponto de vista da disciplina ou perigos graves de continuação de actividades criminosas. Nem que os alunos pudessem interromper as aulas ou conversar durante as prelecções. A função das «instituições», enquanto sistemas de ordenação específicos de relações, só poderia cumprir-se se as estruturas organizadas (serviços) que os suportam operassem numa base de confiança, de eficiência e sobretudo de disciplina incompatíveis com os obstáculos resultantes da consideração individual de cada pessoa enquanto titular de direitos fundamentais. A salvaguarda de interesses e bens comunitários ligados à função exercida (por vezes expressivamente considerada como missão) justificaria a compressão dos direitos dos que, por sua livre vontade ou por decisão da lei ou do juiz, nela participam ou a ela estão sujeitos.

Só que, apesar de bem fundada, esta argumentação não justificava que as relações especiais de poder estivessem completamente desvinculadas da lei e da Constituição, designadamente no que dizia respeito aos direitos fundamentais. A necessidade de obediência não tinha de ser absoluta nem postulava um estatuto de servidão para os sujeitos dessas relações.

Começou, por isso, a distinguir-se, neste domínio, dois tipos (diferentes) de situações – separando aquelas que eram essenciais à relação especial de poder, ou em que os indivíduos apareciam na veste de sujeitos dessas relações (enquanto peças da máquina ou elementos da

692 Na realidade, pode afirmar-se até que a figura das relações especiais de poder foi criada para subtrair esses domínios, considerados internos da Administração, ao princípio da legalidade e à intervenção dos tribunais.

organização), daquelas outras que não eram essenciais, ou em que os indivíduos deviam ser considerados como pessoas, e procurando, desse modo, estender a este segundo tipo de situações o alcance do princípio da legalidade[693].

Na perspectiva que nos interessa – a da protecção dos direitos fundamentais –, tendem a aplicar-se nestes casos os princípios e regras gerais da limitação e, concretamente, o quadro da *restrição de direitos*. À partida, todos os indivíduos, seja qual for a situação em que se encontrem, gozam de todos os direitos fundamentais. Mas, deve admitir-se que a ordenação de certos sectores de relações especiais entre os indivíduos e o poder possa justificar restrições, também especiais, de alguns dos direitos.

Só que essa restrição passa a ter de ser feita por via legislativa, pressupõe a existência de um *valor* que justifique uma ordenação especial[694] e apenas vale na medida do que seja *necessário* para assegurar a realização dos objectivos das instituições respectivas – a defesa nacional, a realização eficiente das tarefas públicas, a segurança e a ordem no estabelecimento prisional, o bom funcionamento da escola.

Não pode, desde logo, afectar o conteúdo essencial dos direitos nos termos atrás analisados. Deve, portanto, deixar intocado o limite absoluto constituído pela dignidade humana[695] – não pode ser ilimitada no tempo[696] e (ou, pelo menos) deve prever sempre a possibilidade de o indivíduo optar pelo direito fundamental, suspendendo ou dissolvendo a relação de poder (se esta for voluntária)[697]; não pode estender-se a todas

[693] Ule distingue entre a *relação fundamental* (em que se considerava o funcionário ou o sujeito das relações enquanto pessoa) e a *relação de serviço* (em que os sujeitos eram titulares de cargos ou de órgãos que estavam submetidos a um poder de direcção). Cf. *VVDStRL*, 15, cit., p. 153. Integrariam, por exemplo, a relação fundamental a fixação do limite da idade ou o regime de férias na função pública, a autorização de exames ou a punição de alunos, a assistência religiosa aos presos.

[694] Cfr. Hesse, *ob. cit.*, p. 144 e ss. Senão, o legislador poderia criar arbitrariamente ordenamentos especiais para se subtrair ao respeito pelos direitos fundamentais.

[695] Sobre a dignidade humana como limite das restrições no âmbito das relações especiais de poder, v. Dürig, *ob. cit.*, p. 152 e ss..

[696] Cfr., como limite-padrão expressamente formulado e com este sentido, o nº 1 do artigo 30º da CRP.

[697] Por exemplo, os militares podem requerer a suspensão do serviço activo para se poderem candidatar como independentes a uma eleição e passar à reserva caso sejam eleitos – cfr. o artigo 33º da Lei de Defesa Nacional (Lei Orgânica nº 1-B/2009, de 7 de Julho).

as esferas da vida do sujeito, subordinando ao fim específico da relação de poder aspectos que não lhe respeitam[698].

Por outro lado, a restrição tem de ter também em conta as dimensões já referidas da adequação, da necessidade e da proporcionalidade.

Tudo isto poderá ser ilustrado pelo artigo 270º da Constituição, onde se prevê que a lei pode estabelecer restrições ao exercício dos direitos de expressão, reunião, manifestação, associação e petição colectiva e à capacidade eleitoral passiva dos militares, agentes militarizados e agentes dos serviços e forças de segurança (dos quadros permanentes em serviço efectivo), «na estrita medida das exigências das suas funções próprias».

Assim, a liberdade de expressão, os direitos de reunião e de manifestação dos militares, bem como os seus direitos democráticos (filiação partidária, elegibilidade) terão de ser limitados para que se satisfaçam as exigências do artigo 275º da Constituição (que explicita as suas «funções próprias» dos militares), mas, além de não se poder retirar-lhes o direito de voto ou o direito de se informarem, as compressões devem limitar-se ao estritamente necessário[699].

Do mesmo modo, também a liberdade de expressão dos funcionários poderá ser restringida pelo dever de sigilo, mas já não se encontra hoje justificação satisfatória para fazer depender a sua ida ao estrangeiro de autorização do superior hierárquico[700].

Por sua vez, o artigo 30º, nº 5, introduzido pela revisão constitucional de 1989, determina que «os condenados a quem sejam aplicadas pena ou medida de segurança privativas da liberdade mantêm a titularidade dos direitos fundamentais, *salvas as limitações inerentes ao sentido da condenação e às exigências próprias da respectiva execução*».

Por essa razão, os presos não podem reclamar a liberdade de circulação ou o direito de reunião e manifestação, mas não há em princípio razão para que não gozem, por exemplo, do direito à integridade física,

[698] Não é legítimo, por isso, com base no dever de um comportamento digno, mesmo fora do exercício da função, anular completamente a esfera da intimidade privada dos funcionários e militares.

[699] V. os artigos 26º a 34º da Lei de Defesa Nacional (Lei Orgânica nº 1-B/2009, de 7 de Julho).

[700] Nesse sentido dispunha o (hoje revogado) artigo 43º do Decreto-lei nº 46 748 de 15-12-65. V. KOESTER, *ob. e loc. cits.*.

da liberdade religiosa, do direito de petição e recurso[701]. A inviolabilidade da correspondência poderá ser de algum modo comprimida, mas não poderão ser submetidos a escuta na cela ou durante as visitas autorizadas[702]. Certos direitos pessoais, como o direito à intimidade pessoal e familiar, são reconhecidos, embora apenas «na medida do possível», conforme a disponibilidade das instalações.

Deste preceito decorre também que a definição dos direitos dos reclusos se deve fazer através de lei e não pode ser deixada aos regulamentos prisionais.

Por outro lado, as leis que infrinjam estes limites podem ser consideradas inconstitucionais[703]. Na falta de lei, a Administração e, em última instância, os juízes observarão as regras dos limites imanentes e da harmonização para solução dos conflitos entre direitos e valores comunitários[704].

[701] Cfr. o célebre Caso Golder, julgado pelo Tribunal Europeu dos Direitos Humanos, que constitui um *leading case* nesta matéria.

[702] Hoje, com a proliferação das actividades terroristas e da criminalidade violenta, dada a especial perigosidade dos criminosos, começam a rebentar algumas costuras do Estado-de-Direito, quer no que toca aos direitos dos presos, quer no que respeita às garantias de processo criminal. A intensidade com que os valores comunitários são postos em causa faz aumentar o grau de necessidade da restrição. Sobre os direitos fundamentais dos reclusos, v. C. Hoffmeyer, *Grundrechte im Strafvollzug*, 1979 e, entre nós, Anabela RodrigueS, *A posição jurídica do recluso na execução da pena privativa de liberdade*, 1982, esp. p. 169 e ss., e, mais especificadamente sobre o estatuto jurídico do recluso, em *Novo olhar sobre a questão penitenciária*, 2000, p. 65-128. V. ainda Pinheiro Farinha, *A Convenção Europeia dos Direitos do Homem e os Reclusos*, 1980. V. o Código da Execução das Penas e Medidas Privativas da Liberdade, aprovado pela Lei nº 115/2009, de 12 de Outubro, que regula os direitos dos reclusos em função da orientação constitucional (os artigos 6º a 8º versam sobre o estatuto jurídico do recluso).

[703] Não distinguimos, nesta matéria, entre relações especiais de poder voluntárias e coercivas (por força de lei, de sentença ou de acto administrativo). Fala-se, por vezes, em relação às primeiras, de renúncia dos indivíduos aos direitos fundamentais, justificando-se dessa maneira a restrição (*volenti non fit injuria*). Parece-nos, no entanto, como veremos mais à frente, que a renúncia aos direitos fundamentais nas relações com entidades com poder deve ter os mesmos limites que a restrição legal.

[704] Um caso interessante ocorreu na Alemanha, onde um tribunal entendeu que não poderia ser proibido a um preso que tivesse um canário na cela. Na falta de lei poderão surgir algumas dificuldades do facto de certas restrições se basearem em regulamentos internos ou em práticas costumeiras (por exemplo, nas escolas e nas prisões). Terá neste caso de haver uma cuidadosa consideração dos fins da instituição, para que a ponderação de bens se revele equilibrada e justa. Contudo, o direito (constitucional) não será talvez em muitos casos capaz de resolver problemas que estão intimamente ligados à evolução social e ao

Actualmente, suscita-se, no entanto, a dúvida sobre se não deve entender-se que o legislador, nestas situações, está autorizado a elaborar «estatutos especiais» para tipos de relações ou categorias de pessoas, em função da especificidade das instituições, dispondo para o efeito de um *poder de conformação negativo*, simétrico ao poder de conformação das garantias institucionais – a ser assim, o juiz não controlaria as normas avulsas contidas em tais estatutos como leis restritivas, mas o *conjunto normativo* das restrições por elas formado, no quadro e em função das finalidades da instituição[705].

3.9. Um tipo de situações especiais de restrição da liberdade é o que engloba as restrições justificadas pela *protecção legislativa dos indivíduos contra si próprios*[706]. De facto, acontece, por vezes, que o valor constitucional que fundamenta a restrição legislativa representa um bem jurídico individual do próprio titular do direito ou liberdade restringida.

O problema da restrição legislativa da liberdade para protecção do próprio titular não se reduz ao âmbito da renúncia ou auto-limitação voluntária dos direitos fundamentais, que abordaremos mais à frente, pois que as intervenções restritivas não se referem exclusivamente às situações em que haja uma manifestação de vontade negocial ou um consentimento *dispositivos*. Por outro lado, e em rigor, mesmo nesse âmbito, a *restrição* só se verifica na medida em que subsista um poder de disposição do titular, isto é, constitui um problema diferente, posto que contíguo, do problema dos limites absolutos (intrínsecos) à renúncia ou à auto-limitação voluntária de direitos.

Nesta matéria, há que distinguir, no quadro da protecçao dos direitos fundamentais perante ou contra os respectivos titulares, as situações e comportamentos que põem em causa *apenas ou principalmente os direitos fundamentais desses titulares* daquelas em que podem ser afectados os

confronto de gerações, pelo que é de recomendar aos juízes as maiores cautelas. Seja como for, parece-nos que, em face da reserva de lei, não pode invocar-se o «costume» para justificar restrições aos direitos, liberdades e garantias (não confundir com o costume interpretativo para concretização dos limites imanentes dos direitos, que é um costume constitucional). Sobre estas questões, com remissão para extensa bibliografia, v. KÄSTNER, *Das Grundrecht des Schülers auf freie Meinungsäusserung*, in *DöV* 1977, p. 500 e ss..

[705] V., por exemplo, LOSCHELDER, *Grundrechte im Sonderstatus*, in *HdbStR*, vol. V., p. 805 e ss.

[706] Sobre a matéria, v. F. LITTWIN, *Grundrechtsschutz gegen sich selbst*, 1993.

direitos fundamentais de outras pessoas ("harm principle") – interessam aqui em especial as primeiras[707].

Trata-se, em regra, de proteger a *integridade física (saúde)* ou o *património* da própria pessoa, por exemplo, prevenindo o abuso de tabaco, álcool e medicamentos, a realização de desportos, actividades e práticas violentas ou excessivamente arriscadas, a utilização de produtos perigosos, a excessiva exposição ao ruído, bem como, no plano patrimonial, a ruína pelo jogo, pela especulação bolsista, pelo sobreendividamento ou pela incapacidade de governo.

As formas de protecção restritiva são diversas: a proibição, com eventual possibilidade de dispensa ou licença, as limitações indirectas, a imposição de deveres de cuidado, e são tanto mais intensas quanto maior for a valoração comunitária desses bens individuais (compare-se, por exemplo, a proibição do consumo de drogas com a imposição do uso do cinto de segurança) ou maior a necessidade de protecção individual (veja-se, por exemplo, a interdição de portadores de anomalia psíquica, a proibição do consumo de álcool pelos jovens ou a de negócios usurários).

Neste domínio, é de exigir ao legislador uma especial *fundamentação social do desvalor* atribuído às actividades restringidas, sobretudo quando se actua contra a vontade do titular, já que as restrições põem em causa medularmente o livre desenvolvimento da personalidade. Por sua vez, é particularmente delicada a apreciação da *proporcionalidade* das restrições legislativas no âmbito da fiscalização judicial da constitucionalidade, tendo em conta que o apelo à «consciência jurídica geral» ou ao «sentimento comunitário», num contexto abstracto, pertence mais ao legislador democrático que ao juiz, de modo que este tenderá a fazer mais um controle de *evidência* do que de *defensabilidade*, quando podem estar em causa aspectos essenciais da vida de algumas pessoas.

4. As colisões ou conflitos de direitos

Das situações de restrição legislativa e de limites imanentes haverá que distinguir agora as situações de *colisão* entre direitos ou de *conflito* entre direitos e valores afirmados por normas ou princípios constitucionais.

[707] Sobre estes problemas, v. Jorge Pereira da Silva, *Deveres do Estado de protecção de direitos fundamentais*, 2015, espec. p. 325 e ss (334 e ss).

As situações de colisão e de conflito, que, como vimos, são inevitáveis e devem considerar-se *típicas* do sistema, surgem cada vez com mais frequência, em face do alargamento doutrinal e jurisprudencial do âmbito e da intensidade de protecção dos direitos fundamentais. Por um lado, os direitos, liberdades e garantias apresentam-se em novas facetas e com pretensões irradiantes, designadamente no plano económico e social; por outro lado, a susceptibilidade de colisão é maior numa sociedade a viver em espaços de intensa comunicação: tenha-se em consideração, por exemplo, o direito à intimidade ou a liberdade de expressao nos tempos actuais, na sequência dos fenómenos da globalização comunicacional.

Por tudo isso, os espaços de conflito tendem a ser, na maior parte dos casos, regulados por normas ordinárias, mesmo para além das situações em que a Constituição prevê a existência de restrições legislativas de direitos.

Não pode, hoje, portanto, limitar-se o estudo do conflito ou colisão de direitos àquelas situações em que os intérpretes da Constituição – *maxime*, os tribunais – têm de aplicar directamente, em casos concretos, normas constitucionais.

Por um lado, há-de ter-se em conta a existência daquelas leis que designamos por *leis harmonizadoras*, isto é, as que, não estando constitucionalmente autorizadas a restringir os direitos, visam justamente apenas consagrar, *de forma geral e abstracta*, soluções ou critérios para resolução de conflitos.

Por outro lado, deve tomar-se em consideração que os conflitos entre normas constitucionais também surgem no contexto da *aplicação nos casos concretos de leis ordinárias reguladoras da matéria*, quando estas utilizem conceitos indeterminados, situação que, em nosso entender, será a situação-regra quando essas leis sejam leis harmonizadoras.

4.1. Haverá colisão ou conflito sempre que se deva entender que a Constituição protege simultaneamente dois valores ou bens em contradição numa determinada situação concreta (real ou hipotética). A esfera de protecção de um direito é constitucionalmente protegida em termos de intersectar a esfera de outro direito ou de colidir com uma outra norma ou princípio constitucional. O problema agora é o de saber como vai resolver-se esta contradição relativa ao caso concreto, como é que se vai dar solução ao conflito entre bens, quando ambos (todos) se apresentam efectivamente protegidos como fundamentais.

Poderá ser, por exemplo, o caso da liberdade de expressão ou de imprensa, quando se oponha à intimidade da vida privada, ao direito ao bom nome, ao segredo de justiça, à segurança nacional, ao respeito pelas instituições ou à moral pública. Em que condições é legítimo que um órgão de comunicação social divulgue factos da vida íntima de uma figura pública ou opiniões críticas susceptíveis de lesar o bom nome de uma pessoa? Uma revista ou um filme considerados pornográficos deverão ser proibidos? Poderão os jornais divulgar dados que respeitem à segurança do Estado? Poderá um jornalista entrevistar um preso? Ou um jornal divulgar factos relativos à investigação de um crime em segredo de justiça?

Ou, noutros campos, deverá punir-se por homicídio um pai que, por convicção religiosa, não permite que se faça uma transfusão de sangue a um seu filho menor, necessária para o manter vivo? Poderá ser absoluta a criminalização do aborto? Ou este ser livre? Até que ponto podem os pais dispor da maneira de viver dos filhos?

Poderia pensar-se em encontrar os princípios para a solução dos conflitos nas regras estabelecidas no Direito civil para a colisão de direitos: se os direitos forem iguais ou da mesma espécie, «devem os titulares ceder na medida do necessário para que todos produzam igualmente o seu efeito, sem maior detrimento para qualquer das partes»; se os direitos forem desiguais ou de espécie diferente, «prevalece o que deva considerar-se superior»[708].

A solução dos conflitos e colisões entre direitos, liberdades e garantias ou entre direitos e valores comunitários não pode, porém, ser resolvida sistematicamente através de uma *preferência abstracta*, com o mero recurso à ideia de uma ordem hierárquica dos valores constitucionais. É difícil estabelecer, em abstracto, uma hierarquia entre os bens constitucionalmente protegidos, em termos de obter uma resposta que permita sacrificar sistematicamente os menos importantes. Ainda que se tenha a representação comum de que os direitos não podem valer exactamente o mesmo – até porque se referem com intensidades diversas ao fundamento comum de dignidade da pessoa humana – verifica-se que essa

[708] É a solução do artigo 335º do Código Civil.

hierarquização natural só pode fazer-se, na maior parte das hipóteses, quando se consideram as circunstâncias dos casos concretos. Os próprios bens da vida e da integridade pessoal, por exemplo, que o nº 4 do artigo 19º parece positivamente integrar nos bens supremos da comunidade[709], podem ser sacrificados, total ou parcialmente, em determinadas situações: basta lembrar, em geral, para além do estado de guerra, os casos de rapto em que os Governos se recusam a negociar com os terroristas e proíbem as famílias de satisfazerem os pedidos de resgate, ou os casos em que a polícia utiliza legitimamente o tiro mortal[710].

Não pode, além disso, ignorar-se que, nos casos de conflito, a Constituição protege os diversos valores ou bens em jogo e que não é lícito sacrificar pura e simplesmente um deles ao outro. O que acontecia muitas vezes era que, confundindo-se os casos de colisão ou conflito com os de limites imanentes, se pretendia resolver estes últimos como se fossem dos primeiros. E, então, como a solução não podia deixar de ser a preferência absoluta de um e o sacrifício total de outro alegado direito (ele não estava, afinal, protegido), a justificação podia ser, ou tinha de ser, a hierarquia.

Por outro lado, também não deve, ainda dentro de uma concepção hierarquizante, recorrer-se a uma *teoria* dos direitos fundamentais para resolver o problema[711]. Por vezes, estas teorias acentuam preponderantemente um determinado aspecto (a liberdade, a democracia, a socialidade) e tenderiam a resolver os conflitos entre direitos a favor daqueles que integrassem a categoria preferida. Só que a ordem dos valores constitucionais não é hierárquica e não permite, por isso, soluções abstractas conforme as eventuais patentes a que se promovam os diversos direitos fundamentais.

Terá, pois, de respeitar-se a protecção constitucional dos diferentes direitos ou valores, procurando as soluções no quadro da unidade da Constituição, isto é, tentando harmonizar da melhor maneira os pre-

[709] Cf. MANUEL AFONSO VAZ, que considera os direitos referidos no artigo 19º como «direitos fundamentalíssimos» e vê aí uma «reserva de Direito», acima da reserva da lei.

[710] Sobre o tiro mortal, v. ANTÓNIO FRANCISCO DE SOUSA, *A Polícia no Estado de Direito*, policop. Porto, 2001, p. 646 e ss.

[711] Sobre as teorias dos direitos fundamentais, v. BÖCKENFÖRDE, *Grundrechtstheorie und Grundrechtsinterpretation*, in *NJW*, 1974, p. 1259 e ss; GOMES CANOTILHO, *ob. cit.*, p. 1395 e ss; VIEIRA DE ANDRADE, *Os direitos fundamentais...*, 1ª ed., 1983, p. 54 e ss.

ceitos divergentes, em função das circunstâncias concretas em que se põe o problema.

Mas isso não significa que seja possível ou indicado aplicar a regra civil para a colisão de direitos da mesma espécie, impondo cedências mútuas em termos de os direitos produzirem igualmente o seu efeito: dada a complexidade estrutural dos direitos fundamentais e a intensidade diferenciada dos valores protegidos, não pode aceitar-se, nem uma sistemática prevalência de um dos direitos ou valores, nem uma redução mútua igual, impondo-se uma *ponderação* concreta dos bens, que pode conduzir a resultados variáveis em função das circunstâncias.

O princípio, consagrado na doutrina constitucional como princípio da *harmonização* ou da *concordância prática*, enquanto critério de solução dos conflitos[712] não pode, pois, ser aceite ou entendido como um regulador automático.

Por um lado, a sua aceitação pressupõe que o conflito entre direitos nunca afecta o *conteúdo essencial* de nenhum deles. Se um dos direitos é afectado no seu conteúdo essencial, então é porque estamos perante uma situação de limites imanentes. É que não é possível, sob pena de falta de unidade ou de coerência constitucional, que possam colidir os conteúdos essenciais de dois direitos (ou de dois valores). Isso não acontece, como vimos, no campo dos direitos fundamentais, onde há uma verdadeira unidade de sentido, garantida pela referência à Declaração Universal dos Direitos Humanos.

Por outro lado, o princípio da concordância prática neste domínio não impõe necessariamente a *realização óptima* de cada um dos valores em jogo, uma harmonização em termos matemáticos[713]. É apenas um

[712] Sobre o princípio, v., por todos, HESSE, *ob. cit.*, p. 142 e ss.; entre nós, G. CANOTILHO, *ob. cit.*, p. 1185 e ss e 1225.

[713] Por isso não concordamos com a designação de ALEXY dos princípios como imperativos *de* optimização («Optimierungsgebote», «optimisation precepts»), mesmo depois da sua reformulação como imperativos *para* optimização («zu optimierende Gebote», «precepts to be optimised») – cf. *My Phylosophy of Law: The institutionalization of reason*, in L. WINTGENS (ed.), *The law in philosophical perspectives: my philosophy of law*, 1999, p. 23 e ss (39). Admitindo que, enquanto ideais («meta-level»), os princípios exigem mais do que aquilo que é possível, ALEXY entende que, na sua aplicação («object-level»), devem ser levados até onde for possível. Por nossa parte, entendemos que não é essa a intenção nem é esse o resultado da ponderação.

método e um processo de legitimação das soluções que impõe a *ponderação* – ou, para utilizar uma terminologia anglosaxónica, um *weighing* ou *balancing ad hoc*[714] – de todos os valores constitucionais aplicáveis, de modo que se não ignore nenhum deles, para que a Constituição (essa, sim) seja optimizada ou preservada na maior medida possível. Ora, a realização óptima das prescrições constitucionais depende da intensidade ou modo como os direitos são afectados no caso concreto, atentos o seu conteúdo e a sua função específica. Isto é, a medida em que se vai comprimir cada um dos direitos (ou valores) é diferente, consoante o modo como se apresentam e as alternativas possíveis de solução do conflito[715].

O princípio da concordância prática executa-se, portanto, através de um critério de proporcionalidade na distribuição dos custos do conflito[716].

Por um lado, exige-se que o sacrifício de cada um dos valores constitucionais seja adequado à salvaguarda dos outros. Se o não for, não chega sequer a existir um verdadeiro conflito[717].

Por outro lado, e aqui estamos perante as dimensões interligadas de *necessidade* e de *proporcionalidade* em sentido estrito, impõe-se que a escolha entre as diversas maneiras de resolver a questão no caso (a "preferência concreta") se faça em termos de comprimir o menos possível os valores em causa, segundo o seu peso nessa situação – segundo a intensidade e a extensão com que a sua compressão no caso afecta a protecção que a cada um deles é constitucionalmente concedida.

A questão do conflito de direitos ou de valores depende, pois, de um procedimento e de um juízo de *ponderação*, não dos valores em si, mas

[714] Contraposto ao «definitional balancing», que implicaria a aplicação da norma preferida. Sobre o problema do «balanceamento de interesses» na doutrina americana, v. TRIBE, *American Constitutional Law*, 1978, p. 582 e ss e, em especial, T. ALEINIKOFF, *Constitutional law in the age of balancing*, in *Yale Law Journal*, 1987, p. 943 e ss.

[715] Deve configurar-se em cada direito fundamental um núcleo essencial de protecção máxima («domínio garantido»), que inclui as situações ou modos primários típicos de exercício dos direitos (e que julgamos corresponder ao conteúdo essencial do direito, no plano axiológico-normativo) e depois, afastando-se do núcleo, espaços de protecção progressivamente menos intensa, à medida que os modos são mais atípicos ou as situações mais específicas, até ao limite máximo, que é definido pelos limites imanentes em função do núcleo essencial de outros direitos ou valores comunitários.

[716] Aproximando a concordância prática da ponderação, v. R. ALEXY, *ob. cit.*, p. 152.

[717] Nessa situação, não há que comprimir o direito se tal não é efectivamente necessário para assegurar o outro (lembre-se o óptimo de PARETO).

das formas ou modos de exercício específicos (especiais) dos direitos, nas circunstâncias do caso concreto, tentando encontrar e justificar a solução mais conforme ao conjunto dos valores constitucionais (à ordem constitucional).

No entanto, como raramente é possível graduar as soluções em termos correspondentes, ponto por ponto, à escala de protecção dos respectivos bens no caso concreto, torna-se necessário estabelecer, depois de uma avaliação das alternativas, uma *preferência* ou *prevalência* de um direito (ou de um valor comunitário) sobre o outro direito que seja adequada à situação – em termos que poderão mesmo equivaler, na prática, ao sacrifício total do direito preterido[718]: vale, então, o princípio da «prevalência do interesse superior» ou da «prevalência do interesse preponderante»[719].

Estabelece-se, assim, uma relação de *preferência específica*, condicionada pelas circunstâncias do caso e expressa por uma *proposição* determinada, que, no entanto, deve ser universalizável[720].

É, nessa medida, uma actividade simultaneamente de interpretação e de restrição ou condicionamento – de delimitação restritiva ou condicionadora –, mas que parece dever, tal como a concretização dos limites imanentes, integrar-se na competência *interpretativa* do juiz e, em geral, dos aplicadores da Constituição[721].

[718] Por exemplo, no conflito entre o direito de propriedade e a liberdade de expressão, ou se considera lícita ou ilícita a pintura em paredes privadas contra a vontade do proprietário. Porém, a solução da ilicitude não significa necessariamente a irrelevância total da liberdade de expressão nestas situações: mesmo que isso implicasse o direito à indemnização do proprietário, sempre poderia, por exemplo, considerar-se excluída, por força da liberdade de expressão, a sanção penal dessa actividade (crime de dano).

[719] A primeira formulação é, como vimos, a que decorre do artigo 335º do Código Civil; a segunda formulação tem curso na doutrina penalista e encontra uma manifestação no artigo 135º, nº 3, do Código do Processo Penal.

[720] Nesse sentido, no contexto do que designa por um «conceito normativo de ponderação», aplicado à liberdade de expressão, v. Ulli Rühl, *Tatsachen – Interpretationen – Wertungen*, 1998, (esp. p. 415 e ss).

[721] Sobre a ponderação de bens, v. Schlink, *Abwägung im Verfassungsrecht*, 1976; sobre a ponderação como paradigma jurídico, v. K-H. Ladeur, *'Abwägung' – ein neues Rechtsparadigma? Von der Einheit der Rechtsordnung zur Pluralität der Rechtsdiskurse*, in *Archiv für Rechts-und Sozialphilosophie*, 69, 1983, p. 463 e ss.

4.2. Na metodologia para resolução de conflitos entre direitos, tem de atender-se fundamentalmente a *três factores*, ponderando, num juízo global, mas em função de cada um deles, *todas as circunstâncias relevantes* no caso concreto.

Deve atender-se, desde logo, ao *âmbito e graduação do conteúdo dos preceitos constitucionais em conflito*, para avaliar em que medida e com que peso *cada um dos direitos* está presente na situação de conflito – trata-se de uma avaliação fundamentalmente jurídica, para saber se estão em causa aspectos nucleares de ambos os direitos ou, de um ou de ambos, aspectos de maior ou menor intensidade valorativa em função da respectiva protecção constitucional.

Deve ter-se em consideração, obviamente, a *natureza do caso*, apreciando o tipo, o conteúdo, a forma e as demais circunstâncias objectivas do facto conflitual, isto é, os *aspectos relevantes* da situação concreta em que se tem de tomar uma decisão jurídica – em vista da finalidade e a função dessa mesma decisão.

Deve ainda ter-se em atenção, porque estão em jogo bens pessoais, *a condição* e *o comportamento das pessoas envolvidas*, que podem ditar soluções específicas, sobretudo quando o conflito respeite a conflitos entre direitos sobre bens e liberdades.

Assim, por exemplo, no conflito entre a *liberdade de expressão e o direito de informação dos jornalistas*, de um lado, e o *direito à reserva da intimidade da vida privada e familiar*, do outro lado, tem de se atender a ambos os pólos normativos. A protecção jurídico-constitucional da liberdade de expressão e do direito de informação varia conforme a utilidade pública e social da divulgação do facto ou opinião – que, por sua vez, é diferente conforme se trate de informação ou opinião em matéria política, económica, social ou cultural, relevante em termos de interesse público, ou vise apenas o entretenimento e a satisfação da curiosidade, sem esquecer a possibilidade de ser motivada pelo sensacionalismo ou pela exploração da morbidez. Por seu lado, a intensidade da reserva da intimidade varia conforme se trate de aspectos que constituam uma esfera de segredo, uma esfera de privacidade ou de mero resguardo. E também há diferenças a ter em conta conforme esteja em causa apenas a divulgação (de factos, imagens ou palavras) ou tenha havido intromissão activa na privacidade, tal como são relevantes o modo como é feita a divulgação e o seu alcance real. Pode ser ainda decisiva a condição das pessoas (conforme se trate de políticos, figuras públicas, réus ou pessoas anónimas) ou o seu comportamento (consentimento tolerante ou autorizante)[722].

4.3. Tendo em conta o carácter concreto da resolução dos conflitos entre direitos ou entre direitos e valores comunitários, é difícil que o legislador possa, em abstracto, pressupor ou considerar em hipótese todas as situações possíveis, tendo, por isso, de, através de um processo de *tipificação*, simplificar a realidade.

É, por isso, difícil admitir que as leis harmonizadoras (não estando autorizadas a assumir-se como leis restritivas) possam, a um nível geral e abstracto, realizar satisfatoriamente as ponderações necessárias. Impõe-se, pois, que assegurem a consideração das circunstâncias dos casos concretos através de uma *abertura normativa*, limitando-se a estabelecer critérios de ponderação relevantes por intermédio de cláusulas gerais ou de conceitos indeterminados, a preencher pelo juiz.

Parece-nos que é esse o caso da generalidade das leis penais incriminadoras que respeitem a bens jurídicos pessoais, quando não se limitem a declarar limites imanentes das liberdades[723]. Se, em regra, a lei penal incriminadora define os tipos legais de crime com o maior grau de determinação possível, já utiliza *conceitos indeterminados* para referir as respectivas causas (gerais e, sobretudo, especiais) de exclusão da ilicitude, da culpa ou da pena, justamente quando possa estar em causa uma situação de verdadeiro conflito entre direitos[724]. Nestes termos, pode

[722] Veja-se o artigo 80º do Código Civil, que, no seu nº 2, afirma que «a extensão da reserva [da intimidade da vida privada] é definida conforme a natureza do caso e a condição das pessoas».

[723] Por exemplo, ao punir o homicídio ou o roubo. Mas, no caso de interrupção voluntária da gravidez, o Tribunal Constitucional entendeu estar em causa um conflito de direitos (protecção da vida humana intra-uterina e da posição especial da mãe) – cf. o Acórdão do TC nº 25/84.

[724] V., por exemplo, além das causas gerais de exclusão da ilicitude (artigo 31º e ss), a norma do Código Penal que pune em geral a difamação, mas que exclui a punição quando a imputação do facto ofensivo da honra «for feita para realizar *interesses legítimos*» (artigo 180º); ou aquela que pune a devassa da vida privada, mas que exclui a punição quando se trate de divulgação de factos que constitua «meio adequado para realizar *um interesse público legítimo e relevante*» (artigo 192º) – nessas hipóteses, o juiz poderá resolver, nos casos concretos, conflitos entre direitos fundamentais, nomeadamente entre a liberdade de expressão e o direito de informação, de um lado, e o direito ao bom nome e reputação e o direito à reserva da intimidade da vida privada, por outro.

considerar-se a lei penal como uma *lei harmonizadora* e os conceitos legais como *critérios de ponderação*, que orientam a actividade dos juizes nos casos concretos[725].

5. A auto-limitação dos direitos

Finalmente, importa referir aquele tipo de situações conflituais que resultam da *auto-limitação* de um direito por vontade do respectivo titular, seja no âmbito de um contrato ou *acordo*, seja através do *consentimento* autorizante de uma intervenção, pública ou privada, restritiva ou limitadora[726] – formas de *disposição* limitadora ou de *renúncia* ao exercício de um direito, que não devem confundir-se com a *faculdade de não agir*, característica dos *direitos-liberdades*, já que esta, como vimos, constitui um dos modos possíveis e típicos do respectivo exercício (por exemplo, a liberdade de associação inclui a faculdade de não se associar).

Poderá uma pessoa consentir em que a polícia entre em sua casa sem mandado judicial ou em ser detido ilegalmente, ou renunciar às garantias dadas pelo processo penal?

Poderá um particular renunciar contratualmente a direitos como a liberdade de sindical ou a liberdade de expressão, ou, num contrato administrativo, ao direito a impugnar judicialmente os actos administrativos de execução? Ou aceitar uma doação ou um legado com o compromisso de não casar ou de professar uma religião?

5.1. Num contexto jurídico-constitucional em que, ultrapassada a visão liberalista, a liberdade individual está associada à solidariedade cívica e

[725] Lembre-se que o direito penal parece aceitar, como princípio geral, o *princípio da prevalência do interesse preponderante*, que aponta para uma preferência valorativa, sempre que não haja hipóteses de uma pura harmonização, e relembre-se a referência aplicativa do princípio no Código de Processo Penal, a propósito da quebra do segredo profissional.

[726] Sobre o problema, configurado muitas vezes sob a designação de «renúncia a direitos fundamentais», v. J. Pietzcker, *Die Rechtsfigur des Grundrechtsverzichts*, in *Der Staat*, 17 (1978), p. 527 e ss.; K. Amelung *Die Einwilligung in die Beeinträchtigung eines Grundrechtsgutes*, 1981; K. Stern, in *StR*, III/2, 1994, p 887 e ss; e, especialmente sobre as limitações por via contratual, Roth, *Die Grundrechte als Massstab einer Vertragsinhaltskontrolle*, in Wolter, Riedel, Taupitz (eds.), *Einwirkung der Grundrechte auf das Zivilrecht, öffentliches Recht und Strafrecht*, 1999, p. 229 e ss. Entre nós, v. Gomes Canotilho, *ob. cit.*, 2003, p. 463 e ss, e J. Reis Novais, *Renúncia a direitos fundamentais*, in J. Miranda (org.) *Perspectivas constitucionais*, I, p. 265 e ss; e, nas relações privadas, Benedita Mac Crorie, *Os limites da renúncia a direitos fundamentais nas relações entre particulares*, 2011.

a uma ética de responsabilidade comunitária, em que os direitos fundamentais têm uma dupla dimensão, subjectiva e objectiva, percebe-se que o primado da liberdade e o consequente *princípio da disponibilidade* dos direitos fundamentais dependam de algumas *condições* e estejam sujeitos a determinados *limites*.

As *condições* de validade jurídica da disposição limitadora do exercício de direitos, liberdades e garantias respeitam essencialmente à garantia da autenticidade e da genuinidade da manifestação de vontade do titular que justifica a restrição ou a ofensa: a *renúncia*, o *acordo*, o *consentimento vinculante*, *autorizante* ou *aquiescente*[727] só podem admitir-se como fundamento legítimo de uma (auto)limitação dos direitos fundamentais se forem o produto inequívoco de uma *vontade livre e esclarecida*.

Desde logo, é indispensável que a manifestação de vontade seja produzida pelo próprio titular, não sendo suficiente, em regra, o consentimento ou acordo de alguém que exerça um poder de representação ou de tutela[728], salvo quanto àqueles direitos que, pelo contrário, não possam ser livremente exercidos pelo incapacitado.

Depois, deve avaliar-se de forma exigente, embora em termos de adequação social e em conformidade com os valores ou interesses em presença, a ausência de *coacção*, sendo relevantes, quer a coacção *física*, quer a coacção *moral* ou mesmo *económica*, quando se trate de uma pressão forte efectivamente exercida ou naqueles casos de vulnerabilidade em que exista um dever especial de protecção estadual, não devendo admitir-se, nesse sentido, o consentimento puramente *tolerante*.

Na mesma linha de entendimento, a manifestação de vontade deve ser *esclarecida*, baseando-se no conhecimento concreto de todas as consequências relevantes da limitação, e isenta de *erro*, em especial no caso de dolo (de outrem), tal como deve ser *inequívoca*, não bastando, em

[727] Cf. a doutrina do direito civil (v., por todos, ORLANDO DE CARVALHO, *Teoria geral da relação jurídica*, 1970, p. 41), que adopta as modalidades de consentimento tolerante, autorizante e vinculante, em função dos efeitos meramente justificativos, autorizativos ou obrigacionais. Por nossa parte, preferimos falar, no contexto dos direitos fundamentais, de aquiescência, em vez de tolerância, para mostrar que o autor da lesão consentida há-de estar no exercício de um poder ou de um dever jurídico.

[728] Assim, o consentimento de um progenitor que permita à polícia, sem mandado judicial, a busca ao quarto do seu filho não valerá como justificação da intromissão no domicílio, designadamente para efeitos de utilização das provas obtidas, nos termos do nº 8 do artigo 32º da CRP.

regra, o consentimento *presumido*, mesmo que aparentemente possa invocar-se o interesse da pessoa[729].

Já é discutida, e deve ser adequadamente entendida, a livre *revogabilidade* da limitação voluntária dos direitos fundamentais: tratando-se de uma limitação válida, há-de ser limitada temporalmente, mas, durante o período de validade, é vinculante, pelo que uma eventual revogação tem de implicar uma obrigação de indemnizar os prejuízos causados, especialmente no âmbito contratual[730].

Põe-se, além disso, o problema dos *limites* que a ordem jurídica pode estabelecer à auto-limitação quanto ao exercício de direitos fundamentais, em função de valores superiores da comunidade.

Neste contexto, há a considerar, em primeiro lugar, os limites *imanentes* que decorrem do *conteúdo essencial* dos preceitos constitucionais, enquanto projecção directa e ineliminável da *dignidade da pessoa humana*[731], designadamente nos direitos pessoais, e também da afirmação imediata de *valores comunitários básicos*.

Devem ter-se em conta ainda os limites estabelecidos por *lei restritiva*, na medida em que tal se comprove adequado, necessário e proporcional, para a salvaguarda de valores comunitários, incluindo, como vimos, a protecção de interesses relevantes dos próprios particulares.

[729] Note-se, porém, que o consentimento presumido tem uma larga aplicação em determinados domínios, como o dos tratamentos médico-cirúrgicos, em que estão em causa valores fundamentais como a vida e a saúde (que justificam um consentimento «privilegiado», no sentido da razoabilidade da intervenção na integridade física desde que não haja razões para concluir com segurança pela recusa do doente), tanto mais quanto são cada vez mais frequentes, na nossa sociedade de risco, as situações de acesso aos hospitais de pessoas inconscientes, anónimas e desacompanhadas – compare-se, por exemplo, o artigo 39º com o artigo 156º, nº 2, do Código Penal.

[730] É essa a solução que o Código Civil estabelece para a limitação voluntária dos direitos de personalidade (artigo 81º).

[731] Assim, por exemplo, pode o Estado proibir um «desporto» fornecido por uma discoteca, que consista em ver quem consegue lançar mais longe um anão, por essa prática manipulatória (não é equiparável ao «homem-canhão» do circo) comportar uma intolerável «coisificação» de uma pessoa (embora este tivesse consentido, estivessem garantidas as condições de segurança da sua vida e da integridade física e lhe fosse difícil encontrar emprego) – o caso sucedeu em Portugal, numa discoteca de Vila do Conde, mas não foi a tribunal, como em França, onde o "lancer de nain" chegou ao Conseil d'État (v. *RDP*, 1996, p. 564 e ss). O problema também se pode pôr quanto à exposição de deficiências físicas, pela degradação ou aviltamento da pessoa em concreto e do valor comunitário da personalidade, ou quanto ao aluguer do corpo para anúncios comerciais ou para experiências terapêuticas.

5.2. A Constituição, como é compreensível, não regula *ex professo* a questão da admissibilidade da auto-limitação e das respectivas condições e limites, mas dos seus preceitos podem retirar-se, por via interpretativa, algumas indicações normativas mais ou menos claras sobre as hipóteses, condições e limites da sua admissibilidade[732].

Por um lado, devem considerar-se as diferenças entre os vários *tipos de direitos* fundamentais.

De facto, tendo em conta o entendimento não funcionalizado dos direitos-liberdades – que leva a incluir no respectivo conteúdo a faculdade de não agir –, bem como o carácter instrumental da generalidade dos direitos-garantias – que leva à concepção de muitos destes direitos como *ónus* –, o problema da *disponibilidade em geral* dos direitos fundamentais põe-se especialmente no que respeita aos «direitos-*direitos*», isto é, aos direitos sobre bens pessoais. Acresce que há também uma diferença entre aqueles direitos relativos a bens individuais, cujo conteúdo, âmbito ou grau de protecção constitucional é estabelecido primacialmente *em função da vontade do titular* (inviolabilidade do domicílio, reserva da intimidade privada, imagem, palavra, autodeterminação informativa, propriedade), e aqueles outros direitos relativos a bens que, sendo pessoais, constituem simultaneamente ou estão intimamente associados a valores comunitários (vida, integridade física, identidade pessoal, cidadania, informação jornalística, segredo de voto).

[732] A ideia da limitação voluntária dos direitos e da relevância do consentimento como causa geral de exclusão da ilicitude está há muito afirmada na legislação civil e penal (v. os artigos 81º e 340º do Código Civil e os artigos 38º e 39º do Código Penal), onde também surgem normas sobre as condições de validade e os limites de relevância da disposição e do consentimento. Claro que essas normas não podem ser vistas como parâmetros interpretativos das normas constitucionais (a proposição inversa é que é correcta), mas devem ser tomadas em consideração, ainda que criticamente, na medida em que revelam o resultado decantado da prática jurídica de séculos, que merece, em regra, uma presunção de constitucionalidade. De resto, tais normas referem-se justamente às condições da vontade livre e esclarecida e aos limites impostos por lei ou por valores comunitários (sob a designação de «ordem pública» e «bons costumes»), em termos semelhantes aos propostos ao nível do direito constitucional. Sobre os problemas da autolesão e da heterolesão consentida no âmbito do direito penal, v., entre nós, desenvolvidamente, M. COSTA ANDRADE, *Consentimento e acordo em Direito penal*, 1991. Relativamente ao direito civil, v., sobre os vários problemas que suscita a limitação voluntária dos direitos de personalidade, PAULO MOTA PINTO, "A limitação voluntária do direito à reserva sobre a intimidade da vida privada", in *Estudos em homenagem a Cunha Rodrigues*, 2001, p. 527 e ss.

No que respeita à relevância da vontade individual na protecção constitucional, vejam-se, por exemplo, o nº 2 e o nº 3 do artigo 34º, que sujeitam a restrição legal e a mandado judicial a entrada no domicílio dos cidadãos *contra a sua vontade* e proíbem-na de noite *sem o consentimento*[733], bem como o nº 3 do artigo 35º, que proíbe o tratamento informático de dados sensíveis (convicções religiosas e políticas, vida privada, etc.) salvo mediante *consentimento expresso* do titular – de onde se pode retirar o princípio da *disponibilidade* dos direitos em causa[734].

No que toca aos limites substanciais, poderão ver-se indicações de um princípio de *indisponibilidade* dos direitos respectivos, por exemplo, no carácter apodíctico da afirmação da «inviolabilidade» da *vida* humana e da *integridade moral e física* das pessoas (no que respeita a tratos degradantes ou desumanos), bem como na imposição de *deveres especiais de protecção da dignidade pessoal*, enquanto valor básico da «República» (v. artigos 24º, 25º, 26º, nº 3, e 67º, nº 2, alínea e)) e, pela sua natureza, na atribuição de direitos que constituam simultaneamente *deveres* (como certos direitos dos pais relativamente aos filhos – artigo 36º, nº 5).

Contudo, apesar das distinções entre os direitos, o problema da disponibilidade e do grau de disponibilidade dos direitos, liberdades e garantias pelos seus titulares não se resolve em abstracto, constitui um *problema* que, em última análise, só é susceptível de uma solução definitiva nas circunstâncias dos *casos concretos*.

Por outro lado, devem considerar-se as diferentes *situações relacionais* em que se pode produzir a auto-limitação.

A diferença mais relevante é a que atende à existência, ou não, de uma relação de sujeição ou de dependência do titular do direito autolimitado perante outrem, que pretende, acorda ou beneficia da limitação.

Assim, como vimos já, não estarão sujeitos às mesmas condições e limites a renúncia, o acordo ou o consentimento de uma pessoa perante uma autoridade dotada de *poderes públicos*, perante uma entidade privada

[733] Com projecção no conceito de intromissão «abusiva» do nº 8 do artigo 32º.

[734] Dir-se-á que, nessas hipóteses, em certa medida, é o próprio titular do direito que, no exercício do seu direito, o delimita, em termos de não haver sequer restrição, nem lesão, ainda que lícita ou justificada, por parte de quem beneficia da limitação – neste sentido, para a reserva da intimidade da vida privada, v. PAULO MOTA PINTO, *ob. cit.*, p. 535. V. ainda, quanto à relevância do consentimento na violação do domicílio, os Acórdãos do Tribunal Constitucional nº 7/87 (DR, I S., 9/2/87, p. 504 e ss) e 507/94 (*Acórdãos..., cit.*, vol. 28, p. 441 e ss).

ou indivíduo que detenha um *poder jurídico ou de facto*, ou numa relação entre *iguais*.

Nas duas primeiras situações, poderá ser legítimo às autoridades, designadamente ao juiz, com base na ordem jurídico-constitucional dos direitos fundamentais, acautelar e fiscalizar a *adequação*, a *necessidade* e a *proporcionalidade* da (auto)limitação, bem como a sua *racionalidade*, pressuposta e comprovada a vulnerabilidade, inferioridade ou fraqueza[735] – tanto mais intensamente quanto maior for a duração, a intensidade ou grau de perigo da limitação, que, de resto, nunca poderá ser uma renúncia total, perpétua ou irrevogável.

Estas limitações à disponibilidade dos direitos visam sobretudo assegurar o carácter livre e esclarecido da *vontade*, mas justificam-se especialmente pela necessidade de cumprimento de deveres especiais de protecção estadual de certos *bens jurídicos* pessoais[736].

Já nas relações entre iguais, entendemos, em consonância com a posição sustentada em sede geral de aplicação dos direitos fundamentais nas relações privadas, que, respeitadas as condições de uma vontade livre e esclarecida, os limites substanciais da auto-limitação não podem ser os princípios da proporcionalidade ou da racionalidade, mas apenas os que sejam indiscutivelmente impostos pelo respeito do *núcleo essencial* dos direitos (a dignidade da pessoa humana) ou de valores comunitários básicos[737].

[735] Cf. com o regime dos negócios usurários previsto no artigo 282º do Código Civil.

[736] Assim acontece com o consentimento para experiências médicas, farmacológicas e genéticas (não apenas no caso de dependentes, como presos e doentes, mas em geral), face ao dever de protecção estabelecido no nº 3 do artigo 26º e na alínea e) do nº 2 do artigo 67º.

[737] Naturalmente, referimo-nos às situações não reguladas ou não suficientemente reguladas pelo legislador, admitindo-se, como vimos, que este possa, dentro dos limites constitucionais do artigo 18º, restringir a disponibilidade dos direitos pelos titulares, nomeadamente para protecção contra os próprios.

Capítulo IX
A tutela dos direitos, liberdades e garantias

A garantia principal dos direitos fundamentais resulta deles próprios, do seu enraizamento na consciência histórico-cultural da humanidade e da sua tradução estrutural em cada sociedade concreta. Como disse Prosper Weil, ela reside «dans l'air du temps»[738].

A tutela jurídica dos direitos fundamentais realiza-se, portanto, através de todos os ramos de direito – do direito penal, administrativo, do trabalho, civil, comercial – substantivo ou processual. Não vamos, porém aqui, ocupar-nos com o rastreio de todos os institutos que formam o tecido protector dos direitos fundamentais nas diversas zonas do ordenamento jurídico; procuraremos somente assinalar a específica protecção *jurídico-constitucional* dos direitos.

Por outro lado, referir-nos-emos apenas às formas directas de tutela dos direitos, ficando deste modo fora do nosso âmbito de preocupações elementos que integram o sistema geral de defesa da Constituição, principalmente os que resultam dos princípios e normas de organização política, tendentes a assegurar a legitimação, a separação e o equilíbrio de poderes.

[738] *Les techniques de protection des libertés publiques en droit français*, in *Mélanges Marcel Bridel*, 1968, p. 601.

Nesta perspectiva, trataremos basicamente das formas específicas de protecção dos direitos, liberdades e garantias[739], deixando para capítulo próprio a tutela dos direitos sociais.

1. A protecção jurídico-institucional

1.1. Os direitos fundamentais estão, desde logo, constitucionalmente protegidos contra todos os órgãos de soberania, que «não podem, conjunta ou separadamente, suspender o exercício dos direitos, liberdades e garantias, salvo em caso de estado de sítio ou de estado de emergência, declarados na forma prevista na Constituição» (artigo 19º, nº 1).

E esta «forma» é bastante complexa. A declaração do estado de sítio é da competência do Presidente da República, que tem, contudo, de ouvir previamente o Governo e de ser autorizado pela Assembleia da República (ou pela respectiva Comissão Permanente, em deliberação a ser ratificada pelo Plenário), carecendo ainda de posterior referenda ministerial[740].

O estado de sítio e o estado de emergência só podem ser declarados quando se verificarem certas circunstâncias excepcionais e graves: agressão externa (efectiva ou iminente), grave ameaça ou perturbação da ordem constitucional democrática ou calamidade pública (artigo 19º, nº 2)[741].

A declaração do estado de sítio tem de ser adequadamente fundamentada e de especificar os direitos cujo exercício fica suspenso, não podendo prolongar-se por mais de 15 dias, salvo em caso de guerra, sem prejuízo de renovações por iguais períodos (nº 5 do artigo 19º).

Não pode, além disso, afectar nunca os direitos à vida, à integridade e à identidade pessoal, à capacidade civil e à cidadania, a não retroacti-

[739] V., sobre o tema, entre nós, J. M. Cardoso da Costa, *A tutela constitucional dos direitos fundamentais*, 1980; Jorge Miranda, *Manual de Direito Constitucional*, Tomo IV, 6ª ed., 2015, p. 416 e ss; Gomes Canotilho, *Direito Constitucional e Teoria da Constituição*, 7ª ed., 2003, p. 491 e ss.

[740] V. artigos 134º, al. d)), 138º, nºs 1 e 2, 140º, 161º, al. l), 179º, nºs 3, alínea f) e 4, e 197º, nº 1, al. f)), todos da CRP. É provável que ouça ainda o Conselho de Estado, embora tal só esteja previsto para a declaração de guerra (artigo 145º, alínea d)). Sobre a matéria, v. J. Bacelar Gouveia, *O estado de excepção no direito constitucional*, 1998, II vol., p. 1025 e ss.

[741] Sobre a matéria, v. J. Bacelar Gouveia, *ob. cit.*, p. 781 e ss.

vidade da lei criminal, o direito de defesa dos arguidos e a liberdade de consciência e religião (artigo 19º, nº 6) – que assim gozam do tratamento de «direitos fundamentalíssimos»[742].

A declaração só confere às autoridades competência para tomarem as providências necessárias e adequadas ao pronto restabelecimento da normalidade constitucional (nºs 4 e 6 do artigo 19º), de acordo com um regime que é da reserva absoluta de competência da Assembleia da República (artigo 164º, al. e))[743].

A regulamentação dos estados de sítio e de emergência pretende, assim, garantir que o exercício dos direitos e liberdades dos cidadãos não seja suspenso senão em situações muito graves e, mesmo então, só quando o conjunto de todos os órgãos representativos dos cidadãos assim o entenda. Por outro lado, em caso de «suspensão»[744], salvaguarda, em termos absolutos, os direitos fundamentais que constituem o mínimo da dignidade pessoal – particularmente carecidos de protecção em situações de desordem ou de intranquilidade social –, além de exigir a estrita necessidade e adequação das medidas restritivas para o restabelecimento da normalidade constitucional, que se exige «pronto», isto é, tão rápido quanto possível.

O regime constitucional é, no entanto, claramente insuficiente e necessita de ser regulamentado e completado pela legislação ordinária, para que a Constituição possa resistir sem perda de identidade às situa-

[742] Estes direitos são por isso designados por «direitos fundamentais absolutos» por BACELAR GOUVEIA, *ob. cit.*, p. 1463 e ss, e neles reconhece MANUEL AFONSO VAZ, *Lei e reserva de lei*, 1992, p. 201 e s, uma «reserva do direito» (indisponibilidade do poder perante o Direito) na área dos direitos e liberdades fundamentais.

[743] Note-se ainda que, na vigência do estado de sítio ou de emergência, não pode o P. R. dissolver a Assembleia da República (artigo 172º, nº 1), nem ser praticado nenhum acto de revisão constitucional (artigo 289º). Além disso, a lei deve fixar as condições de emprego das Forças Armadas nessa situação (artigo 275º, nº 7).

[744] Duvidamos, em face do regime estabelecido, que se trate de uma verdadeira «suspensão» dos direitos, pois que, se tanto a declaração como a execução dos estados de necessidade devem limitar-se ao estritamente necessário para o restabelecimento da normalidade, parece que os direitos não ficam propriamente suspensos, mas antes «enfraquecidos» perante a possibilidade de as autoridades administrativas (militares) tomarem medidas concretas que os restrinjam ou comprimam, na medida do necessário e em termos proporcionais (uma suspensão abstracta e total seria desproporcional e, por isso, contrária à Constituição).

ções graves de crise social, equilibrando a necessidade de salvação pública com o respeito pela liberdade das pessoas e dos grupos sociais[745].

1.2. Os direitos, liberdades e garantias são também objecto de tutela em caso de *revisão constitucional*, já que constituem, nos termos do artigo 288º, al. d), limites materiais ao poder de revisão.

Não vamos aqui discutir o problema da relevância jurídica dos limites materiais ao poder de revisão, entre nós a seu tempo assaz debatido[746]. Diremos apenas em geral que, de acordo com a posição que adoptamos, os direitos, liberdades e garantias integram o núcleo fundamental que dá unidade de sentido à Constituição, constituindo por isso, independentemente da sua previsão expressa no artigo 288º, um limite material ao poder de revisão.

Importa ver, no entanto, um pouco melhor em que termos ficam proibidas as alterações constitucionais nesta matéria.

1.2.1. Em primeiro lugar, a obrigação imposta ao poder de revisão de «respeitar» os direitos, liberdades e garantias não significa que o articulado desta parte da Constituição não possa ser revisto e tenha de permanecer exactamente como está. Não são os preceitos constitucionais em si que são irrevisíveis, mas o sentido dos princípios ou normas que albergam[747].

Ora, no que toca ao domínio dos direitos, liberdades e garantias, deve entender-se que os preceitos constitucionais podem, desde logo, ser modificados em *pormenores* ou aspectos secundários ou sofrer meras correcções formais, que constituam «simples revisões» e não verdadeiras «alterações» constitucionais[748]. Por outro lado, também não pode

[745] Referimo-nos em especial à legislação prevista na alínea e) do artigo 164º, a elaborar sob a forma de lei orgânica (artigo 166º, nº 2). Sobre o regime legal, v., por todos, J. Bacelar Gouveia, *ob. cit.*, vol. I, p. 622 e ss.

[746] Sobre esta discussão na doutrina, v., por todos, Jorge Miranda, *ob. cit.*, Tomo II, 7ª ed, 2013, p. 221 e ss..

[747] Nesse sentido, v. M. Rebelo de Sousa, *Os Partidos Políticos na Constituição*, in *Estudos sobre a Constituição, vol.* II, p. 70; cf. também Gomes Canotilho e Vital Moreira, *Constituição da República Portuguesa*, vol. II, 2010, p. 1011 e ss.; G. Canotilho, *ob. cit.*, p. 1064; Jorge Miranda, *ob. cit.*, Tomo II, p. 229 e ss.

[748] Sobre esta distinção, oriunda da doutrina alemã, v. Rogério Soares, *Constituição*, sep. do *Dicionário Jurídico da Administração Pública*, pp. 11-12. Porém, a distinção não foi adoptada na nossa terminologia constitucional.

deixar de admitir-se que o poder de revisão venha *alargar* o domínio garantido pelos direitos, liberdades e garantias, incluindo outros direitos no catálogo ou levantando restrições anteriormente existentes, porque é esse o sentido da garantia constitucional[749].

Questionável será apenas a possibilidade de a revisão constitucional restringir (sem eliminar) os direitos, liberdades e garantias. Alguns autores afirmaram peremptoriamente que não[750]. Parece-nos, no entanto, que uma posição como esta é demasiado rígida e não tem em conta a diversidade de situações possíveis.

Para já, tem de admitir-se a legitimidade da intervenção do poder de revisão quando se limite a *regulamentar ou* a *declarar* expressamente (concretizar) *limites imanentes* já implicitamente contidos na Constituição. Mesmo que a aparência seja outra, não se trata aqui propriamente de restringir, mas apenas de acomodar ou de delimitar. Não é, porém, aqui que se situa a nossa discordância com os AA. citados[751]. A diferença de opinião só se manifesta na medida em que entendemos que o poder de revisão também pode *restringir* os direitos, liberdades e garantias, desde que não ponha em causa o seu *conteúdo essencial*[752].

De facto, se é admissível e normal que, em certos termos, as leis ordinárias possam restringir os direitos, por que não há-de permitir-se

[749] Pense-se, por exemplo, na consagração expressa como direito fundamental da liberdade de iniciativa privada (artigo 61º), que foi fruto da revisão constitucional de 1982 (embora, para nós, essa caracterização já resultasse da conjugação do artigo 17º com o nº 1 do primitivo artigo 85º), o mesmo se podendo dizer da liberdade de ensino particular laico (agora no nº 4 do artigo 43º), dos direitos ao desenvolvimento da personalidade, à capacidade civil, à cidadania, à imagem e à palavra (artigo 26º, nº 1), bem como da eliminação de algumas restrições ao direito de propriedade (cf. o antigo nº 2 do artigo 82º) e da proibição da radiotelevisão privada (antigo artigo 38º, nº 7).

[750] G. CANOTILHO e V. MOREIRA, *ob. cit.*, 1ª ed., p. 516.

[751] De facto, estes Autores vieram a aceitar expressamente a «explicitação de limites implícitos» de direitos fundamentais pelo poder de revisão (*ob. cit.*, 3ª ed., p. 1064).

[752] Note-se, porém, que G. CANOTILHO parece adoptar agora uma posição diferente: além de admitir, em geral, alguma flexibilidade na avaliação das alterações operadas pelas revisões constitucionais, em nome da «garantia da identidade reflexiva», refere apenas como limites, em matéria de direitos fundamentais, o *núcleo essencial* dos preceitos e o *sistema geral* de regulamentação do respectivo exercício – cfr. *ob. cit.*, p. 1073, e, claramente, em *Métodos de protecção de direitos, liberdades e garantias*, in BFDC, Volume Comemorativo do 75º Tomo, 2003, p. 793 e ss (795-800).

que, nos mesmos termos, a lei de revisão os restrinja?[753] Se é certo que, do ponto de vista da liberdade, é mais fácil modificar uma lei ordinária do que um preceito constitucional introduzido por uma lei de revisão, não é menos importante que essa diferença radica sobretudo na necessidade de uma maioria de dois terços na Assembleia da República, que não deixa de ser, apesar de tudo, uma garantia democrática da mesma liberdade.

O problema deverá, pois, ser resolvido tendo em conta o sentido dos limites materiais impostos ao poder de revisão. Estes limites visam proteger a *identidade* e a *continuidade* da Constituição, salvaguardando os «valores básicos do ordenamento», o seu «núcleo essencial», as «escolhas jurídico-políticas fundamentais», os «elementos essenciais caracterizadores do sistema», «o núcleo constitutivo de identidade»[754]. Ora, a admissibilidade da restrição não afectará esses limites se não se atingir o conteúdo essencial dos direitos, isto é, desde que não se descaracterize a ordem de valores que nesse domínio a Constituição torna positiva[755].

Já não será assim para quem entenda que o artigo 288º pretende, nesta parte, ir mais longe do que seria necessário para assegurar a identidade substancial da Constituição, *isto* é, que não teria, *neste domínio*, um mero significado *declarativo* de limites (transcendentes ou imanentes) já constituídos[756]. Só que, tendo em conta o carácter excepcional do artigo 288º em face do princípio fundamental da soberania popular, parece-nos que este artigo deve ser interpretado com a maior estreiteza[757].

É por isso que, partindo do princípio de que esta solução é a que melhor quadra à necessária aderência temporal da Constituição à realidade

[753] Ao contrário do que pretende Reis Novais, *As restrições ..., cit.*, p. 580, nota 1015, esta posição não pode valer para justificar as restrições legislativas não autorizadas, porque não há no artigo 288º uma proibição sob reserva de autorização, mas a imposição de um dever de respeito.

[754] V., por todos, G. Canotilho e V. Moreira, *ob. cit.*, p. 1011, G. Canotilho, *ob cit.*, p. 1065, e K. Hesse, *Grundzüge des Verfassungsrechts der Bundesrepublik Deutschland*, 20ª ed., 1995, p. 292. Nesse sentido já C. Schmitt, *Verfassungslehre*, 1928, p. 102 e ss.; Mortati, *La Costituzione in senso materiale*, 1940, p. 121 e ss. e 147 e ss..

[755] Nesse sentido, C. Schmitt, *ob. cit.*, p. 177; Hesse, *ob. cit.*, p. 294.

[756] Sobre o carácter declarativo dos preceitos constitucionais expressos nesta matéria, v. Ehmke, *ob. cit.*, p. 99; B. de Melo, C. da Costa, V. Andrade, *Estudo e Projecto de revisão da Constituição*, p. 301.

[757] Nesse sentido, para o artigo correspondente da Lei Fundamental Alemã, Maunz-Dürig-Herzog, *GG-Kommentar*, anotação 31 ao artigo 79/III.

social e política que a sustenta, e acreditando que a liberdade, entendida também na sua dimensão de princípio de valor, não fica deste modo comprometida, defendemos que as leis de revisão podem, desde que respeitadas as condições e os limites do artigo 18º, nº 3, restringir direitos, liberdades e garantias[758].

Sendo assim, e por maioria de razão, será também legítimo que as leis de revisão constitucional venham permitir expressamente, em novos casos, a restrição por via legislativa de direitos fundamentais[759] ou eliminem proibições de restrição expressamente estabelecidas[760].

A revisão constitucional de 1997, que operou uma revista geral do articulado constitucional, introduziu numerosas alterações ao texto, também em matéria de direitos fundamentais, algumas das quais são *limitadoras* dos direitos e não são de mero pormenor, pondo assim à prova os limites materiais do poder de revisão nesta matéria, ao operar *restrições directas de direitos* e ao prever *novas hipóteses de restrições legislativas.*

Desde logo, estenderam-se os casos previstos de privação da liberdade no artigo 27º, nº 3, para detenção de suspeitos para identificação e para internamento de portadores de anomalia psíquica (alíneas g) e h)). Embora seja discutível que no primeiro caso se trate de privação da liberdade (e não de mera medida de polícia restritiva da liberdade)[761], não é menos certo que se trata de *autorização expressa de novos casos de restrição legislativa* («pelo tempo estritamente necessário» e «nas condições que a lei determinar»).

Depois, alterou-se o artigo 33º, que passou a admitir a extradição de cidadãos portugueses nos casos de terrorismo e de criminalidade internacional organizada, embora só em condições de reciprocidade e com garantias de um ordenamento processual justo e equitativo – *restringe-se* ao nível constitucional os *direitos dos cidadãos à residência no território nacio-*

[758] Claro que as restrições operadas passam a constituir restrições constitucionais (eventualmente limites imanentes expressos) em face das leis ordinárias.

[759] Assim se poderiam resolver alguns problemas decorrentes da aplicação da primeira parte do nº 2 do artigo 18º da Constituição, que exige a previsão expressa da restrição legislativa.

[760] O problema levantou-se logo na Assembleia Constituinte, justamente a propósito do direito à greve e, especificamente, do que viria a ser o nº 2 do artigo 59º (actual artigo 57º, nº 2) onde se proíbe, em termos ambíguos, a intervenção legal limitadora. V. *DAC*, nº 128.

[761] V. o controverso Acórdão do TC nº 479/94, in *Acórdãos...*, 28º vol., p. 21 e ss.

nal e *à não extradição*, com fundamento em valores comunitários, designadamente no âmbito da construção europeia[762].

Além disso, previu-se, no artigo 35º, nº 3, a possibilidade de autorização legal (com garantias de não discriminação) do tratamento informático de dados relativos a convicções filosóficas ou políticas, filiação partidária ou sindical, fé religiosa ou vida privada – o que consubstancia previsão expressa de uma nova hipótese de restrição legislativa de direitos pessoais.

Por fim, introduziu-se o nº 3 do artigo 57º, que impõe ao legislador a definição das «condições de prestação, durante a greve, dos serviços necessários à segurança e manutenção de equipamentos e instalações, bem como de serviços mínimos indispensáveis à satisfação de necessidades sociais impreteríveis». Embora haja quem considere tratar-se da explicitação de limites imanentes já implícitos[763], trata-se, quanto a nós, de uma *autorização expressa para restrição legislativa* que não constava antes do texto constitucional[764] – até porque há uma remissão clara para o legislador da fixação das condições de prestação desses *serviços necessários* à defesa da empresa e *serviços mínimos* para satisfação de necessidades sociais impreteríveis.

Também a revisão extraordinária de 2001, que visava fundamentalmente permitir a adesão de Portugal ao Tribunal Penal Internacional (TPI), acabou por introduzir outras alterações em matéria de direitos fundamentais, que implicam uma diminuição constitucional dos direitos: permite a extradição para países da União Europeia ou a entrega ao TPI, inclusivamente, de cidadãos portugueses, por crimes a que corresponda pena perpétua (artigo 33º, nºs 4 e 5); admite em certas circunstâncias (flagrante delito ou em casos de criminalidade violenta ou

[762] V. CATARINA SARMENTO DE CASTRO, "A IV revisão constitucional e o direito à liberdade e segurança e direitos conexos", *BFDUC*, 1998, p. 455 e ss (482 e ss.).

[763] Assim CATARINA SAMPAIO VENTURA, "Os direitos fundamentais à luz da quarta revisão constitucional", *BFDUC*, 1998, p. 493 e ss, que, por essa via pretende justificar a alteração no contexto da posição de GOMES CANOTILHO e VITAL MOREIRA (p. 516).

[764] O Tribunal Constitucional já havia considerado que «o direito à greve está sujeito a reserva de lei restritiva desde que a lei restritiva observe os pressupostos formais e materiais que a Constituição impõe» (Acórdão nº 289/92, DR II S, de 19/9/92), mas, em rigor, na falta de previsão constitucional expressa da restrição, talvez devesse entender-se que a lei estaria, como fez, autorizada a resolver a colisão entre o direito à greve e os interesses da empresa e da comunidade, através de normas harmonizadoras.

altamente organizada, mediante autorização judicial, nos termos a definir por lei) a entrada à noite no domicílio das pessoas (artigo 34º, nº 3); autoriza expressamente a restrição legislativa do direito à greve dos agentes dos serviços e forças de segurança, mesmo quando reconhecido o direito de associação sindical (artigo 270º)[765].

1.2.2. Uma outra questão é a da admissibilidade de *rupturas* ou *quebras constitucionais*, ou melhor, da possibilidade de o legislador constitucional vir a introduzir, pela revisão, uma disciplina especial ou excepcional, contrária à norma ou princípio geral afirmado pela Constituição e válida apenas para casos concretos[766].

Também aqui se encontrará uma protecção específica dos direitos, liberdades e garantias na aplicação do nº 3 do artigo 18º às leis constitucionais de revisão: se a lei for restritiva, não poderá contemplar somente casos concretos[767].

1.3. Os direitos, liberdades e garantias são igualmente objecto de protecção especial em face do legislador ordinário. Já nos referimos por diversas vezes a essa protecção específica (e à sua história e sentido), nomeadamente, a propósito da aplicabilidade directa dos preceitos respectivos e dos limites às leis restritivas.

Resta acrescentar agora que a garantia dos direitos fundamentais contra o legislador ordinário assume um significado especial num sistema como o nosso, em que o Governo dispõe de poderes legislativos normais. Daí que a Constituição estabeleça uma *reserva de lei formal* para os direitos, liberdades e garantias, incluindo-os na matéria da exclusiva competência da Assembleia da República, em princípio, na *reserva relativa* (artigo 165º, al. *b)* e, em geral, as alíneas de a) a e)), mas, nalguns

765 Clarificando, assim, o artigo 270º, na parte relativa às forças civis de segurança, embora esse resultado normativo pudesse ser encontrado pela via da «harmonização» legislativa, tal como é, quanto às forças militares e militarizadas, pelo recurso à ideia de «limites imanentes».

766 V. sobre as rupturas, Ehmke, *Verfassungsänderung und Verfassungsdurchbrechung*, in *AöR*, Bd. 40 (1953/4), p. 285 e ss.; G. Canotilho, *ob. cit.*, p. 1077 e ss., Jorge Miranda, *ob. cit.*, II, 2003, p. 155 e ss..

767 Além disso, também actuarão aqui os limites gerais ao poder de revisão, designadamente a proibição de *eliminar (Vernichtung) ou defraudar (Beseitigung)* a Constituição (cf. C. Schmitt, *ob. cit.*, p. 103 e ss.).

aspectos – direitos políticos, regime de excepção, estatuto dos militares – na própria *reserva absoluta* (artigo 164º, designadamente, nas alíneas a), e), f), h), i), j), l) e o)), constituindo *leis reforçadas* quanto ao procedimento[768].

Nos casos em que se admite que Assembleia da República autorize o Governo a legislar sobre a matéria, a lei deve definir rigorosamente o objecto, o sentido, a extensão e a duração da autorização (artigo 165º, nº 2)[769]. O decreto-lei autorizado poderá ser submetido à apreciação parlamentar para efeitos de *alteração* (podendo nesse caso ser suspenso temporariamente) ou de *cessação de vigência*, nos termos do artigo 169º.

Quanto ao âmbito da reserva, é consensual na doutrina e na jurisprudência que ela não se restringe ao regime geral ou às bases sobre a matéria, nem se refere apenas às leis restritivas, incluindo, em princípio, todo o seu regime jurídico[770]. Será difícil, no entanto, considerar inconstitucional um decreto-lei que tenha como finalidade proteger, promover, ampliar os direitos, liberdades e garantias ou que se limite a desenvolver e executar em aspectos de pormenor a regulação parlamentar do exercício, sobretudo tendo em conta a imensidão da áreas da vida social potencialmente abrangidas[771].

Por outro lado, de acordo com a alínea i) do artigo 161º, também é da competência exclusiva da Assembleia da República a aprovação de tratados e de acordos internacionais sobre direitos, liberdades e garantias. Trata-se, neste caso, de competência que a Assembleia da República não pode delegar no Governo.

Por último, os direitos, liberdades e garantias não podem ser objecto de decretos legislativos regionais (das Regiões Autónomas), nem auto-

[768] Em alguns destes casos, a lei toma a forma de «lei orgânica», tendo de ser aprovada por maioria absoluta, e, noutros, carece mesmo de aprovação por maioria de dois terços dos deputados presentes – cf. artigos 166º, nº 2, e 168º, nºs 5 e 6.

[769] A lei de autorização pode ser revogada a todo o tempo e também tacitamente se a Assembleia legislar sobre a matéria, já que ela conserva a sua competência. Cfr. ainda os nºs 3, 4 e 5 do artigo 165º.

[770] Esse entendimento constante da jurisprudência constitucional vem desde o Parecer da Comissão Constitucional nº 9/77, in *Pareceres da Comissão Constitucional*, vol. I, p. 181.

[771] V. ainda as considerações que a seguir se fazem sobre a admissibilidade de regulamentos autónomos nesta matéria.

rizados (artigo 227º, als. a), b) e c)), completando-se assim a reserva de legislação da Assembleia da República sobre a matéria[772].

A Constituição procura, deste modo, subtrair os direitos, liberdades e garantias aos órgãos com competência legislativa que não sejam directamente legitimados pelo sufrágio de todos os portugueses, o que constitui uma garantia democrática particularmente importante, apesar de nos nossos dias terem perdido validade os mitos da vontade geral e da verdade racional, tal como o preconceito da inimizade do Executivo, característicos da doutrina constitucional monárquica[773].

1.4. A principal preocupação da sociedade liberal em matéria de defesa dos direitos dos cidadãos consistiu em limitar os poderes do Executivo (monárquico), considerado como o inimigo número um da propriedade e das liberdades. Estabeleceu-se, por isso, desde cedo uma protecção institucional apertada dos direitos individuais em face da Administração.

Num modelo em que a Administração era considerada em princípio *livre*, apenas tendo que respeitar os *limites* estabelecidos pelas leis, a protecção dos direitos individuais em face do poder administrativo realizava-se através dos princípios da *reserva da lei* – nenhum acto gravoso da liberdade e da propriedade dos particulares podia ser praticado sem expressa autorização legislativa –, e da *preferência ou primado da lei* – os actos administrativos não podiam ir contra a lei. E isto bastava, no suposto de que à lei competia definir e proteger os direitos e as liberdades dos cidadãos.

Hoje, a protecção dos direitos em face da Administração tornou-se naturalmente mais complexa, apesar de continuar a fazer-se *fundamentalmente* através do princípio da legalidade[774].

[772] V. o Acórdão do TC nº 306/92, relativo a indemnizações por expropriação por utilidade particular (remições de colonia), tendo em conta que está em causa o direito de propriedade.
[773] No entanto, novos problemas surgem na medida em que esteja em causa a feitura do direito europeu (derivado) e a sua transposição e aplicação, que, naturalmente, pode tocar a esfera dos direitos, liberdades e garantias, sem que esteja garantida uma intervenção parlamentar decisiva (cf. o artigo 161º, alínea n), da Constituição).
[774] V. sobre a evolução histórica do princípio da legalidade, Rogério Soares, *Princípio da legalidade e administração constitutiva*, 1982.

Só que a lei deixou de ser apenas um *limite* e passou a ser um *pressuposto* da actividade administrativa, alargando-se deste modo a vinculação administrativa à lei, designadamente, no que nos interessa, na esfera das «relações especiais de direito administrativo»[775] e nos domínios da Administração económica e social.

Por outro lado, não basta a sujeição à lei: a protecção dos direitos dos indivíduos consegue-se ainda através da vinculação directa da actividade (jurídica) administrativa às normas e princípios constitucionais.

Neste sentido, o artigo 266º, nº 2, prescreve que «os órgãos e agentes administrativos estão subordinados à Constituição e à lei e devem actuar, no exercício das suas funções, com respeito pelos princípios da igualdade, da proporcionalidade, da justiça, da imparcialidade e da boa-fé»[776]-[777].

Não cabe aqui um estudo aprofundado sobre a história e o sentido destes limites, que em síntese se podem reconduzir ao *princípio da juridicidade,* mas importa, uma vez mais, deixar alinhadas algumas notas sobre o carácter específico da protecção dos direitos, liberdades e garantias em face da Administração.

1.4.1. O princípio da legalidade significa, desde logo, que a actividade administrativa, seja de autoridade, seja de execução de prestações (administração social e infraestrutural), seja concreta, seja normativa, não pode ser ilegal, não vale contra a lei – princípio do «primado da lei» ou da «preferência da lei».

No nosso sistema, porém, este princípio aparece complementado pelo *princípio da constitucionalidade*: em primeiro lugar, admite-se a fisca-

[775] Note-se que o conceito anterior de «relações especiais de poder» visou precisamente subtrair essas zonas à reserva de lei, definidora dos direitos e liberdades dos *cidadãos*, qualificando-as como domínios *internos* da administração. V. Afonso Queiró, *A Ciência do Direito Administrativo e o seu objecto,* aditamentos às *Lições de Direito Administrativo,* 1963, p. 26 e ss. (32 e s.); Rogério Soares, *Direito Administrativo* (policop.), 1980, especialmente p. 80 e ss.

[776] O respeito da legalidade implica também a não violação de normas ou princípios de hierarquia superior às normas administrativas, designadamente, além das normas de direito europeu, as normas e princípios e de direito internacional comum, as normas constantes de convenções internacionais e os princípios gerais de direito administrativo.

[777] Esta garantia é completada pela consagração do princípio da transparência administrativa (dever de fundamentação e obrigações de informação) e, sobretudo, de um sistema de fiscalização judicial da actividade administrativa (cfr. artigo 268º da CRP).

lização dos actos normativos da Administração (regulamentos), quando violem *directamente* a Constituição, em especial, os preceitos relativos aos direitos, liberdades e garantias, sendo, então, nulos por inconstitucionalidade[778]; em segundo lugar, a aplicabilidade imediata dos preceitos relativos aos direitos, liberdades e garantias pode levar em alguns casos, como vimos, à desaplicação, pelos órgãos administrativos, de normas legais anticonstitucionais.

1.4.2. Por outro lado, os direitos, liberdades e garantias estão sob *reserva de lei parlamentar.*

Daí resulta desde logo, como imperativo constitucional, a *proibição ao legislador de delegar os seus poderes normativos* fora dos casos expressamente previstos na Constituição. O poder administrativo regulamentar não poderá assim ir além do necessário para a *execução de leis específicas.*

É nesse sentido que na doutrina se defende a inadmissibilidade, em matéria de direitos, liberdades e garantias, de outros regulamentos, além dos regulamentos executivos – não só dos *regulamentos de substituição*, em que a Administração seria autorizada a actuar em vez do legislador, modificando, suspendendo ou revogando normas contidas em diplomas legais[779], mas também dos *regulamentos independentes* (que não visam a execução de uma determinada lei, mas das leis em geral), e dos próprios *regulamentos complementares* (sejam integrativos ou de desenvolvimento) – visto que esta matéria integra o «domínio legislativo por natureza»[780].

A única compressão admissível à reserva da lei neste campo estaria na possibilidade de a lei (formal) facultar às autarquias locais a inter-

[778] V. artigos 280º, 281º e 282º, onde se admite expressamente o controlo jurisdicional directo da constitucionalidade dos regulamentos. Não se adopta, pois, o sistema que limita esse controlo às leis, partindo da concepção (gradualística), segundo a qual as normas administrativas contrárias à Constituição seriam sempre ilegais (se o não fossem, então fundar-se iam numa lei inconstitucional).

[779] Esta espécie de regulamentos está actualmente proibida em geral pelo nº 5 do artigo 112º da Constituição.

[780] Nesse sentido, v. os Acórdãos do Tribunal Constitucional nº 74/84 e nº 248/86, relativos a posturas municipais sobre propaganda afixada ou pendurada, bem como o Acórdão nº 83/01, relativo a posturas municipais sobre proibições de frequência ou estacionamento em locais públicos ou de livre acesso público.

venção regulamentar *(regulamentos autónomos)* no domínio reservado – concretamente, no dos direitos, liberdades e garantias –, interpretando nesse sentido o princípio geral contido no artigo 242º, que confere aos órgãos desses entes uma competência regulamentar autónoma, nos limites da lei[781]. Embora Afonso Queiró tenha alterado posteriormente a sua opinião, pronunciando-se pela inadmissibilidade de regulamentos autónomos em matéria de direitos, liberdades e garantias, por ser matéria reservada, entendemos que essa intervenção deve ser admitida em determinadas condições[782]: quando se trate de regular *matéria incluída nas atribuições nucleares próprias das autarquias locais* e desde que se trate de *aspectos de pormenor ou marginais* do regime dos direitos, liberdades e garantias que o legislador não tenha regulado[783].

A ausência de intervenção do legislador não transfere, portanto, para o poder administrativo uma competência normativa para concretizar, regulamentar ou restringir os preceitos constitucionais relativos aos direitos, liberdades e garantias, nem lhe deixa uma competência lata para limitar as liberdades de acordo com as exigências do interesse ou da ordem pública[784].

[781] Nesse sentido, AFONSO QUEIRÓ, *ob. cit.*, p. 431 e ss. (433). Sobre o problema da autonomia regulamentar no campo dos direitos fundamentais, referido também a entidades com autonomia institucional, v. CHRISTIAN STARCK, *Autonomie und Grundrechte*, in *AöR*, 92, 1967, p. 449 e ss..

[782] Note-se que nos referimos exclusivamente aos regulamentos produzidos por administrações autónomas, que são elaborados por órgãos dotados de legitimidade própria relativamente à comunidade cujos interesses regulam – nada tendo a ver, por isso, com os regulamentos das autoridades administrativas reguladoras, que constituem administração estadual indirecta, ainda que sejam, em maior ou menor medida, independentes do Governo.

[783] V. o nosso artigo *Autonomia Regulamentar e Reserva de Lei*, publicado em separata do *Boletim Especial de Homenagem ao Prof. Doutor Afonso Rodrigues Queiró* (1984), 1987. No mesmo sentido, SÉRVULO CORREIA, *Legalidade e autonomia contratual nos contratos administrativos*, 1987, p. 270. Também G. CANOTILHO parece admitir estes «regulamentos autorizados», embora afirme, com alguma nebulosidade, que a regulamentação dos aspectos essenciais da restrição tem de pertencer à lei (*ob. cit.*, p. 1279). Contra, VITAL MOREIRA, *Administração autónoma e associações públicas*, 1997, p. 190.

[784] Ao contrário do que sucede em França, respectivamente com as liberdades definidas e as não definidas constitucionalmente. V., por todos, J. RIVERO, *Libertés publiques*, vol. I, *cit.*, p. 154 e s.. A Constituição francesa, que procura definir as fronteiras entre a lei e o regulamento, atribui, além disso, um largo campo de intervenção autónoma ao poder regulamentar, designadamente do Governo (*ibidem*, p. 158).

1.4.3. Além disso, o princípio da reserva da lei parlamentar deve ainda ser interpretado no sentido de exigir a *conformidade* à lei de toda a actividade administrativa nesta matéria[785].

1.4.3.1. Isso significa, em primeiro lugar, que toda a intervenção administrativa no campo dos direitos, liberdades e garantias tem de ser a actuação de uma vontade (anterior) da lei, que constitui, deste modo, um «*prius* normativo» em relação a ela.

Esta exclusão de um espaço geral de actuação administrativa *praeter legem* não pode, porém, prejudicar a actividade administrativa de *aplicação directa* dos preceitos constitucionais. A Administração *não pode restringir*, mas pode (e deve, se tal for indispensável à realização dos direitos fundamentais), *no âmbito das suas competências, proteger, promover* e *concretizar*[786], na falta de lei específica, as normas relativas aos direitos, liberdades e garantias. Não é então uma actividade de execução da lei, mas de *execução* vinculada da Constituição.

1.4.3.2. Em segundo lugar, a conformidade à lei implica que ao legislador não é permitido deixar à discricionariedade administrativa a determinação do *conteúdo* ou dos *limites* dos direitos liberdades e garantias nos casos concretos.

Mas, poderá esta especial vinculação à lei ser levada ao ponto de se considerar inconstitucional a concessão de poderes discricionários à Administração neste domínio?

[785] Não basta, portanto, a mera *compatibilidade* com a legislação vigente, torna-se necessário que os actos correspondam a previsões específicas da lei. V. sobre estes termos, CH. EISENMANN, «Le droit administratif et le principe de légalité», *Études et Documents du Conseil d'État*, fasc. 11, 1957, p. 25. Sobre a determinação normativa da lei nesta matéria, v. LUÍS PEDRO DIAS PEREIRA COUTINHO, "Regime orgânico dos direitos, liberdades e garantias e determinação normativa. Reserva de parlamento e reserva de acto legislativo", *Revista Jurídica*, AAFDL, nº 24, Abril de 2001, p. 533 e ss.

[786] A concretização pode implicar um juízo de especificação de limites imanentes dos direitos ou a resolução de conflitos concretos entre normas, que, à primeira vista, são susceptíveis de se confundirem com restrições aos direitos. Em qualquer caso, a «concretização» das normas constitucionais pela Administração não tem valor constitucional, nem sequer legislativo, e está sujeita a um controlo total por parte dos tribunais.

A questão não é susceptível de ser respondida com um simples «sim» ou «não». Tudo depende, por um lado, dos direitos em causa e, relativamente a cada um deles, da intensidade e do relevo da ameaça; por outro lado, o problema coloca-se em termos diferentes, conforme se trate de uma actividade administrativa protectora, regulamentadora ou limitadora dos direitos fundamentais; por último, não pode esquecer-se que a discricionariedade não significa, hoje, liberdade ou arbitrariedade administrativa, é uma concessão legal e está sujeita a princípios jurídicos, que constituem padrões e limites de actuação, mais ou menos intensos, susceptíveis de fiscalização jurisdicional, de modo que a diferença entre vinculação à lei e discricionariedade é apenas de grau.

Pensamos que da reserva de lei decorre a necessidade de autorização legal da actuação administrativa e que esta vinculação positiva deve, em princípio, determinar, além do órgão competente e do fim (nos termos gerais do «princípio da precedência da lei»), o *conteúdo* e o *procedimento* do acto susceptível de pôr em causa o exercício de um direito, liberdade ou garantia. Os termos concretos da intervenção administrativa nesta matéria devem, portanto, constar da lei e não é legítimo que dependam de um juízo de oportunidade e conveniência da própria autoridade administrativa, não previsível ou mensurável pelos particulares, nem controlável (senão negativamente) pelos tribunais. Por outras palavras, a actividade administrativa neste domínio é, em *princípio*, de execução vinculada.

Nesse sentido, deve entender-se, por exemplo, que a concretização de conceitos imprecisos está sujeita, *nesta matéria*, ao controlo total do juiz e a utilização deles pelo legislador não deve, portanto, em regra, ser interpretada como concessão de poderes discricionários à Administração: serão, no sentido estrito da expressão, «conceitos normativos indeterminados».

No caso de actuações de protecção ou de promoção, sobretudo quando devidas, também deve excluir-se a discricionariedade, quando elas possam afectar outros direitos, isto é, quando sejam simultaneamente limitadoras. Em qualquer caso estão sujeitas a um imperativo e a um controlo de igualdade de tratamento e de não discriminação.

Contudo, é difícil postular, mesmo nesta matéria, o carácter absolutamente vinculado dos actos: a discricionariedade, entendida aqui no sentido amplo de *espaço próprio de avaliação ou de decisão administrativa*, é ineliminável e manifesta-se, em maior ou menor grau, na actividade da Administração[787].

O reconhecimento de poderes discricionários à Administração não constitui uma capitulação, nem deve ser visto como a aceitação de um mal inevitável, pois não significa a aceitação de um espaço de decisão arbitrário: a *sujeição aos princípios constitucionais* da igualdade, da proporcionalidade, da justiça, da imparcialidade e da boa fé, tal como está consagrada no artigo 268º, nº 2, da Constituição, é particularmente relevante em matéria de direitos, liberdades e garantias dos cidadãos[788]. E o *dever de fundamentação expressa* de todos os actos administrativos desfavoráveis, previsto hoje no artigo 268º, nº 3, da Constituição, mesmo (e sobretudo) quando envolvam o exercício de faculdades discricionárias, assegura, associado aos *deveres de informação*, previstos no nº 1 do mesmo preceito, senão a correcção da decisão, a cognoscibilidade do itinerário decisório para efeitos de impugnação e de fiscalização judicial efectiva.

1.4.4. O grau de vinculação administrativa às leis em matéria de direitos fundamentais depende das técnicas legais de regulamentação e restrição, por exemplo, no que toca às liberdades propriamente ditas, tendo em conta a repercussão e relevância social do seu exercício[789].

Assim, a adopção do chamado «regime repressivo» – em que a lei define os limites das liberdades, cuja violação seria considerada um delito a reprimir como crime ou contra-ordenação, ou um acto ilícito ferido de invalidade – reduz ao mínimo ou não dá lugar à intervenção administrativa. É o que se passa entre nós, no primeiro caso, com a liberdade de expressão e informação e, em parte, com a liberdade de imprensa (cfr. artigo 37º, especialmente o nº 3, e o artigo 38º, nº 2, alínea c)) e, no segundo caso, com a liberdade de associação (artigo 46º).

[787] Sobre este conceito, há muito defendido entre nós por Rogério Soares, v. Vieira de Andrade, *O dever de fundamentaçao expressa de actos administrativos*, 1990, p. 366 e ss. Em sentido algo diferente, v. Sérvulo Correia, *Legalidade e autonomia contratual nos contratos administrativos*, 1987, p. 473 e ss.

[788] V. a reprodução desses princípios constitucionais, a par de outros, no Código do Procedimento Administrativo (artigos 3º e ss) e no Código dos Contratos Públicos (artigo 1º-A).

[789] Sobre essas técnicas, v. J. Rivero, *Libertés publiques*, vol. I, p. 176 e ss.; J. Robert, *Libertés publiques*, 1971, p. 104 e ss..

Pelo contrário, a adopção de um «regime preventivo» para certas liberdades impõe, por vezes, a necessidade de intervenção prévia da autoridade administrativa como condição do exercício do direito. Essa intervenção pode assumir a forma de *autorização* (autorização permissiva), quando o exercício do direito é susceptível de, em certas circunstâncias, acarretar inconvenientes para o interesse público e importa verificar se isso não acontece no caso concreto; tal como pode consistir numa *licença* (autorização constitutiva), quando o legislador optou por restringir, em princípio, o exercício de certas faculdades, cuja atribuição aos particulares põe em perigo interesses públicos, mas admite que o agente administrativo comprove que no caso concreto não há ofensa a esses interesses; poderá, finalmente, tratar-se de uma *comunicação prévia* à Administração do acto de exercício do direito, que inicia um procedimento de verificação para eventual oposição administrativa[790].

As autorizações são em geral actos de *execução vinculada* e os agentes limitam-se a verificar os pressupostos legais do exercício do direito[791]. As licenças, por seu lado, incluem já abertamente um certo grau de *discricionariedade*, visto que se torna mais difícil à lei definir em abstracto todas as hipóteses em que o exercício do direito é ou não, em concreto, socialmente nocivo. Mas, sempre a lei deverá indicar, além dos pressupostos da concessão da licença, as razões relevantes para a não concessão, evitando na medida possível deixar à Administração, através de conceitos vagos («interesse geral», «interesse público»), poderes dema-

[790] Sobre estas figuras, v. ROGÉRIO SOARES, *Direito Administrativo*, (policop.), 1978, p. 116 e ss.; MARCELLO CAETANO, *Manual de Direito Administrativo*, 9ª ed., vol. I, p. 437 e s.. Exemplos de autorização serão o passaporte para deslocação ao estrangeiro ou a carta de condução de veículos automóveis (ambos ligados à liberdade de circulação); a caça ou a construção de edifícios estão sujeitas a licença administrativa; a realização de manifestações ou reuniões em lugares públicos depende de comunicação prévia às autoridades policiais. A figura da comunicação prévia está agora especificamente prevista na lei geral (artigo 134º do CPA).

[791] Contudo, também aí, em virtude da utilização legal de conceitos imprecisos para designar os pressupostos, haverá muitas vezes lugar ao que se denomina discricionariedade de apreciação ou privilégios de decisão (muitas vezes designados por «discricionariedade técnica») ou, em geral, a espaços de apreciação administrativa não inteiramente controláveis pelos tribunais.

siado latos[792]-[793]. No caso de comunicação prévia, trata-se apenas de um *ónus* de prestar uma informação, destinada a permitir que a Administração cumpra os seus deveres de fiscalização, protecção e promoção.

1.4.5. Há a considerar, no entanto, os casos em que a Constituição e a lei permitem, *em geral*, ataques (embora limitados e controlados) da Administração à esfera dos direitos fundamentais, como acontece, por exemplo, nos casos de expropriação por utilidade pública ou de poderes de coacção em matéria de polícia ou de execução administrativa[794]. A Administração goza sempre, nesses casos, de alguma discricionariedade, designadamente ao decidir se intervém ou não, e qual a forma por que o faz. Isto aceita-se por razões práticas, e também porque, se não concedesse algum poder discricionário à Administração, o legislador prejudicaria a possibilidade de, no caso concreto, as autoridades decidirem não intervir, por o acharem desnecessário. Ora, parece que, desde que não haja arbítrio ou parcialidade, deve admitir-se essa discricionariedade favorável, até porque o que importa do ponto de vista do particular é que ele saiba quando e até onde pode ir a Administração[795].

[792] A licença refere-se, na expressão de M. CAETANO, a comportamentos relativamente proibidos, dos quais há que distinguir as proibições absolutas, quando os comportamentos são considerados em si socialmente nocivos. Nesse caso, o legislador poderá dar à Administração a possibilidade de, em casos excepcionais, não aplicar o preceito (repressivo), permitindo a actuação do particular. Esse acto da Administração, a que poderá chamar-se «dispensa» (num sentido algo diferente do que lhe dá MARCELLO CAETANO, *ob. cit.*, p. 439), teria para alguns de ser vinculado (atento o interesse público), mas, na perspectiva dos direitos fundamentais, salvaguardados os princípios da igualdade e da imparcialidade, admite-se a discricionariedade, porque representa sempre menos do que a proibição total.

[793] Note-se que, uma vez concedida a licença (e, eventualmente, a própria dispensa), a protecção jurídico-constitucional funciona também no sentido de dificultar a sua revogação. Na Alemanha, reconhece-se às licenças um carácter actualizador de direitos fundamentais («grundrechtsaktualisierendes Charakter»), de maneira que a revogação desses actos não pode ser feita com base em meras considerações de oportunidade – cfr. ERICHSEN/MARTENS, in *Allgemeines Verwaltungsrecht*, 3ª ed., 1978, p. 195-6. Entre nós, não havendo um regime específico para os direitos fundamentais, valem as garantias gerais da irrevogabilidade de actos administrativos válidos constitutivos de direitos (artigos 167º e 168º do CPA).

[794] Referimo-nos aqui apenas a situações de normalidade constitucional e administrativa.

[795] Nesse sentido, v. F. OSSENBÜHL, *Neue Ermessenslehre: Tendenzen und Gefahren*, in *DöV*, 1968, pp. 623-626. Outro caso de discricionariedade em favor dos direitos fundamentais seria o da admissibilidade de dispensa, se a lei, utilizando os seus poderes de restrição, proibir em regra certas formas de exercício de um direito fundamental. Contra essa possibilidade,

Impõe-se, aliás, fazer uma referência especial aos «poderes coactivos» da Administração.

Em primeiro lugar, em matéria de polícia, em especial da polícia de segurança[796]. Neste campo, a lei acaba por deixar, através de cláusulas gerais – «perigo de perturbação da ordem e tranquilidade pública» ou «perigo para a segurança dos cidadãos», «violação da legalidade democrática» – um largo espaço de manobra à Administração, que pode, por meio de ordens (comandos ou proibições) ou de medidas de coacção, interferir com a esfera dos direitos, liberdades e garantias[797], em especial nas situações de necessidade[798].

Decorre daí que a primeira preocupação constitucional seja a de limitar e vincular as medidas policiais *restritivas*, que só serão legítimas se *idóneas* (próprias para a eliminação do perigo), *necessárias* (necessidade de eliminar um perigo grave e actual de «desordem»), *proporcionais* (proporção entre o sacrifício dos direitos e o resultado), *tempestivas* e de *duração limitada* ao perigo[799].

em geral, a propósito de uma lei sobre o direito de reunião, v. a sentença do *BVerfGE*, em *NJW*, 1966, p. 1651-1652 e o comentário concordante de H. H. Rupp, *NJW*, 1966, p. 2037 e ss. (2039).

[796] Sobre o conceito de polícia, v. Sérvulo Correia, *Polícia*, in *DJAP*, vol. VI, 1994, p. 393 e ss, e Catarina Sarmento e Castro, *A questão das polícias municipais* (policop.), 1999, Cap. II, p. 9 e ss, António Francisco de Sousa, *A Polícia no Estado de Direito* (policop.), 2001.

[797] Diga-se, no entanto, que a lei deve regular tudo o que for possível e adequado condicionar em abstracto, tendo em conta a experiência comum, quer no que respeita às situações de utilização das medidas de polícia, quer no que respeita ao procedimento e aos meios de coacção policial, tanto mais quanto mais intrusivos sejam ou possam ser dos direitos fundamentais dos cidadãos.

[798] Mas há direitos fundamentais que não podem ser atacados em geral com base na cláusula geral de polícia («polizeifeste Grundrechte»), como aconteceria com a liberdade de imprensa e a integridade moral: v. Rasch, *Polizei und Grundrechte*, *DVBl*, 1987, p. 1944 e ss. Entre nós, o problema põe-se desde logo nas situações de estado de sítio ou de emergência, relativamente aos direitos insusceptíveis de "suspensão" nos termos do artigo 19º da Constituição. Mas deve igualmente pôr-se nas situações de «estado de necessidade administrativo» (que não devem confundir-se com as da mera urgência).

[799] Sobre estes limites, v., por todos, Marcello Caetano, *ob. cit.*, vol. II (8ª ed.), p. 1072 e ss.; J. Robert, *ob. cit.*, p. 112; Virga, *La potestà di polizia*, 1954, p. 61 e ss.; Götz, *Allgemeines Polizei- und Ordnungsrecht*, 12ª ed., 1995. Repare-se que a cláusula geral coloca a Administração policial na posição de aplicador imediato da Constituição: ao decidir se proíbe ou não bailes em dias de funerais públicos, ao proibir a venda nas ruas de certos artigos susceptíveis de ofenderem a moral pública, ao proibir a utilização de sinos demasiado ruidosos estará con-

Nesse sentido, o artigo 272º da Constituição reafirma, no seu nº 2, a vinculação da actividade policial à lei[800] e ao princípio da proporcionalidade, referindo expressamente, no nº 3, a obrigação de respeito pelos direitos, liberdades e garantias quanto às medidas preventivas de polícia criminal.

Tenha-se, no entanto, em conta que, muitas vezes, as medidas de polícia não são, em si mesmas, medidas restritivas dos direitos, liberdades e garantias, visando apenas conter o seu exercício dentro dos limites constitucionais e legais, pelo que o exercício de poderes discricionários não *ofende* propriamente esses direitos.

Por outro lado, a actuação policial também tem um sentido positivo, na perspectiva dos direitos fundamentais, na medida em que tem por função, além da defesa da legalidade democrática e da garantia da segurança interna, a *garantia dos direitos dos cidadãos* (artigo 272º, nº 1)[801]. Quanto a esta intervenção *protectora* (ou, melhor, na perspectiva da protecção), deve entender-se que ela corresponde ao exercício de um dever constitucional de *prestação vinculada* por parte do Estado: pode haver até, em determinadas circunstâncias, um direito fundamental dos indivíduos à actuação policial para defesa dos seus direitos, liberdades e garantias, não gozando então a Polícia de discricionariedade na decisão de agir[802].

frontada com os limites dos direitos fundamentais. Contudo essa sua actividade está sujeita, como vimos, ao controlo total do juiz, ainda que *a posteriori* (nalguns casos, por exemplo, em caso de entrada no domicílio, exige-se um mandado judicial, salvo em situações de urgência ou de necessidade).

[800] Sobre a discussão do alcance deste preceito quanto à taxatividade legal, ou não, das medidas de polícia, v. CATARINA SARMENTO E CASTRO, *ob. cit.*, p. 56 e ss. V., no sentido da tipicidade, o Acórdão do TC nº 479/94 e, em sentido diferente, os votos de vencido de vários juízes nos Acórdãos nºs 156/91, 158/91 e 489/99.

[801] Sobre o sentido positivo da actividade policial, v., entre nós, CATARINA SARMENTO E CASTRO, *ob. cit.*, p. 30 e ss.

[802] Normalmente, a questão da intervenção ou não da polícia (tal como a escolha das medidas a adoptar) é considerada de escolha discricionária, ao contrário do que acontece com outras questões (se há *perigo* para a ordem pública, se medidas são *necessárias*), que constituem momentos estritamente vinculados do acto. Porém, quando está em perigo um valor protegido por um direito fundamental, designadamente quando se trata de certos bens mais valiosos (vida, integridade pessoal, etc.), pode configurar-se a existência de um *direito subjectivo* à actuação da polícia, a qual não visa, portanto, exclusivamente a defesa do interesse público (isto até em virtude da proibição geral da acção directa e do monopólio estadual da coacção). Sobre o tema, v. *BVerwG*, sentença de 18-8-60, in *DVBl*, 1961, 1961, p. 125 e ss., comentada por BACHOF; BREUER, in *Festgabe zu* 25 *Jh. BVerwG, p.* 103 e ss.; os artigos de

Em segundo lugar, quanto à *actividade administrativa de execução*, sobretudo quando se trate de *execução de actos* administrativos anteriores – mas também quando esteja em causa a execução directa da lei através de *procedimentos executivos autónomos* que não sejam considerados medidas policiais em sentido estrito[803].

As ideias de que Administração já não goza do antigo «privilégio de execução prévia» e de que a execução coerciva dos actos administrativos que criem deveres para os particulares só deve ser admitida, fora das situações de urgente necessidade pública, devidamente fundamentada, *nos casos e segundo as formas expressamente previstos na lei*, valem seguramente, independentemente de lei expressa, quando tal execução afecte direitos, liberdades e garantias dos cidadãos, em especial nos casos de execução das obrigações positivas de prestação de facto infungível[804].

Por sua vez, toda a actividade administrativa de execução está estritamente sujeita ao *princípio da proporcionalidade*, na tripla dimensão acima referenciada, justamente porque podem pôr em causa os direitos dos cidadãos, sobretudo quando implique o uso da coacção, afectando os seus direitos, liberdades e garantias – "designadamente utilizando os meios que, garantindo a realização integral dos seus objectivos, envolvam menor prejuízo para os direitos e interesses dos particulares" (dimensão da necessidade)[805].

1.4.6. Ainda que não exista um regime especial de direito substantivo ou procedimental aplicável aos actos administrativos em matéria de direitos, liberdades e garantias, o Código do Procedimento Administrativo determina que são *nulos*, e não meramente anuláveis, os actos administrativos «que ofendam o conteúdo essencial de um direito fundamental» (artigo 161º, alínea d)).

MARTENS e OSSENBÜHL, in *DöV* 1976, p. 457 e ss. e 463 e ss.; GÖTZ, *ob. cit.*, 6ª ed., 1980, § 4, Ill, 4; PIETZCKER, *Jus* 1982, p. 109.

[803] Referimo-nos a medidas de reintegração da legalidade, como, por exemplo, as ordens de demolição e os despejos administrativos.

[804] Esta exigência consta hoje do artigo 176º do CPA, mas está "suspensa" por força do artigo 8º, nº 2, do Decreto-Lei nº 4/2015. Cf. o nº 2 do artigo 178º do CPA, que só admite a coacção directa sobre os indivíduos obrigados, nos casos previstos na lei, "com observância dos direitos fundamentais consagrados na Constituição e do *respeito devido à pessoa humana*".

[805] O texto é do artigo 178º. nº 1, do CPA. Sobre estes problemas, v. por todos, RUI MACHETE, *Execução do acto administrativo*, in *Direito e Justiça*, vol. VI, 1992, p. 65 e ss.

Esta consagração legal surge no seguimento de posições doutrinais que há muito consideram que a nulidade constitui uma sanção adequada para vícios especialmente graves dos actos administrativos[806], sendo um desses, naturalmente, a ofensa do conteúdo essencial de um direito fundamental[807].

A Constituição não determina expressamente tal consequência, mas, ao consagrar o direito de resistência dos particulares a ordens que ofendam os seus direitos, liberdades e garantias (artigo 21º) está a dispor que esses actos administrativos não são oponíveis aos particulares, indiciando assim a sua nulidade.

O vício em causa é, em regra, de conteúdo, por ofensa de direitos fundamentais substantivos, mas pode haver nulidade decorrente da violação do conteúdo essencial de direitos fundamentais *procedimentais*, como, por exemplo, da falta de audiência ou de contraditório em procedimentos *sancionatórios* (apenas nestes).

1.5. Embora os Tribunais formem um dos poderes do Estado, não há em princípio a preocupação de instituir garantias dos direitos fundamentais contra as suas decisões.

Os Tribunais foram, e são, pelo contrário, considerados como os defensores dos direitos dos particulares. De início, porque estavam estritamente vinculados à lei, que se limitava praticamente a definir e proteger a esfera das liberdades e da propriedade dos cidadãos contra o Executivo. Hoje, porque são os defensores da supremacia da Constituição, dos seus princípios e normas, mesmo contra o legislador, legitimados pela sua independência, imparcialidade e vinculação exclusiva ao Direito.

Por isso mesmo, a Constituição postula a competência própria dos tribunais, mais especificamente dos juízes, para decretar medidas que afectem directa e concretamente direitos, liberdades e garantias, excluindo a competência administrativa ou sujeitando-a a reexame judicial – não apenas no que toca à privação da liberdade e ao processo criminal (v., por exemplo, os artigos 27º, nº 2 e 32º, nº 2), mas relativamente a outros domínios dos direitos fundamentais (entrada no domicílio,

[806] Assim, tal como na Alemanha e inspirado em SANDULLI, ROGÉRIO SOARES, *Direito Administrativo*, 1978 (polic.).

[807] V., já nesse sentido, JORGE MIRANDA, *O regime dos direitos, liberdades e garantias*, in *ESC*, III, 1976, p. 77.

dissolução ou suspensão de associações, intervenção na gestão de empresas privadas)[808].

As decisões judiciais não estão, por outro lado, em princípio, sujeitas à fiscalização dos outros poderes do Estado. O controlo das decisões dos tribunais esgota-se dentro do Poder Judicial, mediante os recursos (ordinários e extraordinários) para as instâncias superiores. Nesse sentido, o artigo 205º, nº 2, da Constituição prescreve a obrigatoriedade das decisões dos tribunais para todas as entidades públicas e privadas, afirmando ainda que elas prevalecem sobre as de quaisquer outras autoridades[809].

1.5.1. Porém, há que destacar aqui a possibilidade, introduzida pela revisão constitucional de 1982, de interposição de recurso para o Tribunal Constitucional de sentenças (decisões) dos tribunais superiores que *apliquem* normas cuja inconstitucionalidade haja sido suscitada durante o processo (artigo 280º, nº 1, al. b) e nº 5). Trata-se de um recurso *dentro* do Poder Judicial, mas restrito à questão da inconstitucionalidade (artigo 280º, nº 6), que, tendo como objectivo, à primeira vista, a defesa dos cidadãos contra o poder legislativo, poderá também funcionar, sobretudo em matéria de direitos, liberdades e garantias, como uma protecção dos particulares (e do legislador) contra a interpretação que das normas seja feita pelos tribunais ordinários[810], na medida em que o Tribunal Constitucional, embora apenas possa fiscalizar "normas jurídicas", atribuiu-se a declaração de inconstitucionalidade de «segmentos normativos», isto é, a declaração de inconstitucionalidade de uma norma «tal como foi interpretada» pelo juiz.

1.5.2. O princípio da prevalência das decisões judiciais, que se concretiza no *princípio do caso julgado* e está juridicamente associado ao

[808] V. os artigos 34º, nº 2, 46º, nº 2 e 86º, nº 2.

[809] Não há entre nós um direito de acção contra actos inconstitucionais do Estado, como existe, por exemplo, a Alemanha, onde o Tribunal Constitucional Federal pode controlar, a pedido do particular ofendido, o erro de facto e de direito do juiz ou a aplicação de norma inconstitucional. V., por todos Maunz-Dürig-Herzog-Scholz, *ob. cit.* (n. 16), anotações 122 e ss. ao artigo 1º/ III.

[810] Ao contrário, o recurso contra as sentenças que desapliquem normas com fundamento em inconstitucionalidade, previsto no artigo 280º, nº 1, al. a), parece visar a protecção do legislador democrático perante o poder judicial.

princípio da separação dos poderes, sofre, por outro lado, algumas compressões, que podem incidir na matéria dos direitos fundamentais dos cidadãos.

Assim, aceita-se ou prescreve-se o desrespeito pelo caso julgado quando a lei penal descriminalize um comportamento (artigo 2º, nº 2 do Código Penal) e ainda quando a norma em que se baseou a sentença *penal* (disciplinar ou penal administrativa) seja objecto de declaração de inconstitucionalidade com força obrigatória geral, no caso de ser de conteúdo menos favorável ao arguido (artigo 282º, nº 3)[811]. Trata-se aqui de proteger a liberdade, mas não contra o poder judicial[812].

Também já se admitiu a constitucionalidade de uma lei (civil) geral que, baseada em «interesses substanciais mais relevantes», prescreva *expressamente* a sua aplicação retroactiva em termos de afectar casos julgados anteriores (devendo a projecção da lei sobre a situação da vida tornar-se efectiva através de nova decisão judicial)[813].

Estas decisões revestem especial importância num sistema como o nosso, em que há um especial empenho em proteger as situações jurídicas definidas em «causae finitae»[814]. Na impossibilidade de ir mais

[811] Note-se que o princípio do caso julgado já é, em si, neste caso, mais vulnerável, visto que a declaração de inconstitucionalidade produz efeitos «ex tunc» e a lei nunca deveria ter sido aplicada. Parece-nos, todavia, que, pelo menos em matéria penal, não depende do Tribunal Constitucional o prejuízo do caso julgado, visto que ele resulta da imposição do nº 4 do artigo 29º da Constituição.

[812] A amnistia (mesmo a amnistia imprópria, posterior à condenação definitiva) já não constitui uma excepção ao caso julgado, até porque, embora «apague» o comportamento criminoso, deve entender-se que só elimina para o futuro os efeitos da pena aplicada. Também a admissibilidade do recurso extraordinário de revisão ou o eventual alargamento dos seus pressupostos não ofendem nem os princípios do caso julgado e da prevalência dos actos do poder judicial (são recurso de *reparação*, com base no mesmo direito), nem o princípio da separação de poderes (é o tribunal que julga de novo).

[813] V., nesse sentido, *os* Acórdãos da Comissão Constitucional nºs 87 e 96, de 16/11/78 e de 15/6/78, in *BMJ*, 274, p. 103 e ss. e *Apêndice ao DR* de 28-12-78, respectivamente.

[814] V. que, segundo o nº 4 do artigo 2º do Código Penal, mesmo a lei criminal que estabeleça penas mais leves só se aplica aos infractores que ainda não tenham sido condenados por sentença transitada em julgado (e isto apesar do disposto na parte final do nº 4 do artigo 29º). Por outro lado, também a lei nova interpretativa não afecta os casos julgados (artigo 13º, nº 1 do Código Civil). No plano constitucional, veja-se o artigo 205º, amplamente reforçado pelo nº 3 do artigo 282º. Cfr. A. Queiró, *ob. cit.*, p. 547 e s., que via no preceito anterior correspondente (artigo 281º, nº 2, *in fine*) a consagração constitucional da intangibilidade do caso julgado.

longe, limitar-nos-emos a sublinhar que um dos autores em que se louva o acórdão referido, Walter Habscheid, defende que a lei não pode, em princípio, aplicar-se *retroactivamente* a situações já julgadas em definitivo, quando as sentenças tenham decidido a favor de um particular sobre *direitos constitucionalmente protegidos*, em especial quando se trate de direitos, liberdades e garantias. A não ser que isso seja imposto por «razões imperativas de bem comum» – com o que se têm em vista situações excepcionais – e, nesse caso, mediante indemnização[815].

1.5.3. No que respeita à actividade judicial, tendo em conta a sua importância decisiva para a tutela dos direitos, liberdades e garantias, sobressaem as *garantias processuais*, que constituem direitos dos cidadãos em face do próprio tribunal – o direito de acesso, o direito de audiência, o direito à fundamentação da sentença e, eventualmente, o direito ao recurso.

Como vimos, fala-se ainda de um direito dos particulares à protecção estadual, que é, em grande medida, um *direito à protecção judicial*, a exigir do juiz, em todos os processos, a defesa dos direitos fundamentais. Isso pode tornar-se especialmente relevante e melindroso no âmbito do direito privado, quando se digladiem direitos de ambas as partes e à garantia da posição de uns corresponda a compressão de direitos também constitucionalmente protegidos de outros.

2. Os remédios

A protecção dos direitos, liberdades e garantias depende intimamente do sistema constitucional que as enquadra. Um regime democrático e pluralista, em que o Estado se reconhece submetido aos princípios da Justiça e da dignidade da pessoa humana («Estado de Direito Material») preocupa-se, como vimos, em construir uma armadura institucional indispensável à garantia dos direitos fundamentais.

Tal não basta, porém. Quando se diz que os direitos e liberdades se defendem a si próprios e uns aos outros, isso tem de ser entendido no

[815] V. *Urteilswirkungen und Gesetzesänderungen*, in *Zeitschrift für Zivil Prozess, vol.* 78, 1965, p. 401 e ss. (especialmente 423-430). O artigo está reproduzido, em italiano, nos *Studi in onore di Antonio Segni*, vol. II, 1967, p. 533 e ss..

sentido de uma actuação diária, no contexto do funcionamento efectivo da sociedade política, na vivência real e dinâmica da Constituição[816].

Importa, por isso, tecer algumas considerações a propósito, pelo menos, dos principais mecanismos ao dispor dos particulares para reagirem contra eventuais violações dos seus direitos, liberdades e garantias.

Os particulares dispõem, desde logo, de variadíssimos mecanismos políticos, mais ou menos organizados, que, numa sociedade livre, passam pelo exercício das liberdades de expressão e de crítica, pelo direito de manifestação, pela greve da fome, pela acção colectiva e, em geral, pela solidariedade dos grupos sociais em que os indivíduos se integram – actividades que hoje se desenvolvem mais proficuamente através dos meios de comunicação social, que determinam o mundo da informação e da influência política.

Mas, interessam-nos aqui os mecanismos juridicamente organizados e constitucionalmente garantidos para tutela dos direitos, liberdades e garantias.

2.1. A Constituição, no artigo 21º, confere a *todos* – e não apenas aos cidadãos[817] – *o direito de resistência* (individual) a quaisquer *ordens* que ofendam os *seus* direitos, liberdades e garantias[818].

Em face do texto, julgamos que está consagrado um direito individual de defesa, um *direito de resistência passiva*, e não um direito político de resistência colectiva.

Este preceito não pode ser interpretado no sentido de conceder aos particulares um poder *normal* de controlo dos actos das autoridades públicas. Representa, em primeiro lugar, uma manifestação do princípio da aplicabilidade imediata dos direitos, liberdades e garantias, reafirmando (reforçando) o seu carácter obrigatório para os entes públicos.

816 Foi aliás, nesse espírito que os representantes do povo francês, encarregados de elaborar a Constituição de 1791, deixaram inscrita, no final, esta mensagem: «A Assembleia Nacional Constituinte confia a Constituição à fidelidade do Corpo legislativo, do Rei e dos Tribunais, à vigilância dos pais de família, mulheres e mães, ao amor dos jovens cidadãos e à coragem de todos os Franceses».

817 Não é assim noutros países, como na Alemanha, por exemplo, em que os estrangeiros, por opção constitucional, só gozam deste direito nos termos da lei ordinária.

818 V. sobre este direito, Assunção Esteves, *A constitucionalização do direito de resistência*, 1989, e Gomes Canotilho, *ob. cit.*, p. 512.

Permite, além disso, justificar juridicamente certos factos, excluindo, por exemplo, a aplicação das disposições penais relativas ao crime de desobediência (artigo 348º do Código Penal), quando um particular se oponha, ignore, ou, em situações excepcionais, se defenda de actos evidentemente inconstitucionais (nulos) das autoridades.

É um meio que, em regra, só tem sentido como *ultima ratio*, e de que o particular deve, em qualquer caso, fazer uso prudente, quando esteja convencido, pela gravidade e evidência da ofensa, de que há violação do seu direito fundamental.

Por outro lado, o mesmo preceito prevê ainda outras formas de autotutela dos direitos, agora contra agressões particulares e relativamente a quaisquer direitos, quando não seja possível recorrer à autoridade pública, dando assim fundamento constitucional às figuras da *acção directa* e da *legítima defesa*, previstas na lei penal e civil.

2.2. O particular que se considere ofendido nos seus direitos, liberdades e garantias tem ainda direito de recorrer aos órgãos de soberania ou outras autoridades (artigo 52º, nº 1) e, especificamente, ao Provedor de Justiça (artigo 23º).

O direito de petição, reclamação ou *queixa* aos órgãos de soberania ou outras autoridades é um meio fundamentalmente político, que não dá, por si, garantias suficientes, nem é especialmente eficaz, a não ser quando associado a outros mecanismos de pressão política, incluindo a realizada através da comunicação social. Ele pode, no entanto, ter um papel importante a desempenhar quando se trata de reagir contra actos legislativos ou certos actos da Administração[819].

A figura do Provedor de Justiça corresponde ao modelo nórdico do *ombudsmän* e destina-se especificamente à protecção dos particulares contra o poder administrativo, apesar de o nº 1 do artigo 23º se referir, em geral, aos poderes públicos e estar inserido num título relativo aos direitos fundamentais (e não no que trata expressamente da Administração Pública)[820]. Trata-se de um meio também fundamentalmente

[819] V. o artigo 178º, nº 3, que regula hoje a apreciação pelas comissões parlamentares das petições apresentadas pelos particulares. V. ainda o direito de iniciativa legislativa, reconhecido nos termos da lei, a grupos de cidadãos pelo artigo 167º, nº 1, que também poderá servir como mecanismo colectivo de defesa de direitos liberdades e garantias.

[820] Lembre-se que a lei veio ainda admitir a intervenção do Provedor de Justiça para defesa dos direitos, liberdades e garantias contra entidades privadas dotadas de poder social. Sobre

político de recurso que, contudo, tem a vantagem de se dirigir a um órgão com uma competência (quase) exclusiva de fiscalização. A sua eficácia depende da transparência democrática das instituições, da força da opinião pública e do prestígio pessoal do Provedor. Por outro lado, constitui igualmente um meio indirecto de defesa dos direitos, liberdades e garantias contra actos legislativos que os ofendam, dado que o Provedor pode requerer a declaração da inconstitucionalidade de quaisquer normas com força obrigatória geral (artigo 281º, nº 2, al. d)) ou requerer a verificação da inconstitucionalidade por omissão (artigo 283º, nº 1).

Hoje também pode assumir um relevo especial o direito de queixa perante outras *autoridades administrativas independentes*, designadamente aquelas que fiscalizam o cumprimento de normas em sectores sensíveis sob o ponto de vista dos direitos, liberdades e garantias, como a Entidade Reguladora da Comunicação Social[821], a Comissão Nacional de Eleições, a Comissão Nacional de Protecção de Dados, a Comissão de Acesso aos Documentos Administrativos e a Comissão de Fiscalização dos Serviços de Informações.

2.3. O meio de defesa por excelência dos direitos, liberdades e garantias continua a ser, no entanto, constituído pela *garantia*, a todas as pessoas, *de acesso aos tribunais*, para defesa da generalidade dos seus direitos e interesses legalmente protegidos (artigo 20º, nº 1) – ela própria, como vimos, um direito fundamental de natureza análoga aos direitos, liberdades e garantias. Este direito-garantia implica o direito à informação e consulta jurídicas e ao patrocínio judiciário (nº 2) e inclui o direito a uma «decisão *em prazo razoável* e mediante *processo equitativo*» (nº 4), isto é, a uma protecção jurídica *efectiva* e em *tempo útil*[822].

a origem da figura, v. ALVES CORREIA, *Do Ombudsman ao Provedor de Justiça*, 1979. V. Provedoria de Justiça (ed.), *O Provedor de Justiça Garante dos Direitos Fundamentais*, 2010.

[821] A actual ERC tem poderes vinculativos em matéria de licenças e autorizações necessárias ao exercício da actividade de televisão e rádio, na classificação dos órgãos de comunicação social, em matéria de sondagens e inquéritos de opinião, em conflitos sobre o direito de acesso dos jornalistas a locais públicos, em matéria de direito de resposta e rectificação, podendo aplicar coimas (por exemplo, a estações televisivas, mesmo privadas, por emissões que violem direitos, liberdades e garantias ou a dignidade da pessoa humana, nos termos da Lei da Televisão).

[822] Sobre as várias dimensões materiais dos direitos de acesso aos tribunais e a um processo equitativo, v., por todos, GOMES CANOTILHO, *ob. cit.*, p. 498 e ss.

A Constituição impõe ainda ao legislador um dever especial de regulação dos procedimentos judiciais quando esteja em causa *a defesa dos direitos, liberdades e garantias pessoais*: nos termos do nº 5 do artigo 20º (aditado pela revisão de 1997), tais procedimentos devem ser caracterizados pela *celeridade* e *prioridade*, de modo a obter tutela efectiva e em tempo útil contra ameaças ou violações desses direitos[823].

A independência do Poder Judicial e a sua vinculação exclusiva ao Direito tornam-no, nas sociedades democráticas, o guardião máximo dos direitos individuais perante os poderes públicos e nas relações entre privados. Aparentemente sem poder directo de coacção, os tribunais (os juizes) encarnam a consciência jurídica da comunidade e constituem a instância última de defesa da liberdade e da dignidade dos cidadãos.

Os indivíduos que se julguem lesados nos seus direitos, liberdades e garantias podem recorrer directamente aos tribunais contra quaisquer acções ou omissões ofensivas concretas, praticadas por entidades públicas (administrativas) ou privadas, tal como podem invocar esses seus direitos em todos os litígios, nos mesmos termos e pelos mesmos meios que lhes são reconhecidos para defesa de quaisquer outros direitos subjectivos de conteúdo determinado ou determinável.

A invocação directa desses direitos pelos particulares terá lugar, obviamente, em todos os tribunais, mas reveste importância especial nos tribunais administrativos, na medida em que é junto destes que se reage contra os actos de autoridade das entidades públicas, que são, em primeira linha, os sujeitos passivos dos direitos, liberdades e garantias dos cidadãos.

Por isso mesmo a Constituição autonomiza o *direito de acesso à justiça administrativa*, consagrado como direito dos «administrados», isto é, um direito de todos no âmbito das relações jurídicas administrativas (artigo 268º).

Actualmente, nos termos do artigo 268º, nº 4, é garantida aos administrados *uma tutela judicial efectiva* dos seus direitos e, portanto, também e por maioria de razão, dos seus direitos, liberdades e garantias.

[823] Esta disposição sublinha, uma vez mais, a importância especial conferida aos direitos pessoais, na sua qualidade de direitos que mais directamente se referem à dignidade humana individual; no entanto, outros direitos, liberdades e garantias, em especial os direitos de participação política, exigem uma particular celeridade processual (aliás, tradicionalmente reconhecida nos processos eleitorais). No mesmo sentido, v. Gomes Canotilho, *ob. cit.*, p. 506 e s.

Essa garantia constitui um *direito fundamental instrumental*, que compreende, por especificação constitucional, além do direito tradicional de impugnação de actos administrativos lesivos, o direito ao «reconhecimento» judicial dos direitos, o direito a obter a condenação judicial da Administração à prática de actos legalmente (ou contratualmente) devidos, bem como – elemento que assume hoje uma especial relevância, em face da demora nos processos – o direito à adopção de *providências cautelares* adequadas.

Por outro lado, consagra se a prática anterior da admissibilidade da *impugnação*, nos tribunais administrativos, *de actos administrativos contidos em leis*[824] e confere-se expressamente, no nº 5 do artigo 268º, o direito de *impugnação directa de regulamentos* (incluindo os do Governo), e não só dos respectivos actos de execução[825].

O direito à tutela judicial efectiva inclui ainda o direito (as faculdades) de obter da Administração todas as «informações» que sejam *indispensáveis* ao exercício dos direitos de acesso aos tribunais e a uma decisão efectiva, faculdades que também decorrem dos direitos à informação e à notificação, bem como do dever de fundamentação de actos administrativos, previstos nos nºs 1 a 3 do artigo 268º[826].

[824] Que não devem ser confundidos com os actos legislativos que contenham preceitos de conteúdo individual e concreto («leis-medida»), as quais estão também sujeitas ao controlo da constitucionalidade das normas. Esse entendimento da Comissão Constitucional, na interpretação ampla que fez do conceito de «norma» para efeitos de fiscalização da constitucionalidade (cf. Pareceres 3/78, 6/78 e 13/82, in *Pareceres da Comissão Constitucional*, vol. 4º, p. 221 e ss. e 303 e ss., e vol. 19º, p. 149 e ss., respectivamente), foi depois confirmado pelo Tribunal Constitucional («*regra de conduta* ou padrão de *valoração de comportamento* para os particulares ou para a Administração, ou *critério de decisão* para esta última ou para o juiz») – cf. o Acórdão nº 26/85 e, depois, os Acórdãos nºs 255/92 e 152/93.

[825] Este direito implica hoje, em termos que veremos a seguir, a impugnação, perante os tribunais administrativos, em casos concretos, dos regulamentos com fundamento em inconstitucionalidade directa, nomeadamente, por violação de direitos fundamentais.

[826] Estes direitos não estão funcionalizados à garantia da protecção contenciosa, mas incluem tais dimensões, em que aparecem reforçados (v. o caso decidido pelo Acórdão do TC nº 254/99. Sobre o alcance destes direitos, v. Mário Aroso de Almeida, *Os direitos fundamentais dos administrados após a revisão constitucional de 1989, in Direito e Justiça*, vol. VI, 1992, p. 287 e ss; Raquel Carvalho, *O direito à informação administrativa procedimental*, 1999, p. 145 e ss. Por nossa parte, entendemos que ao dever de fundamentação corresponde um direito subjectivo fundamental à fundamentação (apenas) quando esta seja indispensável à protecção de direitos, liberdades e garantias (*O dever da fundamentação expressa de actos administrativos*, 1990, p. 204 e ss, espec. p. 217 e 226).

O direito dos administrados a uma tutela judicial efectiva, tal como o direito geral de acesso aos tribunais previsto no artigo 20º, inclui ainda a *garantia institucional* de um *processo adequado* e, especificamente, de uma legislação processual administrativa que assegure uma decisão «em prazo razoável», sendo de destacar neste contexto as exigências de uma *tutela urgente*, definitiva, provisória ou, pelo menos cautelar[827], valendo também a imposição da *prioridade* já referida para a tutela dos direitos, liberdades e garantias.

Neste contexto, deve sublinhar-se que, em Portugal, foi a Constituição que desencadeou, através das sucessivas revisões, desde 1982, mas sobretudo a partir de 1989 e 1997, uma alteração radical do sistema de justiça administrativa, contribuindo para ultrapassar o modelo anterior, que, praticamente limitado ao recurso contencioso de anulação dos «actos definitivos e executórios» da Administração[828], tinha gravíssimas lacunas na protecção judicial dos direitos dos administrados[829].

Na sequência da reforma iniciada em 1984/1985[830], o *Código do Processo nos Tribunais Administrativos*, publicado em 2002[831] e entretanto revisto em 2015[832], transformou radicalmente o sistema de justiça administrativa no sentido da sua subjectivização, com consequências muito relevantes para a protecção dos direitos dos particulares, em especial dos direitos, liberdades e garantias.

[827] Sobre estas dimensões da tutela judicial efectiva, v. Isabel Fonseca, *Introdução ao estudo sistemático da tutela cautelar no processo administrativo*, 1999.

[828] Além do recurso contra actos, admitiam-se apenas acções em matéria de contratos administrativos e de responsabilidade civil.

[829] O processo administrativo estava armadilhado de forma que impossibilitava o próprio acesso ao tribunal e, quando este era conseguido, a Administração beneficiava de presunções de legalidade e outros privilégios, incluindo os associados à execução das sentenças, que, na prática, ditavam na maior parte dos casos a derrota dos particulares, mesmo quando conseguiam obter sentenças favoráveis, muitas vezes inúteis, por serem tardias (inexistindo protecção cautelar) ou por não serem sequer cumpridas.

[830] Além das acções de efectivação da responsabilidade civil do Estado e outras entidades públicas, os particulares passaram a dispor de «acções para reconhecimento de direitos e interesses legítimos», e as garantias da execução de sentenças pela Administração tornaram-nas mais efectivas.

[831] Aprovado pela Lei nº 15/2002, de 22 de Fevereiro, a par com o novo Estatuto dos Tribunais Administrativos e Fiscais, aprovado pela Lei nº 13/2002, de 19 de Fevereiro, alteradas pela Lei nº 4-A/2003, de 19 de Fevereiro, que adiou a entrada em vigor da Reforma para Janeiro de 2004.

[832] Aprovado pelo Decreto-lei nº 214-G/2015, de 2 de Outubro

Reconduziu o antigo recurso de anulação de actos a uma das pretensões impugnatórias a formular perante os tribunais administrativos, a par da impugnação de normas e de outros pedidos, como o da condenação judicial da Administração à prática de actos administrativos ou normas, e quaisquer outras acções, declarativas ou condenatórias, destinadas nomeadamente a fazer valer direitos subjectivos (em especial, direitos fundamentais) ou interesses legalmente protegidos. Ao mesmo tempo, reconheceu aos juízes administrativos todos os poderes próprios da plena jurisdição, incluindo os poderes de intimação e de condenação da Administração; estabeleceu processos principais urgentes e, para os restantes, um sistema efectivo de protecção cautelar e criou um verdadeiro e eficaz processo executivo[833].

É de sublinhar aqui a criação de uma acção urgente, a "intimação para protecção de direitos, liberdades e garantias", que pode ser utilizada quando a emissão célere de uma decisão de mérito do processo que imponha à Administração uma conduta positiva ou negativa seja indispensável para assegurar o exercício em tempo útil de um direito, liberdade ou garantia (artigo 109º do CPTA).

Na prática acaba por ser decisiva a tutela cautelar efectiva, que foi justamente alargada pelo CPTA, em cumprimento estrito da garantia constitucional, de modo a admitir providências de quaisquer tipos, desde que sejam adequadas a assegurar a utilidade da sentença a proferir num determinado processo (artigo 112º, nº 1).

2.4. No ordenamento constitucional português, os particulares não gozam, em regra, de um *direito autónomo de acção*, nas jurisdições ordinárias ou na jurisdição constitucional, contra a violação dos seus direitos, liberdades e garantias por actos normativos ou por actos das autoridades públicas não administrativas – ao contrário do que acontece noutros países dotados de uma jurisdição constitucional autónoma, em que se admite um «recurso de amparo» (nos países sul-americanos e Espanha)

[833] Sobre as principais alterações introduzidas pela Reforma do contencioso administrativo, v. Freitas Do Amaral/Aroso de Almeida, *Grandes Linhas da Reforma do Contencioso Administrativo*, 2002; Vieira de Andrade, "A protecção dos direitos fundamentais dos particulares na justiça administrativa reformada", *Revista de Legislação e Jurisprudência*, Ano 134º, p. 226 e ss. A revisão de 2015 visou fundamentalmente aperfeiçoar o modelo: v. *A Justiça Administrativa*, 16ª ed., 2017, p. 48 e s.

ou uma «queixa constitucional» (na Alemanha, Áustria e Suíça) perante os respectivos tribunais constitucionais.

No que diz respeito aos tribunais ordinários («judiciais» ou administrativos), estes devem apreciar a eventual inconstitucionalidade de quaisquer *normas*, designadamente das disposições *legislativas*, mas só das que tenham de aplicar nos feitos submetidos a julgamento, devendo *desaplicá-las* no caso concreto, quando se convencerem da sua desconformidade com a Constituição (artigo 204º).

Se o particular quiser que seja apreciada uma lei (ou uma outra norma) que ofenda os seus direitos, liberdades e garantias, terá de provocar[834] ou esperar uma questão jurídica em que essa lei deva ser aplicada, para aí invocar, perante o tribunal, a inconstitucionalidade respectiva, podendo, depois, recorrer de uma eventual decisão desfavorável para o Tribunal Constitucional, que verificará se os tribunais aplicaram, ou não, correctamente a Constituição (artigo 280º, nº 1, alínea b))[835].

O particular tem, portanto, o direito de suscitar o incidente da inconstitucionalidade ou de recorrer para o Tribunal Constitucional, embora, em qualquer dos casos, obtenha apenas a não aplicação da lei (norma) no caso concreto em juízo[836].

É certo que o Tribunal Constitucional dispõe, em geral, da competência para *declarar a invalidade das normas*, nomeadamente, das contidas em *diplomas legislativos* (fiscalização abstracta sucessiva – artigo 281º), além das competências que detém de fiscalização *preventiva* (determi-

[834] O particular actualmente pode provocar um processo administrativo, recusando-se a cumprir ou infringindo a lei – obrigando deste modo a Administração a recorrer aos tribunais ou a praticar actos de execução das leis, susceptíveis de impugnação judicial –, ou então propondo uma acção de reconhecimento ou uma acção condenatória quando seja titular de uma posição jurídica subjectiva justiciável.

[835] Contudo, se os tribunais atenderem favoravelmente a pretensão do particular e desaplicarem uma lei (ou um decreto-lei, uma convenção internacional ou um decreto-regulamentar), o Ministério Público deverá obrigatoriamente recorrer para o Tribunal Constitucional, a fim de que este se pronuncie sobre a questão da inconstitucionalidade (artigo 280º, nº 2).

[836] Deve sublinhar-se a importância do direito de recurso para o Tribunal Constitucional em caso de sentença que *aplique* a norma, cuja inconstitucionalidade o particular suscitara no processo. Foi uma faculdade introduzida pela revisão constitucional de 1982 e que veio preencher uma lacuna importantíssima na protecção dos direitos, liberdades e garantias, embora a lei imponha *neste caso* a exaustão prévia dos meios ordinários de recurso (artigo 70º, nº 2, da Lei nº 28/82, de 15 de Novembro).

nando o veto presidencial – artigos 278º e 279º) e de controlo das *omissões legislativas* inconstitucionais (de que dá conhecimento aos órgãos competentes para legislar – artigo 283º).

No entanto, o particular, cujos direitos, liberdades e garantias sejam violados por leis (ou quaisquer outras normas jurídicas), não pode accionar o Tribunal Constitucional a fim de que este declare, com força obrigatória geral, a inconstitucionalidade da norma (artigo 282º), tal como não pode requerer-lhe que recomende aos órgãos legislativos as medidas adequadas, em caso de omissão (artigo 283º). No caso de inconstitucionalidade por acção, o Tribunal Constitucional só pode declarar nula a norma se isso for solicitado pelo Presidente da República, pelo Presidente da Assembleia da República, pelo Primeiro-Ministro, pelo Provedor de Justiça, pelo Procurador-Geral da República ou por um décimo dos Deputados. No caso de omissão legislativa, o direito de iniciativa pertence ao Presidente da República e ao Provedor de Justiça[837].

Ao particular resta apenas, em princípio, uma via *indirecta* de acesso à jurisdição constitucional por via abstracta: exerce o seu direito de petição ou o direito de recurso ao Provedor de Justiça (ou, eventualmente, outros meios políticos), e espera que as entidades com poder de iniciativa dêem razão ao seu protesto (não são e não devem ser, porém, meras «caixas de correio») e desencadeiem, por elas, em vez dele, o processo que possa levar à declaração de invalidade da norma que ofende os seus direitos, liberdades e garantias.

Mas, na prática, a protecção dos direitos, liberdades e garantias tem sido estendida, seja pelo desenvolvimento da *fiscalização concreta*, a título incidental, seja por algumas *excepções* de accionabilidade directa.

De facto, o Tribunal Constitucional, ao admitir a possibilidade de conhecimento da inconstitucionalidade de segmentos normativos, desenvolveu, como já vimos, uma jurisprudência que permite proteger os direitos, liberdades e garantias, sobretudo em situações de violação pelo legislador do princípio da igualdade de tratamento, em termos que podem conduzir mesmo a sentenças integrativas, que estendem os efeitos legais a situações não previstas na lei.

[837] Não consideramos aqui expressamente as entidades regionais, dado o carácter limitado dos seus poderes de iniciativa, que não abrangerão hipóteses de protecção de direitos, liberdades e garantias.

E há ainda a considerar algumas *excepções* ou, mais exactamente, *compressões* a esta "regra" da inexistência de vias directas de acção para a defesa, pelos particulares, dos seus direitos, liberdades e garantias.

Uma, que implica a impugnação de uma decisão dos tribunais, tem a ver com o exercício do direito (fundamental) de requerer o «habeas corpus», previsto no artigo 31º da Constituição – estamos perante uma situação em que qualquer cidadão pode pedir ao Supremo Tribunal de Justiça a anulação de uma medida de prisão ou detenção ilegal (ofensiva do direito à liberdade), ainda que esta tenha sido decretada ou confirmada pela autoridade judicial competente[838].

Outra diz respeito à hipótese de impugnação perante os tribunais administrativos de uma *norma administrativa* directamente inconstitucional, por lesar direitos, liberdades e garantias de determinadas pessoas. Nessa hipótese, tendo em conta que a Constituição garante, desde 1997, no nº 5 do artigo 268º, o direito dos cidadãos de impugnação de *normas administrativas* (de natureza regulamentar) imediatamente lesivas dos seus direitos, não pode deixar de assegurar-lhes tal impugnação directa, por maioria de razão, quando haja uma violação directa dos preceitos constitucionais relativos aos direitos, liberdades e garantias (e, por isso, uma inconstitucionalidade sem ilegalidade). Nesses casos, o tribunal administrativo, embora não possa declarar a ilegalidade do regulamento com força obrigatória geral, poderá declará-la com efeitos circunscritos ao caso concreto[839].

Outra, por fim, é constituída pelo já referido processo urgente de *«intimação para protecção de direitos, liberdades e garantias»*, através do qual pode ser requerida ao tribunal administrativo a emissão célere de uma *decisão de mérito* que imponha à Administração a adopção de uma conduta *positiva* ou *negativa*, quando essa emissão se revele indispensável para assegurar o exercício, em tempo útil, de um direito, liberdade ou garantia, por não ser possível ou suficiente, nas circunstâncias do caso, o decretamento provisório de uma medida cautelar[840]. Estas providências

[838] Entre nós, esta providência continua a competir, como é tradicional, ao Supremo Tribunal de Justiça, não tendo sido cometida ao Tribunal Constitucional, mas não constitui um recurso da decisão judicial.

[839] V., nesse sentido, os artigos 72º, nº 2, e 73º, nº 2, do CPTA.

[840] A intimação não se limita aos direitos pessoais (como estava previsto no artigo 20º da Constituição) e também pode ser dirigida contra particulares, designadamente conces-

visam assegurar em tempo útil o cumprimento pela Administração, não só das suas obrigações de *respeito* e de *prestação*, como também dos seus deveres de *protecção* dos direitos, liberdades e garantias contra condutas lesivas de outros particulares[841].

2.5. Deve dizer-se ainda que a protecção judicial dos particulares pelo Tribunal Constitucional, tal como tem sido entendida, não vale perante todas as *normas* nem perante todos os *actos de autoridade* que podem ofender direitos, liberdades e garantias dos particulares.

É certo que o TC adoptou um conceito *funcional* de norma – «*regra de conduta* ou *padrão de valoração* de comportamento para os particulares ou para a Administração, ou *critério de decisão* para esta última ou para o juiz» –, tendo recorrido ainda a critérios complementares para construir um conceito *adequado* ao *sistema de fiscalização da constitucionalidade* e consonante com a sua *justificação* e *sentido*, ultrapassando, para este efeito, designadamente, as limitações do conceito tradicional de «comando geral e abstracto»[842].

No entanto, o Tribunal tem limitado os seus poderes de controlo às *normas públicas*, não abrangendo normas provenientes de *entidades privadas*, a não ser quando estas sejam objecto de «reconhecimento público» (no contexto *do desempenho da função administrativa* e *no exercício de poderes públicos atribuídos* por concessão ou delegação, isto é, quando se verifique

sionários – cf. o artigo 109º e ss do CPTA. Note-se ainda que, no artigo 131º, se prevê um *processo pré-cautelar*, no qual pode ter lugar, com um contraditório mínimo, o decretamento provisório de providência cautelar em situações de especial urgência, entre as quais se hão de incluir naturalmente os casos de lesão iminente e irreversível de direitos, liberdades e garantias.

[841] O tribunal administrativo poderá mesmo neste processo emitir sentença que substitua o acto administrativo devido, se este for estritamente vinculado (artigo 109º, nº 3, do CPTA).

[842] Em síntese, lembrar-se-á que foram utilizados, além do critério principal da *normatividade*, critérios adicionais como a *heteronomia* (determinação, em cada espécie concreta, de um acto normativo dotado de vinculatividade não dependente da vontade dos destinatários, ou de subordinação à norma independentemente da vontade das partes), o *reconhecimento estatal* (reconhecimento jurídico-político da força vinculativa heterónoma dos actos normativos, capaz de os impor a terceiros ou a destinatários não participantes no seu processo formativo) e a *imediação* (a violação directa da Constituição, significando a imediação das normas e princípios constitucionais como parâmetros de controlo). Veja-se, para mais desenvolvimentos, o notável voto de vencido do Conselheiro Sousa e Brito ao Acórdão nº 172/93, em *Acórdãos do Tribunal Constitucional*, vol. 24º, p. 458 e ss (461 e ss).

o *reconhecimento estadual* das entidades privadas como titulares de *poderes normativos públicos*) – e em termos restritivos, excluindo, por exemplo, as convenções colectivas de trabalho (a não ser quando valem através de portarias de extensão), apesar de esses instrumentos de regulação colectiva integrarem as fontes formais do direito laboral, cujo incumprimento é fiscalizado e sancionado pela Administração[843].

Restringe-se, assim, a protecção dos direitos, liberdades e garantias perante normas elaboradas no âmbito de *relações de poder privadas*, designadamente no contexto de grupos ou organizações, que, no entanto, podem constituir ofensas graves de bens jurídicos em aspectos relevantes no quotidiano das pessoas[844].

Por outro lado, não há também protecção judicial primária contra «*actos da função política*», (pelo menos, como vimos, contra os actos político-constitucionais) que não estão sujeitos ao controlo da justiça administrativa, por não respeitarem a «relações jurídicas administrativas», nem à fiscalização da constitucionalidade, por não serem «normas». Resta a esperança da raridade (ou mesmo da inexistência) de actos políticos que ofendam directamente direitos, liberdades e garantias, e a consolação de que se admita, pelo menos, a protecção de segundo grau dos direitos que é assegurada pelo instituto da responsabilidade civil do Estado.

2.6. Quando haja violação de direitos, liberdades e garantias de uma determinada pessoa, esta tem sempre, por força do artigo 22º da Constituição[845], *direito a indemnização* pelos danos (patrimoniais e não patri-

[843] O TC não tem tido uma jurisprudência constante na matéria: depois de nos Acórdãos nºs 172/93 e 209/93 não ter admitido o conhecimento das convenções colectivas de trabalho, vem admiti-lo nos Acórdãos nºs 214/94, 368/97 e 229/98 (todos da 1ª Secção), para, depois, o voltar a negar nos Acórdãos nºs 637/98 (da 2ª Secção), 697/98 (da 1º Secção) e 492/00 (da 3ª Secção).

[844] Pense-se nos estatutos de associações, ou em normas aprovadas por assembleias de condóminos, que regulem a vida doméstica, ou em regras no domínio das organizações desportivas. Note-se que a lei já admite em termos amplos a impugnação, junto do Tribunal Constitucional, de deliberações dos órgãos dos partidos políticos (que são entidades privadas), com fundamento em ilegalidade ou violação de regra estatutária (artigos 103º-C e 103º-D, introduzidos na Lei nº 28/82) e, portanto, também com fundamento na violação dos direitos, liberdades e garantias de participação política dos militantes.

[845] O alcance do preceito é discutido na doutrina, havendo quem leia nele a consagração de um direito subjectivo fundamental e quem entenda que consagra uma garantia institucional.

moniais) causados, podendo, através de uma *acção de responsabilidade*, demandar o Estado e as demais entidades públicas, que são responsáveis, em nome próprio, exclusiva ou solidariamente, pelos actos e omissões dos respectivos órgãos ou agentes, no exercício das suas funções, administrativas, judiciais, políticas e legislativas.

A *responsabilidade civil pública* não se limita às violações propriamente ditas dos direitos, que resultem de actos *ilícitos* e *culposos*, alargando-se a uma responsabilidade de algum modo *objectiva*, decorrente de acções ou omissões dos órgãos e agentes públicos, em especial no exercício da função administrativa – determina-se a existência de ilicitude nas situações de incumprimento de deveres especiais de cuidado, ou em que a ofensa resulte de «*funcionamento anormal do serviço*», estabelece-se a *presunção* de culpa leve em caso de ilicitude e admite-se amplamente a responsabilidade pelo *risco* relativamente a actividades especialmente perigosas[846].

Não nos parece, porém, que deva considerar-se directamente incluído neste preceito constitucional o dever de indemnização decorrente das intervenções *lícitas*, de *sacrifício* de direitos fundamentais, quando estejam em causa prejuízos específicos, que as pessoas não tenham de suportar em nome da igualdade de contribuição para os encargos públicos – trata-se aqui de uma «instituição» diferente da responsabilidade civil, cujo paradigma se aproxima do direito à justa indemnização previsto no artigo 62º, nº 2, a propósito da requisição e da expropriação por utilidade pública, embora também dele se distinga, na medida em que não envolve uma apropriação, nem exige sempre uma substituição de valor, podendo impor apenas uma compensação equitativa dos "danos especiais e anormais".

Por sua vez, a responsabilidade deixou de se limitar às actuações administrativas, determinando-se a responsabilidade de quaisquer poderes públicos, incluindo a indemnização dos danos decorrentes do exercício da função *jurisdicional* e da função *político-legislativa*[847], embora

[846] V. a Lei nº 67/2007, de 31 de Dezembro, que aprova o Regime da Responsabilidade Extracontratual do Estado e demais entidades públicas.

[847] A competência para julgar as acções relativas ao exercício da função legislativa e da função política era dos tribunais comuns e passou a pertencer, nos termos do Estatuto dos Tribunais Administrativos e Fiscais, à jurisdição administrativa (artigo 4º, nº 1, alínea g)).

com regimes fortemente diferenciados, tendo em conta as características específicas de cada uma dessas funções[848].

Note-se que é a própria Constituição que estabelece o dever de indemnização do Estado em caso de privação da liberdade contra o disposto na Constituição e na lei (artigo 27º, nº 5) e quando alguém seja injustamente condenado (artigo 29º, nº 6), hipóteses que respeitam basicamente a *actuações judiciais* violadoras do direito fundamental à liberdade.

2.7. Estes são os principais remédios postos à disposição do particular pela ordem jurídica interna a fim de impedir ou suprimir as ofensas aos seus direitos, liberdades e garantias.

Se a protecção institucional específica dos direitos, liberdades e garantias é, como vimos, bastante ampla e intensa, já as garantias processuais que lhes correspondem são menos elaboradas, apresentando alguma fragilidade, do ponto de vista dos cidadãos lesados, sobretudo perante o poder político e legislativo do Estado.

Contudo, os cidadãos portugueses gozam ainda da possibilidade de recorrerem a instâncias internacionais para defesa dos seus direitos, liberdades e garantias, quando (e na medida em que) estes estejam internacionalmente garantidos.

Desde logo, os cidadãos portugueses podem dirigir *exposições ou queixas* ao Comité dos Direitos Humanos das Nações Unidas, relativamente à lesão, produzida ou consentida pelo Estado português, de direitos fundamentais incluídos no Pacto Internacional de Direitos Cívicos e Políticos, nos termos do respectivo Protocolo Adicional. O Comité analisa as pretensões, ouve os Estados e formula conclusões, de que dá conhe-

[848] Nesse sentido, v. GOMES CANOTILHO e VITAL MOREIRA, *Constituição..., cit.*, anotação VIII ao artigo 22º. Quanto à responsabilidade por actos legislativos, v. RUI MEDEIROS, *Ensaio sobre a responsabilidade civil do Estado por actos da função legislativa*, 1992, e MARIA LÚCIA AMARAL, *Responsabilidade do Estado e dever de indemnizar do legislador*, 1998; VIEIRA DE ANDRADE, "A responsabilidade do Estado pelos danos decorrentes do exercício da função legislativa", *Estudos em Homenagem a António Barbosa de Melo*, 2013, p. 447 e ss; quanto à responsabilidade por actos da função jurisdicional, v. J. M. CARDOSO DA COSTA, «Sobre o novo regime da responsabilidade do Estado por actos da função judicial», *Estudos em homenagem ao Prof. Doutor Manuel Henrique Mesquita*, vol. 1, 2009, p. 501 e ss, RICARDO PEDRO, *Responsabilidade civil do Estado pelo mau funcionamento da administração da justiça*, 2015.

cimento aos interessados, inserindo-os no Relatório anual que envia à Assembleia Geral.

Mais importante é o *direito de recurso individual* dos cidadãos portugueses para o Tribunal Europeu dos Direitos do Homem, a cuja *jurisdição* o Estado português se submeteu ao ratificar a Convenção Europeia dos Direitos do Homem, mas que, entretanto, com base no Protocolo nº 11, se tornou *imperativa* para todos os Estados membros do Conselho da Europa[849]. O Tribunal pode declarar a existência de uma violação dos direitos humanos, tal como são protegidos pela Convenção, e emitir uma sentença vinculativa para os Estados, que se traduzirá numa «reparação razoável», quando o direito interno não permitir obviar, senão imperfeitamente, às consequências de tal violação.

Também a aprovação da «Carta dos Direitos Fundamentais da União Europeia»[850], sobretudo após a sua equiparação aos tratados por força do Tratado de Lisboa, contribui para reforçar a intervenção que o Tribunal do Luxemburgo vem progressivamente desenvolvendo em defesa dos direitos, liberdades e garantias dos cidadãos no espaço e no âmbito da União, designadamente quando esteja em causa a aplicação do direito europeu pelas autoridades nacionais[851].

À primeira vista, esta protecção internacional não representa uma mudança qualitativa substancial no sistema jurídico de protecção dos direitos, liberdades e garantias dos portugueses – quer porque a nossa Constituição tem, em geral, um catálogo mais extenso e rico que o da Convenção Europeia e o da Carta, quer em virtude de algumas limitações, que subsistem, do acesso aos órgãos europeus[852] –, mas, ainda

[849] Em rigor, a partir do Protocolo nº 11, em vigor desde 1 de Novembro de 1999, trata-se de um novo Tribunal, permanente e de acesso directo universal pelos interessados, embora com o mesmo nome – cf. *Documentação e Direito Comparado*, 79/80, 1999, p. 219 e ss.

[850] V. J.O.C.E., 2000/C 364/ p. 1-22.

[851] Sobre as fases da protecção dos direitos fundamentais na União Europeia, v. Gomes Canotilho, *ob. cit.*, p. 520 e ss. V. ainda as referências feitas *supra*, no Capítulo I.

[852] Apesar de terem sido eliminados obstáculos processuais (designadamente, a intermediação da extinta Comissão Europeia dos Direitos do Homem) e de ter havido uma plena jurisdicionalização do processo (salvo na fase executiva), subsistem alguns limites, como a necessidade de esgotar os meios internos, em nome da soberania dos Estados – sobre o alcance desta condição, v. Fausto de Quadros, *O princípio da exaustão dos meios internos na Convenção Europeia dos Direitos do Homem e a ordem jurídica portuguesa*, in *ROA*, ano 50, I, 1990, p. 119 e ss.

assim, permite cobrir certos aspectos insuficientemente protegidos ao nível interno[853].

Em contrapartida, não se pode ignorar que o funcionamento destas jurisdições paralelas pode provocar alguns problemas de coerência sistémica na aplicação do Direito, com consequências relevantes, umas boas e outras más, no plano da justiça e da segurança jurídica, na medida em que o Tribunal Europeu pode vir a dar à mesma questão de facto uma solução substancialmente diferente da determinada pelos tribunais nacionais (ou, doravante, pelo Tribunal de Justiça), não apenas por se basear numa interpretação diversa do sentido ou do alcance dos preceitos que consagram os direitos fundamentais respectivos (que têm, efectivamente, formulações e contextos normativos e culturais diferentes), mas por ser outro o seu juízo relativamente ao caso concreto, por exemplo, na ponderação dos interesses e valores nas situações de conflito ou colisão de direitos[854].

Seja como for, não deve menosprezar-se a garantia que para os cidadãos resulta do compromisso e da responsabilidade assumidos pelo Estado português perante a comunidade europeia e a sociedade internacional, ou, em outra perspectiva, do significado cultural e político desta comunhão cosmopolita com a consciência histórica da humanidade.

[853] Até agora, como vimos, o Tribunal Europeu foi chamado a pronunciar-se e condenou várias vezes o Estado português, designadamente por atrasos excessivos na administração da justiça, mas também por violação da liberdade de expressão ou do direito de propriedade.

[854] V., entre outros, o caso do Acórdão do TEDH de 28/9/2000, publicado, com anotação de Faria Costa, na *Revista Portuguesa de Ciência Criminal*, nº 11, 2001, p. 131 e ss, em que o requerente obtém do *TEDH* a condenação do Estado português no pagamento de uma reparação igual à que tinha sido condenado a pagar pelos tribunais portugueses, por ter sido diferente a ponderação, no caso, entre a liberdade de expressão e de imprensa e o direito ao bom nome e reputação – a crítica de Faria Costa sublinha precisamente a circunstância de o juízo discordante do *TEDH* não se basear, como seria exigível, numa argumentação substancial suficiente. O princípio da garantia do nível mais elevado de protecção não resolve o problema, prevalecendo, em última análise, a ponderação feita pelo Tribunal Europeu – note-se que a sentença internacional contrária pode hoje fundar um processo de revisão extraordinária de sentenças nacionais transitadas em julgado (artigo 771º, al. *f)*, do Código do Processo Civil).

Capítulo X
O regime dos direitos fundamentais sociais

1. Introdução

Os direitos fundamentais sociais, ainda que entendidos em sentido estrito, como «direitos económicos, sociais e culturais» – isto é, direitos cujo conteúdo principal típico consiste em *prestações estaduais* sujeitas a *conformação* politico-legislativa, sem incluir, por exemplo, «os direitos, liberdades e garantias dos trabalhadores», que constituem em grande medida direitos à abstenção, com a função de defesa[855] –, apesar de estarem sujeitos a um regime constitucional diferente, não constituem uma categoria de natureza radicalmente distinta dos direitos, liberdades e garantias.

Além de também comportarem – simetricamente comparados com os direitos, liberdades e garantias, que contêm dimensões instrumentais de prestação – dimensões garantísticas negativas e de participação[856], os direitos sociais fundamentais dispõem, como vimos, de um *conteúdo*

[855] Relembramos que a Constituição portuguesa, claramente após a revisão constitucional de 1982, não inclui nos "direitos económicos, sociais e culturais", alguns dos "direitos sociais" mais importantes – referimo-nos sobretudo às chamadas «liberdades sociais», típicas do Estado Social e da sociedade de massas (liberdade sindical, direito à greve, mas também, segurança no emprego, contratação colectiva, direitos das associações sindicais e das comissões de trabalhadores).

[856] Acentuando este componente negativo de direito à abstenção do Estado ou de terceiros, v. Gomes Canotilho/Vital Moreira, *Fundamentos da Constituição*, 1991, p. 127 e s, e, dos

nuclear, ao qual se há-de reconhecer uma especial força jurídica, pela sua referência imediata à ideia de dignidade da pessoa humana, fundamento de todo o catálogo dos direitos fundamentais.

Acontece mesmo, por vezes, que, em função dos imperativos de actuação estadual que acompanham a sua específica consagração constitucional, vários direitos sociais acabam por apresentar uma determinação intensa de conteúdo – hipóteses em que o seu regime substancial (embora não o regime orgânico) se aproxima inevitavelmente, por força do princípio da constitucionalidade, do regime de aplicabilidade directa dos direitos, liberdades e garantias[857].

As considerações que a seguir se fazem referem-se, pois, à dimensão *principal* e ao domínio *típico* dos direitos sociais a prestações, no pressuposto de que o seu conteúdo depende *substancialmente* de opções políticas do *legislador*, em função do pluralismo ideológico ou por força de limitações jurídicas e de facto – sem esquecer, porém, as situações intermédias, em especial as de fronteira, em que se revelam continuidades com os direitos, liberdades e garantias, que exprimem, afinal, a pertença comum à matéria dos direitos fundamentais das pessoas[858].

mesmos Autores, *Constituição…*, *cit.*, 4ª ed., vol. I, 2007, por exemplo, nos primeiros comentários aos artigos 64º e 65º.

857 De resto, há direitos incluídos no título dos «direitos económicos, sociais e culturais» que são considerados de natureza análoga à dos direitos, liberdades e garantias e sujeitos ao respectivo regime (direito de propriedade e liberdade de iniciativa privada), embora apresentem uma menor intensidade de definição constitucional do seu conteúdo e admitam, por isso, um certo grau de conformação legislativa autónoma – tal como acontece, por exemplo, com as «garantias institucionais» no âmbito dos direitos, liberdades e garantias.

858 Sobre a matéria, v. Eva Häussling, *Soziale Grundrechte in der portugiesischen Verfassung von 1976*, 1997; Jörg Polakiewicz, *Soziale Grundrechte und Staatszielbestimmungen in den Verfassungsordnungen Italiens, Portugals und Spaniens*, in *ZaöRV*, 54, 1994, p. 340 e ss; Julia Iliopoulos-Strangas (ed.), *Soziale Grundrechte in Europa nach Lissabon*, 2010; Ingo Wolfgang Sarlet, *Die Problematik der sozialen Grundrechte in der brasilianischen Verfassung und im deutschen Grundgesetz*, 1997; Gomes Canotilho, *Direito Constitucional…*, *cit.*, p. 473-484 e 518 e ss, e *Tomemos a sério os direitos económicos, sociais e culturais*, (sep. do *BFDUC – Estudos em homenagem ao Prof. Ferrer Correia*), 1988; ID., Metodologia «fuzzy» e «camaleões normativos» na problemática actual dos direitos económicos, sociais e culturais, in Estudos sobre direitos fundamentais, 2004, p 97 e ss; jorge miranda, *Manual…*, *cit.*, IV, 2008, p. 426 e ss. J. Reis Novais, *Direitos Sociais – Teoria Jurídica dos direitos sociais enquanto direitos fundamentais*, 2ª ed., 2017.

2. Os direitos fundamentais sociais como posições jurídicas subjectivas

O entendimento dos direitos sociais a prestações varia consoante os ordenamentos jurídicos: são encarados como princípios políticos, como normas programáticas, como preceitos indicadores de fins do Estado, como princípios jurídicos,

como normas organizatórias, como garantias institucionais ou, mais raramente, como direitos subjectivos públicos[859].

Na Constituição portuguesa, as normas que prevêem os direitos (sociais) a prestações, contêm *directivas* para o legislador ou, talvez melhor, são *normas impositivas de legislação*[860], não conferindo aos seus titulares verdadeiros poderes de exigir, porque visam, em primeira linha, indicar ou impor ao Estado que tome medidas para uma maior satisfação ou realização concreta dos bens protegidos.

Não significa isso, porém, que se trate de normas meramente programáticas, no sentido de simplesmente proclamatórias, visto que têm força jurídica e *vinculam* efectivamente os poderes públicos, impondo-lhes autênticos *deveres* de legislação[861]. O legislador não pode decidir se actua ou não: é-lhe proibido o «non facere». Tal como, relativamente à conformação do conteúdo dos direitos, mesmo que possa escolher em grande medida o que quer, não é livre de escolher o que quer que seja.

Por outro lado, também não são normas de cariz meramente organizatório: ao impor tarefas com certa finalidade, a Constituição fornece critérios para determinação do *conteúdo mínimo* dos interesses dos beneficiários, que, sendo individualizáveis, podem constituir posições jurídicas subjectivas referíveis ao plano constitucional.

É certo que estas tarefas ou incumbências não estão, em regra, suficientemente determinadas pela Constituição para vincularem de modo imediato os poderes públicos para além desse mínimo – nem podem, sem prejuízo da divisão constitucional dos poderes, ser deter-

[859] Sobre estas diferenças e vários outros matizes, ao nível europeu, v. as conclusões comparativas feitas por JULIA ILIOPOULOS-STRANGAS, na obra colectiva acima citada, p. 843.

[860] A doutrina alemã, em que se inspira esta figura, fala de «Verfassungsaufträge» (tarefas constitucionalmente impostas).

[861] Não adoptamos, pois, a concepção de FORSTHOFF (*VVDStRL*, 12, 1954, p. 31 e ss.) quando afirma a *constitucionalidade* do Estado de Direito (a que se reconduziriam os direitos de liberdade e democráticos), contrapondo-a ao carácter *administrativo* do Estado Social.

minadas pelos juízes quanto aos pressupostos e à extensão do *conteúdo* dos direitos dos respectivos beneficiários[862]. Para que se tornem *direitos subjectivos certos,* é necessária uma actuação legislativa que defina o seu conteúdo concreto, fazendo opções políticas num quadro de prioridades a que obrigam a escassez dos recursos, o carácter limitado da intervenção do Estado na vida social e, em geral, a abertura característica do próprio princípio democrático[863]. A intervenção legislativa é necessária, mas o legislador dispõe, em regra, de um espaço próprio para conformação do conteúdo das prestações que constituem o direito. Os preceitos constitucionais respectivos não são, por isso, em regra, directamente aplicáveis sem intervenção legislativa, muito menos constituem preceitos exequíveis por si mesmos.

Por outro lado, e em consequência, a protecção jurídica de que gozam é mais fraca, já que os tribunais, na veste de órgãos encarregados da *fiscalização* da constitucionalidade das normas, não podem, em obediência ao princípio da divisão de poderes, controlar, quanto ao respectivo conteúdo, as opções político-legislativas, a não ser, excepcionalmente, quando haja uma violação evidente e arbitrária, pelo legislador, da incumbência constitucional, situação que muitas vezes será difícil de provar[864], embora sempre reste a protecção objectiva, todavia também limitada, resultante da fiscalização da inconstitucionalidade por omissão.

Temos, pois, de concluir que, se não é legítimo negar a qualidade de «posição jurídica subjectiva» aos direitos sociais fundamentais[865], há, no entanto, que distingui-los, enquanto *tipo,* dos direitos, liberdades e garantias, na medida em que não conferem, em regra, o poder de exigir

[862] Cf., por exemplo, MARTENS, *Grundrechte im Leistungsstaat,* in *VVDStRL,* 30 (1972), p. 31, e BÖCKENFÖRDE, *NJW,* 1976, p. 1536.

[863] Por exemplo, como afirmou a *Corte Costituzionale,* o Estado não pode impor a aceitação de mão-de-obra por empresas privadas, apesar da consagração do direito ao trabalho no artigo 4º da Constituição italiana – cf. BISCARETTI DI RUFFIA, *Diritto Costituzionale,* 7ª ed., 1965, p. 709 e s.

[864] Cfr. a sentença do Tribunal Constitucional Federal da R.F.A., publicada in *BVerfGE,* 33, p. 303 (*JZ,* 1972, p. 686 e ss.). Entre nós, cf. a jurisprudência do TC adiante citada sobre a conformidade da legislação do arrendamento com o direito à habitação.

[865] Como vimos, mesmo a doutrina italiana e a alemã negam muitas vezes o carácter subjectivo dos direitos sociais. No sentido do texto, v., no entanto, SCHWABE, *Probleme der Grundrechtsdogmatik,* 1977, p. 264 e ss; A.. BALDASSARE, *Diritti Sociali,* in *Enciclopedia Giuridica,* v. XI, 1989, p. 29.

um *determinado* comportamento dos poderes públicos[866]. Como se haverá então de identificar juridicamente esta figura?

Não parece que seja suficientemente expressiva a distinção (sugerida por Carlos Mota Pinto na sua lição oral) entre *obrigações de meio* e *obrigações de resultado*. Para além de essa perspectiva encarar o lado passivo e não o lado activo, não se pode afirmar que a especificidade desta figura dos direitos sociais resulte da não obrigatoriedade de produção do resultado, já que o legislador também pode escolher os meios e é, nessa medida, responsável pelos resultados obtidos.

Outros Autores[867] falam, a propósito, de *situações jurídicas recomendadas*, expressão que nos parece, porém, acentuar escassamente a posição activa dos titulares dos direitos. Não está em causa apenas uma recomendação, uma directiva em que os titulares sejam só indirectamente interessados ou gozem de meras expectativas (jurídicas ou de facto).

Também não se trata de *interesses legítimos* ou *interesses legalmente protegidos*, que pressupõem uma tutela reflexa ou em segunda linha dos interessados[868], pois que, nos preceitos relativos aos direitos sociais, a Constituição visa em primeira linha satisfazer bens pessoais dos particulares.

Por outro lado, não se lhes pode aplicar com proveito a categoria, criada pela doutrina administrativa, de *direitos condicionados*, quer na modalidade de *direitos enfraquecidos*, onde se incluem os direitos que não valem perante os poderes públicos (valem apenas perante os outros particulares), ou são susceptíveis de serem sacrificados por uma actuação estadual num *caso concreto*[869], quer na de *direitos comprimidos*, em que o exercício do direito depende de uma manifestação *concreta* de vontade

[866] Tomandl (*ob. cit.*, p. 30 e ss. e 46) considera mesmo que a configuração de um direito subjectivo sob reserva de lei *conformadora* não passaria de uma farsa, já que ele não seria oponível ao legislador, mas a verdade é que, entre nós, os direitos sociais gozam sempre de alguma garantia, por vezes até forte.

[867] V. Lavagna, *Istituzioni di Diritto Pubblico*, 2ª ed., 1973, p. 431-2 e 436.

[868] Sobre esta figura, típica do direito administrativo, v., por todos, Afonso Queiró, *Lições de Direito Administrativo*, 1959, p. 226 e ss; Landi/Potenza, *Manuale di Diritto Amministrativo*, 10ª ed., 1997, p. 146 e ss.

[869] Na expressão italiana, «diritti affievoliti» ou «esposti ad affievolimento» – v. Landi/ /Potenza, *ob. cit.*, p. 145 e s. Um exemplo da segunda categoria seria constituído pelo direito de propriedade, relativamente ao poder administrativo de expropriação por utilidade pública.

de um órgão público[870] – na realidade, relevante é que os direitos sociais implicam, em regra, uma conformação *abstracta*, por via legislativa, do seu próprio conteúdo.

Por fim, também não lhes cabe seguramente a designação de *obrigações naturais*, já que os direitos sociais não são meras necessidades ou objectivos políticos, são direitos e dispõem de garantias jurídicas, destinadas a obrigar o Estado a cumprir.

À falta de melhor[871], e dado que se trata de uma figura nova, com autonomia, qualificamos os direitos a prestações como *pretensões jurídicas*, querendo deste modo apenas significar que são direitos, e não meros interesses juridicamente protegidos, porque visam em primeira linha a satisfação de bens ou interesses do particular – ainda que não constituam direitos subjectivos perfeitos, por não ser determinável *a priori* o seu conteúdo normal[872].

Só uma vez emitida legislação destinada a executar os preceitos constitucionais em causa é que os direitos sociais se consolidarão como direitos subjectivos plenos[873], mas, então, não valem, *nessa medida em que são*

[870] Na doutrina italiana por vezes designados como «diritti in atesa di expansione» (SANDULLI), como acontece com os direitos dependentes de autorização permissiva.

[871] Também não nos parece que possa utilizar-se aqui o conceito genérico de «direito *prima facie*», pelo menos no sentido alexyano, pois que, nos direitos sociais, a conformação do conteúdo vai acontecer a um nível legislativo e abstracto (e não a um nível constitucional e concreto) – embora ALEXY entenda que o conceito se aplica aos direitos a prestações, parece referir-se a prestações determináveis ao nível constitucional, o que, podendo acontecer, não corresponde, como vimos, à hipótese *típica* dos direitos sociais.

[872] Não se trata de adoptar uma concepção processualista do direito fundamental. Como MANUEL DE ANDRADE, in *Teoria Geral da Relação Jurídica*, vol. I (1964), p. 10-12, poderíamos considerar que direito subjectivo tanto pode ser o poder de *exigir* como o de *pretender*. Contudo, no nosso caso, o que está em causa não é a inexistência de meios que possibilitem uma reclamação judicial directa, mas sim a maior ou menor *indeterminabilidade* do conteúdo do direito (ou seja a inexistência de um direito em sentido estrito), ao nível constitucional (que, ela sim, tem como *consequência* a justiciabilidade limitada).

[873] Relativamente a certos preceitos constitucionais, pode até duvidar-se que produzam posições jurídicas subjectivas substantivas. Trata-se de normas como, por exemplo, as dos artigos 73º, 78º nº 1, 1ª parte e 79º («direitos» à educação e à cultura, à fruição cultural e à cultura física e ao desporto), cujo conteúdo é de tal modo vago e impreciso que equivalem a proclamações de fins ou objectivos políticos comunitários: o seu grau de vinculação jurídica dos poderes públicos perante os particulares é, por si, tão diminuto que é difícil configurar na prática situações em que estes possam invocar posições jurídicas subjectivas ou que dêem lugar sequer a um juízo de omissão legislativa inconstitucional – embora possam ganhar

conformados pelo legislador, como direitos fundamentais constitucionais, senão enquanto direitos criados por lei.

3. A força jurídica dos preceitos relativos aos direitos sociais

Contrariamente ao que acontece com os direitos, liberdades e garantias, o texto constitucional nada diz sobre a força jurídica dos preceitos relativos aos «direitos económicos, sociais e culturais». A questão é, pois, deixada em aberto pela Constituição. Porém, se não é legítimo utilizar aqui pura e simplesmente a argumentação *a contrario*, estabelecendo para os «direitos sociais» um regime *negativo* do regime dos direitos, liberdades e garantias[874], não pode ignorar-se que a nossa ordem constitucional institui um regime especial para estes direitos e que nele não incluiu a generalidade dos *direitos sociais a prestações*, também fundamentais, de que agora cuidamos.

3.1. Quanto a nós, e no seguimento da orientação perfilhada, a solução do problema há-de ter em conta duas ideias elementares, já antes referidas.

Em primeiro lugar, os preceitos relativos aos direitos sociais a prestações não são meramente proclamatórios, constituem normas constitucionais preceptivas, que, enquanto tais, concedem aos indivíduos *posições jurídicas subjectivas* (direitos a que chamamos pretensões) e estabelecem *garantias institucionais*, impondo ao legislador a obrigação de agir para lhes dar cumprimento efectivo – constituem, assim, «imposições legiferantes». Em consequência, os preceitos constitucionais relativos aos direitos sociais gozam da força jurídica comum a todas as *normas constitucionais imperativas*.

Em segundo lugar, o conteúdo desses preceitos e dos direitos correspondentes é determinado pela Constituição, em regra, apenas num *mínimo*, e, em princípio, não pode ser-lhe imputado um conteúdo normativo mais vasto pela via de uma interpretação judicial «actualista»: esse conteúdo complementar depende de opções próprias do *legislador*

alguma densidade em associação com outros direitos fundamentais, como a liberdade de criação cultural (artigo 42º).

874 Ninguém duvida, por exemplo, da aplicabilidade directa dos preceitos organizatórios, apesar de ela não estar estabelecida expressamente no texto constitucional (cfr. Gomes Canotilho, *ob. cit.*, p. 1179).

ordinário, ao qual se deve entender que foi delegado, por razões técnicas ou políticas, um poder de conformação *autónoma*, nessa medida sujeito a um controlo *atenuado* pelos tribunais. Não se aplica, por isso, em princípio, aos direitos sociais o regime específico dos direitos, liberdades e garantias, justamente porque este pressupõe, ou na medida em que pressuponha, a determinabilidade do conteúdo dos preceitos ao nível constitucional[875].

A partir destes dados normativos, verificamos que a força jurídica dos direitos fundamentais sociais se manifesta, então, em síntese, nos seguintes aspectos[876]:

a) *imposição legislativa concreta* das medidas *necessárias* para tornar exequíveis os preceitos constitucionais – incluindo, por vezes, a garantia pública da existência de um sistema de prestações de bens e serviços –, cujo incumprimento dará lugar a uma situação de inconstitucionalidade por *omissão* (artigo 283º);

b) *padrão jurídico de controlo judicial de normas*, com *conteúdo mínimo imperativo*, susceptível de fundar uma inconstitucionalidade por acção, e *factor de interpretação normativa*, levando a preferir, entre várias interpretações possíveis das normas legais, a solução mais favorável ao direito fundamental;

c) *fundamento constitucional de restrição ou de limitação* de outros direitos fundamentais, em regra, de direitos, liberdades e garantias, designadamente quando a Constituição estabeleça *deveres especiais de protecção*;

d) *força irradiante*, conferindo uma certa *capacidade de resistência*, variável em intensidade, dos *direitos derivados* a prestações, enquanto direitos decorrentes das leis conformadoras, às mudanças normativas que impliquem uma diminuição do grau de realização dos direitos.

[875] Entendemos que esta construção não equivale a um «grau zero de garantia», ao contrário do que afirma GOMES CANOTILHO, *ob. cit.*, p. 481 e ss – o Autor critica o discurso da doutrina e da jurisprudência, mas o certo é que os *traços do regime* dos direitos sociais que parece propor, com base no Acórdão do TC nº 39/84, correspondem, no essencial, aos que lhe imputamos, como veremos a seguir (outra coisa é a discordância, que mantemos, com a decisão do *caso concreto* no Acórdão referido).

[876] Sobre o problema da «eficácia» dos direitos sociais, v. INGO WOLFGANG SARLET, *A eficácia dos direitos fundamentais*, 1998, p. 254-321.

3.2. O efeito típico das normas constitucionais relativas aos direitos sociais decorre do seu carácter de imposições de legislação. Tratando-se, no seu conteúdo principal, de direitos a prestações públicas, o dever que lhes corresponde da parte do Estado é precisamente, em primeira linha, o *dever de legislar*, já que a feitura de leis é uma tarefa devida (no caso dos direitos a prestações jurídicas) ou uma condição organizatória necessária (no caso dos direitos a prestações materiais)[877] para a sua realização efectiva.

Entre nós, está previsto um mecanismo específico de garantia do cumprimento pelo legislador dos seus deveres de actualização e aplicação das normas constitucionais – trata-se da fiscalização da *inconstitucionalidade por omissão*, que, nos termos do artigo 283º, opera quando se verifica que a Constituição não está a ser cumprida «por omissão das medidas legislativas necessárias para tornar exequíveis as normas constitucionais».

Importa, por isso, saber em que condições o incumprimento pelo legislador das tarefas constitucionais ligadas aos direitos económicos, sociais e culturais é susceptível de desencadear uma inconstitucionalidade por omissão.

Dos diversos requisitos de verificação deste tipo de inconstitucionalidade[878], interessa-nos acentuar agora que tem de tratar-se do incumprimento de uma certa e determinada *norma* e não do conjunto de determinações e de princípios constitucionais[879]. Adoptando uma

[877] De facto, em Portugal, porventura por o Governo dispor de poderes legislativos normais, a doutrina maioritária entende que toda a actividade administrativa está sujeita ao princípio da «precedência da lei», mesmo na área da Administração de prestações – mas tenha-se em atenção que isso não resulta de uma imposição expressa da Constituição, mas de um costume constitucional.

[878] Os requisitos estabelecidos desde a «jurisprudência» da Comissão Constitucional são: 1) o não cumprimento de uma norma constitucional *determinada*; 2) a norma não ser exequível por si mesma; 3) falta ou insuficiência das medidas legislativas necessárias na situação *concreta*; 4) que essa falta seja *causa* do não cumprimento da Constituição. V., a este propósito, os Pareceres nºs 4/77 (o primeiro), 11/77 e 9/78 (aqueles em que houve pronúncia pela inconstitucionalidade) e 1/81 (o último), bem como os Acórdãos do TC nºs 182/89 e 474/2002 (em que houve verificação da inconstitucionalidade), bem como os Acórdãos nºs 276/89, 36/90, 359/91, 638/95 e 424/2001 (em que houve recusa). Cfr., na doutrina, Jorge Miranda, *Manual*, *cit.*, T. VI, 4ª ed., 2012, p. 360 e ss, e Gomes Canotilho, *Direito Constitucional...*, *cit.*, p. 1033 e ss.

[879] Cfr. Jorge Miranda, *ob. cit.*, p. 305.

formulação mais elaborada, dominante na jurisprudência e doutrina alemãs, há omissão legislativa sempre que o legislador não cumpre, ou cumpre insuficientemente, o dever constitucional de concretizar *imposições constitucionais concretas*[880].

Ora, acontece que a nossa Constituição acompanha a previsão dos «direitos económicos, sociais e culturais» da imposição de tarefas legislativas destinadas a obter as condições materiais e institucionais necessárias à sua realização, chegando por vezes ao ponto de determinar a própria estrutura organizativa fornecedora de prestações que o Estado deve criar[881]. Em alguns destes preceitos poderão ver-se imposições constitucionais concretas[882], tal como parece dever admitir-se a hipótese de imposições desse tipo poderem ser deduzidas *concludentemente* da consagração do próprio direito social enquanto pretensão subjectiva[883].

Nesses casos, poderá haver omissão legislativa se o legislador pura e simplesmente não agir (omissão total) ou quando as medidas sejam manifestamente insuficientes ou incompletas (omissão parcial).

Em caso de omissão total, o comportamento ilegítimo do legislador é facilmente detectável, bastando confirmar a necessidade real da inter-

[880] As «imposições constitucionais» em sentido estrito são sempre *concretas*, distinguindo-se deste modo das normas programáticas – preceitos definidores dos fins do Estado (normas-fim) ou preceitos definidores de tarefas estaduais (normas-tarefa) – que são permanentes, mas *abstractas*. Por sua vez, dentro da categoria, pode distinguir-se entre as «imposições legiferantes», que são permanentes, e as «ordens de legislar», que são únicas e de execução instantânea. Sobre isto, v., por todos Gomes Canotilho, *Direito Constitucional...*, *cit.*, p. 1159 e ss (1172), que, partindo agora da distinção entre regras e princípios, inclui as imposições concretas nas «*regras* impositivas» e as normas programáticas nos «*princípios* impositivos».

[881] Cfr. em geral os preceitos relativos aos direitos económicos, sociais e culturais e, especialmente, os artigos 63º, nº 2 («sistema de segurança social») e 64º, nº 2 («serviço nacional de saúde»).

[882] V., por exemplo, os citados artigos 63º e 64º e ainda o artigo 74º, sobretudo alíneas *a) e b)* (política de ensino).

[883] Haverá, no entanto, direitos dos quais não se podem extrair imposições concretas ao legislador, e há seguramente imposições legiferantes a que não corresponde qualquer pretensão individualizável. Mas, isso não significa que pretensões e imposições sejam independentes: são até, na medida em que coincidem, dois lados da mesma relação jurídica – em sentido algo diferente, v. Gomes Canotilho, *Constituição dirigente e vinculação do legislador*, 1982, p. 366 (308, 370). Nos direitos sociais, o lado objectivo é mais saliente, porque se torna aí mais difícil a *individualização* do conteúdo constitucional do preceito, mas tal não invalida que o núcleo do preceito constitucional corresponda a uma pretensão subjectiva, nos termos em que o entendemos.

venção legislativa para a exequibilidade das normas constitucionais[884]. Então, o legislador omitente poderá ser censurado pelo Tribunal Constitucional, que lhe dará conhecimento da situação de inconstitucionalidade[885].

Mais espinhosa será, porém, a determinação de uma omissão inconstitucional por insuficiência ou incompleteza da legislação que se propõe regular a matéria que é objecto da imposição. Assumem aqui relevo decisivo considerações de carácter *material*, directamente ligadas ao direito fundamental ou também referíveis ao princípio da igualdade.

Julgamos que só há inconstitucionalidade por omissão e, portanto, censura jurídico-constitucional ao legislador *na medida exacta* em que o dever de legislar seja materialmente *determinado* ou *determinável*[886]. A possibilidade de verificação da inconstitucionalidade depende, pois, do grau de densidade da norma impositiva e, consequentemente, do grau de vinculação do legislador em face da Constituição[887].

[884] A primeira decisão de verificação da inconstitucionalidade por omissão de medidas legislativas necessárias para tornar exequível um preceito constitucional *relativo a um direito social* foi a do Acórdão do TC nº 474/02, tirado por unanimidade, a propósito do direito dos *trabalhadores da Administração Pública* à assistência material, quando involuntariamente se encontrem em situação de *desemprego* (artigo 59º, nº 1, alínea e), da Constituição) – tratou-se, como se vê, de uma omissão parcial.

[885] Com idêntico fundamento, poderá o TC declarar a inconstitucionalidade de uma lei que revogue a legislação existente, quando esta seja necessária ao cumprimento de uma imposição legiferante, sem a substituir. Foi o que o TC alegou no Acórdão nº 39/84, ao declarar a invalidade de uma lei revogatória de outra, que instituía as bases do «Serviço Nacional de Saúde», sem a substituir – acontece, porém, que se tratava de uma revogação meramente «formal», já que o serviço existia de facto, e continuava a existir, à margem da lei revogada. V. os votos de vencido do referido Acórdão e o nosso artigo *Direitos e garantias fundamentais*, in Baptista Coelho (org.), *Portugal. O Sistema Político e Constitucional*, 1989, p. 685 e ss (697 e ss).

[886] Gomes Canotilho fala de carácter determinado das tarefas nas regras constitucionais impositivas *(Direito Constitucional..., cit.*, p. 1172). No caso de imposições extraídas das pretensões subjectivas, será a medida do *estritamente necessário* para a sua concretização – cfr., do mesmo Autor, *Constituição dirigente..., cit.*, p. 374. Outro caso será o das «omissões relativas», em que a relevância da omissão deriva do princípio da igualdade: a admitir-se a figura para além dos casos de discriminação arbitrária, a omissão só poderá ser inconstitucional se houver uma violação *manifesta* e grave do principio da igualdade. Sobre o tema, V. Gomes Canotilho, *Constituição... cit.*, p. 385 e ss..

[887] Assim, é diferente quando a Constituição impõe que o Estado assegure «o ensino básico universal, obrigatório e gratuito» (artigo 74º, nº 2, alínea a)), de quando lhe fixa o dever de «garantir a educação permanente e eliminar o analfabetismo» (*idem*, alínea c)). Quanto ao

A não inclusão dos preceitos relativos aos «direitos económicos sociais e culturais» no regime de aplicabilidade imediata dos direitos, liberdades e garantias, a limitação dos casos de inconstitucionalidade por omissão ao incumprimento de imposições legiferantes concretas (com exclusão das normas programáticas) e, indirectamente, o próprio carácter de mera notificação em que se concretiza o juízo de censura da inconstitucionalidade por omissão provam o reconhecimento constitucional de um *poder de conformação autónoma* do legislador que, não sendo livre, está, em comparação, menos vinculado pelas directivas materiais da Constituição.

Daqui se tem de retirar um imperativo de «autocontenção» dos juízes constitucionais que, a assumirem o papel de «defensores da Constituição», iriam suscitar o aparecimento de situações frequentes de inconstitucionalidade, tendo em conta o carácter generoso do programa contido nos preceitos relativos aos direitos sociais num quadro de, maior ou menor, escassez de meios[888].

No caso de inexistência de legislação sobre a matéria, ou na parte em que esta se revelar insuficiente para permitir o cumprimento das normas constitucionais, estas não poderão, em regra, ser actualizadas e aplicadas pelo juiz ou pela Administração. É aqui indispensável o juízo autónomo do legislador e ele não pode ser substituído por outra entidade[889].

No entanto, em casos excepcionais, pode pensar-se em retirar directamente da Constituição um direito a determinada prestação social: julgamos que isso será admissível quando esteja em causa o *conteúdo mínimo* (ou núcleo essencial) dos preceitos constitucionais, nomeadamente em situações de necessidade ou injustiça extremas, de tal modo que, a verificarem-se, permitam configurar esta metodologia como uma

principio da igualdade, também o problema é o da sua densidade material («directividade»). V., além de GOMES CANOTILHO, *Constituição..., cit.*, p. 380 e ss., CASTANHEIRA NEVES, *o Instituto dos «Assentos» e a função jurídica dos Supremos Tribunais*, 1983 , p. 118 e ss. (129 e ss.).

[888] Não se podem minimizar, quanto mais não seja em obediência ao princípio da realidade, as dificuldades de concretização dos direitos sociais. Leia-se com atenção, por exemplo, o nº 1 do artigo 65º ou o nº 2 do artigo 71º ou mesmo uma imposição concreta como a da eliminação do analfabetismo (artigo 74º, nº 2, al. c)). Por isso até países com mais elevado grau de realização do «Estado Social» continuam a preferir não incluir a generalidade dos direitos sociais nas Constituições, nem sequer como fins do Estado (é o caso da Alemanha).

[889] Isso parece ser reconhecido por GOMES CANOTILHO, *Constituição..., cit.*, p. 320, e *Direito Constitucional..., cit.*, p. 518 e s..

«válvula de segurança» da ordem jurídico-constitucional[890] – serão, bem vistas as coisas, casos de insuficiência manifesta ou de incompletude discriminatória da actuação legislativa, relativamente aos quais será possível e admissível para os tribunais, de acordo com um critério de *evidência*, verificar a inconstitucionalidade[891].

Em resumo, os preceitos relativos a direitos sociais contêm normas jurídicas vinculantes, que impõem positivamente ao legislador a realização dos direitos consagrados na Constituição, sob pena de inconstitucionalidade por omissão.

O grau de vinculação do legislador é variável conforme o carácter mais ou menos determinado ou determinável da imposição constitucio-

[890] Será necessário, de qualquer modo, que se trate de uma prestação jurídica (determinável por estar em causa um conteúdo mínimo) ou de uma prestação material relativa a serviços estaduais existentes e cujos pressupostos de concessão sejam facilmente extensíveis (isto é, quando esteja em causa um «direito de quota-parte»). Sobre os direitos subjectivos originários a prestações sociais, à luz de alguns exemplos, v. INGO WOLFGANG SARLET, *A eficácia...*, *cit.*, p. 279 e ss.

[891] Também neste caso de insuficiência o Tribunal Constitucional poderá declarar a inconstitucionalidade de uma lei que diminua o grau de realização de um direito estabelecido na legislação existente, quando essa diminuição tenha como consequência o incumprimento da imposição legiferante relativa ao conteúdo mínimo de tal direito. Foi o que o TC invocou no Acórdão nº 509/02, em fiscalização preventiva, a propósito do decreto da Assembleia da República que não atribuía o novo "rendimento social de inserção" a todos os jovens entre os 18 e os 25 anos, que beneficiavam do antigo "rendimento mínimo garantido" (mas apenas aos que tivessem encargos familiares, por terem menores a cargo, serem mulheres grávidas ou estarem casados ou unidos de facto há mais de um ano). O Tribunal entendeu que não se verificava uma violação do princípio da proibição do retrocesso, nem do princípio da igualdade, mas que tal desprotecção atingiria o conteúdo mínimo do "direito a um mínimo de existência condigna". Não nos parece, contudo, que, ainda que se reconheça a existência de um direito a prestações positivas, fosse manifesta, no caso concreto, a violação do conteúdo mínimo do direito e evidente a inconstitucionalidade, pelo que discordamos da solução. Para uma teorização desta ideia, v. JORGE PEREIRA DA SILVA, *Contributo para uma teoria da inconstitucionalidade por omissão* (policop.), 2001, p. 193 e ss, que a concebe como alternativa à proibição do retrocesso, no contexto de uma "fiscalização preventiva das omissões legislativas" em face de uma "proibição de recriar omissões inconstitucionais". De resto, também este Autor dificilmente apoiaria a solução do TC, já que afirma expressamente (p. 223), a título de exemplo, que a "pura e simples supressão" do rendimento mínimo garantido "não redundaria numa situação de omissão legislativa inconstitucional", por se ter tratado de uma "opção política claramente assumida (e contestada)" – embora não tivesse considerado a hipótese de estar em causa o conteúdo de um direito fundamental a um mínimo de existência condigna.

nal respectiva, ficando na generalidade dos casos para o legislador um espaço autónomo relevante de *conformação política* do conteúdo dos direitos, que não pode ser suprido pelos aplicadores da Constituição nos casos concretos, designadamente, pelos juizes.

No entanto, pelo menos no que respeita ao conteúdo mínimo dos preceitos constitucionais, tem de admitir-se uma vinculação estrita do legislador às normas constitucionais, que pode mesmo, em determinadas circunstâncias, permitir a afirmação judicial de direitos originários a prestações.

3.3. Como acabemos de ver, no âmbito dos direitos económicos, sociais e culturais, a vinculação do legislador não é absoluta, nem sequer a sua actuação é determinada no essencial pela Constituição – designadamente em comparação com o regime típico dos direitos, liberdades e garantias. Neste campo, o legislador democrático há-de, pois, dispor de um poder de *conformação* para estabelecer *autonomamente* a forma, a medida e o grau em que concretiza as imposições constitucionais respectivas[892] – a não ser assim, e dada a indeterminação dos preceitos e o âmbito alargado das matérias, a função legislativa degradar-se-ia em mera função *executiva* da Constituição e correria o risco de ficar sujeita a um «governo dos juízes»[893].

A impossibilidade de aplicação imediata dos preceitos relativos aos direitos sociais por falta de determinação constitucional suficiente não os coloca, porém, à mercê do legislador[894], visto que a liberdade de conformação do legislador não é total. Falámos propositadamente em imposições constitucionais e não em normas programáticas, para indicar que o legislador, além de estar obrigado a agir, está vinculado jurídico-constitucionalmente pelas directrizes materiais que expressamente ou

[892] GOMES CANOTILHO refere-se a uma «liberdade de conformação quer quanto às soluções normativas quer quanto ao modo organizatório e gradualidade de concretizações», in *Direito Constitucional..., cit.*, p. 519.

[893] Sobre as características marcantes da função legislativa, entre as quais conta a liberdade constitutiva, v. BARBOSA DE MELO, *Sobre o problema da competência para «assentar»*, 1983, p. 27 e ss. (32 e ss.).

[894] Citando o artigo 37º da Constituição da Índia, «os preceitos incluídos nesta parte não são exequíveis através dos tribunais, mas os princípios aí assentes não são menos fundamentais para o governo do país e é dever do Estado aplicar estes princípios na legislação» – *apud* SCHWABE, *ob. cit.*, p. 205.

por via de interpretação decorram das normas que lhe impõem tarefas específicas.

Por isso, os preceitos constitucionais relativos aos direitos sociais também servem de padrão *positivo* de controle da constitucionalidade das leis – relativamente à legislação emanada sobre a matéria, os preceitos constitucionais em apreço poderão fundar a *declaração de invalidade* ou *desaplicação* das leis que os violem, ou exercer uma influência prevalecente na *interpretação* das respectivas disposições[895].

Só que esses efeitos, invalidantes ou interpretativos, apenas podem operar na medida em que o conteúdo do preceito constitucional seja determinável por interpretação, e, no contexto da nossa Constituição – sobretudo a partir das revisões de 1982 e de 1989, que acentuaram decisivamente o vector democrático-pluralista –, o legislador não está obrigado directamente senão a assegurar as condições que permitam a realização mínima do direito social, enquanto direito individual. Isto é, só o conteúdo essencial dos direitos sociais fundamentais pode considerar-se, em regra, constitucionalmente determinado, em termos de ser judicialmente exigível[896].

Tal significa que, na maior parte dos casos, o juiz tem de aceitar o poder de conformação do legislador[897] e só em casos excepcionais ou em aspectos limitados se poderá concluir pela violação, que terá de ser manifesta, das normas constitucionais[898].

[895] V., sobre o grau de vinculação do legislador aos preceitos constitucionais relativos aos direitos sociais, a propósito das propinas universitárias, a fundamentação do Acórdão do TC nº 148/94, in *Acórdãos...*, 27º vol., 1994, p. 77 e ss.

[896] Por exemplo, se a lei não proibisse a livre resolução pelo senhorio do contrato de arrendamento, ou fizesse depender a frequência do ensino básico do pagamento de propinas estaria a violar, por omissão ou por acção, os direitos à habitação e ao ensino.

[897] V., por exemplo, os Acórdãos do TC nº 101/92, nº 130/92, nº 131/92 (in *Acórdãos...*, *cit.*, vol. 21º, p. 381 e ss, p. 495 e ss e p. 505 e ss, respectivamente) e nº 346/93 (vol. 25º, p. 469 e ss), em que *não* foram consideradas inconstitucionais, por violação do *direito à habitação*, várias normas do Código Civil relativas ao arrendamento: as que restringem a transmissão e estabelecem a caducidade do arrendamento «mortis causa», as que permitem em certas condições a denúncia do arrendamento pelo senhorio e as que determinam a caducidade do subarrendamento com a extinção do arrendamento.

[898] Mas isso acontece, tanto mais quanto mais clara ou determinada for a formulação constitucional: v., por exemplo, o caso do Acórdão do TC nº 302/99 (in *Acórdãos...*, *cit.*, vol. 43º, p. 597 e ss), em que o Tribunal julgou inconstitucional um preceito legal por constituir uma ofensa *arbitrária* ao direito dos trabalhadores à assistência em caso de acidente de trabalho

Uma das hipóteses de mais fácil verificação será a da inconstitucionalidade resultante da violação do princípio da igualdade enquanto *proibição do arbítrio*. Poderá acontecer quando uma lei organize ou regule prestações em cumprimento das imposições constitucionais ligadas ou decorrentes da consagração de direitos sociais e, ao fazê-lo, restrinja injustificadamente o âmbito dos beneficiários, em manifesta contradição com os objectivos da norma constitucional, seja por um erro de qualificação, por força do hábito[899], por uma intenção discriminatória ou por falta de adaptação das leis vigentes às mudanças sociais[900]-[901].

Esta força normativa resulta do princípio da constitucionalidade e não pode ser negada aos preceitos relativos aos direitos sociais, nem subtraída ao poder de fiscalização judicial[902], designadamente num contexto normativo, como o nosso, de uma acentuada dimensão social, que poderá até justificar uma *intervenção judicial mais intensa* – uma que, por exemplo, face a uma diferenciação injustificada, em regra não intencional, alargue desde logo a todos os interessados o regime mais favorável,

ou doença profissional (consubstanciado nos artigos 59º, nº 1, alínea f), e 63º, nº 3 da CRP), ou o referido Acórdão nº 148/94 em que declarou a inconstitucionalidade de certas normas da Lei das propinas, em face da imposição de «estabelecer progressivamente a gratuitidade de todos os graus de ensino» consagrada na alínea e) do nº 2 do artigo 74º da Constituição.

[899] V., por exemplo o caso do direito à pensão por morte do cônjuge em acidente de trabalho, que era reconhecido ao viúvo em termos mais gravosos do que os estabelecidos para a viúva – Acórdãos do TC nº 181/87 e nº 449/87, e, em sede de fiscalização abstracta, o nº 191/88.

[900] Cfr. Salzwedel, *ob. cit.*, p. 135. No primeiro caso também pode configurar-se uma situação de inconstitucionalidade por omissão: por *omissão parcial*, se o legislador deixou de cumprir em parte uma imposição concreta; por *omissão relativa*, se, a partir desse momento, o legislador fica obrigado, por força do princípio da igualdade, a estender os benefícios a casos idênticos não contemplados. Sobre estes conceitos, elaborados pela jurisprudência alemã precisamente para evitar a declaração de inconstitucionalidade de normas anti-igualitárias, v. Gomes Canotilho, *ob. cit.*, p. 1033 e ss.. Em qualquer das situações, há inconstitucionalidade por acção sempre que a norma constitucional não suportar a sua concretização parcial.

[901] Sobre o dever do legislador de «retocar» ou corrigir as leis perante circunstâncias supervenientes, v. P. Badura, "Die verfassungsrechtliche Pflicht des gesetzgebenden Parlaments zur Nachbesserung von Gesetzen", in *Festschrift für K. Eichenberger*, p. 483.

[902] V. o Acórdão do TC nº 806/93 (*Acórdãos..., cit.*, vol. 26º, p. 95 e ss), em matéria de incentivos fiscais a determinados arrendatários, no qual se concluiu pela inexistência de uma «naked preference», que consubstanciasse uma violação do princípio da igualdade e da não discriminação.

sem destruir o benefício nem remeter para uma alteração legislativa[903], embora com algumas cautelas em face das consequências da extensão, sobretudo financeiras[904].

É precisamente neste contexto que volta a justificar-se a pergunta: não deverá defender-se que é constitucionalmente insuportável a situação do cidadão cujas necessidades mínimas em matéria de habitação, de tratamento médico e sanitário, de alimentação e de educação, não são satisfeitas? Não deverá, então, reconhecer-se a todas as pessoas o direito a esse mínimo, independentemente de quaisquer opções legislativas? Não estará aí em causa directamente o valor da dignidade da pessoa humana? Mas, a ser assim, não implicará isso um *direito à sobrevivência,* ou, melhor, um *direito a um mínimo para uma existência condigna,* enquanto direito social de personalidade, entendido com um direito análogo aos direitos, liberdades e garantias e gozando, portanto, do respectivo regime, designadamente da sua imediata aplicabilidade?[905]

[903] V. a sentença do *BVerfG* de 6/12/2005, que, com fundamento no princípio do Estado Social e no direito à vida e à integridade física, reconheceu o direito de um cidadão que sofria de uma doença rara à cobertura pública das despesas com o tratamento, apesar de esse tratamento não constar da lista legal dos tratamentos "elegíveis" para o efeito. Lembre-se que o Tribunal alemão já vinha desenvolvendo uma jurisprudência no sentido de que a *reserva do possível* a que está sujeita a realização dos direitos sociais se define por "aquilo que os indivíduos podem razoavelmente exigir da comunidade".

[904] Tem sido essa a prática do Tribunal Constitucional, que tem produzido «sentenças aditivas» ou «integrativas», declarando a inconstitucionalidade apenas do segmento da norma legal que restringe o benefício, permitindo a extensão deste, apesar de se tratar de prestações – cf., além dos Acórdãos já citados, relativos às pensões por acidente de trabalho de viúvos, os Acórdãos nº 203/86 e nº 12/88 (também sobre pensões), o Acórdão nº 286/99 (sobre preferência conjugal), o Acórdão nº 457/99 (sobre subvenções vitalícias a titulares de cargos públicos) e os Acórdãos nºs 409/99 e 254/2000 (sobre vencimentos), embora neste último o Tribunal tivesse limitado os efeitos da declaração de inconstitucionalidade em face das consequências orçamentais.

[905] Cfr. Breuer, *Grundrechte als Anspruchsnorm,* in *Festgabe zu 25. Jahren des BVerwGs,* 1978, p. 89 e ss. (95 e ss.), que fala de direitos a prestações para garantia do «mínimo de existência», retirado do princípio da dignidade da pessoa humana, do direito à vida e à integridade física e da liberdade geral, em combinação com o princípio do Estado Social. Esta ideia, que começou por ser negada pelo Tribunal Constitucional Federal alemão (v. *BVerfGE 1,* p. 97 (104 e ss.), foi aplicada, na esteira de Bachof (VVDStRL, *12,* 1954, p. 42 e s), pelo Tribunal Administrativo Federal *(BVerwGE, 1,* p. 159 e ss, e *5,* p. 27 e ss), e acabou por ser reconhecida pelo Tribunal Constitucional (v. *BVerfGE, 40,* p. 121, *78,* p. 104, *82,* p, 60, *87,* p. 153), com o apoio da doutrina – v., por exemplo, Wiegand, *DVBl,* 1974, p. 657 e ss; Kratzmann, *Grun-*

Neste contexto, parece-nos que se poderá seguramente afirmar, em termos negativos, o direito a não ser privado pelo Estado daquilo que é indispensável a uma existência condigna e, portanto, um *direito à não ablação* (fundamentalmente, um *direito à não execução*, por exemplo, através proibição da penhora para satisfação de créditos privados ou públicos) *e à não tributação do rendimento necessário ao mínimo de existência condigna* – não apenas porque se trata de prestações jurídicas que se traduzem em prestações de facto negativas (ainda que envolvam custos económicos)[906], mas também porque tal representa, logicamente, o mínimo dos mínimos: mesmo que o Estado não seja obrigado a assegurar positivamente o mínimo de existência a cada cidadão, ao menos que não lhe retire, sobretudo para satisfação de necessidades públicas, aquilo que ele adquiriu e é imprescindível à sua sobrevivência com o mínimo de dignidade[907].

Actualmente, porém, o TC já reconhece o direito ao mínimo para uma existência condigna, numa dimensão positiva, na medida em que considera inconstitucional a não atribuição, pela lei, de uma determinada prestação social a algumas pessoas carenciadas[908].

drechte, Rechte auf Leistungen, 1974; NEUMANN, *Menschenwürde und Existenzminimum*, in *NVwZ*, 1995, p. 426 e ss..

906 Nesta dimensão negativa – em que estruturalmente se aproxima dos direitos de liberdade, por ser um direito de defesa e um direito à abstenção estadual – deverá admitir-se um direito subjectivo fundamental dos particulares, que poderá mesmo, em algumas situações, prescindir da sua concretização legal e apresentar-se como directamente aplicável pelo juiz ou até fundar um direito de resistência [fiscal].

907 Conferindo relevo normativo ao mínimo de subsistência condigna, v. o Acórdão do Tribunal Constitucional nº 411/93 (vol. 25º, p. 615), que só não considerou inconstitucional, por violação do princípio da igualdade, uma norma da Lei da Segurança Social, que estabelecia a *impenhorabilidade* das pensões respectivas, *na parte* em que estas excediam o «mínimo necessário e adequado a uma existência condigna». V. também vários Acórdãos sobre a impenhorabilidade de prestações sociais, na parte em que excediam um rendimento mínimo de subsistência, designadamente, o Acórdão do TC nº 318/99 (in *Acórdãos...*, *cit.*, vol. 43º, p. 639 e ss), que considerou inconstitucional o nº 1 do artigo 824º do CPC, na medida em que *permite a penhora* de pensões de valor inferior ao salário mínimo nacional em vigor, e, mais recentemente, o Acórdão nº 177/02, em que o TC declarou a inconstitucionalidade, com força obrigatória geral desse preceito do CPC, apesar de, noutros preceitos do mesmo artigo, em concreto, se possibilitar ao juiz graduar e até decidir pela impenhorabilidade em função das necessidades do executado e do seu agregado familiar.

908 V. o já referido Acórdão nº 509/02, em que o TC se pronuncia, no âmbito da fiscalização preventiva, pela inconstitucionalidade de uma "lei" por violação *directa* do conteúdo mínimo do "direito a um mínimo de existência condigna".

3.4. Outras manifestações da força jurídica dos direitos sociais estão associadas naturalmente ao seu carácter de valores constitucionais e poderão traduzir-se na capacidade para fundar *restrições legítimas* ou *limitações* aos direitos, liberdades e garantias.

Na realidade, para assegurar a realização ou a protecção dos direitos económicos, sociais e culturais, o legislador tem frequentemente de restringir direitos, liberdades e garantias dos cidadãos, ao abrigo do artigo 18º, com respeito pelo princípio da proporcionalidade. Além das limitações à liberdade em geral[909], lembrem-se, a título de exemplo, as limitações à publicidade de certos produtos, as «advertências» ao público[910] e as alterações à legislação civil e comercial em matéria de cláusulas contratuais gerais e de contratos de adesão para protecção dos consumidores[911], que restringem ou limitam a liberdade de expressão, a liberdade de iniciativa económica e a liberdade contratual.

Os preceitos constitucionais relativos aos direitos económicos, sociais e culturais funcionam aqui – como, de resto, nas outras situações de conflito entre direitos – enquanto *valores constitucionais* susceptíveis de justificarem as limitações legislativas das liberdades e de outros direitos fundamentais.

E, se legislador tem o dever geral de assegurar um certo grau de realização dos direitos sociais, esse dever assume uma importância acrescida em determinadas situações, quando a Constituição estabeleça

[909] V., por exemplo, o Acórdão do TC nº 561/95, em que se considerou legítima (não discriminatória nem desproporcional) a incriminação de cópula praticada com mulher portadora de anomalia psíquica, para protecção especial da mulher deficiente.

[910] Sobre as «advertências» da Administração Pública e o seu carácter limitador dos direitos fundamentais, v. PEDRO GONÇALVES, *Advertências da Administração Pública*, in *Estudos em homenagem ao Prof. Doutor Rogério Soares*, 2001, p. 723 e ss.

[911] V., por exemplo, a Lei de Protecção do Consumidor (Lei nº 24/96, de 31 de Julho, com várias alterações), a Lei sobre cláusulas contratuais gerais (Decreto-lei nº 446/85, de 25 de Outubro, com várias alterações) e Lei de protecção do utente dos serviços essenciais (Lei nº 23/96, de 26 de Julho, com várias alterações). Neste contexto, o legislador restringe a liberdade contratual, proibindo certo tipo de cláusulas, estabelece casos de responsabilidade objectiva do produtor ou fornecedor, determina prazos muito curtos para prescrição de créditos, limita a certas formas de publicidade e de métodos de venda, etc., – fundado na vulnerabilidade do «consumidor» na relação com as entidades que exercem actividades profissionais de produção ou fornecimento de bens e serviços com fins lucrativos (artigo 60º da Constituição).

direitos especiais à protecção estadual, como acontece, por exemplo, nos direitos em que se visa assegurar a dignidade das famílias e de categorias específicas de pessoas (trabalhadores, consumidores, crianças, jovens, idosos, deficientes, etc.).

A existirem deveres especiais de protecção, prevenção ou promoção por parte do Estado, torna-se possível a verificação de situações concretas de responsabilidade civil por actos ou omissões *ilícitas* no exercício da própria função legislativa, pelo menos quando haja uma violação clara desse dever de protecção e os danos provocados sejam anormais[912].

3.5. E não deverá a eficácia dos preceitos constitucionais «irradiar» para além do conteúdo originário dos direitos sociais e funcionar como garantia de estabilidade das prestações já concedidas por lei, isto é, dos direitos derivados a prestações?

Mais concretamente, não deverá retirar-se dos preceitos constitucionais relativos aos direitos económicos, sociais e culturais o princípio da «proibição do retrocesso social» e a consequente radicação na esfera jurídica dos particulares do direito de manter o «nível de realização» legislativa do direito fundamental?[913]

O princípio da *proibição do retrocesso social*, enquanto determinante heterónoma vinculativa para o legislador implicaria, bem vistas as coisas, a elevação das medidas legais concretizadoras dos direitos sociais a direito constitucional[914]. Essa constitucionalização não seria, no entanto, um efeito automático da concretização legislativa, sendo necessário um «consenso básico» e uma «radicação na consciência jurídica geral» de que «o grau de realização legislativamente obtido corresponde a uma

[912] Nesse sentido, v. o artigo 15º do Regime da Responsabilidade do Estado aprovado pela Lei nº 67/2007, de 31 de Dezembro, que faz depender a responsabilidade indemnizatória no exercício da função legislativa de um juízo de inconstitucionalidade. Danos anormais serão aqueles que "ultrapassando os custos próprios da vida em sociedade, mereçam, pela sua gravidade, a tutela do direito" (artigo 2º).

[913] Podem encontrar-se referências ao tema em Jorge Miranda, *ob. cit.*, p. 435 e ss, que se refere ao «não retorno da concretização», embora entenda agora que não tem autonomia, por estar conexo com o princípio da tutela da confiança e ser uma decorrência do princípio da eficácia jurídica; Miguel Galvão Teles, *Eficácia dos tratados na ordem interna portuguesa*, 1967, p. 205 e s.; e, desenvolvidamente, Gomes Canotilho, *Constituição... cit.*, p. 374 e 483 (tese 7.5) e, mais recentemente, *Direito Constitucional...*, *cit.*, p. 338 e ss e p. 478.

[914] «Pelo menos material», afirmava Gomes Canotilho (*Constituição... cit.*, p. 411 e 414).

complementação ou desenvolvimento do direito constitucional, dispondo, como ele, da força ou dignidade normativa das normas constitucionais». Isto seria possível, porque, superada a teoria gradualista das fontes, deveria admitir-se um processo de «osmose» constituição-lei, em que esta poderia funcionar como «mediação constitucionalmente caracterizante do programa normativo-material da Constituição»[915].

Não podendo discutir aqui os problemas complexos e profundos que vão pressupostos nas teses abreviadamente descritas[916], queremos apenas deixar feitos alguns comentários.

Parece-nos evidente que os preceitos constitucionais relativos aos direitos económicos, sociais e culturais hão-de implicar uma certa garantia de estabilidade das situações ou posições jurídicas criadas pelo legislador ao concretizar as normas respectivas.

Esta garantia abrange um *mínimo*, que reside na proibição de pura e simplesmente destruir essas situações ou posições, designadamente, na medida em que assim se ponha em causa o nível de realização do direito exigido pela dignidade da pessoa humana. E poderá atingir um *máximo*, quando essas concretizações legais devam ser consideradas *materialmente constitucionais*.

O grau *intermédio* consistirá em efeitos ligados ao princípio da *protecção da confiança* ou à *necessidade de fundamentação* dos actos legislativos «retrocedentes» num valor constitucional que, no contexto de facto, se revele mais forte[917] – aliados à circunstância de se tornarem mais visíveis eventuais violações dos preceitos constitucionais (em especial, do princípio da igualdade), diminuindo assim a liberdade de conformação e a possibilidade de arbítrio legislativo.

Por nossa parte, aceitamos mesmo um processo de transformação constitucionalizante de normas de direito legal, baseado na «consciência jurídica geral», pois entendemos a Constituição susceptível de

[915] V. Autor e obra citados, p. 401 e ss..

[916] O problema também se pôs em matéria de direitos, liberdades e garantias, relativamente aos direitos carecidos de concretização conformadora ou às garantias institucionais: aí, como se disse, a regulação legal ganha uma certa consistência, limitando o "retrocesso", embora seja admissível a alteração do regime legal, desde que se continue a assegurar a realização efectiva do direito.

[917] Sobre a violação do princípio da protecção da confiança e da segurança dos cidadãos enquanto critério de «retrocesso social», v. o Acórdão do TC nº 101/92, acima citado.

evolução[918], incluindo aí a possibilidade de, ao nível constitucional, se vir a densificar e a determinar o conteúdo dos preceitos[919].

Contudo, isto não implica a aceitação de um princípio geral de proibição do retrocesso, nem uma «eficácia irradiante» dos preceitos relativos aos direitos sociais, encarados como um «bloco constitucional dirigente». A proibição do retrocesso não pode constituir um princípio jurídico geral nesta matéria, sob pena de se destruir a autonomia da função legislativa, degradando-a a mera função executiva da Constituição. A *liberdade constitutiva* e a *auto-revisibilidade*, ainda que limitadas[920], constituem características *típicas* da função legislativa[921] e elas seriam praticamente eliminadas se, em matérias tão vastas como as abrangidas pelos direitos sociais, o legislador fosse obrigado a manter integralmente o nível de realização e a respeitar os direitos por ele criados[922].

Aquilo que se admite é algo de bem diferente: é que certas normas, apesar de positivadas em preceitos de direito ordinário, prevaleçam[923] sobre outras normas ordinárias, quando o seu conteúdo possa (deva) ser considerado materialmente constitucional. Só que este enfraquecimento do poder de disposição do legislador, que é expressão da relevância da realidade constitucional, não constitui a regra, mas antes a excepção: para a radicação na consciência jurídica geral da convicção da

[918] A evolução constitucional por força das alterações da realidade constitucional também inclui as mutações constitucionais por via interpretativa.

[919] O cerne do problema estará no entendimento do que seja a «consciência jurídica geral». Sobre isso, v. Castanheira Neves, *ob. cit.*, p. 179 e ss..

[920] Os limites não são os de uma reserva, que o legislador, por definição livre, não possa invadir, mas os de um *quadro normativo*, dentro do qual o legislador tem permanentemente de se manter.

[921] Nesse sentido, Barbosa de Melo, *Sobre o problema da competência para «assentar»*, 1983, p. 32 e ss..

[922] Note-se que os próprios preceitos relativos aos direitos, liberdades e garantias admitem restrições legais, desde que não seja afectado o seu conteúdo essencial. Uma proibição absoluta do retrocesso implicaria uma eficácia mais intensa dos preceitos relativos aos direitos sociais que a dos que gozam do regime dos direitos, liberdades e garantias, quando não pode haver dúvidas de que a opção constitucional é a inversa.

[923] «Prevalência» é o conceito com que designamos aqui genericamente a preferência jurídica de certas normas sobre outras, não havendo «hierarquia» entre as respectivas formas de positivação. Sobre os complexos problemas das relações entre actos legislativos e dos critérios de resolução das respectivas antinomias, v. C. Blanco de Morais, *As leis reforçadas*, 1998, esp. p. 234 e ss e 326 e ss.

sua obrigatoriedade constitucional não basta a aceitação mais ou menos aparente e superficial da opinião política dominante, é necessário um consenso profundo e alargado que demora o seu tempo a formar-se e que não se estende nunca a pormenores de regulamentação[924].

Por outro lado, também não podemos concordar com a ideia de um «bloco dirigente» em que os preceitos relativos aos direitos sociais funcionariam como o paradigma da evolução social e política, avolumando-se e ganhando solidez e rigidez jurídico-constitucional à medida que conseguissem realização prática. É que não aceitamos que os preceitos relativos aos direitos sociais possam ser interpretados como definições normativas do caminho que os homens têm inexoravelmente de percorrer na sua marcha histórica para a sociedade justa; nem que ao legislador democrático reste apenas estabelecer as condições institucionais e de facto necessárias à realização desse objectivo determinado, de harmonia com o estádio de desenvolvimento da comunidade no sentido único do «progresso»[925].

Para nós, a Constituição é um *quadro normativo aberto* que implica e exprime uma *unidade de sentido cultural*[926] e não pode ser *nem tornar-se* um programa de governo, regulando de forma exaustiva as situações e os factos políticos. Por isso, os preceitos relativos aos direitos sociais, que estabelecem opções de valor fundamentais de transformação da sociedade, não poderão ser constitucionalmente determinados e hão-de deixar sempre um espaço vasto para escolhas democráticas entre alternativas[927].

[924] Gomes Canotilho parte de uma acentuação da dimensão sociológico-política da consciência jurídica geral – daí as opiniões que nos confia na sua tese *(Constituição... cit.*, p. 412). Julgamos que o princípio da proibição do retrocesso, que nos aparece como um princípio *dogmático*, poderá ser válido no plano político-constitucional (onde, aliás, se situa, como conclui G. Canotilho, a sua «garantia»), mas não pode erigir-se em princípio jurídico-constitucional.

[925] A evolução constitucional manifestada nas sucessivas revisões tornou indiscutível a opção constitucional por um modelo democrático e pluralista, que constava já do Preâmbulo originário ao afirmar que o objectivo de «abrir caminho para uma sociedade socialista» se realizaria «no respeito pela vontade do povo português» – v. Jorge Miranda, *A Constituição de 1976*, 1978, p. 505 e ss.). Parece, pois, que a ideia «socialista» da Constituição não implica que os preceitos relativos aos direitos sociais sejam encarados como fórmulas de *maximizar* e *garantir progressos* numa linha de evolução única e fixa (que constitua a fórmula da salvação).

[926] Sobre esta nossa posição, v. *Direito Constitucional* (policop.), 1980, especialmente p. 69 e ss..

[927] A não ser assim em princípio, teríamos de admitir uma situação de *inconstitucionalidade permanente*, visto que sempre se poderá dizer que as tarefas constitucionais não são reali-

Fora destas hipóteses excepcionais de constitucionalização material, julgamos que é de aceitar, obviamente, a proibição da pura e simples revogação sem substituição das normas conformadoras dos direitos sociais[928] – que mais não é (na medida em que mais não seja) que a garantia da realização do *conteúdo mínimo imperativo* do preceito constitucional[929] –, bem como o limite da protecção da confiança, embora, pelas razões aduzidas, apenas na medida em que proíbe o arbítrio ou a desrazoabilidade manifesta do «retrocesso»[930].

3.6. No caso português, foi especialmente marcante a chamada "jurisprudência da crise", que corresponde aos acórdãos do Tribunal Constitucional proferidos, em regra em sede de fiscalização abstracta, preventiva ou sucessiva, entre 2011 e 2014, relativos à legislação emanada da Assembleia da República (designadamente leis orçamentais) e do Governo em que, entre outras medidas restritivas, se reduziram salários e, em especial, pensões, no quadro de um Plano de Assistência Económica e Financeira imposto pela "Troika" (FMI, BCE e Comissão Europeia)[931].

zadas com a intensidade e a prontidão exigíveis, transformando-se desse modo a Constituição num instrumento de desestabilização política ou de ditadura revolucionária – v., nesse sentido, Böckenförde, *VVDStRL*, 30, p. 165, referindo Hennis.

[928] Deve, no entanto, comprovar-se *inequivocamente* a violação efectiva do conteúdo mínimo do direito fundamental em causa.

[929] Sublinhando esta ideia, Jorge Pereira da Silva defende, como vimos, que o limite à restrição da legislação concretizadora dos direitos sociais é o da inconstitucionalidade por omissão, eventualmente associado ao princípio da protecção da confiança – v., sobre esse «princípio da proibição de recriar omissões inconstitucionais», entendido como um princípio geral, cuja aplicação não se limita ao domínio dos direitos sociais, *Contributo para uma teoria da inconstitucionalidade por omissão, cit.*, p. 194 e ss (221 e ss).

[930] Tal como hoje defende Gomes Canotilho, que optou por uma posição menos ideológica e aparentemente mais mitigada, consideramos inconstitucionais as medidas legislativas que «se traduzam na prática numa "anulação", "revogação" ou "aniquilação" pura e simples desse núcleo essencial» dos direitos fundamentais sociais, «da existência mínima inerente ao respeito pela dignidade da pessoa humana» (cf. *Direito Constitucional..., cit.*, p. 338 e ss). Parece-nos, no entanto, subsistir uma diferença tendencial no entendimento do que seja esse núcleo essencial, como se revela na apreciação do Acórdão do TC nº 39/84, relativo ao caso do Serviço Nacional de Saúde, acima referido.

[931] Referimo-nos aos Acórdão do Tribunal Constitucional nºs 396/2011 (OE 2011), 353/2012 (OE 2012), 187/2013 (OE 2013), 474/2013 (requalificação trabalhadores públicos), 794/2013 (alargamento do horário da função pública), 862/2013 (convergência de pensões públicas

Dessa jurisprudência, intensamente analisada e comentada na doutrina[932], destacam-se alguns aspectos interessantes para a compreensão do sentido e alcance prático dos preceitos relativos aos direitos económicos, sociais e culturais, em especial no que respeita o direito à segurança social.

Desde logo, afirmou-se que, apesar da gravidade da situação, não fazia sentido reconduzir a crise económico-financeira a um estado de excepção que justificasse a suspensão de alguns direitos fundamentais, por analogia com o disposto no artigo 19º da Constituição sobre o estado de sítio e de emergência. A crise seria um factor a ponderar na apreciação dos interesses e valores em jogo no juízo de constitucionalidade.

Depois, tendo sido invocado o direito à pensão, este não foi valorado como direito de propriedade (que na Constituição tem um sentido amplo), mas como dimensão do direito à segurança social, que, no entanto, no plano constitucional não significava o direito a um certo montante de pensão (o montante é fixado pelo legislador e vale como decisão legal).

Além disso, em relação às várias normas avaliadas, que conduziram em vários casos a declarações de inconstitucionalidade, os acórdaos não basearam o seu juízo na ofensa directa (ou não) ao direito à segurança social, por ter havido (ou não) uma restrição legislativa violadora do disposto no artigo 18º, mas na violação (ou não) de princípios jurídicos fundamentais, a saber: o princípio da igualdade, o princípio da proporcionalidade, o princípio da igual proporcionalidade (igualdade entre grupos) e o princípio da protecção da confiança legítima[933].

É dizer que o Tribunal Constitucional, apesar de ter feito um controlo intenso (para alguns autores e para alguns juízes minoritários, excessivo) das opções legislativas, não aplicou o regime dos direitos, liberdades e garantias a este direito social: não considerou que a concretização legislativa do montante da pensão implicasse a respectiva

e privadas), 413/2014 (OE 2014), 572/2014 (Contribuição especial sobre pensionistas), 574/2014 (cortes de salários públicos e pensões), 575/2014 (Contribuição especial de sustentabilidade sobre pensionistas).

[932] V., por exemplo, em registo crítico, vários autores em Gonçalo de Almeida Ribeiro/ /Luís Pereira Coutinho (org.), *O Tribunal Constitucional e a Crise. Ensaios críticos*, 2014; e, em resposta aos críticos, Jorge Reis Novais, *Em Defesa do Tribunal Constitucional. Resposta aos críticos*, 2014.

[933] Para alguns autores justificar-se-ia a aplicação de outros (novos) princípios constitucionais: o princípio da sustentabilidade (financeira) e o princípio da justiça intergeracional.

constitucionalização; não considerou que a redução ou oneração das pensões implicasse uma restrição legislativa do conteúdo constitucional do direito à segurança social.

3.7. Depois de todas estas considerações, julgamos confirmar-se a ideia de que os *direitos derivados a prestações* são, salvos os casos excepcionais de constitucionalização, direitos *legais* que não integram o conjunto material dos direitos fundamentais[934].

Por sua vez, os preceitos constitucionais relativos aos direitos fundamentais sociais (originários), sendo juridicamente vinculantes, têm, em regra, uma densidade normativa reduzida, mas nalguns aspectos podem aproximar-se – e, quanto ao mínimo associado a valores básicos de sobrevivência digna, devem mesmo equiparar-se – à reconhecida aos direitos, liberdades e garantias, dos quais, como começámos por dizer, não se distinguem radicalmente.

É precisamente por isso que a Constituição de 1976 lhes não confere, em geral, a qualidade de direito imediatamente aplicável, mas sem excluir essa possibilidade, que deve considerar-se até imposta em certos aspectos, se tal resultar inequivocamente do respectivo «modo de positivação», para além da potencialidade, demonstrada na prática, da sua aplicação efectiva através da consideração e operacionalização de princípios jurídicos fundamentais.

4. A tutela dos direitos sociais

A tutela jurídico-constitucional dos «direitos fundamentais sociais» é, em regra, como já resulta do exposto, *menos intensa* do que a atrás assinalada aos direitos, liberdades e garantias, quer no que respeita à protecção institucional, quer no que respeita aos remédios disponíveis[935]. Isso não custa a compreender, tendo em consideração a sua qualidade típica

[934] Assim, por exemplo, os direitos dos utentes de serviços públicos essenciais consagrados na Lei nº 23/96, de 26 de Julho, não se transformam automaticamente em direitos fundamentais dos consumidores. Divergimos radicalmente, nesta conclusão, da posição de J. Reis Novais, que, como vimos, considera que a legislação concretiza os direitos sociais constitucionalmente estabelecidos, que passariam a ter um conteúdo determinado, cuja limitação estaria sujeita aos limites impostos pelo artigo 18º à restrição legislativa de direitos.

[935] Referimo-nos à tutela dos direitos em geral, pois que alguns direitos sociais, mesmo os mais típicos, podem gozar de protecção idêntica ou equivalente à dos direitos, liberdades e garantias – por exemplo, os direitos dos trabalhadores, das comissões de trabalhadores e

de direitos a prestações, isto é, a *actuações positivas* do Estado, e, mais ainda, a actuações que dependem, em regra, da perspectiva autónoma de *conformação* politicamente assumida pelo legislador e, em muitos casos, da existência ou da disponibilidade de recursos materiais escassos.

A Constituição, enquanto *estatuto jurídico do político*, não fornece uma resposta concreta e determinada para o problema de como e em que medida deve o Estado prosseguir essa tarefa fundamental que é a de promover «a efectivação dos direitos económicos, sociais, culturais e ambientais, mediante a transformação e modernização das estruturas económicas e sociais»[936].

Tal não significa, porém, que a consagração dos direitos sociais como *direitos fundamentais* seja somente um instrumento para a luta política, uma bandeira para os partidários de uma mudança. A qualidade de direitos fundamentais atribuída aos direitos sociais integra-se no espírito do «instituto», que visa a defesa da dignidade das pessoas concretas, e tem, nessa medida, uma expressão prática na garantia a cada indivíduo, pelo menos, de um conteúdo mínimo de solidariedade social.

E, nesta perspectiva e com esse alcance, que, como vimos, varia em função do modo como os direitos são formulados nos preceitos constitucionais, funcionam também as garantias típicas da juridicidade num Estado de Direito.

4.1. É certo que não encontramos aqui, em regra – até pela sua caracterização através da determinabilidade constitucional do conteúdo –, direitos subjectivos plenos, com um conteúdo determinado ou determinável que permita aos seus titulares a exigência directa do respectivo cumprimento por via judicial.

Não pode, pois, também em regra, funcionar, neste domínio, a garantia máxima do Estado-de-Direito, que se baseia precisamente no direito subjectivo de conteúdo certo e líquido, na legitimidade individual (subjectiva) para accionar a via judicial e na existência de tribunais independentes para resolverem as questões de direito[937].

das associações sindicais constituem limites ao poder de revisão constitucional (artigo 288º, alínea d)).

936 V. artigo 9º, al. d), da Constituição.

937 Nesse sentido, v. Gomes Canotilho, *Constituição..., cit.*, p. 348 e 357.

No entanto, como vimos, isso não implica que não possa lançar-se mão de remédios jurídicos, designadamente do recurso aos tribunais, na medida em que exista uma vinculação jurídica dos poderes públicos e, em especial, do legislador aos preceitos constitucionais relativos aos direitos sociais.

Deve, porém, reconhecer-se que a protecção jurídico-constitucional típica dos direitos sociais ao nível legislativo repousa principalmente no mecanismo da fiscalização abstracta da *inconstitucionalidade por omissão*, que, na sua dimensão formal, apresenta alguma debilidade: por um lado, os titulares dos direitos não dispõem de uma acção constitucional de defesa contra a omissão, têm de esperar ou pedir ao Presidente da República ou ao Provedor de Justiça[938] que suscitem a apreciação pelo Tribunal Constitucional do não-cumprimento da Constituição por omissão legislativa; por outro lado, o Tribunal Constitucional não tem poderes senão para *comunicar* aos órgãos legislativos competentes a existência dessa situação de inconstitucionalidade.

E, nessa medida, a protecção institucional dos direitos sociais será, em grande medida, uma *protecção política*, onde também relevam o direito de *petição* individual ou colectiva, o direito de *voto* e outros direitos de *participação* na organização e nos procedimentos de decisão política e administrativa, as formas legítimas de *pressão* ou *influência* por intermédio dos partidos políticos e dos grupos sociais[939], enquanto meios ao alcance dos cidadãos para conseguirem a efectivação destes seus direitos. É que o cumprimento dos programas constantes destes preceitos cons-

[938] O Provedor de Justiça aparece aqui como um defensor da constitucionalidade, embora a sua actividade tenha como objectivo prioritário a defesa dos cidadãos perante os poderes públicos (cfr. artigo 23º). Em qualquer caso, há uma diferença substancial entre a figura esboçada na Constituição e a entidade definida pela lei ordinária: segundo esta, o Provedor limita-se à defesa dos cidadãos perante a Administração Pública à semelhança do *ombudsman* nórdico.

[939] V., por exemplo, os artigos 54º, nº 5, al. *d)*, 56º, nº 2, alínea a), 63º, nº 2, 77º, nº 1, 92º, nº 2, 98º, em que estabelecem mecanismos de *participação* dos grupos sociais na actividade legislativa e administrativa. Também a protecção internacional dos direitos sociais é marcadamente política: não se admite um recurso individual dos cidadãos, nem está prevista nenhuma jurisdição internacional no Pacto da ONU ou na Carta Social Europeia, exigindo-se dos Estado signatários apenas a apresentação de *relatórios* sobre as medidas adoptadas para «implementação» dos direitos. Já alguns direitos inscritos na Carta Europeia de Direitos Fundamentais poderão beneficiar da jurisdição do TJUE.

titucionais implica uma transformação das estruturas económicas e sociais, um projecto de futuro, e constitui, por isso, uma questão que deve ser resolvida pelo legislador, ao nível da luta política no quadro democrático, tendo em conta as diversas alternativas possíveis de solução.

4.2. Por outro lado, não vale nesta matéria o princípio da *reserva da lei parlamentar*: a legislação sobre direitos económicos, sociais e culturais é, em regra, da competência concorrente da Assembleia da República e do Governo, sendo este até o legislador «normal» nestas matérias.

No entanto, integram a reserva relativa de competência legislativa da Assembleia as «bases» do sistema de segurança social e do serviço nacional de saúde, bem como as «bases» do sistema de protecção da natureza, do equilíbrio ecológico e do património cultural, o «regime geral» do arrendamento urbano»[940] – matérias que estão relacionadas com os direitos à segurança social, à protecção da saúde, ao ambiente, à fruição cultural e com o direito à habitação. E as «bases» do sistema de ensino são mesmo da reserva absoluta de competência legislativa do Parlamento, porventura na medida em que se referem a uma matéria em que o direito ao ensino, enquanto direito social «cultural», se entrelaça com a liberdade de aprender e ensinar, que pertence aos direitos, liberdades e garantias.

4.3. Como acontece, de resto, com todos os direitos fundamentais, a defesa dos cidadãos contra o legislador em matéria de direitos sociais não pode fazer-se directamente através de acções propostas no Tribunal Constitucional, mas estes podem sempre «provocar processos» nos tribunais ordinários e invocar em juízo a inconstitucionalidade de normas relativas a prestações estaduais nos casos de arbítrio, discriminação ou desigualdade manifesta de tratamento ou, em geral, quando haja ofensa do conteúdo constitucional – em regra, o conteúdo mínimo – dos direitos sociais fundamentais.

A garantia da justiciabilidade dos direitos económicos, sociais e culturais para os cidadãos beneficia, então, da fiscalização concreta da constitucionalidade pelo Tribunal Constitucional, sobretudo em face do seu alargamento substancial: o Tribunal admite julgar a inconstituciona-

[940] Cf. artigo 165º, alíneas f), g) e h), da Constituição.

lidade de «segmentos normativos» dos preceitos sujeitos a fiscalização, incluindo a inconstitucionalidade do entendimento interpretativo de uma norma feito por um tribunal num caso concreto – o que permite uma defesa mais ampla dos direitos fundamentais.

Neste contexto, como já vimos, o Tribunal Constitucional desde sempre tem fiscalizado as situações em que o legislador viola o princípio da igualdade, criando diferenciações injustificadas, de tal modo que acaba mesmo por estender, ele próprio, o regime mais favorável ou o benefício a todos os interessados, sem apelar para uma alteração legislativa[941].

E não se pode menosprezar o controlo judicial da violação do conteúdo mínimo de direitos sociais, tendo em conta, quer a jurisprudência do Tribunal Constitucional no que respeita à protecção, por via de acção (ou de omissão), do direito ao mínimo para uma existência condigna, quer sobretudo a fiscalização do cumprimento pelo legislador dos princípios da igualdade, da proporcionalidade, da igual proporcionalidade e da protecção da confiança legítima protagonizada na "jurisprudência da crise".

É de destacar ainda a eventual *responsabilidade* por *acção* ou por *omissão*, não só administrativa ou judicial, mas também, excepcionalmente, legislativa, no quadro da responsabilidade civil pública por actos *ilícitos*, em caso de incumprimento da Constituição, nos termos já referidos.

4.4. No que respeita à garantia dos direitos económicos, sociais e culturais perante a actividade administrativa, sobressai em toda a sua importância o *princípio da legalidade* – a Administração está sujeita ao princípio da precedência da lei[942] e tem de cumprir as leis que estabele-

[941] Sobre o tema, tratado na perspectiva da fiscalização da inconstitucionalidade da norma implícita que nega o regime ou o benefício aos excluídos, no âmbito das omissões legislativas inconstitucionais, v. Jorge Pereira da Silva, *Dever de legislar e protecção jurisdicional contra omissões legislativas*, 2003, esp. p. 210 e ss.

[942] Discute-se, por vezes, a exigência de lei prévia em matéria de administração de prestações (contraposta à administração «agressiva»). No entanto, o entendimento de que a reserva de lei é «global», além de ser o mais adequado ao sistema português, em que o Governo dispõe de poderes legislativos normais, justifica-se seguramente no que respeita às prestações que visam a efectivação dos direitos económicos, sociais e culturais, dos cidadãos, pois que aí está em causa o cumprimento de uma tarefa constitucional em que é necessário garantir a igualdade. Sobre o tema, v. Gomes Canotilho, *ob. cit.*, p. 709 e ss.

cem os direitos a prestações[943], destacando-se o dever de emitir os regulamentos e praticar os actos necessários à respectiva execução.

Por outro lado, vale aqui ainda autonomamente o *princípio da juridicidade*: embora se possam admitir nesta matéria espaços mais alargados de discricionariedade, é importante a sujeição da actividade administrativa de prestações aos princípios constitucionais, assumindo um relevo especial o princípio da *igualdade* de tratamento, seja na vertente da não discriminação, seja na da proibição do arbítrio.

Acresce que estarão feridos de *nulidade* e serão, por isso, em princípio, absolutamente improdutivos[944], os actos administrativos que afectem o *conteúdo essencial* de direitos económicos, sociais e culturais – que deve ser entendido aqui, tal como nos direitos, liberdades e garantias, como aquele conteúdo mínimo que *exprima* a própria dignidade humana[945].

O recurso directo individual aos tribunais administrativos é admissível, quando haja lesão directa de bens pessoais constitucionalmente protegidos associados a direitos económicos, sociais e culturais – como vimos, isso deverá admitir-se, muito em especial, para assegurar o cumprimento de prestações estaduais mínimas, nomeadamente quando esteja em causa a sobrevivência das pessoas[946], e também quando as prestações estaduais estejam associadas à protecção de direitos, liberdades e garantias[947].

[943] Assim, por exemplo, a fixação do salário mínimo nacional cabe ao legislador nacional, não podendo os governos regionais alterá-lo, por regulamento, para as respectivas Regiões – cf. Acórdão do TC nº 268/88, in *Acórdãos..., cit.*, 12º vol., p. 441 e ss.

[944] Não estão sujeitos, assim, ao regime «normal» da anulabilidade, que não exclui a eficácia do acto, nem à sua força de «caso decidido» após a queda do prazo de impugnação judicial.

[945] V. o caso do Acórdão do STA de 26/10/2000, sumariado nos *CJA*, nº 24, p. 63, em que se admite, em abstracto, embora não no caso concreto, a nulidade de um acto administrativo que contrarie o núcleo essencial do «direito à qualidade de vida», nos termos da alínea d) do nº 2 do artigo 161º do CPA. Contra, limitando o alcance do preceito aos direitos, liberdades e garantias, v., entre outros autores, por último, FREITAS DO AMARAL, *Direito Administrativo*, II, 2001, p. 412 e s.

[946] O problema pode pôr-se, por exemplo, a propósito do subsídio de desemprego, do rendimento mínimo garantido, das pensões de sobrevivência, das prestações de assistência social básica, da garantia dos alimentos devidos a menores. V., sobre estes problemas, INGO WOLFGANG SARLET, *ob. cit.*, p. 279 e ss.

[947] Lembre-se o caso em que o Tribunal Constitucional Federal alemão, com base no princípio do Estado Social e no direito à vida e à integridade física, declarou o direito de um parti-

Além disso, está consagrado, nos casos e nos termos previstos na lei, o *direito de acção popular*, que inclui o direito de todos os cidadãos e de associações de «promover a prevenção, a cessação ou a perseguição judicial das infracções contra a saúde pública, os direitos dos consumidores, a qualidade de vida, a preservação do ambiente e do património cultural»[948]. Aí poderão os cidadãos obter judicialmente, além de providências cautelares, a anulação de actos administrativos ou o reconhecimento dos seus direitos, incluindo sentenças condenatórias da Administração pública ou de particulares e indemnizações por prejuízos sofridos. Este meio vale especificamente quando esteja em causa a defesa de bens comunitários e pode conferir uma tutela adequada aos direitos fundamentais de solidariedade, que se referem a interesses difusos e partilhados.

Também a intervenção do Ministério Público é importante na defesa dos direitos sociais. Desde logo, cabe-lhe estatutariamente patrocinar os trabalhadores e suas famílias na defesa dos seus direitos sociais[949]. Além disso, no âmbito da justiça administrativa, tem uma intervenção mais intensa nas acções administrativas especiais, quando esteja em causa a defesa de direitos fundamentais, directamente, ou indirectamente, através da protecção de bens comunitários como o ambiente, a saúde pública, a qualidade de vida e o património cultural[950].

4.5. Também se pode falar numa protecção internacional dos direitos sociais, tendo o Estado português ratificado o «Pacto Internacional sobre direitos económicos, sociais e culturais» das Nações Unidas, bem como a «Carta Social Europeia» e as Convenções da OIT, valendo ainda entre nós, ao nível comunitário, a «Carta Comunitária dos Direitos Sociais Fundamentais dos Trabalhadores» e os preceitos correspon-

cular, portador de uma doença rara e letal, ao pagamento pelo Estado de um tratamento não reconhecido oficialmente (BVerfG, 06/12/2005).

[948] V. o nº 3 do artigo 52º da Constituição, bem como a Lei nº 83/95, de 31 de Agosto, que o concretiza.

[949] V. o artigo 3º, nº 1, do Estatuto do MP (DR, I Série-A, de 27/8/98).

[950] Essa intervenção implica o direito de acção, bem como determinados poderes processuais, que incluem o de invocar novos vícios e de intervir em diligências, quando se impugnem actos administrativos – cf. os artigos 9º e 85º do Código de Processo nos Tribunais Administrativos, de 2002. Os poderes foram reforçados na revisão de 2015, como autor público (artigos 55º, 62º, 68º, 73º e 77º-A).

dentes aos direitos sociais incluídos na Carta de Direitos Fundamentais da União Europeia.

No entanto, precisamente porque os direitos sociais, tais como os entendemos internamente – não incluindo as liberdades sociais e os direitos, liberdades e garantias dos trabalhadores –, são aí fundamentalmente reconhecidos como objectivos políticos a realizar pelos Estados na medida do possível, não encontramos nestes instrumentos internacionais remédios jurisdicionais que permitam o acesso directo dos cidadãos a uma justiça internacional semelhante à que tutela os direitos, liberdades e garantias[951].

4.6. Nestes termos, poderemos concluir que os preceitos relativos aos direitos económicos, sociais e culturais contêm programas de socialização que dependem, para a sua efectivação, da vontade política da comunidade – dos órgãos de direcção política, dos partidos e grupos sociais, dos cidadãos –, mas dispõem igualmente de garantias jurídicas, ainda que com intensidades variáveis, que correspondem à sua qualidade essencial de *direitos subjectivos fundamentais*.

[951] No entanto, os particulares poderão obter protecção judicial, ainda que limitada, de alguns dos seus direitos junto do TJUE, com base na Carta Europeia de Direitos Fundamentais, quanto aos direitos à segurança e assistência social, à protecção da saúde, ao ambiente, entre outros (artigos 34º e ss). Sobre a tutela específica dos direitos económicos, sociais e culturais, v. Gomes Canotilho, *Direito Constitucional..., cit.*, p. 518 e ss; Jorge Miranda, *Manual..., cit.*, IV, p. 548 e ss.

INDICE GERAL